Adaptive Lehrkompetenz und schulisches Lernen

Pädagogische Psychologie und Entwicklungspsychologie

herausgegeben von Detlef H. Rost

Editorial

Pädagogische Psychologie und Entwicklungspsychologie sind seit jeher zwei miteinander eng verzahnte Teildisziplinen der Psychologie. Beide haben einen festen Platz im Rahmen der Psychologenausbildung: Pädagogische Psychologie als wichtiges Anwendungsfach im zweiten Studienabschnitt, Entwicklungspsychologie als bedeutsames Grundlagenfach in der ersten und als Forschungsvertiefung in der zweiten Studienphase. Neue Zielsetzungen, neue thematische Schwerpunkte und Fragestellungen sowie umfassendere Forschungsansätze und ein erweitertes Methodenspektrum haben zu einer weiteren Annäherung beider Fächer geführt und sie nicht nur für Studierende, sondern auch für die wissenschaftliche Forschung zunehmend attraktiver werden lassen. „Pädagogische Psychologie und Entwicklungspsychologie" nimmt dies auf, fördert die Rezeption einschlägiger guter und interessanter Forschungsarbeiten, stimuliert die theoretische, empirische und methodische Entfaltung beider Fächer und gibt fruchtbare Impulse zu ihrer Weiterentwicklung einerseits und zu ihrer gegenseitigen Annäherung andererseits.

Der Beirat der Reihe „Pädagogische Psychologie und Entwicklungspsychologie" repräsentiert ein breites Spektrum entwicklungspsychologischen und pädagogisch-psychologischen Denkens und setzt Akzente, indem er auf Forschungsarbeiten aufmerksam macht, die den wissenschaftlichen Diskussionsprozess beleben können. Es ist selbstverständlich, dass zur Sicherung des Qualitätsstandards dieser Reihe jedes Manuskript – wie bei Begutachtungsverfahren in anerkannten wissenschaftlichen Zeitschriften – einem Auswahlverfahren unterzogen wird („peer review"). Nur qualitätsvolle Arbeiten werden der zunehmenden Bedeutung der Pädagogischen Psychologie und Entwicklungspsychologie für die Sozialisation und Lebensbewältigung von Individuen und Gruppen in einer immer komplexer werdenden Umwelt gerecht.

Christian Brühwiler

Adaptive Lehrkompetenz und schulisches Lernen

Effekte handlungssteuernder Kognitionen von
Lehrpersonen auf Unterrichtsprozesse und
Lernergebnisse der Schülerinnen und Schüler

Waxmann 2014
Münster • New York

Vom Promotionsausschuss des Fachbereichs Psychologie der Universität
Koblenz-Landau zur Verleihung des akademischen Grades Doktor
der Philosophie (Dr. phil.) genehmigte Dissertation.
Gutachter: Prof. Dr. Andreas Helmke, Dr. Friedrich-Wilhelm Schrader
Vorsitzender des Promotionsausschusses: Prof. Dr. Manfred Schmitt
Datum der Disputation: 22. Februar 2012

Bibliografische Informationen der Deutschen Nationalbibliothek
Die Deutsche Nationalbibliothek verzeichnet diese Publikation in
der Deutschen Nationalbibliografie; detaillierte bibliografische
Daten sind im Internet über http://dnb.d-nb.de abrufbar.

Pädagogische Psychologie und Entwicklungspsychologie; Bd. 91
herausgegeben von Prof. Dr. Detlef H. Rost
Philipps-Universität Marburg

Fon: 0 64 21 / 2 82 17 27
Fax: 0 64 21 / 2 82 39 10
E-Mail: rost@mailer.uni-marburg.de

ISSN 1430-2977
Print-ISBN   978-3-8309-3013-6
E-Book-ISBN   978-3-8309-8013-1 (PDF)

© Waxmann Verlag GmbH, 2014

www.waxmann.com
info@waxmann.com

Umschlaggestaltung: Pleßmann Design, Ascheberg
Satz: Stoddart Satz & Layout, Münster
Druck: Hubert & Co, Göttingen

Gedruckt auf alterungsbeständigem Papier,
säurefrei gemäß ISO 9706

Vorbemerkungen und Dank

Die vorliegende Arbeit ist im Rahmen des vom Schweizerischen Nationalfonds (SNF) unterstützten Projekts mit dem Titel „Adaptive Lehrkompetenz
– Analyse von Struktur, Veränderbarkeit und Wirkung handlungssteuernden Lehrerwissens"[1] entstanden. Demzufolge habe ich für die Ausarbeitung
meiner Dissertation von der Vorarbeit und Unterstützung des gesamten Forschungsteams profitieren können, insbesondere was konzeptionelle Überlegungen, die Entwicklung der Instrumente sowie der Datenerhebung und
-aufbereitung betrifft. Ich möchte mich bei allen daran beteiligten Personen,
insbesondere der Projektgruppe mit Erwin Beck, Matthias Baer, Titus Guldimann, Sonja Bischoff, Peter Müller, Ruth Niedermann, Marion Rogalla und
Franziska Vogt herzlich dafür bedanken, dass sie mir die Nutzung der Daten
aus dem gemeinsamen Projekt ermöglicht haben. Ohne deren Vorarbeit und
Unterstützung wäre diese Arbeit nicht möglich gewesen. Ebenfalls bedanke
ich mich bei allen an der Studie beteiligten Lehrpersonen und Schülerinnen
und Schülern. Ich erachte es keineswegs als selbstverständlich, so viel Zeit
für ein Forschungsvorhaben zur Verfügung zu stellen und viele mitunter
sehr persönliche Daten und Eigenschaften preiszugeben.

Ein ganz besonderer Dank geht an meinen Betreuer Prof. Dr. Andreas Helmke, der mir viel Verständnis für meine Situation als „berufstätiger"
Doktorand und Familienvater entgegengebracht hat. Er hat mich immer wieder dazu ermuntert und motiviert, die Arbeit voranzutreiben. Mit seinen an-
regenden, manchmal auch kritischen, aber stets fundierten und konstruktiven
Hinweisen hat er massgeblich zum erfolgreichen Abschluss meiner Arbeit
beigetragen.

Die vorliegende Dissertation wurde finanziell und ideell durch die Aebli
Näf Stiftung unterstützt. Diese finanzielle Unterstützung hat mir einen je
halbjährigen Forschungsaufenthalt an der Universität Koblenz-Landau, Cam-
pus Landau sowie am Institute of Education, University of London ermöglicht. Der Austausch mit beiden Forschungsgruppen war sowohl inhaltlich
wie methodisch anregungsreich und hat zu vielen weiterführenden Gedanken
beigetragen. An der Universität Koblenz-Landau stand ich neben der Ein-
bindung in die Forschungsgruppe um Prof. Andreas Helmke auch in engem
Kontakt zur Graduiertenschule unter der Leitung von Heidrun Ludwig. Hervorheben möchte ich insbesondere die zahlreichen methodischen und inhaltlichen Anregungen und Hinweise, die ich in ausführlichen Gesprächen mit

---

1   SNF-Projekt „Adaptive Lehrkompetenz – Analyse von Struktur, Veränderbarkeit und
    Wirkung handlungssteuernden Lehrerwissens" (Beck, Baer, Guldimann, Bischoff,
    Brühwiler, Müller, Niedermann, Rogalla & Vogt; Projektnr. 1114-066726.01; Laufzeit
    2003–2006).

Jan Hochweber, Wolfgang Wagner, Ingmar Hosenfeld und Friedrich-Wilhelm Schrader erfahren habe. Die komplexen statistischen Modellierungen hätten ohne deren Wissen und Unterstützung kaum in der nun vorliegenden Art und Weise spezifiziert und abgesichert werden können. Am Institute of Education haben mich vor allem die Gespräche mit Prof. Judy Ireson sowie die gemeinsame Weiterentwicklung von Forschungsfragen und die Publikation zur adaptiven Lehrkompetenz und Klassengrösse mit Prof. Peter Blatchford wissenschaftlich weitergebracht.

Zur Entstehung einer Dissertation gehören neben inhaltlichen und methodischen Überlegungen auch die saubere und korrekte Darstellung von Sachverhalten. Bei Benita Affolter, Christoph Hess und Winfried Humpert bedanke ich mich herzlich für das sorgfältige Korrekturlesen.

Auch die Erarbeitung meiner Dissertation verlief nicht ohne Krisen, Brüche und Umwege. Umso wichtiger sind für mich all die unterstützenden und aufmunternden Gesten aus dem privaten und beruflichen Umfeld gewesen.

Der grösste und besonderste Dank geht an meine Familie, an Susanne und die Kinder Jorin, Leana und Joanna für deren ausserordentliche Geduld und das überaus grosse Verständnis. Susanne hat mich in all den Jahren tatkräftig unterstützt und immer wieder dazu motiviert, die Arbeit weiterzuführen, es aber auch geschafft, mich im passenden Moment daran zu erinnern, auch einmal abzuschalten, um neue Kraft zu tanken.

Inhalt

Zusammenfassung

Angesichts der heterogenen Zusammensetzung von Schulklassen sind die Anforderungen an Lehrpersonen höchst anspruchsvoll: Sie sollen nicht lediglich Stoff an eine Klasse vermitteln, sondern ihr unterrichtliches Handeln auf die unterschiedlichen individuellen Lernbedürfnisse der einzelnen Schülerinnen und Schüler ausrichten, um so deren Lernen bestmöglich zu unterstützen. In der vorliegenden Arbeit werden gestützt auf die Konzeption der *adaptiven Lehrkompetenz* (Beck et al., 2008) handlungsleitende Lehrerkognitionen untersucht, die solche komplexen Anpassungsleistungen ermöglichen. Das grundlegende Ziel dieser Arbeit liegt neben einer Präzisierung des theoretischen Konzepts in der empirischen Überprüfung der komplexen Wirkungszusammenhänge zwischen adaptiver Lehrkompetenz, Unterrichtsprozessen und Lernergebnissen der Schülerinnen und Schüler.

Als theoretisches Rahmenmodell dient ein mehrebenenanalytisches Angebots-Nutzungs-Modell des schulischen Lernens. Daraus geht hervor, dass adaptive Lehrkompetenz gemeinsam mit anderen Lehrermerkmalen und in Abhängigkeit des Klassenkontextes die Unterrichtsprozesse beeinflusst, was vermittelt über individuelle Verarbeitungsprozesse zu höheren Lernerträgen führt. Dabei wird adaptive Lehrkompetenz als enge Verzahnung von diagnostischer und didaktischer Kompetenz gefasst, wobei zusätzlich zwischen Planungs- und Handlungskompetenzen unterschieden wird. Sachkompetenz und Klassenführungskompetenzen dienen dazu, günstige Rahmenbedingungen für das Lernen zu schaffen.

Die Datengrundlage basiert auf dem Nationalfondsprojekt „Adaptive Lehrkompetenz" (Beck et al., 2008). Die Messung adaptiver Lehrkompetenz erfolgte in einem Multi-Method-Ansatz. So wurden die Planungskompetenzen mittels Vignettentest und die Handlungskompetenzen mittels Videotest erfasst. Die Skalen zur Unterrichtsqualität wurden mittels Schülerfragebogen erhoben. Der schulische Lernerfolg wurde in einer Unterrichtsreihe zum Thema „Keimung von Samen" gemessen, wobei Zeitrahmen und Lernziele einheitlich vorgegeben waren. Die Stichprobe umfasst 49 Lehrpersonen und deren Klassen mit insgesamt 898 Schülerinnen und Schülern. Die statistischen Analysen beruhen mehrheitlich auf mehrebenenanalytischen Verfahren.

Die Befunde zeigen einen statistisch signifikanten Effekt der adaptiven Lehrkompetenz auf den Leistungszuwachs der Schülerinnen und Schüler, der auch nach Kontrolle alternativer Erklärungsgrössen bestehen bleibt. Die Ergebnisse aus einem mehrebenenanalytischen Strukturgleichungsmodell stützen die Annahme, dass adaptive Lehrkompetenz nicht direkt auf den

Lernerfolg der Schülerinnen und Schüler wirkt, sondern über eine hohe Unterrichtsqualität (z.b. höhere Schülerbeteiligung, bessere Vermittlungsqualität, höhere Regelorientierung) vermittelt wird. Innerhalb der Klassen profitieren alle Schülerinnen und Schüler, unabhängig des Leistungsniveaus, der sozialen Herkunft oder des Migrationshintergrunds, ähnlich stark von adaptiven Lehrpersonen. Zudem lässt sich nachweisen, dass adaptive Lehrkräfte in Klassen mit grosser Leistungsheterogenität und höherem Fremdsprachigenanteil bessere Leistungsergebnisse mit ihren Schülerinnen und Schülern erreichen. Diese ermutigenden Befunde zu den Effekten adaptiver Lehrkompetenz sind insbesondere für die Aus- und Fortbildung von Lehrpersonen von hoher Relevanz.

1 Einleitung

Welche Rolle spielen professionelle Kompetenzen von Lehrpersonen für das Lernen der Schülerinnen und Schüler? Für die Schule als Ort des Lehrens und Lernens ist dies eine fundamentale, aber auch nahe liegende Fragestellung. Eine fundierte Beantwortung dieser Frage erweist sich indessen als anspruchsvoll. Dies liegt zunächst an der Vielschichtigkeit und Komplexität schulischer Lehr-Lern-Prozesse. Zahlreiche Bedingungsfaktoren auf verschiedenen Ebenen interagieren miteinander, individuelle Lernerträge sind multipel determiniert (Helmke & Weinert, 1997). Demnach verlaufen Lernwege nicht einheitlich sondern je individuell, abhängig von unterschiedlichen kognitiven, motivationalen oder affektiven Lernvoraussetzungen. Die intendierten Lernziele sind zudem mehrdimensional angelegt. Unterricht hat sich keineswegs nur auf fachliche Leistungen, sondern ebenso auf fächerübergreifende Zielkriteren wie Lernstrategien, motivationale Aspekte oder auf das Sozialverhalten auszurichten. Ein weiteres wesentliches Merkmal von Unterricht ist dessen Unvorhersehbarkeit (Doyle, 1986; Doyle, 2006) und die damit verbundene Unsicherheit über den Unterrichtsverlauf (vgl. auch Kapitel 2.5.3). Dies führt dazu, dass sich professionelles Handeln im Unterricht oft nicht in jener Regelhaftigkeit vollzieht, wie dies von vielen Lehrpersonen erwartet oder zumindest erhofft wird (Forneck, 2009). Eine wesentliche Aufgabe von Lehrpersonen besteht folglich darin, angemessen mit solchen unerwarteten, nicht planbaren Situationen umzugehen. Trotz dieser hohen Komplexität des Untersuchungsfeldes, oder vielleicht gerade deswegen, ist es lohnenswert sich mit der Frage auseinanderzusetzen, über welche professionellen Kompetenzen Lehrpersonen verfügen müssen, damit es gelingt, Unterricht so auf die individuellen Lernvoraussetzungen auszurichten, dass möglichst viele Schülerinnen und Schüler in ihrem Lernen optimal unterstützt und gefördert werden. Schliesslich handelt es sich bei der Frage nach dem adäquaten Umgang mit Heterogenität und Komplexität um ein Kernproblem der Schulpädagogik.

Nachdem der Fokus in der empirischen Bildungsforschung im Zuge der grossen internationalen Vergleichsstudien wie TIMSS oder PISA zunächst auf dem Lernertrag der Schülerinnen und Schüler lag, setzt sich zunehmend die Ansicht durch, dass die Lehrperson und der Unterricht als Forschungsgegenstand ins Blickfeld zu nehmen sind, um Leistungsunterschiede der Schülerinnen und Schüler besser verstehen und erklären zu können. So kommen Baumert, Blum und Neubrand (2004) zum Schluss, dass in der pädagogisch-psychologischen Forschung der Lehrperson und dem unterrichtlichen Lehrerhandeln grössere Beachtung geschenkt werden müsse, da eine Erklärungslücke zwischen System- und Kontextvariablen und Schülerleistungen[2] bestehe. Calderhead bemerkte schon Mitte der 1990er Jahre eine „increasing recognition that the teacher is at the center of any attempt to improve the quality of teaching and learning in schools" (Calderhead, 1996, S. 721). Das gegenwärtig hohe Interesse in der pädagogisch-psychologischen Forschung an der Untersuchung professioneller Kompetenzen von Lehrpersonen und den Effekten auf schulisches Lernen (Klieme, 2006) dürfte auch damit zusammenhängen, dass die in der Praxis weit verbreitete Annahme, der Lehrperson komme eine Schlüsselrolle bei schulischen Lehr-Lern-Prozessen zu, vermehrt auch empirische Bestätigung findet. So schlagen Rivkin, Hanushek und Kain (2005) aufgrund einer amerikanischen Längsschnittstudie vor, man investiere besser in die Qualität von Lehrpersonen als etwa in die Reduktion der Klassengrössen. Die hohe Bedeutung, die Lehrkräften zugeschrieben wird, lässt sich auch an Überschriften zu Übersichtswerken wie „Teachers matter" (OECD, 2005b), „The good teacher" (Moore, 2004) oder „Auf den Lehrer kommt es an" (Lipowsky, 2006) ablesen. Moore (2004) warnt indes auch vor einer Tendenz zur Überbetonung der individuellen Verantwortung der einzelnen Lehrperson für den schulischen Lernerfolg. Um den Einfluss von Lehrkräften korrekt und fair abschätzen zu können, sind folglich in empirischen Überprüfungen konkurrierende Wirkfaktoren mit zu berücksichtigen. Solche gesicherten Erkenntnisse über die Bedeutung professioneller Kompetenzen von Lehrpersonen sind insbesondere für die Lehrerbildung von Bedeutung, da diese zum Ziel hat, das Wissen von Lehrpersonen über Aus- und Weiterbildung zu verändern.

Wie eingangs erwähnt ist die Verschiedenartigkeit der Schülerinnen und Schüler eines der besonderen Kennzeichen von Regelklassen. Martschinke und Kammermeyer (2003) konnten im Rahmen der KILIA-Studie zeigen, dass bereits zu Beginn der Schulzeit gravierende Unterschiede innerhalb und zwischen Klassen bestehen. Dies treffe sowohl auf kognitive als auch auf persönlichkeitsspezifische Lernvoraussetzungen (z.B. phonologische Bewusstheit oder Selbstkonzept im Schriftspracherwerb) zu. Eine hohe Heterogenität wird von Lehrpersonen oft als Belastung wahrgenommen, was den Wunsch nach möglichst homogenen Klassen nach sich zieht. Dass eine Homogenisierung der Lerngruppen durch Formen der äusseren Differenzierung in der Praxis kaum gelingt, zeigen die bei PISA festgestellten enormen

---

2   In der vorliegenden Arbeit wird auf die geschlechtergerechte Verwendung sprachlicher Formulierungen geachtet. Einzig für zusammengesetzte Begriffe wie z.B. „Schülerleistungen", „Lehrerbildung" oder „Lehrer-Schüler-Beziehung" wurde auf die zusätzliche Verwendung weiblicher Personenbezeichnungen verzichtet, weil dies entweder zu komplizierten Formulierungen oder sogar zu unbeabsichtigten Bedeutungsveränderungen geführt hätte. In diesen Fällen gilt die männliche Form für beide Geschlechter.

Leistungsunterschiede, die selbst bei gegliederten Schulsystemen innerhalb von Schultypen bzw. Bildungsgängen bestehen (Angelone, Moser & Ramseier, 2010; Naumann, Artelt, Schneider & Stanat, 2010). Die Anforderungen an Lehrpersonen beim Unterrichten einer heterogenen Schülerschaft sind höchst anspruchsvoll. Lehrpersonen sollen vor dem Hintergrund einer konstruktivistischen Lehr-Lern-Konzeption (z.b. Brophy, 2002; Reusser, 2006) nicht einfach Stoff an eine Klasse vermitteln, sondern trotz heterogener Lernvoraussetzungen das Lernangebot auf möglichst alle Schülerinnen und Schüler ausrichten. Weinert (1997b) schlägt als angemessenste Reaktionsform auf heterogene Klassen ein proaktives Verhalten der Lehrperson vor, indem Schülerinnen und Schüler durch adaptive Gestaltung des Unterrichts gezielt gefördert werden. „Das gleichermassen variable wie flexible Modell des adaptiven Unterrichts ist gegenwärtig das wissenschaftlich fundierteste und didaktisch aussichtsreichste unterrichtliche Konzept, um auf die grossen und stabilen interindividuellen Unterschiede der Schüler in didaktisch angemessener Form zu reagieren" (Helmke & Weinert, 1997, S. 137). Gardner (2002) sieht in der Bereitschaft, der Individualität der Schülerinnen und Schüler nachzugehen und sich detailliert über die einzelnen zu informieren, eine entscheidende Grösse, um eine höhere Chancengerechtigkeit in der Schule zu erreichen.

Ansätze zur adaptiven Gestaltung von Unterricht gehen zurück auf Modelle und Schulprogramme, die ab Mitte des letzten Jahrhunderts entwickelt wurden. Prominente Beispiele sind das *Mastery Learning* (Bloom, 1968; Block & Burns, 1976; Bloom, 1976) oder das *Adaptive Learning Environments Model* (ALEM; Wang, 1980; Wang, Rubenstein & Reynolds, 1985). Bei diesen Ansätzen geht es darum, das Lernangebot (z.B. die zur Verfügung gestellte Lernzeit) an die individuellen Lernvoraussetzungen der Schülerinnen und Schüler anzupassen. Allgemein kann von adaptivem Unterricht gesprochen werden, wenn es der Lehrperson gelingt, Unterrichtsvorbereitung und -durchführung so auf die heterogenen Voraussetzungen der Lernenden auszurichten, dass erfolgreich verstehensorientierte Lernprozesse ausgelöst, aufrechterhalten und gesteuert werden. Dies erfordert von den Lehrpersonen komplexe Anpassungsleistungen an die spezifischen Bedürfnisse der Lernenden und an die situationalen Gegebenheiten. Voraussetzung dafür sind handlungssteuernde Lehrerkognitionen, die in der vorliegenden Arbeit unter dem Begriff *adaptive Lehrkompetenz* (Beck et al., 2008) zusammengefasst sind.

Man könnte nun argumentieren, Unterricht müsse immer adaptiv sein, weil Lernen stets ein individueller Prozess sei und demzufolge Klassen notwendigerweise heterogen sind. Lehrpersonen müssten sich also zwangsläufig auf unterschiedliche Schülerinnen und Schüler einstellen, so dass jeder Unterricht als adaptiv zu bezeichnen ist. Eine Konzeption zur adaptiven Lehrkompetenz sei deshalb gar nicht nötig. Dem ist entgegenzuhalten, dass es zwar plausibel ist, dass guter Unterricht zu einem hohen Ausmass adaptiv ist. Es bestehen aber erhebliche individuelle Unterschiede, wie Lehrpersonen mit vorhandener Differenz in den Klassen umgehen. Das Ausmass an Adaptivität von Lehrpersonen fällt also sehr unterschiedlich aus. Zudem soll in der Konzeption der adaptiven Lehrkompetenz beschrieben werden, wie verschiedene Teilkompetenzen miteinander zusammenhängen müssen, damit die unterschiedlichen Lernvoraussetzungen der Schülerinnen und Schüler im Unterricht lernförderlich berücksichtig werden können.

In Anlehnung an Helmke und Weinert (1997) benötigen adaptive Lehrpersonen hohe *diagnostische Kompetenzen*, um Lernvoraussetzungen festzustellen, hohe *didaktische Kompetenzen*, um die daraus folgenden Unterrichtsmassnahmen abzuleiten und umzusetzen, hohe Kompetenzen in der *Klassenführung*, um ein störungsarmes Lernumfeld zu schaffen und schliesslich hohe *Sachkompetenz*, um beispielsweise flexibel und fundiert auf Schülerfragen reagieren zu können. Diese vier Dimensionen sind nicht als unabhängige Bereiche zu verstehen, denn erst deren „situations- und kontextsensitive Orchestrierung" (Beck et al., 2008, S. 47) in Planung und Durchführung von Unterricht macht den Kern der adaptiven Lehrkompetenz aus. Damit ist zugleich gesagt, dass es sich bei der adaptiven Lehrkompetenz nicht um ein didaktisches Konzept handelt, das die Frage nach dem „Wie" des Unterrichtens ins Zentrum stellt. Vielmehr interessieren die erforderlichen Kompetenzen von Lehrpersonen, damit angesichts der bestehenden Heterogenität in Regelklassen das Lernen möglichst aller Schülerinnen und Schüler erfolgreich verläuft. Adaptive Lehrpersonen orientieren sich folglich weniger an der Gestaltung des Lehrens, sondern stärker am individuellen Lernen der Schülerinnen und Schüler.

Diese starke Ausrichtung am Lernen der einzelnen Kinder ist im heilpädagogischen Förderunterricht selbstverständlich. Wember (2001) hebt, vor dem Hintergrund der zunehmenden Integration von Kindern mit besonderen Lernbedürfnissen in Regelklassen, die Notwendigkeit von Adaptivität beim Lehren und Lernen auch in normalen Jahrgangsklassen hevor: „Bei immer heterogeneren Lerngruppen dürfte es (…) zur adaptiven Passung des Unterrichts keine wirksamen Alternativen geben, zumal durch die gemeinsame Unterrichtung behinderter und nichtbehinderter Kinder die Heterogenität in den Jahrgangsklassen zunimmt." (S. 161)

Die dieser Arbeit zugrunde liegende Konzeption der adaptiven Lehrkompetenz greift also die Annahmen des adaptiven Unterrichts auf, legt den Fokus aber nicht auf die Unterrichtsprozesse selbst, sondern rückt die dafür notwendigen Kompetenzen von Lehrpersonen in den Mittelpunkt. Die adaptive Lehrkompetenz löst somit die von Shulman (1986) gestellte Forderung ein, dass für ein umfassendes Verständnis von Unterrichtseffekten nicht nur Lehrerverhalten, sondern auch Lehrerkognitionen als Erklärungsgrössen herbeigezogen werden sollen.

In einer vom Schweizerischen Nationalfonds (SNF) geförderten Studie mit dem Titel „Adaptive Lehrkompetenz – Analyse von Struktur, Veränderbarkeit und Wirkung handlungssteuernden Lehrerwissens" (Beck et al., 2008) wurden eine erste Konzeption der adaptiven Lehrkompetenz umrissen, Messinstrumente entwickelt und erste Analysen zur Wirkung adaptiver Lehrkompetenz auf den Lernerfolg ganzer Klassen überprüft. In einer Intervention wurde zudem versucht, die adaptive Lehrkompetenz bei Lehrpersonen zu fördern und zu überprüfen. Die vorliegende Arbeit baut theoretisch und empirisch auf dieser Studie auf und nutzt deren Datengrundlage, um vertiefende Analysen zu erst lückenhaft bearbeiteten Fragestellungen durchzuführen. Die Forschungsschwerpunkte liegen (1) im Versuch einer Präzisierung des theoretischen Konzepts der adaptiven Lehrkompetenz, (2) bei der empirischen Validierung der Messung von adaptiver Lehrkompetenz, (3) bei der Untersuchung der Beziehungen zwischen der adaptiven Lehrkompetenz und dem Unterrichtshandeln, (4) bei der Analyse von Effekten adaptiver Lehrkompetenz auf den Lernertrag der Schülerinnen und Schüler, wobei wichtige individuelle Merkmale und Kontextmerkmale der Klasse kontrolliert sowie mögliche differentielle Effekte beachtet werden. Schliesslich interessiert die Frage (5), über welche Unterrichtsprozesse adaptive Lehrkompetenz vermittelt wird und den Lernertrag beeinflusst. Ein wichtiges Anliegen dieser Arbeit ist die Verwendung adäquater statistischer Methoden, welche beispielsweise die hierarchische Datenstruktur berücksichtigen. Zur Modellierung direkter und indirekter Effekte der adaptiven Lehrkompetenz auf den Lernerfolg wurden mehrebenenanalytische Strukturgleichungsmodelle verwendet.

Im theoretischen Teil der Arbeit wird zunächst ein *mehrebenenanalytisches Angebots-Nutzungs-Modell des schulischen Lernens* dargelegt, das im Sinne eines Rahmenmodells das Konzept der adaptiven Lehrkompetenz in einen grösseren theoretischen Rahmen einbettet und zudem die Arbeit inhaltlich strukturiert (vgl. Kapitel 2). Ein besonderes Gewicht wird dabei den theoretischen Grundlagen zu den professionellen Kompetenzen von Lehrpersonen eingeräumt. Das dritte Kapitel befasst sich ausgehend von einer Begriffsklärung und den Prinzipien des adaptiven Unterrichts mit der theoretischen Fundierung und der Konzeptualisierung der adaptiven Lehrkompetenz. Daraus folgt die Entwicklung eines *Modells der adaptiven Lehrkompetenz*, mit dem Ziel einer gegenüber der Nationalfondsstudie (Beck et al., 2008) präziseren Beschreibung, insbesondere was das Zusammenspiel der einzelnen Kompetenzdimensionen bei der Planung und Durchführung des Unterrichts betrifft. Aus dem theoretischen Teil werden in Kapitel 4 die Forschungsfragen abgeleitet und die Hypothesen begründet. In Kapitel 5 folgt eine relativ umfassende Darstellung der methodischen Grundlagen. Dies ergibt sich daraus, weil die Erfassung der adaptiven Lehrkompetenz in einem *Multi-Method*-Ansatz erfolgte und teilweise innovative Methoden (z.B. Videotest oder Vignettentest) entwickelt und eingesetzt wurden. Im sechsten Kapitel werden die Ergebnisse der Datenanalyse zur Beantwortung der Forschungsfragen dargestellt und die Hypothesen geprüft. Die zentralen Befunde werden im abschliessenden Kapitel 7 kritisch diskutiert. Neben der Herstellung von theoretischen Bezügen und der Einbettung in den aktuellen Forschungsstand werden auch Implikationen für die Unterrichtspraxis und die Lehrerbildung beleuchtet. Die Arbeit schliesst mit einem kurzen Ausblick auf mögliche Anschlussfragen für weiterführende Forschungsvorhaben.

2 Theoretisches Rahmenmodell schulischer Lehr-Lern-Prozesse

Um die Vielschichtigkeit und Komplexität von schulischen Lehr-Lern-Prozessen zu fassen, bieten sich Darstellungen in Form von Modellen an. Obwohl Modelle die Realität immer nur unvollständig abbilden, können sie einen wesentlichen Beitrag zur Bildung bzw. Erweiterung und Strukturierung von Theorien und insbesondere zu deren empirischen Überprüfung leisten, sofern sie nicht nur die Komplexität der Wirklichkeit reduzieren, sondern einen möglichst hohen Erklärungswert beibehalten (Scheerens, 1997). Für die Lehr-Lern-Forschung besonders aussichtsreich scheinen „Modelle zu sein, die das komplexe Zusammenspiel zwischen verschiedenen Determinanten, insbesondere zwischen motivationalen, emotionalen und kognitiven Parametern, zum Thema machen" (Helmke & Schrader, 2006a, S. 91).

In diesem Kapitel wird ein theoretisches Rahmenmodell dargestellt, mit dem die vielfältigen und komplexen Beziehungen von Lehrer- und Schülermerkmalen im schulischen Lehr-Lernprozess systematisch beschrieben werden. Das Modell dient nicht primär der unmittelbaren Ableitung empirisch überprüfbarer Hypothesen, sondern situiert die adaptive Lehrkompetenz im grösseren theoretischen Kontext und schafft zugleich eine inhaltliche Struktur für die vorliegende Arbeit.

2.1 Die Bedeutung von Modellen in der Schul- und Unterrichtsforschung

Die Darstellung von Determinanten schulischen Lernens in Form von Modellen hat in der empirischen Unterrichtsforschung eine lange Tradition (z.B. Scheerens & Bosker, 1997; Helmke & Schrader, 2006a; Klieme, 2006). Die verschiedenen Modelle schulischen Lernens haben zum Ziel, die grosse Zahl möglicher und tatsächlicher Determinanten der Schulleistung so zu reduzieren und zu ordnen, dass Leistungsunterschiede von Schülerinnen und Schülern und ihre Entstehungsbedingungen beschrieben und erklärt werden können. An den Veränderungen und Erweiterungen der Modellkonzeptionen lassen sich auch die historische Entwicklung in der empirischen Unterrichtsforschung und die jeweils vorherrschenden Paradigmen nachzeichnen. Ein frühes, sehr einflussreiches Modell des schulischen Lernens stammt von Carroll (1963) und steht in der Tradition behavioristischer Unterrichtsforschung. Die Grundidee des Modells besagt „the learner will succeed in learning a given task to the extent that he spends the amount of time that he needs to learn the task" (Carroll, 1963, S. 725). Carroll drückt also das Ausmass des Lernens als eine Funktion der tatsächlich genutzten Lernzeit im Verhältnis zur benötigten Lernzeit aus.

Noch zu Beginn der 70er-Jahre des letzten Jahrhunderts stand in der Unterrichtsforschung die direkte Beziehung zwischen dem Verhalten von Lehrpersonen und den Effekten auf die Schülerleistung im Zentrum der Untersuchungen. Diese einfachen Wirkungsmodelle, die im Rahmen des Prozess-Produkt-Paradigmas zahlreiche empirische Forschungsbemühungen ausgelöst hatten (vgl. zusammenfassend Brophy & Good, 1986), wurden in den letzten 30 Jahren zu einem systemischen Modell des Unterrichts weiterentwickelt und lassen komplexe Wirkungszusammenhänge zu (Floden, 2002; Morine-Dershimer, 2002). Dabei kommt einerseits der Untersuchung von Lehrerkognitionen eine zentrale Rolle zu, andererseits werden Schülerkognitionen als Mediatorvariablen zwischen das Lehrerhandeln und die Wirkung des Unterrichts geschaltet. Gemeinsam ist diesem Ansatz der Forschung zur Lehrerwirksamkeit die wirkungsorientierte Sichtweise, wonach die Qualität von Unterricht in Abhängigkeit der erzielten Effekte beurteilt wird (Helmke, 2003).

Klieme (2006, S. 765f.) grenzt die aktuelle Unterrichtsforschung explizit vom behavioristisch orientierten Prozess-Produkt-Paradigma ab, indem er folgende Grundannahmen formuliert, die wesentlich von einer konstruktivistischen Lehr-Lern-Konzeption geprägt sind:

- Sowohl der Unterricht als auch der Wissenserwerb sind soziale Prozesse, die eine Ko-"Produktion" der Akteure darstellen.
- Lehrerhandeln verursacht keine direkten Lernerträge, sondern schafft Lernumgebungen bzw. Lerngelegenheiten, die gemeinsam ausgestaltet werden und im Sinne eines Angebots je individuell genutzt werden.
- Ziele und Inhalte prägen die Prozesse und Ergebnisse von Unterricht mit, was zur Folge hat, dass Ergebnisse nicht ohne weiteres verallgemeinert werden können, sondern möglicherweise fach- bzw. inhaltsspezifisch sind.
- Das Unterrichtsgeschehen ist von institutionellen, sozialen und kulturellen Kontextfaktoren mitbestimmt.

Verschiedene aktuelle Modelle schulischen Lernens (Reusser & Pauli, 2003; Helmke, 2009), in welchen die dargestellten Postulate integriert wurden, gehen auf das Angebots-Nutzungs-Modell von Fend (1995; 1998b; 2002) zurück. Die zentrale Annahme besteht darin, dass „optimale Lernergebnisse dann zu erwarten sind, wenn ein bestmögliches Angebot maximal von Schülern genutzt wird" (Fend, 1984, S. 73). In einer allgemeinen Formel kann der Lernertrag als Funktion von Angebotsqualität (z.B. quantitative Lerngelegenheiten, Instruktionsqualität) und Nutzungsqualität (z.b. Nutzungs-fähigkeit, Motivation) ausgedrückt werden. Das Angebots-Nutzungs-Modell hat formale Ähnlichkeit mit ökonomischen Produktionsmodellen (z.b. Walberg, 1984), ist aber explizit handlungstheoretisch formuliert, da Angebote und Nutzungsformen das Ergebnis von zielgerichteten Handlungsentwürfen sind. Unterricht wird dabei als Angebot verstanden, das nicht deterministisch auf die Schülerinnen und Schüler wirkt, sondern in Abhängigkeit vieler dazwischen liegender Faktoren genutzt wird (Helmke, 2003; Klieme & Rakoczy, 2008). Pauli und Reusser (2006) bezeichnen diese Angebots-Nutzungs-Modelle als „ein systemisch und multikriterial erweitertes Prozess-Produkt-Modell" (S. 788), das Lernerträge nicht als direkt vom Lehrerhandeln erzeugtes Produkt, sondern als Ergebnis der Nutzung des Lernangebots durch die Schülerinnen und Schüler auffasst.

Die Qualität des Angebots wie auch der Nutzung hängen von den verschiedenen Ebenen des Bildungssystems ab. Diese mehrebenenanalytische Betrachtungsweise ist auch von Fend (1998b) betont worden, insbesondere der systematische Zusammenhang zwischen Klassenebene (Unterricht) und Systemebene (Makroplanung). Werden einzelne Elemente des Systems verändert, wirkt sich dies auch auf andere Systemebenen aus. So hat beispielsweise eine Änderung der auf der Makroebene vorgegebenen Schulorganisationsform einen Einfluss auf die Zusammensetzung der Schülerschaft in den Klassen, was sich auf die Unterrichtsgestaltung und letztlich auf das Lernergebnis der Schülerinnen und Schüler auswirken kann. Befunde aus empirischen Studien (z.B. Fend, 1982; Helmke & Weinert, 1997; Fend, 1998b) verweisen zwar darauf, dass durch die übergeordneten Analyseebenen, wie beispielsweise das Schulsystem, weniger Varianz aufgeklärt wird als auf untergeordneten Ebenen wie Einzelschulen oder Klassen. Dennoch darf die Bedeutung der übergeordneten Ebenen nicht vernachlässigt werden. So wird beispielsweise das gute Abschneiden Finnlands bei den PISA-Studien, vor allem aber die hohe Chancengleichheit, mit verschiedenen Faktoren des Schulsystems und soziokulturellen Rahmenbedingungen begründet (Niemi, 2007). Die Bedeutung der übergeordneten Ebene wird vor allem darin gesehen, dass sie den Rahmen für die darunterliegenden Ebenen schafft und dadurch deren Arbeit erleichtert. Entsprechend fasst Scheerens (1997) die grundlegende Idee, wie verschiedene Systemebenen miteinander in Beziehung stehen, zusammen: „The most general idea is that higher levels somehow facilitate operations at lower levels" (S. 285). Darüber hinaus wird in den systemischen Modellen auf die wechselseitige Beeinflussung der verschiedenen Ebenen hingewiesen. Besonders offenkundig ist diese wechselseitige Beziehung zwischen Individual- und Klassenebene. Unterrichtliches Handeln der Lehrpersonen (z.B. Zeitnutzung) beeinflusst nicht nur die spätere Lernleistung der Schülerinnen und Schüler, sondern hängt selbst vom Leistungsniveau der Klasse ab (Helmke & Schrader, 2006a).

2.2 Mehrebenenanalytisches Angebots-Nutzungs-Modell des schulischen Lernens

Als konzeptuelle Grundlage für die vorliegende Arbeit dient ein umfassendes theoretisches Rahmenmodell, das an die zuvor aufgeführten Überlegungen zu aktuellen Modellen in der Schul- und Unterrichtsforschung anschliesst. Das in Abbildung 1 dargestellte *mehrebenenanalytische Angebots-Nutzungs-Modell des schulischen Lernens* veranschaulicht auf einer mittleren Abstraktionsebene die postulierte Wirkungsweise professioneller Kompetenzen und insbesondere der adaptiven Lehrkompetenz (vgl. dazu Kapitel 3) im komplexen Bedingungsgefüge schulischer Lehr-Lern-Prozesse. Vereinfacht ausgedrückt beeinflusst die adaptive Lehrkompetenz gemeinsam mit anderen Lehrermerkmalen und in Abhängigkeit des Klassenkontextes die Unterrichtsprozesse, um so erfolgreiche individuelle Verarbeitungsprozesse bei den Schülerinnen und Schülern auszulösen, was letztlich zu besseren schulischen Lernleistungen führen soll.

Das theoretische Rahmenmodell orientiert sich in den Grundannahmen insbesondere an Überlegungen von Helmke (2009) und berücksichtigt (a) die multiple Determiniertheit schulischer Leistungen, (b) die vielfältigen Kontextvariablen und Antezedensbedingungen auf verschiedenen Wirkungsebenen (Mehrebenenmodell), (c) den Angebots-Nutzungs-Charakter, (d) das Bestehen komplexer Wechselwirkungen sowie (e) die multiplen Zielkriterien schulischen Lernens. Das Modell entspricht einem *erweiterten Prozess-Produkt-Paradigma* (Brophy & Good, 1986; Shuell, 1996; Brophy, 1999; Helmke, 2006; Seidel & Shavelson, 2007) und verbindet verschiedene aktuelle Modelle der Unterrichtsforschung (Fend, 1998b; Helmke, 2003; Baumert et al., 2004; Krauss et al., 2004; Helmke, 2009). Modelle dieses Paradigmas werden auch als *Prozess-Mediations-Produkt-Modelle* bezeichnet, weil keine direkte Wirkung von den Unterrichtsprozessen auf die Lernleistungen der Schülerinnen und Schüler postuliert, sondern Effekte über individuelle Verarbeitungsprozesse vermittelt werden. Da sich im vorliegenden Modell auch Annahmen anderer Forschungsparadigmen wiederfinden, namentlich des *Experten-Paradigmas* (Shulman, 1986; Bromme, 1992; 1997; Bromme & Haag, 2004), des *konstruktivistischen Ansatzes* (Duit, 1995; Cobb & Bowers, 1999; Brophy, 2002; Reusser, 2006) und des *schulklassenökologischen Paradigmas* (Ditton, 1992; Gruehn, 2000), könnte das vorliegende Modell in der Terminologie Shulmans (1986) auch als ein „Hybridmodell" bezeichnet werden. Wie beim *Experten-Paradigma* wird das berufsbezogene Wissen und Können der Lehrpersonen zur Gestaltung erfolgreicher Unterrichtsprozesse in den Vordergrund gerückt. Dabei werden die Kompetenzen von Lehrpersonen aus einer ganzheitlichen Perspektive betrachtet. Vom *konstruktivistischen Paradigma* wird insbesondere die Annahme übernommen, dass Lernende ihr Wissen aktiv konstruieren. Dies hat zur Folge, dass die Bereitstellung von Erfolg versprechenden Lerngelegenheiten unter Berücksichtigung der individuellen Lernvoraussetzungen der Schülerinnen und Schüler zur zentralen Aufgabe von Lehrpersonen wird. Dem *schulklassenökologischen Paradigma* schliesslich wurde entnommen, dass der Klassenkontext als Bedingungsfaktor für Unterrichtsprozesse innerhalb der Klasse von Relevanz ist.

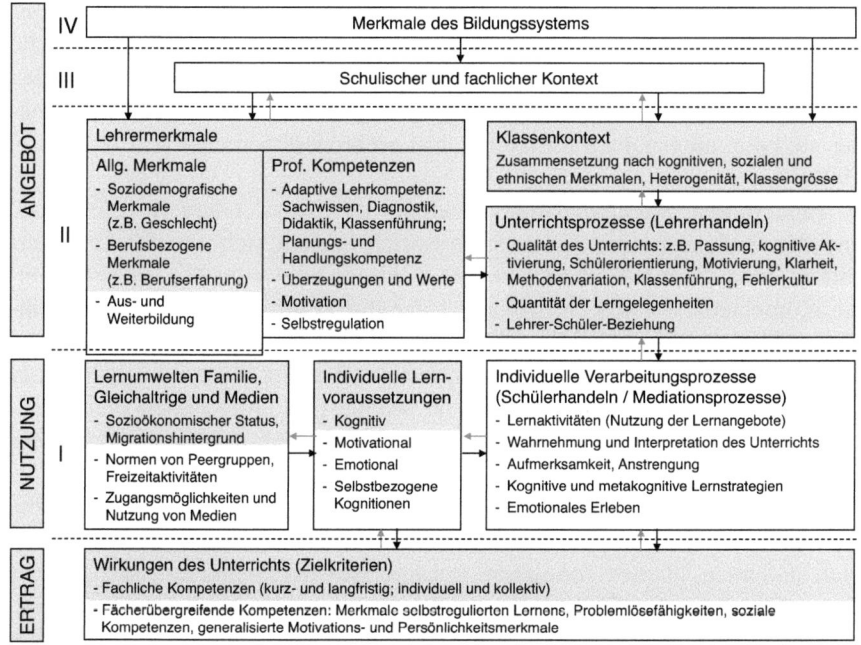

Anmerkung: Zu den grau hinterlegten Merkmalen liegen für die vorliegende Studie zumindest teilweise empirische Daten vor, die der statistischen Analyse zugänglich sind.

Abbildung 1: Mehrebenenanalytisches Angebots-Nutzungs-Modell des schulischen Lernens

Das mehrebenenanalytische Angebots-Nutzungs-Modell des schulischen Lernens unterscheidet vier hierarchisch geordnete Ebenen (Bildungssystem, Schulebene, Klassenebene, Schülerebene), die sich wechselseitig beeinflussen. Die postulierten Hauptwirkungsrichtungen in diesem *nicht-rekursiven*

Modell sind durch schwarze Pfeile symbolisiert, die Wechselwirkungen werden ansatzweise durch die grauen Pfeile angedeutet. Es ist indes aus Gründen der Übersichtlichkeit nicht möglich die komplexen reziproken Zusammenhänge auch nur annähernd vollständig abzubilden. Die in dieser Arbeit angenommenen Zusammenhänge werden im Kapitel 4 (Forschungsfragen und Hypothesen) ausformuliert.

Für die Beurteilung der Bedeutung der einzelnen Merkmalsgruppen hinsichtlich der Zielkriterien ist die „kausale Distanz" zum Lernen relevant. Üblicherweise wird zwischen proximalen und distalen Faktoren unterschieden (z.b. Helmke, 2003). Als *proximal* werden Faktoren bezeichnet, die kausal näher bei der Schulleistung liegen (z.b. das Lehrerhandeln im Unterricht oder die Anwendung von Lernstrategien). *Distale* Merkmale wie etwa die Schulform oder die soziale Herkunft sind weiter vom Zielkriterium entfernt und weisen in der Regel keinen direkten eigenständigen Effekt auf die schulische Leistung auf, sondern werden über dazwischen liegende Variablen vermittelt. Entsprechend ist der Anteil aufgeklärter Varianz grösser, je näher sich die untersuchten Variablen am Lernprozess befinden (Hill & Rowe, 1996).

Eine weitere wichtige Unterscheidung, die insbesondere für die Praxis und die Bildungspolitik Relevanz aufweist, bezieht sich auf die Veränderbarkeit bzw. Stabilität. *Veränderbare* Faktoren wie etwa die professionellen Kompetenzen von Lehrpersonen oder die Lernstrategien der Schülerinnen und Schüler sind für bildungspolitische bzw. pädagogische Massnahmen leichter zugänglich und können entsprechend rascher Wirkung zeigen. Eher *stabile* Merkmale (z.B. Intelligenz oder soziale Herkunft) eignen sich hingegen kaum für pädagogische Massnahmen, da sie sich nur schwer oder sehr langfristig beeinflussen lassen.

Die Ebenen zwei bis vier des Modells entsprechen der Angebotsseite, die unterste Ebene der Nutzungsseite. Zielkriterien (Ertrag) können prinzipiell auf allen Ebenen formuliert werden. Auf der Schülerebene sind dies beispielsweise individuelle fachliche Kompetenzen, die auf den übergeordneten Ebenen zu Klassen-, Schul- oder Schulform-Mittelwerten aggregiert werden können. Auf diesen übergeordneten Ebenen sind auch andere schulische Zielkriterien von Interesse, etwa die Leistungsverteilung (Variabilität der Leistungen) oder die Chancengleichheit verschiedener Schülergruppen (z.B. nach sozialer oder ethnischer Herkunft).

Der Fokus dieser Studie richtet sich auf die beiden untersten Modellebenen. Die Ebenen drei und vier sind deshalb nicht detailliert dargestellt. Sie sind aber aufgeführt, um auf die Einbettung der darunterliegenden Ebenen im grösseren Kontext hinzuweisen. Im Modell ebenfalls ausgeklammert bleiben die soziokulturellen und ökonomischen Rahmenbedingungen, innerhalb derer das Schulsystem organisiert ist und die auf sämtliche Ebenen des Bildungswesens Einfluss haben.

Die grau hinterlegten Bereiche bzw. Merkmale in Abbildung 1 sind für die vorliegende Arbeit von besonderem Interesse, da diese operationalisiert wurden und für die Analysen (zumindest einige) empirische Daten vorliegen. Nachfolgend werden die einzelnen Ebenen skizziert und es wird auf die Bedeutung für die vorliegende Arbeit verwiesen.

2.3 Ebene IV: Merkmale des Bildungssystems

Die oberste dargestellte Ebene bezieht sich auf die Makrostruktur des Bildungssystems. Auf der Systemebene sind Merkmale wie die Organisationsform des Bildungswesens (z.b. gegliedertes Schulsystem oder Gesamtschule), aber auch das Lehrerbildungssystem, die Definition des Curriculums oder die Reglementierung von Bildungsübergängen (z.b. Schuleintritt, Übertrittsreglemente usw.) anzusiedeln. Das Makrosystem beeinflusst die darunterliegenden Ebenen, beispielsweise indem Vorgaben gemacht (z.b. Bestimmung von Grobzielen bzw. neuerdings von Bildungsstandards), Ressourcen verteilt (z.b. Stundentafel, Stützsysteme, Unterrichtspensen) oder Lehrpersonen aus- und weitergebildet werden.

Typische Zielkriterien der Makroebene sind neben den durchschnittlichen fachlichen Kompetenzen ein geringer Anteil sogenannter „Risikoschülerinnen und -schüler" mit ganz schwachen Schulleistungen sowie eine hohe Chancengerechtigkeit (z.b. OECD, 2010c; 2010b). Letzteres drückt sich insbesondere in einem geringen Zusammenhang zwischen sozialer Herkunft und fachlichen Leistungen aus (vgl. Kapitel 2.7).

Empirische Analysen der Makroebene haben sich vor allem mit dem Vergleich verschiedener Schulformen befasst (vgl. zusammenfassend Horstkemper & Tillmann, 2004). Erste grossangelegte systemvergleichende Studien wurden im deutschsprachigen Raum in den 1970er Jahren durchgeführt. Dabei wurden erhebliche Unterschiede in den untersuchten Merkmalen (z.b. soziale Herkunft und fachliche Leistungen) zwischen den verschiedenen Schulformen innerhalb des gegliederten Schulsystems gefunden. Zwischen den Schulsystemen hingegen wurden kaum Differenzen festgestellt (Fend, 1982; 1998b).

Seit der Mitte der 1990er Jahre hat sich mit den grossen internationalen Vergleichsstudien TIMSS (Beaton, Martin, Mullis, Gonzalez, Smith & Kelly, 1996; Moser, Ramseier, Keller & Huber, 1997) und PISA (OECD, 2001; 2004; 2007b; 2010c) der Fokus auf die fachlichen Kompetenzen der Schülerinnen und Schüler verschoben. Die von Fend gefundenen Ergebnisse wurden in diesen internationalen Leistungsvergleichsstudien bestätigt und weiter differenziert. Besonderes Gewicht wurde auf die Untersuchung der Chancengleichheit von Schülerinnen und Schülern aus benachteiligten sozialen Verhältnissen gelegt. Dabei konnte – sowohl für Deutschland als auch für die Schweiz – nachgewiesen werden, dass in selektiven (gegliederten) Schulsystemen Schülerinnen und Schüler aus benachteiligten sozialen Verhältnissen selbst bei gleichen Leistungen deutlich seltener anspruchsvollere Schulformen besuchen (Baumert & Schümer, 2002; Zutavern, Brühwiler & Biedermann, 2002; Ramseier & Brühwiler, 2003).

Eine ähnliche Internationalisierung der Forschungsbemühungen, wenn auch mit einer gewissen zeitlichen Verzögerung, ist bei der Untersuchung der Lehrerbildungssysteme zu beobachten. Nachdem zunächst die Lehrerbildung in einzelnen Ländern zum Gegenstand der Bildungsforschung wurde (z.B. Oser & Oelkers, 1994; 2001), werden gegenwärtig auch internationale Vergleichsstudien durchgeführt. So hat die Teacher Education and Development Study in Mathematics (TEDS-M) erstmals in einer empirischen Studie die Wirksamkeit der Lehrerausbildung einem internationalen Vergleich unterzogen (Tatto, Schwille, Senk, Ingvarson, Peck & Rowley, 2007; Blömeke, Kaiser & Lehmann, 2010b; 2010a; Oser, Biedermann, Brühwiler, Kopp, Krattenmacher & Steinmann, 2010; Tatto et al., 2012). Die von der IEA (International Association for the Evaluation of Educational Achievement) verantwortete Studie, an der sich 17 Länder beteiligt haben, untersucht die Grundausbildung von angehenden Lehrpersonen für die Primarstufe und die Sekundarstufe I im Fachbereich Mathematik.

Für die vorliegende Arbeit ist die Makroebene des Schulsystems zwar aus theoretischer Sicht bedeutsam, weil damit die Rahmenbedingungen für den Erwerb professioneller Kompetenzen von Lehrpersonen und den Lehr-Lernprozess festgelegt werden. Die Fragestellungen für die empirische Analyse zielen aber nicht auf die Systemebene.

2.4 Ebene III: Merkmale der Einzelschule und des Fachbereichs

Die *dritte Ebene* des Modells umfasst Merkmale der Einzelschule und des Fachbereichs. Die Gestaltung von Unterricht hängt wesentlich von den schulischen Rahmenbedingungen und Lernumgebungen ab. Die höhere Bedeutsamkeit der Qualität von Einzelschulen gegenüber der Systemebene kann bereits aus den Befunden der oben erwähnten Schulsystemvergleiche abgeleitet werden. Deren Ergebnisse zeigen, dass die Varianz zwischen den Schulen innerhalb derselben Schulform weitaus grösser ist als zwischen Schulsystemen (Fend, 1982; 1998b). Im Rahmen der Schuleffektivitätsforschung konnten

Faktoren mit positiven Effekten auf den Kompetenzerwerb der Schülerinnen und Schüler identifiziert werden. Zu diesen über die soziale Zusammensetzung der Schülerschaft hinaus bedeutsamen Schulmerkmalen gehören insbesondere die Kooperation im Lehrerkollegium, das Schulklima, die Zusammenarbeit mit den Eltern, eine effektive Zeitnutzung, die Evaluationspraxis und eine lernorientierte Erwartungshaltung (Aurin, 1991; Wang, Haertel & Walberg, 1993; Scheerens & Bosker, 1997; Teddlie & Reynolds, 2000). Die Merkmale dieser Ebene sind als distale Faktoren zu bezeichnen, die relativ weit entfernt von den Schülerleistungen sind. Als empirisch gut gesichert gilt, dass Faktoren der Lehrperson bzw. des Unterrichts (proximale Faktoren) einen grösseren Effekt auf die Lernleistung der Schülerinnen und Schüler aufweisen als distale Faktoren (z.b. Wang, Haertel & Walberg, 1990; Hill & Rowe, 1996; Helmke & Weinert, 1997). Der Vorteil effektiver Schulen besteht darin, dass es ihnen besser gelingt, günstige Bedingungen für guten Unterricht zu schaffen (Cortina, 2006).

In den vergangenen Jahren wird dem fachlichen Kontext vermehrt Aufmerksamkeit geschenkt, da sich die Ansicht durchgesetzt hat, dass sich Zusammenhänge zwischen schulischen Bedingungsfaktoren nicht ohne weiteres auf alle Fachbereiche übertragen lassen (Helmke, 2003). Die Fachbereichsspezifität ist auch ein Charakteristikum des Kompetenzbegriffs, der dieser Arbeit zugrunde liegt (vgl. Kapitel 2.5.1). Die empirische Untersuchung in der vorliegenden Arbeit erfolgt im Fachbereich Naturwissenschaften. Entsprechend sind die fachspezifischen Konstrukte anhand des Fachbereichs Naturwissenschaften operationalisiert worden.

2.5 Ebene II: Lehrermerkmale, Klassenkontext und Unterrichtsprozesse

Auf der *zweiten* Ebene des Rahmenmodells sind die Merkmale der Lehrperson, der Klassenkontext und der Unterricht abgebildet. Dabei werden die professionellen Kompetenzen der Lehrperson und der Klassenkontext als wesentliche Bedingungen für die Gestaltung von Lerngelegenheiten im Unterricht betrachtet.

Der Beitrag der Lehrperson für den fachlichen Lernerfolg der Schülerinnen und Schüler ist immer wieder kontrovers diskutiert worden. Berücksichtigt man möglichst viele Faktoren, welche die schulische Leistung beeinflussen (z.B. Vorwissen, kognitive Grundfähigkeiten, Schultyp, soziale Herkunft usw.), scheint der Effekt von Lehrpersonen relativ gering auszufallen. Werden indes nur die variablen Bedingungsfaktoren der Schülerleistung betrachtet, erklärt die Lehrperson einen erheblichen Anteil an Leistungsvarianz bei den Schülerinnen und Schülern (Bromme, 1997). Generell lässt sich aus den Ergebnissen der Schul- und Lehrerwirksamkeitsforschung schliessen, dass Lehrpersonen den deutlich grösseren Einfluss auf den Lernerfolg der Schülerinnen und Schüler haben als Schulen (Scheerens & Bosker, 1997; Hattie, 2009).

Lipowsky (2006) weist darauf hin, dass bei *Value-added*-Studien, die den Leistungszuwachs längsschnittlich untersuchen, der Klassenebene (Merkmale der Lehrperson, der Klasse und des Unterrichts) eine grössere Bedeutung zukommt als anhand der Befunde aus querschnittlichen Studien bislang angenommen wurde. Nach Rivkin, Hanushek und Kain (2001) können sieben Prozent der Gesamtvarianz von Leistungszuwächsen der Schülerinnen und Schüler durch Unterschiede bei den Lehrpersonen erklärt werden. Auch Wright, Horn und Sanders (1997) konnten in einer *Value-added*-Studie (TVAAS) feststellen, dass Lehrpersonen einen grösseren Effekt auf den Lernerfolg der Schülerinnen und Schüler ausmachen als etwa die Heterogenität in der Klasse oder die Klassengrösse.

Baumert et al. (2004) kommen nach einer Analyse von PISA 2000 zum Schluss, dass zwischen den System- und Kontextvariablen und den Schülerleistungen eine Erklärungslücke besteht, die mit der Analyse der vermittelnden Lehr-Lern-Prozesse reduziert werden könnte. Insbesondere der Lehrperson und dem unterrichtlichen Lehrerhandeln müssten mehr Beachtung geschenkt werden. Da es sich bei den professionellen Kompetenzen von Lehrpersonen um den Hauptfokus dieser Arbeit handelt, werden diese im Folgenden ausführlicher dargestellt.

2.5.1 Professionelle Kompetenzen von Lehrpersonen

Mit der Frage, wodurch sich eine gute Lehrperson auszeichnet, befasst man sich, seit es Schulen als spezielle Einrichtung für das Lehren und Lernen gibt (Weinert & Helmke, 1996). Zwar haben sich die Herangehensweisen und Perspektiven bei der wissenschaftlichen Untersuchung von Lehrermerkmalen gewandelt, die Fragen sind aber heute noch, respektive in jüngster Zeit wieder verstärkt, aktuell. In den fünfziger und sechziger Jahren des letzten Jahrhunderts ging es im Rahmen des *Lehrerpersönlichkeits-Paradigma*s um die (wenig ertragreiche) Suche nach allgemeinen Persönlichkeitseigenschaften (z.B. Extraversion) von Lehrpersonen, die für den erzieherischen Erfolg ausschlaggebend sein sollten. Dieser Ansatz zur Erklärung von schulischen Leistungen gilt heute als gescheitert, weil Unterrichtsbedingungen und -prozesse weitgehend ausgeblendet blieben (Bromme, 1997; Bromme & Haag, 2004). Beeinflusst durch den *Expertenansatz* steht gegenwärtig der Personenansatz, also die Frage nach Merkmalen der Lehrperson wieder im Vordergrund (z.B. Kunter & Klusmann, 2010). Es sind aber „nicht mehr vage definierte Charakterzüge, sondern es ist das Wissen und Können für die Gestaltung von Lerngelegenheiten" (Bromme, 1997, S. 186). Dabei werden nicht isolierte Teilfertigkeiten von Lehrpersonen analysiert, sondern in einer ganzheitlichen Sichtweise die Kompetenzen von Lehrpersonen als kohärente Einheit von Wissen und Können betrachtet.

Bevor die professionellen Kompetenzen weiter ausgeführt werden, ist es notwendig, den zugrunde liegenden Kompetenzbegriff zu erörtern. Grundsätzlich wird der Kompetenzbegriff vom klassischen Intelligenzbegriff in der Psychologie abgegrenzt. Mit *Intelligenz* wird eine generalisierte, kontextunabhängige kognitive Disposition umschrieben, die nur begrenzt erlernbar oder trainierbar ist (Weinert, 1997a). Demgegenüber geht es bei der *Kompetenz* immer um die Bewältigung von situationsspezifischen Anforderungen oder Aufgaben (Klieme & Leutner, 2006). Der hier verwendete Kompetenzbegriff orientiert sich an einer Begriffsdifferenzierung, die auf Weinert (2001) zurückgeht und auch in anderen aktuellen pädagogisch-psychologischen Untersuchungen (z.B. Krauss et al., 2004; Frey, 2006; Klieme & Leutner, 2006) oder im Rahmen der Entwicklung von Bildungsstandards (Klieme et al., 2003; Köller, 2008a) Verwendung findet. In Anlehnung an den Expertiseansatz (Bromme, 1997) lassen sich Kompetenzen am besten anhand von Anforderungen beschreiben, die es zu bewältigen gilt. Übertragen auf die schulische Situation bezeichnen Klieme et al. (2003) Kompetenzen als „die bei Individuen verfügbaren oder von ihnen erlernbaren kognitiven Fähigkeiten und Fertigkeiten, bestimmte Probleme zu lösen, sowie die damit verbundenen motivationalen, volitionalen und sozialen Bereitschaften und Fähigkeiten, die Problemlösungen in variablen Situationen erfolgreich und verantwortungsvoll nutzen zu können" (S. 72). Kompetenz wird nach dieser Auffassung als eine kontextspezifische Leistungsdisposition verstanden, mit der Personen konkrete Anforderungssituationen in bestimmten inhaltlichen Bereichen bewältigen können. Insofern stellt Kompetenz die Verbindung zwischen Wissen und Können her.

Wissen wird in der Kognitionspsychologie als im Gedächtnis gespeicherte Information betrachtet und ist kognitiv unterschiedlich repräsentiert. Nach Schraw (2006) lassen sich die drei Wissensarten deklaratives, prozedurales und selbstregulatives Wissen unterscheiden:

1) *Deklaratives Wissen* umfasst semantisches Wissen (Wissen über Fakten, Konzepte und abstrakte Prinzipien) und episodisches Wissen (Erinnerung an Ereignisse).

2) *Prozedurales Wissen* ist das Wissen über Handlungs- und Verfahrensweisen, d.h. es geht um Wissen darüber, wie man etwas tut.

3) Das *selbstregulative Wissen* dient der Reflexion über das eigene Wissen und der Steuerung des eigenen Denkens und Lernens. Dabei wird ein domänenübergreifender Wissensbereich (metakognitives Wissen) von einem domänenspezifischen Bereich unterschieden. Letzterer steuert den Umgang mit spezifischen Inhalten und Aufgaben.

Der von Weinert (2001) vorgeschlagene Kompetenzbegriff beschränkt sich nicht auf *kognitive* Dispositionen, sondern schliesst auch *motivationale* und *handlungsbezogene* Merkmale mit ein. In Bezug auf die von Lehrpersonen zu bewältigenden Anforderungen unterscheiden Krauss et al. (2004) *Professionswissen* als kognitive Kompetenzen im engeren Sinne (z.b. Fachwissen, didaktisches Wissen usw.) von *professionellen Handlungskompetenzen* im weiteren Sinne (vgl. auch Baumert & Kunter, 2006; Brunner et al., 2006; Baumert & Kunter, 2011a). Kompetenz wird dabei nicht als eindimensionale Fähigkeit aufgefasst, sondern als Fähigkeitskomplex, der sich in verschiedene Teilbereiche und Facetten differenzieren lässt. *Professionelle Handlungskompetenz* umfasst neben den kognitiven Kompetenzen (*Professionswissen*) auch *Überzeugungen und Werthaltungen, motivationale Orientierungen* und *selbstregulative Fähigkeiten.*

2.5.1.1 Professionswissen

Die Beschreibung des unterrichtsrelevanten Professionswissens, dem kognitiven Kompetenzanteil von Lehrpersonen, wird im Folgenden nach verschiedenen Gesichtspunkten vorgenommen. Zunächst soll das professionelle Wissen von Lehrpersonen in *inhaltliche Bereiche* aufgegliedert werden. Weitere Aspekte, nach denen das Lehrerwissen beschrieben wird, sind die *Orientierung am Prozessverlauf des Unterrichtens, Theorie- und Praxiswissen, stabil-flexibles Verfolgen von Zielen* sowie *unterschiedliche Kategorien der Unterrichtswahrnehmung.*

a) Inhaltsbereiche des Professionswissens. Wegweisend für zahlreiche aktuelle Typologien des professionellen Wissens waren die Arbeiten von Shulman (1986; 1987), der neben dem allgemeinen pädagogischen Wissen (*pedagocical knowledge*) vor allem auf die hohe Bedeutung des fachlichen Wissens der Lehrpersonen hingewiesen hat. Dabei geht es ihm nicht nur um fundiertes Wissen in den wissenschaftlichen Fachdisziplinen (*subject knowledge*) und um deren Umsetzung im schulischen Kontext (*curricular knowledge*), sondern auch darum, dass Lehrpersonen dieses fachliche Verständnis nutzen können, um Schülerinnen und Schüler beim Lernen fachlicher Inhalte zu unterstützen (*pedagogical content knowledge*). Das Besondere am professionellen Wissen von Lehrpersonen entsteht demnach durch die Integration von pädagogisch-psychologischen und curricularen Wissensbeständen (Bromme, 1997). Im deutschsprachigen Raum hat Bromme (1997; Bromme & Haag, 2004) diese Unterteilung übernommen und modifiziert. Er unterteilt in Anlehnung an Shulman das professionelle Lehrerwissen in (a) *fachliches Wissen*, (b) *curriculares Wissen*, (c) *Philosophie des Schulfaches*, (d) *pädagogisches Wissen* und (e) *fachspezifisch-pädagogisches Wissen*. Das Professionswissen von Lehrpersonen lässt sich in den meisten theoretischen Konzeptionen in drei grosse Wissensbereiche zusammenfassen. Demnach sollten Lehrpersonen beim Planen und Durchführen von Unterricht über *Fachwissen, pädagogisches Wissen* und *Wissen über das Lernen der Schülerinnen und Schüler* verfügen (De Corte, Greer & Verschaffel, 1996).

Der Konzeption der adaptiven Lehrkompetenz in dieser Arbeit liegt eine ähnliche Gliederung zugrunde (Beck et al., 2008), die jedoch das pädagogische Wissen in die Teilbereiche Didaktik und Klassenführung differenziert und das Wissen über Schülerkognitionen als diagnostische Kompetenz zusammenfasst (z.b. Helmke & Weinert, 1997; Helmke, 2003). Das grundlegende Professionswissen von Lehrpersonen wird demnach als Expertise in den Dimensionen *Fachwissenschaft, Diagnostik, Didaktik* und *Klassenführung* aufgefasst. Die *adaptive Lehrkompetenz* wird als übergeordnete Kompetenz konzeptualisiert, die ein hohes Professionswissen in den genannten Kompetenzdimensionen voraussetzt. Damit sollten Lehrpersonen in der Lage sein, die zentralen Anforderungen des Unterrichtens zu erfüllen. Insbesondere sollten adaptive Lehrpersonen in der Lage sein, ihren Unterricht so auf die individuellen Bedürfnisse der Schülerinnen und Schüler auszurichten, dass Lerngelegenheiten entstehen, in denen möglichst viele Schülerinnen und Schüler bestmögliche Lernleistungen erreichen (Beck et al., 2008). Mit adaptiver Lehrkompetenz wird demnach eine situative Anpassungsleistung der Lehrpersonen bezeichnet. Eine umfassende Darlegung des Konzepts der adaptiven Lehrkompetenz und der einzelnen Dimensionen erfolgt in Kapitel 3.

b) Orientierung am Prozessverlauf des Unterrichtens. Die Kognitionen von Lehrpersonen unterscheiden sich in Art und Funktion je nachdem, ob sie sich auf die Phase vor, während oder nach dem Unterricht beziehen (Calderhead, 1996). Calderhead bezeichnet Kognitionen vor dem Unterrichten als *proaktiv* (preactive teaching), während dem Unterrichten als *interaktiv* (interactive teaching) und jene nach dem Unterrichten als *postaktiv* (postactive reflection). Kognitionen vor und nach dem Unterricht sind durch eine gewisse Bedächtigkeit und einen evaluativen Charakter gekennzeichnet, Kognitionen während des Unterrichtens sind dagegen aufgrund des Handlungsdrucks unmittelbarer und spontaner (ebd.).

Unterrichtsplanung bzw. der häufig synonym verwendete Begriff Unterrichtsvorbereitung umfasst „alle dem Unterricht vorausgehenden Massnahmen, die Lehren und Lernen im Unterricht selbst optimieren sollen" (Schnaitmann, 1999, S. 292). Calderhead (1996, S. 713f.) hat in einem Übersichtsartikel aufgrund empirischer Studien sechs Merkmale zur Unterrichtsplanung von Lehrpersonen herausgearbeitet:

- Planung erfolgt zu *unterschiedlichen Zeitpunkten* vor dem Unterricht. Eine Jahresplanung fokussiert auf andere Aspekte (z.B. Festlegen von Jahreszielen und Inhalten) als die Planung einer konkreten Unterrichtsreihe (z.B. Bereitstellung von Unterrichtsmaterial). Unterrichtsplanung erfolgt in der Regel nicht als einmalige abgeschlossene Handlung, sondern ist als kontinuierlicher Prozess zu betrachten, bei dem frühere Planungsüberlegungen geprüft und überarbeitet werden.
- Planung ist meist *informell*, was auch bedeutet, dass Lehrpersonen ihre Planungsüberlegungen selten oder nur sehr verkürzt schriftlich festhalten.
- Planung von Unterricht basiert auf dem *Professionswissen* der Lehrpersonen (s. oben). Eine unzureichende Wissensbasis kann zu unvollständigen oder nicht realisierbaren Unterrichtsplanungen führen.
- Planung ist ein *kreativer Akt* und enthält sowohl eine Problemfindungs- als auch eine Problemlösungsphase. Dazu gehören das Kreieren von Ideen und die Umsetzung in Unterrichtsaktivitäten aufgrund des Wissens über Lehr- und Lernprozesse.
- Planung muss *Flexibilität* zulassen, indem sie an die jeweilige Situation oder unerwartete Ereignisse angepasst werden kann. Eine gute Unterrichtsplanung sollte Lehrpersonen darauf vorbereiten, im Unterricht auf eine grosse Bandbreite an möglichen Situationen reagieren zu können.
- Planung ist *kontextabhängig*. Sie wird insbesondere durch an der Schule oder in einem Fachbereich vorherrschende Erwartungen (vgl. Kapitel 2.4) geprägt.

Eine gute Unterrichtsvorbereitung ist insbesondere bei einem konstruktivistisch orientierten Unterricht relevant. Wenn sich der Unterricht an den Lernvoraussetzungen der Schülerinnen und Schüler ausrichten soll, setzt dies nach Staub (2004) voraus, dass die Lehrperson über genügend fachliches Wissen verfügt und den Unterricht aus Sicht der Schülerinnen und Schüler gründlich durchgedacht hat. Eine in Hong Kong durchgeführte Längsschnittstudie zum Denken von Primarlehrpersonen über das Unterrichten von Naturwissenschaften von Beginn der Ausbildung bis zum ersten Berufsjahr kam zum Ergebnis, dass sich die Lehrpersonen hin zu einem konstruktivistischeren Lehr-Lern-Verständnis entwickeln, aber zu einer einfacheren Planung und weniger kohärentem Denken (So & Watkins, 2005). Während des eigentlichen Unterrichtens, der interaktiven Phase der Lehrtätigkeit, sind die Anforderungen an die Kognitionen der Lehrpersonen anders gerichtet als bei der Unterrichtsplanung. Aufgrund des bestehenden Handlungsdrucks in sozialen Situationen (vgl. Kapitel 2.5.3) besteht kaum Zeit für Reflexionen. Das Denken der Lehrpersonen richtet sich auf die Realisierung der geplanten Unterrichtsaktivitäten bzw. auf die Anpassung an die Schülerinnen und Schüler und an Erfordernisse konkreter Unterrichtssituationen. Untersuchungen im naturwissenschaftlichen Unterricht verweisen beispielsweise darauf, dass Lehrpersonen sich vor allem an den schwächeren Schülerinnen und Schülern ausrichten und das Unterrichtstempo ihnen anpassen (Calderhead, 1996). Die Bedeutung von Wechselwirkungen zwischen Unterrichtsprozessen und Lehrerwissen zeigt sich auch darin, dass sich das fachliche Wissen der Lehrpersonen im Verlaufe des Unterrichtens erhöht (vgl. Munby, Russell & Martin, 2002). Über welche Prozesse dies zustande kommt, ist allerdings erst wenig bekannt.

Obschon die Lehrerkognitionen in den einzelnen Unterrichtsphasen relativ häufig Forschungsgegenstand waren, bestehen kaum Forschungsergebnisse zum Zusammenhang zwischen den Kognitionen in den verschiedenen Phasen des Unterrichtens (vgl. Calderhead, 1996; Schnaitmann, 1999).

In der Konzeption der adaptiven Lehrkompetenz wird der Unterscheidung zwischen proaktiven und interaktiven Lehrerkognitionen Rechnung getragen, indem zwischen Planungs- und Handlungskompetenzen unterschieden wird (vgl. Kapitel 3.4.2) und deren Beziehungen untereinander sowie bezüglich des Unterrichtshandelns untersucht werden.

c) Theorie- und Praxiswissen. Das Verhältnis zwischen Theorie- und Praxiswissen, bzw. zwischen wissenschaftlichem Wissen und subjektivem Erfahrungswissen, wird insbesondere in der Lehrerinnen- und Lehrerbildung heftig diskutiert, da es weitreichende Konsequenzen nach sich zieht, wie professionelle Kompetenzen aufgebaut werden können (z.b. Fried, 2003). Shulman (2005) beschreibt unter dem Begriff der *Signaturpädagogik* charakteristische Handlungssituationen, in denen junge Menschen komplexe Kompetenzen für professionelles Arbeiten (z.b. Ärzte oder Anwälte) lernen können. Insbesondere geht es um die Frage, wie theoretisches Wissen zum Können und letztlich in Handlung umgesetzt wird (vgl. auch Wahl, 2006). Der „weite Weg vom Wissen zum Handeln" (Wahl, 1991) bzw. die „Kluft zwischen Wissen und Handeln" (Mandl & Gerstenmaier, 2000) ist in der Kognitionspsychologie wiederholt thematisiert worden. Es liegt auf der

Hand, dass reines „Buchwissen" – etwa über wirksame Lehr-Lern-Prozesse – nicht direkt zu effektivem Unterrichtshandeln führt. Messner und Reusser (2000) bezeichnen diese Wissensform als „Wissen über die Praxis", das jedoch trotz seiner rationalen Begründungen und wissenschaftlichen Richtigkeit oft als für die Praxis unnütz wahrgenommen und nicht verhaltenswirksam wird. Die relative Handlungsunwirksamkeit derartigen Wissens wird damit erklärt, dass es sich um „träges Wissen" (inert knowledge) handle, das kaum auf unterrichtliche Alltagssituationen transferiert werde (Gruber, Mandl & Renkl, 2000; Renkl, 2005). Gruber und Renkl (2000, S. 163) unterscheiden drei Erklärungsansätze, weshalb an sich vorhandenes Wissen nicht angewandt wird: Defizite können (1) bei den Metaprozessen (z.b. metakognitive Steuerungsprozesse), (2) in der Struktur des erworbenen Wissens selbst oder (3) in der mangelnden Situiertheit des Wissens im aktuellen Kontext liegen.

Nach Wahl (1991; 2001) erweist sich träges Theoriewissen besonders beim „Handeln unter Druck" als veränderungsresistent und wenig handlungswirksam. Mit der Frage, welche Beschaffenheit professionelles Wissen von Lehrpersonen haben muss, um handlungsleitend zu sein (Praxiswissen), hat sich das Konzept der „subjektiven Theorie" (gelegentlich auch als Alltagstheorie oder implizite Theorie bezeichnet) befasst. Dann (1994) beschreibt subjektive Theorien als relativ stabile kognitive Strukturen, die jedoch durch Erfahrung veränderbar und teilweise implizit (d.h. nicht bewusstseinszugängliche Selbstverständlichkeiten oder unreflektierte Überzeugungen) sind. Subjektive Theorien haben aber auch Ähnlichkeiten mit wissenschaftlichen Theorien (z.B. eine zumindest implizite Argumentationsstruktur) und dienen analog zu wissenschaftlichen Theorien der Definition von Situationen, der Erklärung und Ursachenzuschreibung von Ereignissen, der Vorhersage von künftigen Ereignissen oder der Generierung von Handlungsentwürfen (ebd.). Dann stellt fest, dass das Praxiswissen nicht ohne Theoriewissen auskommt. Er sieht die Funktion wissenschaftlichen Grundlagenwissens vor allem als Reflexionshilfe.

Weder akademisches noch praktisches Wissen alleine reicht aus, um professionelle Expertise zu erlangen. Zur Entwicklung von Expertise sind sowohl deklarative als auch prozedurale Wissensbestände notwendig. Diese Wissensstrukturen müssen zudem neu organisiert und situationsspezifisch angepasst werden (Gruber, Harteis & Rehrl, 2008). Auch Messner und Reusser (2000) betonen, dass die Verbindung von theoretischem Grundlagenwissen und praktischen Erfahrungen notwendig sei, um professionelles Lehrerwissen als Basis für situativ flexibles Handeln zu erlangen. Ansätze, die diese integrative Verbindung zwischen Theorie und Praxis für die Ausbildung von Lehrpersonen explizit formulieren, sind beispielsweise die „Standards der Lehrpersonen" (Oser, 1997; 2001) oder das fachspezifisch-pädagogische Coaching (Staub, 2001; West & Staub, 2003).

d) Stabil-flexibles Verfolgen von Zielen. Ein weiteres empirisch belegtes Kennzeichen professionellen Wissens bezieht sich auf die Flexibilität des Handelns. Expertinnen und Experten verfügen nach Leinhardt und Greeno (1986) über ein elaboriertes Repertoire an Handlungszielen (z.b. Kontrolle von Hausaufgaben bei allen Schülerinnen und Schülern), das sie situations-angemessen verfolgen. „Wenn diese Ziele auch für alle Experten charakteris-tisch sind (stabil), so verfolgten sie diese doch je nach Situation und auftre-tender Schwierigkeiten unterschiedlich (flexibel)" (Bromme & Haag, 2004, S. 781). Darauf, dass das Erreichen anspruchsvoller Lernziele im Unterricht auf unterschiedliche Art und Weise erreicht werden kann, verweisen auch Helmke und Weinert (1997).

Hatano und Inagaki (1992) argumentieren, dass der Erwerb von Ex-pertise einen Prozess der Dekontextualisierung bzw. Desituierung darstel-le. Transfer auf neue Anforderungen gelinge Expertinnen und Experten des-halb besser, weil ihr Wissen als Ergebnis der Dekontextualisierung weniger kontextgebunden ist und sich dadurch auf eine grössere Anzahl an Situatio-nen und Problemen anwenden lässt. Dementsprechend wünscht sich Hattie (2009) Lehrpersonen als „adaptive learning experts, who (...) have high lev-els of flexibility that allow them to innovate when routines are not enough" (S. 246).

e) Unterschiedliche Kategorien der Unterrichtswahrnehmung. Annahmen über Struktur und Wirkungsweise professionellen Wissens sind massgeb-lich durch die Expertenforschung beeinflusst worden. Erfahrene Lehrperso-nen verfügen im Vergleich zu Novizen über qualitativ andere Kategorien, wie sie Unterricht wahrnehmen (Bromme & Haag, 2004). Während uner-fahrene Lehrpersonen beim Betrachten von vorgelegten Unterrichtsaufzeich-nungen eher auf äusserliche Details (z.B. räumliche Anordnung im Klassen-zimmer oder Unterrichtsmaterial) fokussieren, gehen Expertenlehrpersonen von komplexeren Analyseeinheiten bzw. Kategorien aus, mit denen sie das Unterrichtsgeschehen strukturieren und interpretieren (Berliner, 1992). Ex-pertinnen und Experten fassen demnach das komplexe, für Laien scheinbar unübersichtliche und unstrukturierte Unterrichtsgeschehen in wenige Kate-gorien bzw. Schemata zusammen (Combe & Kolbe, 2004). Tenorth (2006) schlägt sogar vor, „nicht mehr von Wissen, auch nicht vom ‚impliziten Wis-sen', sondern von ‚professionellen Schemata' zu sprechen" (S. 589). Die-se Kategorien bzw. professionelle Schemata umfassen neben den auf das konkrete Unterrichtshandeln bezogenen Wissens- und Erfahrungsbeständen auch Kontextinformationen, normative Orientierungen und operative Routinen. Mit diesem gegenüber Novizen gehaltvolleren und besser organisierten Wissen gelingt es Expertenlehrpersonen auch in schwierigen Unterrichtssituationen besser, dieses Wissen für überlegte Entscheidungen oder flexible Handlungsroutinen zu nutzen (Helmke & Weinert, 1997). Dabei soll nicht unterstellt sein, dass Lehrpersonen in jeder Situation reflexiv sein müssen. Angesichts der besonderen Zwänge beim unterrichtlichen Handeln, können in vielen Situationen schematische Vorgehensweisen durchaus vorteilhaft sein.

Beim Aufbau solcher wahrnehmungsstrukturierender Kategorien spielen Ereignisschemata, die auf eigenen Erfahrungen (Erfahrungs- bzw. Praxiswissen) beruhen, eine wichtige Rolle. Shulman (2004) umschreibt dies als „wisdom of practice". Erfahrene Lehrpersonen richten ihre Aufmerksamkeit während des Unterrichtens offenbar weniger auf Probleme oder Lernfortschritte einzelner Schülerinnen und Schüler, sondern auf Unterrichtsepisoden (Bromme, 1987). Es ist allerdings kein linearer Zusammenhang zwischen der Dauer der unterrichtlichen Erfahrung und der Qualität des Unterrichts anzunehmen, da sich im Verlaufe der Berufstätigkeit die Vorteile der zunehmenden Expertisebildung mit Stressfaktoren wie emotionale Erschöpfung (z.B. Burnout) überlagern (Bromme & Haag, 2004). Der Aufbau von Erfahrungswissen kann als Entwicklung von Wahrnehmungsstrukturen verstanden werden, „in der die Wahrnehmung von Situationen mit Handlungsoptionen gekoppelt ist, so dass schnelles und flüssiges Handeln-Können möglich ist" (Combe & Kolbe, 2004, S. 839). Ähnlich wie Bromme gehen Combe und Kolbe davon aus, dass Erfahrungs- bzw. Praxiswissen szenisch gespeichert werden. Sie betonen die hohe Bedeutung, die für den Erwerb professionellen Handlungswissens dem „Lernen am Fall" zukommt. In Ergänzung zur vorwiegend kognitivistischen Kompetenzvorstellung in der psychologischen Lehrerwissensforschung verweisen Combe und Kolbe (2004) darauf, dass dem beruflichen Handeln durch die persönliche Involviertheit immer auch ein körperlich-emotionales Engagement innewohnt.

Auf die hohe persönliche Involviertheit bei der Lehrtätigkeit haben auch andere Autoren hingewiesen (z.B. Calderhead, 1996). Solche persönlichkeitsbezogenen und emotionalen Aspekte der Handlungskompetenz werden aber nicht zu den kognitiven Kompetenzen im engeren Sinne gezählt, sondern eher als Bestandteil subjektiver Überzeugungssysteme, beispielsweise über sich als Lehrperson oder die Lehrerrolle, aufgefasst.

2.5.1.2 Überzeugungen und Werte

Subjektive Überzeugungen und Werthaltungen der Lehrpersonen (teachers› beliefs) können sich sowohl auf das Lernen im Allgemeinen (z.b. konstruktivistische Orientierung) als auch auf fachspezifisches Lernen (z.b. naturwissenschaftliche Weltbilder) beziehen. Die in der Forschungsliteratur zu findenden Begrifflichkeiten zu den *beliefs* (epistemologische Überzeugungen, subjektive Theorien, Alltagstheorien, implizite Theorien usw.) sind uneinheitlich und nahezu austauschbar (Pajares, 1992; Calderhead, 1996). Auch die Philosophie eines Schulfaches, worunter Bromme (1997) Auffassungen über die Nützlichkeit fachlicher Inhalte und deren Beziehung zu anderen Wissensbereichen versteht, ist aufgrund der bewertenden Komponente den subjektiven Überzeugungen zuzurechnen. Obschon epistemologische Überzeugungen, im Unterschied zum Professionswissen im engeren Sinne, die subjektiven Werthaltungen der Lehrpersonen betonen sowie in stärkerem Ausmass affektive, evaluative und episodische Komponenten enthalten, lassen sie sich oftmals nicht scharf vom Professionswissen abgrenzen (Van Driel, Bulte & Verloop, 2007). Nach De Corte et al. (1996) handelt es sich bei den epistemologischen Überzeugungen um einen Grenzbereich zwischen kognitiven und affektiven Aspekten professioneller Kompetenz von Lehrpersonen.

Die subjektiven Überzeugungen der Lehrpersonen spielen nach Calderhead (1996) insbesondere in komplexen und wenig strukturierten Situationen eine wichtige Rolle, indem sie Orientierungs- und Strukturierungshilfen geben. Er nimmt an, dass die subjektiven Überzeugungen auf diese Weise beeinflussen, wie Lehrpersonen Unterrichtsprozesse wahrnehmen, interpretieren und gestalten. Dadurch werden kognitive Dissonanzen reduziert, was sich günstig auf das Selbstvertrauen der Lehrperson auswirken dürfte.

Auch wenn die Datenlage noch dünn und uneinheitlich ist (Calderhead, 1996; Helmke, 2003), lassen sich in neueren Studien empirische Belege für die Wirkung epistemologischer Überzeugungen finden (vgl. Lipowsky, 2006; Reusser, Pauli & Elmer, 2011). So konnte im Bereich des mathematischen Unterrichts in der Grundschule die Bedeutung bereichsspezifischer epistemologischer Überzeugungen von Lehrpersonen für die Gestaltung von Unterricht und den Lernerfolg der Schülerinnen und Schüler nachgewiesen werden. Schülerinnen und Schüler von konstruktivistisch orientierten Lehrpersonen lösten anspruchsvolle Textaufgaben besser als Schülerinnen und Schüler von eher assoziationistisch orientierten Lehrpersonen (Staub & Stern, 2002). Calderhead (1996) weist ferner auf die wechselseitige Beziehung zwischen subjektiven Überzeugungen und Unterrichtshandeln hin.

2.5.1.3 Motivationale Orientierungen

Auch motivationale Orientierungen, wie bereichsspezifische Interessen oder Selbstwirksamkeitsüberzeugungen, werden für die Gestaltung von Unterricht und den Lernerfolg der Schülerinnen und Schüler als bedeutsam erachtet (z.B. Krauss et al., 2004). Lehrpersonen mit höheren Selbstwirksamkeitsüberzeugungen setzen nach Lipowsky (2006) anspruchsvollere Lernziele, nehmen sich mehr Zeit für die Unterrichtsplanung, unterstützen schwächere Schülerinnen und Schüler ausgiebiger, nutzen Schülerrückmeldungen häufiger für den weiteren Unterrichtsverlauf und sind insgesamt enthusiastischer. Dabei ist zwischen Enthusiasmus für das Fach und für das Unterrichten eines Fachs zu unterscheiden (Kunter, Tsai, Klusmann, Brunner, Krauss & Baumert, 2008). Auch Helmke (2009) weist auf die Bedeutung des Engagements der Lehrpersonen für den Unterrichtserfolg hin. Motivationale Aspekte erweisen sich schon während der Lehrerausbildung als wichtig für den Ausbildungserfolg und den späteren Verbleib im Lehrerberuf (Brühwiler, 2001).

2.5.1.4 Selbstregulation

Neben dem Professionswissen, den subjektiven Überzeugungen und der motivationalen Orientierung werden auch Fähigkeiten zur Selbstregulation als wesentlicher Bestandteil der professionellen Kompetenz von Lehrpersonen aufgefasst (Baumert & Kunter, 2011a). Die Selbstregulation dient dazu, das eigene Wissen zu reflektieren und das eigene Denken und Handeln zu steuern (Schraw, 2006). Dazu gehören beispielsweise auch der effiziente Umgang mit der Zeit, die Arbeitsorganisation oder das Finden einer Balance zwischen Engagement und professioneller Distanz, etwa um der Gefahr eines Burnouts vorzubeugen (Klusmann, 2011).

Selbstregulative Fähigkeiten werden in eine bereichsübergreifende (metakognitive Fähigkeiten) und eine bereichsspezifische Komponente, die das Verhalten in spezifischen Situationen steuert, unterteilt (Schraw, 2006). Lehrpersonen sollten in der Lage sein, die vielfältigen Informationen und Rückmeldungen über ihr Unterrichtshandeln zu nutzen und gestützt auf das professionelle Wissen fundierte Schlüsse für das weitere Vorgehen zu ziehen. Insbesondere die Fähigkeit zur Selbstreflexion wird als wesentliche Voraussetzung zur Verbesserung des eigenen Unterrichts gesehen (Helmke, 2003).

2.5.2 Allgemeine Merkmale von Lehrpersonen

Es ist naheliegend, dass neben den professionellen Kompetenzen auch andere allgemeine Merkmale der Lehrperson wie Alter, Geschlecht, Berufserfahrung oder Qualifikationen eine Rolle für ihr berufliches Handeln spielen. Manche Merkmale wie Alter, Geschlecht oder soziale und ethnische Herkunft der Lehrperson sind nicht direkt auf den Lehrberuf bezogen, andere Merkmale wie z.b. Berufserfahrung, Lehreraus- und -weiterbildung oder Zeitdauer des Unterrichts mit einer bestimmten Klasse sind unmittelbar berufsbezogen.

Obschon über Berufserfahrung oder Ausbildungsabschlüsse nicht direkt auf zugrundeliegende professionellen Kompetenzen von Lehrpersonen geschlossen werden kann, sind solche handlungsfern bzw. distal erfasste Merkmale in zahlreichen empirischen Studien als Indikatoren für professionelle Kompetenzen herangezogen worden, um Effekte von Lehrerkompetenzen auf schulisches Lernen zu ermitteln. So haben beispielsweise Darling-Hammond und Youngs (2002) in einem Übersichtsartikel auf die grosse Bedeutung der Lehrerbildung und der Unterrichtserfahrung für den Lernerfolg der Schülerinnen und Schüler verwiesen. Blatchford, Bassett, Brown, Martin und Russell (2004) hingegen konnten in einer in England durchgeführten Längsschnittstudie mit über 5'000 Schülerinnen und Schülern des 4. bis 6. Schuljahrs keine signifikanten Leistungsentwicklungen feststellen, die sich auf die Lehrermerkmale Alter, Berufserfahrung oder Anstellungsdauer an der momentanen Schule hätten zurückführen lassen. Insgesamt stellt sich die Befundlage zwischen solchen distalen Massen zur Erfassung von Lehrerkompetenzen (z.b. Qualifikationen) und den Schülerleistungen, abgesehen vom Fach Mathematik auf der Sekundarstufe I, uneinheitlich und inkonsistent dar (Wayne & Youngs, 2003; Lipowsky, 2006). Die direkte Erfassung fachlichen und fachdidaktischen Wissens über Leistungstests erweist sich zur Vorhersage von Schülerleistungen als wesentlich ertragreicher (vgl. Kapitel 3.4.2).

2.5.3 Klassenkontext

Gestaltung und Erfolg des Unterrichts hängen wesentlich von gegebenen Kontextbedingungen ab, die durch die Lehrperson nicht oder bestenfalls marginal beeinflusst werden können (Helmke, 2009). Zum Klassenkontext zählen insbesondere die Zusammensetzung der Klasse nach kognitiven, sozialen und ethnischen Merkmalen, aber auch die Klassengrösse oder die Heterogenität der Schülerinnen und Schüler bezüglich verschiedener Merkmale (z.b. Leistung oder Sprach- und Migrationshintergrund).

Nicht einfach dem Klassenkontext zugerechnet werden darf dagegen das Klassenklima, denn die Lehrer-Schüler-Beziehung, aber auch das Schüler-Schüler-Verhältnis können durch das Lehrerhandeln massgeblich mitgestaltet werden. Das Klassenklima kann, wie beispielsweise auch das Vorwissensniveau einer Klasse, nur im Sinne einer Eingangsvoraussetzung als nicht durch die Lehrperson beeinflusste Kontextbedingung aufgefasst werden. Solche Eingangsbedingungen haben nicht nur einen Einfluss auf Lernerträge, sondern auch auf die Qualität des nachfolgenden Unterrichts (Helmke & Weinert, 1997; Helmke, 2009). Der Klassenkontext ist also nicht statisch zu konzeptualisieren, sondern steht mit den Unterrichtsprozessen in einer dynamischen, wechselseitigen Beziehung (in Abbildung 1 auf Seite 23 durch gegenläufige Pfeile gekennzeichnet). „Ungünstige" Eingangsbedingungen, z.b. leistungsschwache Klassen mit Schülerinnen und Schülern aus benachteiligten sozialen Verhältnissen, können sich auch negativ auf die Qualität von Unterrichtsprozessen und den individuellen Lernerfolg auswirken. Dieser als Kompositionseffekt bekannte Zusammenhang zwischen Kontextvariablen und individuellem Lernerfolg ist empirisch gut belegt (z.b. Ramseier & Brühwiler, 2003; OECD, 2007b; Angelone et al., 2010; Knigge & Köller, 2010; Nikolova, 2011). Umgekehrt führen besonders günstige Klassenzusammensetzungen zu Vorteilen beim schulischen Lernen. So können mehrebenenanalytische Studien zeigen, dass einzelne Schülerinnen und Schüler zusätzlich profitieren, wenn die Klasse insgesamt hohe Leistungen erbringt (z.B. Rindermann, 2007; Klieme & Rakoczy, 2008). Eine hohe Leistungsheterogenität innerhalb der Klasse scheint dagegen nach aktuellen empirischen Studien den individuellen Lernerfolg der Schülerinnen und Schüler kaum zu beeinflussen (Blatchford et al., 2004; Gröhlich, Scharenberg & Bos, 2009).

Der Einfluss von durch die Lehrperson kaum beeinflussbaren Merkmalen des Klassenkontexts auf Unterrichtsprozesse und individuelle Leistungen bedingt, dass Vergleiche zwischen verschiedenen Lehrpersonen bzw. Lehrpersonengruppen nur dann als „fair" bezeichnet werden können, wenn die Eingangsbedingungen und kompositionelle Variablen in die Analysen mit einbezogen und kontrolliert werden (für eine Übersicht zum Fairness-Aspekt bei schulischen Vergleichen vgl. Arnold, 1999).

Wie Kontextfaktoren auf unterrichtliche Prozesse und den individuellen Lernerfolg wirken, soll am Beispiel der Klassengrösse ausgeführt werden. Der an sich erwartungswidrige Befund vieler Studien, dass die Klassengrösse kaum einen Zusammenhang mit der Schulleistung aufweise, wird häufig damit erklärt, dass in kleinen Klassen nicht wesentlich anders unterrichtet werde als in grossen Klassen (v. Saldern, 2006; Helmke, 2009). Als weitere Begründungen für die inkonsistente Befundlage können schulische Steuerungsmassnahmen (z.B. Bildung von kleineren Klassen für schwächere

Schülerinnen und Schüler oder Zuweisung besonders geeigneter Lehrpersonen), methodische Unzulänglichkeiten (z.B. nichtexperimentelle Surveystudien) oder differentielle Wirkungen nach Jahrgangsstufen angeführt werden. So haben angelsächsische Studien nachgewiesen, dass kleine Klassen in den ersten Schuljahren einen positiven Effekt auf die individuelle Leistungsentwicklung ausüben (Finn & Achilles, 1999; Blatchford, 2003; Blatchford, Russell & Brown, 2009). Dabei profitieren leistungsschwache sowie sozial benachteiligte Schülerinnen und Schüler oder Kinder aus ethnischen Minderheiten besonders von kleineren Lerngruppen (Finn & Achilles, 1999; Blatchford, Bassett, Goldstein & Martin, 2003). Ein überzeugender Nachweis bei älteren Schülerinnen und Schülern ist aber bislang ausgeblieben (Blatchford et al., 2004; Blatchford, Russell, Bassett, Brown & Martin, 2007).

In der grossangelegten britischen Längsschnittstudie CSPAR (Class Size and Pupil Adult Ratio) wurden Hinweise auf positive Auswirkungen von kleinen Klassen auf die Unterrichtsqualität gefunden. Sowohl in den ersten Schuljahren als auch in Klassen mit 7- bis 11-jährigen Kindern waren in kleineren Klassen häufiger individualisierende, aufgabenbezogene Lehrer-Schüler-Kontakte, mehr Lernunterstützung und mehr Aufmerksamkeit für einzelne Schülerinnen und Schüler festzustellen (Blatchford et al., 2003; Blatchford, Bassett & Brown, 2005; Blatchford et al., 2007). Die Lehrpersonen geben häufig an, dass in grösseren Klassen die individuellen Bedürfnisse weniger gut berücksichtigt und den einzelnen Schülerinnen und Schülern weniger Aufmerksamkeit entgegengebracht werden könne. Obschon sich in kleinen Klassen etwas häufiger individualisierter Unterricht finden lässt, betrifft dies insgesamt nur einen kleinen Teil des Unterrichts, da unabhängig von der Klassengrösse der Ganzklassenunterricht dominiert oder Einzelarbeit praktiziert wird (Blatchford et al., 2007). Die Autorinnen und Autoren schliessen daraus, dass das Potential von kleinen Klassen meist nur ungenügend genutzt werde, „teachers do not always adapt their teaching to take advantage of small classes" (S. 168).

Brophy und Good (1986) erwähnen speziell die *Schulstufe* als einen durch die Lehrperson nicht direkt beeinflussbaren Kontextfaktor. Shuell (1996) bemerkt, dass ein grosser Teil der bestehenden Forschung zur Lehrerwirksamkeit auf der Primarstufe durchgeführt wurde und nur wenig darüber bekannt ist, inwiefern diese Ergebnisse auch für die Sekundarstufe I gültig sind. Zwar ist anzunehmen, dass viele Variablen auf beiden Stufen ähnlich wirken. Betrachtet man aber entwicklungsbedingte Differenzen oder Unterschiede in den angestrebten Lernergebnissen, dem Vorwissen oder in den Interessen, so ist doch Vorsicht geboten bei der Generalisierung von Ergebnissen der Primarstufe auf die Sekundarstufe I. Es scheint sogar sehr wahrscheinlich, dass systematische Stufenunterschiede bestehen, wie Lehrer- und Unterrichtsmerkmale mit den Lernergebnissen zusammenhängen.

Aus den vorgestellten Befunden der Unterrichtsforschung lässt sich schliessen, dass schulische Lehr-Lern-Prozesse generell kontextspezifisch zu interpretieren sind. Kennedy (2010) verweist darauf, dass situationale Aspekte des Unterrichts oft übersehen werden und regt an, diese verstärkt in den Fokus der Lehr-Lern-Forschung zu rücken. Unabhängig der individuellen Merkmale von Lehrpersonen oder Schülerinnen und Schülern werden die Handlungsmöglichkeiten der Lehrpersonen von grundlegenden Strukturmerkmalen der Schulklasse beeinflusst. Doyle (1986; 2006) unterscheidet sechs charakteristische Strukturmerkmale des in Klassen stattfindenden Unterrichts („characteristics of classroom environments"), die Auswirkungen auf den Lehr-Lernprozess haben (vgl. auch Shuell, 1996; Gruehn, 2000).

1. *Mehrdimensionalität:* Unterricht in Schulklassen ist gekennzeichnet durch vielfältige Aktivitäten und Ziele, die aufgrund der beschränkten Ressourcen nicht alle verfolgt werden können.

2. *Simultaneität:* In einer Schulklasse finden mehrere Ereignisse gleichzeitig statt.

3. *Unmittelbarkeit*: In der Regel verlangt das Schülerverhalten nach unmittelbaren Reaktionen, die der Lehrperson keine Zeit zur Reflexion lassen.

4. *Unvorhersagbarkeit:* Da es im Unterricht um soziale Interaktionen geht, ist es trotz guter Planung kaum möglich, vorauszusehen, wie der Unterricht verlaufen wird. Scheinbar ähnliche Aktivitäten können sich an verschiedenen Tagen völlig unterschiedlich entwickeln. Lehrpersonen sollten deshalb über Verhaltensweisen verfügen, mit denen sie auf Unvorhergesehenes reagieren können.

5. *Öffentlichkeit:* Klassen sind öffentliche Räume, in denen Schüler- wie Lehrerverhalten in der Regel von den anderen beobachtet werden. Die Öffentlichkeit kann beispielsweise dann problematisch werden, wenn störendes Verhalten nicht sanktioniert wird oder wenn Schülerinnen und Schüler (z.B. aufgrund unterschiedlicher Lernvoraussetzungen) unterschiedlich behandelt werden.

6. *Geschichte:* Wie jede andere Gruppe, die über längere Zeit beisammen bleibt, machen Schulklassen gemeinsame Erfahrungen und etablieren Regeln und Wertvorstellungen, die weitere Verhaltensweisen beeinflussen.

Diese grundlegenden Strukturmerkmale von Klassen veranschaulichen die Komplexität von schulischen Lehr-Lernumgebungen und verweisen zugleich auf die hohen Anforderungen, die an die Planungs- und Handlungskompetenzen von Lehrpersonen gestellt werden (vgl. Kapitel 3.4.3).

2.5.4 Prozessmerkmale des Unterrichts

Das Unterrichten wird wohl zu Recht als das eigentliche Kerngeschäft von Lehrpersonen betrachtet. Im für diese Arbeit verwendeten Angebots-Nutzungs-Modell des schulischen Lernens (vgl. Kapitel 2.2) wird der Unterricht als das von den Lehrpersonen zur Verfügung gestellte Angebot verstanden, das in Abhängigkeit der Kontextmerkmale den Schülerinnen und Schülern zur Nutzung verfügbar gemacht wird.

Die Unterrichtsforschung hat sich in den letzten Jahrzehnten intensiv mit der Frage auseinandergesetzt, welche Merkmale einen im Hinblick auf die Zielkriterien erfolgreichen Unterricht ausmachen. Entsprechend umfangreich ist die Anzahl an verfügbaren Übersichten zur Wirksamkeit von Unterricht (z.B. Brophy & Good, 1986; Doyle, 1986; Walberg, 1986; Creemers, 1994; Helmke & Weinert, 1997; Lüders & Rauin, 2004; Meyer, 2004; Brophy, 2006; Helmke & Schrader, 2006a; Seidel & Shavelson, 2007; Hattie, 2009; Helmke, 2009). Dabei können die untersuchten Prozessmerkmale des Unterrichts grob in die Kategorien (1) *Unterrichtsqualität*, (2) *Quantität des Unterrichts* und (3) *Lehrer-Schüler-Beziehung* eingeteilt werden.

2.5.4.1 Qualität des Unterrichts

Die Qualität des Unterrichts wird eng mit den professionellen Kompetenzen von Lehrpersonen verknüpft. Erst im unterrichtlichen Handeln zeigt sich, ob es Lehrpersonen gelingt, die beruflichen Kompetenzen gewinnbringend für den schulischen Lehr-Lernprozess einzubringen. Insofern entspricht das unterrichtliche Handeln der sichtbaren Performanz zugrundeliegender professioneller Kompetenzen von Lehrpersonen.

Helmke (2009, S. 168ff.) skizziert insgesamt zehn fachübergreifende Aspekte, die für eine hohe Unterrichtsqualität relevant sind. Dabei unterscheidet er Merkmale, die direkt auf die Förderung der Informationsverarbeitung zielen (*Klarheit und Strukturiertheit*, *Konsolidierung und Sicherung*, *Aktivierung*) von solchen, die indirekt über die Förderung der Lernbereitschaft (*Motivierung*, *lernförderliches Klima*, *Schülerorientierung*) das Lernergebnis beeinflussen sollen. Die beiden Aspekte *Umgang mit Heterogenität* und *Angebotsvariation* berücksichtigen die Verschiedenheit individueller Lernvoraussetzungen. Weitere wichtige Aspekte sind die *Klassenführung* und die *Kompetenzorientierung*.

Klieme und Rakoczy postulieren drei „Basisdimensionen guten Unterrichts" (2008, S. 228), die sowohl die Leistung als auch die Motivation von Schülerinnen und Schülern günstig beeinflussen können (vgl. auch Kunter et al., 2006). Guter Unterricht ist demzufolge gekennzeichnet durch eine (1) strukturierte, klare und störungspräventive Unterrichtsführung, (2) eine hohe Schülerorientierung und ein unterstützendes Unterrichtsklima sowie (3) ein hohes Potential zur kognitiven Aktivierung. Klieme (2006) geht von den zumindest teilweise empirisch bestätigten Annahmen aus, dass eine hohe Schülerorientierung und ein gutes Sozialklima motivationsfördernd wirken und eine hohe kognitive Aktivierung von grosser Bedeutung für den systematischen Wissensaufbau ist. Eine klare und störungspräventive Unterrichtsführung, was bei Helmke (2009) oder Kunter et al. (2006) analog als gute Klassenführung bezeichnet wird, hält Klieme für eine wesentliche Gelingensbedingung für die beiden anderen Basisdimensionen.

Reusser und Pauli (2003) grenzen bei ihrer Beschreibung von Merkmalen der (mathematischen) Unterrichtsqualität (1) *Instruktionseffizienz*, wozu sie z.B. Klassenführung, Regelklarheit, Disziplinprobleme oder Zeitnutzung zählen, von (2) *Klarheit und Strukturiertheit* ab. Letzteres bezieht sich vielmehr auf didaktische Aspekte wie den Einsatz von Strukturierungshilfen oder Fokussierung. Bei der (3) *Schülerorientierung* steht die Ausrichtung des Unterrichts auf individuelle Lernbedürfnisse im Vordergrund (z.B. positive Fehlerkultur, individuelle Bezugsnormorientierung und Lernunterstützung). Reusser und Pauli grenzen also den Terminus „Schülerorientierung", der bisweilen auch mit Aspekten des Klassenklimas verbunden wird (z.B. Helmke, 2009), auf fachliche Lernprozesse ein (vgl. auch Waldis, Grob, Pauli & Reusser, 2010). Dieser Merkmalsbereich spielt im Konzept der adaptiven Lehrkompetenz eine besondere Rolle (vgl. Kapitel 3.4). Der Bereich (4) *kognitive Aktivierung* der Lernenden umschreibt beispielsweise, in welchem Ausmass das Vorwissen der Schülerinnen und Schüler einbezogen, das Suchen eigener Lösungswege angeregt, Schülerbeiträge produktiv aufgegriffen sowie kognitiv herausfordernde Aufgaben eingesetzt werden (Pauli & Reusser, 2006). Dies inkludiert Fragen des Anspruchsniveaus oder der Motivierungsfähigkeit. Auch Jordan et al. (2008) unterstreichen das kognitive Aktivierungspotential von Aufgaben. Diese können zudem wichtige diagnostische Informationen über den aktuellen Wissensstand der Schülerinnen und Schüler liefern.

Zurückgehend auf die Arbeiten von Aebli (1977) lassen sich bei Unterrichtsprozessen Tiefenstrukturen und Oberflächenstrukturen (oder Sichtstrukturen) unterscheiden (vgl. auch Oser & Baeriswyl, 2001; Reusser, 2009). Diese Abgrenzung wird durch aktuelle empirische Ergebnisse gestützt, wonach videobasierte Studien keine Effekte der Lernorganisation (auf der Ebene von formalen Sichtstrukturen) auf die Schülerleistungen nachweisen. Anders als methodisch-organisatorische Sichtstrukturen des Unterrichts zeigen eine tiefergehende kognitive Aktivierung der Lernenden (als ein mittels hoch-inferenten Ratingverfahren erfasstes Merkmal der Tiefenstruktur) positive Wirkungen auf die kognitiven Lernleistungen (Pauli & Reusser, 2006). Auch Seidel et al. (2006) konnten in einer videobasierten Studie die Wirkung von Physikunterricht nicht mit der Häufigkeit bestimmter Schüleraktivitäten (auf der Sichtstruktur) erklären, weshalb tiefergehende Dimensionen wie z.b. Zielklarheit und Transparenz eingeführt wurden.

Helmke (2009) verweist ausdrücklich darauf, dass es sich bei solchen Auflistungen von Merkmalen hoher Unterrichtsqualität um einen analytischen Zugang handelt, dem ein synthetischer Blick auf das Gesamtmuster folgen muss. Schliesslich entspreche ein „guter Unterricht" nicht einfach der maximalen Ausprägung aller genannten Aspekte. Zu einem gewissen Teil können Defizite im einen Bereich durch besondere Stärken kompensiert werden. So können ganz unterschiedliche Unterrichtsmuster zu erfolgreichen Lehr-Lern-Prozessen führen (vgl. auch Helmke & Weinert, 1997).

2.5.4.2 Quantität der Lerngelegenheiten

Neben der Unterrichtsqualität wird auch die Quantität von Lerngelegenheiten als wesentliche Determinante für das Erreichen angestrebter Lernziele betrachtet. Schon Carroll (1963) hat dem quantitativen Aspekt des Lernens grosse Bedeutung zugemessen, indem er erfolgreiches Lernen als optimale Passung zwischen benötigter und tatsächlich zur Verfügung stehender Lernzeit beschreibt. Die Bestimmung des Zeitfaktors für schulische Lerngelegenheiten ist dabei keineswegs trivial. Weil man nicht unterstellen kann, dass das institutionell vorgegebene bzw. geplante Curriculum dem entspricht, was tatsächlich realisiert wird, unterscheiden Curriculumanalysen in internationalen Vergleichsstudien wie TIMSS oder TEDS-M zwischen *intendiertem* und *implementiertem* Curriculum (Blömeke, König, Kaiser & Suhl, 2010). Allerdings steht auch in den tatsächlich realisierten Unterrichtsstunden nur ein Teil des Zeitangebots wirklich der Stoffvermittlung zur Verfügung, beispielsweise weil Unterrichtsstörungen die für das Lernen *nutzbare Unterrichtszeit* vermindern. Für den Lernerfolg entscheidend ist indessen die *aktive Lernzeit* (time on task), also jene Zeit, in der die Schülerinnen und Schüler aufmerksam und mental aktiv sind (Helmke, 2009). Die im vorangegangen Kapitel beschriebenen Merkmale von Unterrichtsqualität sollen dazu führen, die zur Verfügung stehende Unterrichtszeit bestmöglich im Sinne aktiver Lernzeit zu nutzen. Eine effiziente Klassenführung wird als besonders wichtig für die Steuerung der aktiven Lernzeit erachtet (ebd.).

Die grosse Bedeutung des quantitativen Unterrichtsangebots für den schulischen Lernerfolg konnte beispielsweise anhand von schweizerischen

Zusatzanalysen bei PISA 2003 (Ramseier, 2005) und PISA 2006 (Moser & Angelone, 2009; Angelone & Moser, 2010) belegt werden. Dazu wurden sämtliche (intendierten) Unterrichtsstunden über die gesamte Schulzeit in einem bestimmten Fachbereich addiert. Die Analysen ergeben auch nach Konstanthaltung wichtiger anderer Einflussvariablen (z.B. Schultyp, soziale Herkunft und Migrationshintergrund) sowohl für die Naturwissenschaften als auch die Mathematik, dass Schülerinnen und Schüler in Kantonen mit höheren Stundendotationen am Ende der Schulzeit signifikant bessere Leistungsergebnisse erzielen als Jugendliche aus Kantonen mit weniger Unterrichtsstunden. Laut Helmke (2009) dürfte der Zusammenhang zwischen Unterrichtzeit und Leistungszuwachs jedoch nicht linear verlaufen, sondern mit steigender Unterrichtsquantität abflachen. Ferner geben Weinert und Helmke (1988) zu bedenken, dass eine maximale Nutzung der Lernzeit zwar dazu führen kann, die gesetzten Leistungsziele zu erreichen, sich dadurch langfristig jedoch motivationale Probleme ergeben können. Mit Blick auf die Mehrdimensionalität schulischer Zielkriterien dürfte folglich die maximale Nutzung der Lernzeit nicht der optimalen Lernzeitnutzung entsprechen.

2.5.4.3 Lehrer-Schüler-Beziehung

Die Beziehungs- und Unterstützungskultur, sowohl zwischen der Lehrperson und den Lernenden als auch unter den Schülerinnen und Schülern selbst, ist laut Reusser und Pauli (2010) ein wesentliches Element im didaktischen Dreieck (Gegenstand – Lehrperson – Lernende). In der Literatur werden Aspekte der Lehrer-Schüler-Beziehung, die keinen direkten Bezug zur Lernsituation aufweisen, oft unter den Begriffen *Sozialklima, Klassenklima, Unterrichtsklima* oder *lernförderliches Klima* gefasst (z.B. Kunter et al., 2006). Damit sind beispielsweise Mitsprachemöglichkeiten der Lernenden, ein wertschätzender Umgang der Lehrperson mit den Schülerinnen und Schülern oder gegenseitiger Respekt gemeint.

Obschon nur schwache direkte Zusammenhänge zwischen Sozialklima und Schulleistung zu finden sind (Eder, 2001), ist der Gestaltung von Lehrer-Schüler-Interaktionen Beachtung zu schenken. Zum einen dürfte sich ein positives Lernklima günstig auf motivationale Aspekte der Lernenden auswirken (Kunter et al., 2006) und als Folge davon auch zu Lernerfolgen beitragen. Zum anderen ist ein positives Sozialklima und damit verbunden das Wohlbefinden und die Zufriedenheit selbst ein wichtiges Zielkriterium der Schule (Helmke, 2009).

2.6 Ebene I: Individuelle Lernvoraussetzungen und Verarbeitungsprozesse

Die bisher beschriebenen Ebenen des Rahmenmodells stellen die Angebots-seite des Angebots-Nutzungs-Modells dar (vgl. Abbildung 1 auf S. 23). Das zur Verfügung stellen von Lernangeboten durch die Lehrpersonen ist jedoch nur eine Perspektive im schulischen Lehr-Lernprozess. Auf der Individual-ebene obliegt es den Lernenden selbst, die angebotenen Lerngelegenheiten im Hinblick auf die zu erreichenden Lernziele zu nutzen. Im Zuge einer so-zial-konstruktivistischen Lehr-Lern-Konzeption (vgl. Kapitel 2.1) werden keine direkten Wirkungserwartungen von den Lehrpersonen oder den Unter-richtsprozessen auf die Lernleistungen der Schülerinnen und Schüler formu-liert. Erwartet wird vielmehr, dass Unterrichtseffekte über affektiv-motivati-onale und kognitive Prozesse der Schülerinnen und Schüler mediiert werden, weshalb das Rahmenmodell als *Prozess-Mediations-Produkt-Modell* bezeich-net werden kann. Diese individuellen Verarbeitungsprozesse wiederum wer-den beeinflusst von individuellen Lernvoraussetzungen und verschiedenen Lernumwelten wie Familie, Gleichaltrige und Medien.

2.6.1 Individuelle Verarbeitungsprozesse

Bei den individuellen Verarbeitungsprozessen handelt es sich gemäss dem theoretischen Rahmenmodell um die eigentlichen *Lernaktivitäten* der Schüle-rinnen und Schüler zur Nutzung der angebotenen Lerngelegenheiten. An die-ser Schnittstelle zwischen Unterricht und Individuum spielen sich die Denk- und Lernprozesse ab. Erfolgreicher Unterricht schafft günstige Bedingungen, damit die individuellen Verarbeitungsprozesse zu nachhaltigem Wissenser-werb führen. Zielführende Lernaktivitäten setzen ein hohes Mass an *Auf-merksamkeit* und *Anstrengungsbereitschaft* voraus. Dabei müssen Lernende das Unterrichtsangebot zuerst wahrnehmen und interpretieren, bevor die auf den Wissenserwerb gerichteten *Denk- und Lernprozesse* zum Tragen kom-men (Helmke, 2009). Neben den *kognitiven und metakognitiven Lernstrate-gien* (für eine Übersicht vgl. Mandl & Friedrich, 2006) gehören auch *motiva-tionale Aspekte* und das *emotionale Erleben* (für eine Übersicht vgl. Hascher, 2005) zu den individuellen Verarbeitungsprozessen beim schulischen Lernen.

Verschiedene Aspekte der individuellen Verarbeitungsprozesse, aber auch der Lernvoraussetzungen (vgl. Kapitel 2.6.2) werden unter dem Sammelbe-griff *selbstreguliertes Lernen* (SRL) zusammengefasst (Boekaerts, 1997; Bo-ekaerts, 1999; Artelt, 2000; Zimmerman & Schunk, 2001). Beim Konzept des selbstregulierten Lernens handelt es sich um eine komplexe Handlungs-kompetenz, an der kognitive, metakognitive und motivational-emotionale Ressourcen beteiligt sind (Artelt, Demmerich & Baumert, 2001). Selbstre-guliert Lernende zeichnen sich dadurch aus, dass sie über eine hohe Lern-motivation verfügen, passende Lernziele auswählen, das eigene Lernen pla-nen, steuern und überwachen sowie geeignete Lernstrategien einsetzen (Artelt, Baumert, Julius-McElvany & Peschar, 2003). Dem selbstregulierten Lernen kommt im komplexen Bedingungsgefüge schulischer Lernprozesse eine doppelte Funktion zu (Brühwiler, 2006). Einerseits bringen selbstregu-liert Lernende gute Voraussetzungen für den Erwerb fachlicher Kompetenzen mit. Andererseits stellt die Fähigkeit zum selbstregulierten Lernen selbst ein wichtiges Bildungsziel dar (vgl. Kapitel 2.7), weil dies für ein selbstverant-wortetes Weiterlernen im Erwachsenenalter grundlegend ist.

In den letzten Jahren sind zahlreiche empirische Studien durchgeführt worden, welche die Effekte individueller Verarbeitungsprozesse auf kogni-tive und motivational-affektive Lernergebnisse belegen (für eine umfassen-de Übersicht vgl. Seidel & Shavelson, 2007). Schiefele, Streblow, Ermgas-sen und Moschner (2003) konnten beispielsweise in einer Längsschnittstudie zum Lernverhalten Studierender nachweisen, dass die Anstrengung einen di-rekten Effekt auf die Studienleistung aufweist. Pintrich und De Groot (1990) sowie Pokay und Blumenfeld (1990) zeigten auf, dass sich zusätzlich zu vo-litionalen Aspekten wie Anstrengung und Ausdauer auch aufgabenspezifische und metakognitive Lernstrategien wie Planung und Monitoring positiv auf die Leistung auswirken. Mittels einer Interventionsstudie, in der kognitive Strategien zur Planung und Revision von Texten trainiert wurden, bestätigten Torrance, Fidalgo und García (2001) die positive Wirkung kognitiver Strate-gien bezüglich der Qualität selbstgeschriebener Texte.

Köller und Schiefele (2003) verweisen allerdings darauf, dass es rela-tiv wenige gesicherte Befunde gibt, die eigenständige Effekte selbstregulier-ten Lernens auf Lernergebnisse auch gegen konkurrierende Prädiktoren bele-gen, was auch an wenig validen Fragebogenerhebungen liegen mag (Artelt, 2000). Als Folge davon lassen sich zwischen dem selbst berichteten Einsatz von Lernstrategien und Lernerträgen mehrheitlich niedrige oder unklare Zu-sammenhänge finden (Leopold & Leutner, 2004). Wenn dagegen die Qua-lität der Lernstrategien in konkreten Lernsituationen erfasst wird, so fallen die Korrelationen zwischen Lernstrategien und Lernerfolg konsistent höher aus (Leopold & Leutner, 2002; Schiefele, 2005; Artelt, 2006). Ob kognitiv anspruchsvollere und zeitlich aufwändigere Lernstrategien (z.B. Elaboration) von Lernenden überhaupt eingesetzt werden und zu einem vertieften Ver-ständnis führen, hängt von emotionalen und motivationalen Aspekten sowie bereichsspezifischen Selbstkonzepten ab (Artelt, 2000; Streblow & Schiefele, 2006; Schiefele, 2009). Auch emotionale Aspekte wie etwa Freude oder Kompetenzerleben werden im Lernprozess als Mediatorvariable betrachtet. Demnach tragen positive Emotionen in der Schule zum Lernerfolg bei, indem sie eine affektive Grundlage für die Entwicklung lernförderlicher Kognitionen und Motivationen bilden (Hascher, 2004; 2005).

2.6.2 Individuelle Lernvoraussetzungen

Die Qualität der individuellen Verarbeitungsprozesse wird – gemäss dem theoretischen Rahmenmodell – einerseits durch das Unterrichtsangebot und andererseits durch die individuellen Lernvoraussetzungen bestimmt. Letztere stecken als Antezedensbedingungen die Nutzungsfähigkeit seitens der Schülerinnen und Schüler ab. In welchem Ausmass diese das vorhandene Lernpotenzial nutzen, äussert sich in der eigentlichen Lernhandlung und bildet sich im Lernertrag ab.

Zu den individuellen Bedingungsfaktoren schulischen Lernens gehören in erster Linie *kognitive, motivationale* und *emotionale* Lernvoraussetzungen, aber auch *selbstbezogene Kognitionen* wie Fähigkeitsselbstkonzepte und Selbstwirksamkeitserwartungen (für eine Übersicht vgl. Helmke & Weinert, 1997; Helmke & Schrader, 2006a). Die grosse Bedeutung dieser individuellen Lernvoraussetzungen wurde beispielsweise im Rahmen der PISA-Studien wiederholt belegt. Als besonders bedeutsam für schulische Leistungen haben sich die kognitiven Kompetenzen der Schülerinnen und Schüler erwiesen. So konnte anhand der PISA-Daten gezeigt werden, dass die Intelligenz im Sinne einer allgemeinen kognitiven Grundfähigkeit der beste Prädiktor für die Lesekompetenz darstellt (Artelt, Stanat, Schneider & Schiefele, 2001; Ramseier & Brühwiler, 2003). In den PISA-Studien konnten jedoch das aufgaben- und bereichsspezifische Vorwissen, das in der Regel eine noch grössere Erklärungskraft für die Schulleistung aufweist als die Intelligenz (Helmke & Schrader, 2006a), nicht als Erklärungsgrösse berücksichtigt werden.

Die Vorhersagekraft von motivationalen und affektiven Faktoren für schulische Leistungen ist in der Regel deutlich kleiner als jene der kognitiven Merkmale. Dennoch lassen sich substantielle Beziehungen zwischen hohen bereichsspezifischen Interessen, als einem Merkmal intrinsischer Motivation, und der Fachleistung feststellen (Krapp, 1992; Köller, Schnabel & Baumert, 2000; Brühwiler, Abt, Buccheri & Kis-Fedi, 2010). So verfügen Jugendliche, die auch ausserhalb der Schule aus Vergnügen lesen, über deutliche bessere Lesekompetenzen als jene, die nicht in ihrer Freizeit lesen (Artelt, Naumann & Schneider, 2010). Dabei ist ein wechselseitiger Zusammenhang zwischen Interesse und Leistung zu beachten. Kompetente Leserinnen und Leser lesen nicht nur mit mehr Freude, sondern auch häufiger, was sich wiederum positiv auf die Verbesserung der Lesekompetenz auswirkt (Pfost, Dörfler & Artelt, 2010). Motivationale Lernvoraussetzungen werden insbesondere als wesentlich für den Einsatz aufwändiger und tiefergehender Lernstrategien (z.b. Elaboration und Metakognition) angesehen (Streblow & Schiefele, 2006). Motivationale Faktoren üben folglich, vermittelt über eine vertiefte kognitive Verarbeitung, einen positiven Effekt auf den Lernerfolg aus. Nicht nur positive, sondern auch negative Emotionen beeinflussen den Lernerfolg. Als leistungsbeeinträchtigend erweisen sich vor allem die kognitiven Komponenten der Prüfungsangst wie Besorgnis oder aufgabenirrelevante Gedanken (Rost & Schermer, 2006). Auch bei PISA erwies sich die Ängstlichkeit als ein wichtiger Prädiktor zur Erklärung von Leistungsunterschieden. Schülerinnen und Schüler mit einer höheren Ängstlichkeit gegenüber der Mathematik erreichten signifikant niedrigere Mathematikleistungen als weniger ängstliche (Brühwiler & Biedermann, 2005).

Wichtige Voraussetzungen für die erfolgreiche Gestaltung von Lernprozessen sind Konstrukte wie Fähigkeitsselbstkonzept, Selbstwirksamkeit oder Erfolgserwartung, die als *selbstbezogene Kognitionen* zusammengefasst werden können. Beispielsweise hängt eine hohe Lernmotivation auch davon ab, ob jemand daran glaubt, kompetent zu sein (Jagacinski & Nicholls, 1990). Wenn Schülerinnen und Schüler davon überzeugt sind, auch schwierige Aufgaben zu lösen, dürfte dies dazu führen, sich bei auftretenden Schwierigkeiten weiterhin anzustrengen (Schunk, 1990; Artelt et al., 2003). In Längsschnittstudien konnte nachgewiesen werden, dass bereichsspezifische Fähigkeitskonzepte auch bei Konstanthaltung wichtiger konkurrierender Prädiktoren (z.b. Vorwissen oder kognitive Grundfähigkeiten) einen signifikanten Einfluss auf später gemessene Leistungen aufweist (Marsh, 1987; Köller & Baumert, 2001). Dies deutet darauf hin, dass wie bei den motivationalen Faktoren eine wechselseitige Beziehung zwischen akademischen Selbstkonzepten und Leistungen besteht. Fachliche Kompetenzen beeinflussen nicht nur das bereichsspezifische Selbstkonzept, sondern das Selbstkonzept beeinflusst umgekehrt auch den Lernerfolg.

Auch Helmke und Weinert (1997) weisen auf komplexe Interaktionen zwischen den einzelnen Merkmalen hin. Dies bedeutet beispielsweise auch, dass gewisse Schwächen in den einen Lernvoraussetzungen mit besonderen Stärken in anderen Bereichen kompensiert werden können, oder dass für Spitzenleistungen im Sinne einer Koppelung das Vorhandensein bestimmter Mindestausprägungen bei mehreren Faktoren vorausgesetzt werden muss (Helmke & Schrader, 2006a).

Die individuellen Lernvoraussetzungen spielen für diese Arbeit insofern eine wesentliche Rolle, weil das Konzept der adaptiven Lehrkompetenz (vgl.

Kapitel 3.4) annimmt, dass interindividuelle Unterschiede in den Lernvoraussetzungen zu verschiedenen Lernbedürfnissen führen, die durch die Lehrperson identifiziert und bei der Unterrichtsgestaltung berücksichtigt werden müssen.

2.6.3 Lernumwelt Familie, Gleichaltrige und Medien

Die oben beschriebenen Lernvoraussetzungen werden von verschiedenen Umweltmerkmalen beeinflusst. So spielt es für die Entwicklung von lernrelevanten Merkmalen eine wesentliche Rolle, über welche Normen und Werte sich die wichtigsten Peergruppen definieren, welche Freizeitaktivitäten jemand unternimmt, welche Zugangsmöglichkeiten zu Medien (z.b. Fernsehen, Internet) gegeben sind und wie diese genutzt werden (z.b. Fend, 1998a; Fend, 2003; Hertel, Jude & Naumann, 2010). Am grundlegendsten dürften aber im Hinblick auf den Lernerfolg die familiären Bedingungen sein. Zunächst bestimmt die von den Eltern mitgegebene genetische Anlage die Entwicklung verschiedener Persönlichkeitsmerkmale wie etwa die Intelligenz massgeblich mit (z.b. Plomin, 1988). Zudem schaffen kognitiv begabte Eltern in der Regel eine anregungsreiche und lernförderliche Umwelt für ihre Kinder (Helmke & Schrader, 2006a). Bedenkt man die lange Zeitdauer, in der die Kinder den familiären Bedingungsfaktoren (z.b. Erziehungsverhalten, Bildungserwartungen, Modellfunktion) ausgesetzt sind, so mag die überragende Bedeutung des Elternhauses als ausserschulische Lernumwelt nicht überraschen.

Auch wenn Statusvariablen wie der sozioökonomische Hintergrund der Herkunftsfamilie nur indirekt über lernrelevante Aspekte des elterlichen Verhaltens auf den Schulerfolg einwirken, sind das bildungspolitische und das öffentliche Interesse an Zusammenhängen zwischen der sozialen Herkunft und den Bildungserträgen im Zuge der in den letzten Jahren durchgeführten internationalen Vergleichsstudien markant gestiegen (z.b. OECD, 2010b). Aufgerüttelt durch den engen Zusammenhang zwischen sozialer Herkunft und fachlichen Kompetenzen wurden und werden insbesondere Fragen der Chancengerechtigkeit neu diskutiert. Baumert und Schümer (2002) unterscheiden zurückgehend auf Breen und Goldthorpe (1997) sowie Boudon (1974) primäre und sekundäre Ungleichheiten. Unter *primären Ungleichheiten* werden Unterschiede in den bisher angeeigneten und für die nächste Bildungsstufe vorausgesetzten Kompetenzen subsumiert, die von der sozialen Herkunft abhängen. Als *sekundäre Ungleichheiten* werden soziale Disparitäten der Bildungsbeteiligung bezeichnet, also beispielsweise von den sozialen Verhältnissen abhängige Chancenungleichheiten des Besuchs weiterführender Schulen, die trotz gleicher Kompetenzen auftreten. Stossend sind weniger die primären Ungleichheiten, also der Befund, dass höhere Leistungen mit privilegierten familiären Verhältnissen einhergehen, sondern dass im Sinne sekundärer Ungleichheiten selbst bei gleichen fachlichen Kompetenzen der Besuch eines Gymnasiums stark schichtabhängig ist (Baumert & Schümer, 2002; Zutavern et al., 2002; Ramseier & Brühwiler, 2003).

Das Wissen um die grosse Bedeutung der sozialen Herkunft sowie der im vorangegangenen Kapitel beschriebenen Lernvoraussetzungen für schulische Leistungen ist für die vorliegende Arbeit auch aus methodischen Gründen relevant. Sollen Wirkungen des Lehr-Lern-Prozesses auf Merkmale der Lehrperson oder des Unterrichts zurückgeführt werden, so sind konkurrierende lernrelevante Erklärungsfaktoren zu berücksichtigen und statistisch zu kontrollieren.

2.7 Wirkungen des Unterrichts

Schon Gage (1963) hatte im Rahmen des Prozess-Produkt-Paradigmas festgehalten, dass das gemeinsame Ziel der Unterrichtsforschung auf die Erklärung von Wirkungen („criterion-of-effectiveness") gerichtet sein müsse. Erfolgreicher Unterricht lässt sich letztlich erst daran messen, ob und in welcher Qualität die intendierten Zielkriterien erreicht werden. Diese Feststellung schliesst mit ein, dass schulische Zielkriterien mehrdimensional angelegt sind und sich keineswegs eng auf fachliche Leistungen beschränken (Seidel & Shavelson, 2007; Helmke, 2009). Vielmehr werden neben kognitiven Aspekten auch fächerübergreifende Merkmale wie die Entwicklung metakognitiver Fähigkeiten, motivationale Orientierungen und Einstellungen zum Lernen, das Sozialverhalten (z.B. das Einhalten von Regeln) oder der Ausgleich von Leistungsunterschieden als wesentliche Zielkriterien von Schule und Unterricht genannt (vgl. z.B. OECD, 2007a; Klieme & Rakoczy, 2008). Diese allgemeinen Bildungsziele wurden im Rahmen der Entwicklung von empirisch überprüfbaren Bildungsstandards in Form von Kompetenzanforderungen konkretisiert (Klieme et al., 2003; Köller, 2009). Abgesehen von solchen erwünschten Lernergebnissen gibt es im Sinne eines „heimlichen Lehrplans" (Zinnecker, 1975) eine Reihe nicht intendierter Wirkungen von Unterricht wie etwa die Übernahme normkonformen Verhaltens oder der Erwerb von Unterlaufensstrategien beim Lernen (Preuss-Lausitz, 2006).

Die Klassifikation unterrichtlicher Wirkungen kann nach verschiedenen Gesichtspunkten erfolgen (für eine Übersicht vgl. Helmke, 2009). Für die vorliegende Arbeit sind die Unterscheidungen nach (1) *individuellen und kollektiven Zielen,* (2) *Fachwissen und fächerübergreifenden Kompetenzen* sowie (3) *kurz- und langfristigen Wirkungen* von besonderer Bedeutung.

2.7.1 Individuelle versus kollektive Ziele

Obschon häufig individuelle Lernziele der Schülerinnen und Schüler im Zentrum des Interesses stehen, können Zielkriterien prinzipiell auf verschiedenen Ebenen konzeptualisiert werden (z.b. Corno & Snow, 1986; Klieme & Rakoczy, 2008). Typische kollektive Zielkriterien sind neben den durchschnittlichen fachlichen Kompetenzen von Klassen, Schulen oder Bildungssystemen auch geringere Leistungsstreuungen sowie eine hohe Chancengleichheit, was sich beispielsweise in einem geringen Zusammenhang zwischen sozialer Herkunft und fachlichen Leistungen ausdrückt (z.b. OECD, 2010b). Vor allem ein geringerer Anteil an Lernenden mit ganz schwachen Schulleistungen wird als erstrebenswert angesehen (z.b. Naumann et al., 2010). Dabei darf nicht übersehen werden, dass eine Egalisierung der Leistungen auch die Gefahr beinhaltete, die leistungsstärksten Schülerinnen und Schüler nicht angemessen zu fördern. In einer Kritik am traditionellen Chancengleichheitspostulat, „wonach Bildungsresultate, die sich aus ungleichen Bedingungen des Aufwachsens ergeben, moralisch illegitim sind" (Giesinger, 2007, S. 362), schlägt Giesinger eine Schwellenkonzeption vor. Diese sieht vor, dass Bildungsgerechtigkeit dann gewährleistet sei, wenn ein Mindestmass an Kompetenzen erreicht wird, das ein gedeihliches Leben ermöglicht. Oberhalb dieses Niveaus seien schulische Ungleichheiten moralisch unproblematisch.

Mit dem Anliegen, alle Lernenden bestmöglich zu fördern, widerspricht auch die Konzeption der adaptiven Lehrkompetenz (Beck et al., 2008) dem Zielkriterium der Minimierung von Leistungsunterschieden. Chancengerechtigkeit wird insofern anders gefasst, als auch die individuellen Lernvoraussetzungen mit einbezogen werden. Im Regelunterricht sollen also weder begabte noch leistungsschwache oder aufgrund anderer Merkmale wie die soziale Herkunft oder Fremdsprachigkeit benachteiligte Schülerinnen und Schüler stärker als andere gefördert werden. Soweit keine sekundären Chancenungleichheiten auftreten (vgl. Kapitel 2.6.3), die Bildungsbeteiligungen trotz ausgewiesener Fähigkeiten einschränken, ist der Ausgleich von Leistungsunterschieden nicht das Ziel adaptiver Lehrpersonen. Vielmehr wird der vorhandenen Unterschiedlichkeit der Schülerinnen und Schüler Rechnung getragen, indem alle gemäss ihren individuellen Lernbedürfnissen bestmöglich gefördert werden. Gelingt dies, so sind keine differenziellen Effekte zu erwarten. Dadurch wird auch der Anteil an Leistungsschwachen verringert und eine grössere Anzahl an Schülerinnen und Schülern erreichen das von Giesinger (2007) geforderte Mindestlevel an Kompetenzen.

2.7.2 Fachwissen versus fächerübergreifende Kompetenzen

Welche Bildungsziele in der Schule angestrebt werden sollen, ist in erster Linie eine normative Frage, mit der sich die Pädagogik seit jeher befasst (z.b. von Hentig, 1996). Bildungsziele werden aber nicht nur normativ, sondern auch „unter Hinweis auf reale Tätigkeitsanforderungen gerechtfertigt" (Tippelt, 2002, S. 49f.). Eine zentrale Rolle spielt dabei, ob man eher *inhaltlichem Fachwissen* oder *fächerübergreifenden Kompetenzen*, oft als Schlüsselkompetenzen bezeichnet, den Vorrang geben soll (vgl. auch Maag Merki, 2009).

In der aktuellen Diskussion hat sich die Überzeugung durchgesetzt, dass es unangebracht sei, „Wissen und Denken, Fachbildung und Persönlichkeit gegeneinander auszuspielen" (Helmke, 2009, S. 41), da sich überfachliche Lern- und Denkfähigkeiten nicht inhaltsfrei entwickeln können. Wie die empirischen Erkenntnisse zur Bedeutung bereichsspezifischen Vorwissens zeigen, ist eine solide Wissensbasis die wichtigste Voraussetzung für erfolgreiche kumulative Lernprozesse (Helmke & Weinert, 1997). Grundlegend ist im Sinne von Weinert (1996) der Erwerb intelligenten Wissens. „Darunter versteht man ein wohlorganisiertes, disziplinär, interdisziplinär und lebenspraktisch vernetztes System von flexibel nutzbaren Fähigkeiten, Fertigkeiten, Kenntnissen und metakognitiven Kompetenzen" (S. 115).

Trotz der grossen Bedeutung von fachlichen Kompetenzen ist insbesondere in Bezug auf nachhaltiges und anschlussfähiges Wissen auch den überfachlichen Kompetenzen hohe Beachtung zu schenken. Vor dem Hintergrund der Frage nach den grundlegenden Kompetenzen, die für ein erfolgreiches Leben und eine gut funktionierende Gesellschaft benötigt werden, sind im Rahmen des OECD-Projektes „Definition and Selection of Competencies" (Rychen & Salganik, 2003) drei Kategorien von Schlüsselkompetenzen herausgearbeitet worden: (1) *Interaktive Anwendung von Medien und Mitteln*, (2) *Interagieren in heterogenen Gruppen* und (3) *Autonome Handlungsfähigkeit*. Als Kern der Schlüsselkompetenzen wird „die Fähigkeit zum eigenständigen Denken als Ausdruck moralischer und intellektueller Reife sowie zur Übernahme von Verantwortung für das eigene Lernen und Handeln" (OECD, 2005a, S. 10) identifiziert. Damit verbunden ist die Annahme, dass überfachliche Kompetenzen, wie beispielsweise die Fähigkeit zu selbstreguliertem Lernen (vgl. Kapitel 2.6.1), die Grundlagen bilden, um Menschen auf selbstständiges lebenslanges Lernen vorzubereiten (Köller & Schiefele, 2003). Darin zeigt sich die doppelte Funktion selbstregulierten Lernens (Brühwiler & Biedermann, 2005): Einerseits besitzt es einen eigenständigen Wert als grundlegendes Bildungsziel. Andererseits schaffen selbstregulative Kompetenzen günstige Voraussetzungen, um fachliches Wissen aufzubauen und auf neue Aufgaben und Situationen zu übertragen.

Die Konzeption der adaptiven Lehrkompetenz fokussiert ausgehend von einem kognitiv-konstruktivistischen Lehr-Lern-Verständnis auf das Zielkriterium des verstehensorientierten Lernens (Beck et al., 2008), wobei die empirische Untersuchung auf den Fachbereich Naturwissenschaften eingegrenzt wurde. Über die Förderung fachlichen Wissens hinaus ist anzunehmen, dass Lehrpersonen mit einer hohen adaptiven Handlungskompetenz einen positiven Effekt auf Merkmale des selbstregulierten Lernens ausüben, was für einzelne Aspekte wie bereichsspezifische Interessen und Selbstkonzepte auch empirisch belegt ist (Brühwiler, 2006).

Es hat sich gezeigt, dass curriculumsensitive Tests grössere Varianzanteile von schul- und unterrichtsnahen Variablen aufklären können. Bei globalen Leistungstests wird der Effekt der Schule bzw. des Unterrichts eher unterschätzt als bei inhaltsspezifischen Tests (Hill & Rowe, 1996; Seidel & Shavelson, 2007). In der vorliegenden Studie wird deshalb das zentrale Zielkriterium eng auf die Entwicklung fachlichen Wissens in einer spezifischen Unterrichtsreihe (Thema „Keimung von Samen") gefasst. Eine hohe inhaltliche Kohärenz des Wissenstests mit den vorgegebenen Unterrichtszielen dürfte zu einer authentischeren und valideren Erfassung unterrichtlicher Wirkungen führen.

2.7.3   Kurz- versus langfristige Wirkungen

Schulische Zielkriterien können eine unterschiedliche zeitliche Perspektive umfassen. Während Klausuren, Zeugnisnoten oder zentrale Leistungstests den aktuellen kumulativen Lernerfolg abbilden, hat die Schule im Grunde genommen eine längerfristige Zielperspektive, da sie auf die Bewältigung von Anforderungen im Erwachsenenleben (z.B. an weiterführenden Schulen oder im Beruf) vorbereiten soll. Diese Ausrichtung auf künftige Anforderungen im Alltag zeigt sich beispielsweise im *Literacy-Konzept*, das den PISA-Studien zugrunde liegt (OECD, 2010a). Stern und Möller (2004) betonen, dass der Erwerb anschlussfähigen Wissens für weiterführendes Lernen auch für die Primarschule ein entscheidendes Zielkriterium darstelle. Die Untersuchung solcher Langzeitwirkungen von Bildungserfahrungen setzt aufwändige Longitudinalstudien voraus, wie sie beispielsweise in der LiFE-Studie (Fend,

Berger & Grob, 2004; 2009), die Lebensverläufe von der späten Kindheit bis ins frühe Erwachsenenalter beschreibt, unternommen wurden.

Wie oben ausgeführt fokussiert die vorliegende Arbeit eng auf den kurzfristigen Lernerfolg in einer Unterrichtsreihe (vgl. auch Kapitel 5.4.8), weil die Fragen nach der Wirksamkeit von Lehrerkognitionen und Unterrichtsprozessen besonders interessieren. Gewisse Hinweise auf die Nachhaltigkeit der Lernerfolge über ein ganzes Schuljahr liefern Befunde aus der Interventionsstudie zur Förderung adaptiver Lehrkompetenz (Beck et al., 2008; Rogalla & Vogt, 2008). Allerdings fehlen (aus forschungsökonomischen Gründen) auch dort Daten, die über den Zeitraum eines Schuljahres hinausgehen und Aussagen über längerfristige Wirkungen zuliessen.

2.8 Ein Fazit mit forschungsmethodischen Überlegungen

Erfolgreiche Lernprozesse bzw. das Erreichen schulischer Lernziele beruhen auf einer Reihe von individuellen, schulischen und ausserschulischen Bedingungsfaktoren, die oft gleichzeitig wirken und in komplexer Weise miteinander verknüpft sind. Helmke und Weinert (1997) sprechen von einer multiplen Determiniertheit des schulischen Lernens, wobei die Lehrperson eine entscheidende Rolle für das Gelingen von Lernprozessen einnimmt. Die konzeptuelle Grundlage dieser Arbeit bildet ein mehrebenenanalytisches Angebots-Nutzungs-Modell des schulischen Lernens (vgl. Abbildung 1 in Kapitel 2.2), das die adaptive Lehrkompetenz im komplexen Bedingungsgefüge schulischen Lernens situiert. Demnach beeinflusst die adaptive Lehrkompetenz gemeinsam mit anderen Merkmalen der Lehrperson und in Abhängigkeit des Klassenkontextes die Unterrichtsqualität, was erfolgversprechende individuelle Verarbeitungsprozesse unterstützen und schliesslich zu besseren Lernleistungen beitragen soll.

Das zugrundeliegende theoretische Rahmenmodell kann dem *erweiterten Prozess-Produkt-Paradigma* (Brophy & Good, 1986; Shuell, 1996; Brophy, 1999) zugerechnet werden und verbindet verschiedene Konzepte und aktuelle Modelle der Unterrichtsforschung (z.B. Fend, 1998b; Baumert et al., 2004; Doll & Prenzel, 2004; Helmke, 2009). Weil in den Modellen dieses Paradigmas keine direkten Wirkungen vom Unterricht auf den Lernertrag der Schülerinnen und Schüler angenommen, sondern über individuelle Verarbeitungsprozesse vermittelt werden, kann auch von einem *Prozess-Mediations-Produkt-Modell* gesprochen werden. Das Kernanliegen dieser Arbeit besteht in der systematischen Überprüfung von wesentlichen Teilen des theoretischen Rahmenmodells. Im Mittelpunkt steht die Frage nach den Effekten der adaptiven Lehrkompetenz auf Unterrichtsprozesse und den Lernertrag der Schülerinnen und Schüler unter Berücksichtigung von Kontexteffekten und individuellen Lernvoraussetzungen.

Das Rahmenmodell unterscheidet die vier hierarchischen Ebenen *Bildungssystem, Schulebene, Klassenebene* und *Schülerebene*, die sich wechselseitig beeinflussen (nicht rekursives Modell). Mit Blick auf die zentrale Fragestellung stehen die beiden untersten Modellebenen im Vordergrund: die Ebene der Lehrperson bzw. der Klasse sowie die Individualebene der Schülerinnen und Schüler. Gemäss dem mehrebenenanalytischen Angebots-Nutzungs-Modell entsprechen die von der Lehrperson geschaffenen Lerngelegenheiten dem zur Verfügung gestellten Angebot und die individuellen Lernvoraussetzungen den Nutzungsmöglichkeiten seitens der Schülerinnen und Schüler. Lernerträge sind, einem kognitiv-konstruktivistischen Lehr-Lern-Verständnis folgend, das Ergebnis der individuell unterschiedlichen Nutzung des Lernangebots. Der Unterricht kann dabei als Bindeglied zwischen Angebots- und Nutzungsseite des Modells aufgefasst werden.

Neben den individuellen Lernerträgen interessieren auch kollektive Zielkriterien, die auf der Klassenebene angesiedelt sind. So können auch Fragen nach differenziellen Effekten von Unterrichtsprozessen beantwortet werden, also zum Beispiel, ob Leistungsstarke oder Leistungsschwache besonders oder alle Lernenden gleichermassen vom Unterrichtsangebot adaptiver Lehrpersonen profitieren können.

Aus dem zugrunde gelegten Rahmenmodell folgen verschiedene forschungsmethodische Implikationen, die es zu berücksichtigen gilt (vgl. Kapitel 5). Dies betrifft zunächst die Mehrebenenstruktur der Daten, die den Einsatz mehrebenenanalytischer Testverfahren verlangt, damit Lehrermerkmale, individuelle Schülerdaten und Kontextfaktoren auf Klassenebene simultan modelliert werden können. Zweitens verlangen die vielfältigen Einflussfaktoren auf das schulische Lernen, dass die wesentlichen Einflussgrössen (z.B. individuelle Lernvoraussetzungen oder die Zusammensetzung der Klasse) in die Analysemodelle aufgenommen und statistisch kontrolliert werden. Die Modellannahmen implizieren drittens, dass keine direkten Wirkungen von der adaptiven Lehrkompetenz auf den Lernerfolg ausgehen, sondern diese über Unterrichtsprozesse mediiert werden. Aus diesem Grund bieten sich für die Datenanalyse Strukturgleichungsmodelle an, die neben direkten auch indirekte Wirkungspfade nachzeichnen können. Schliesslich wird der Bedeutung der Fachbereichsspezifität Rechnung getragen, indem die empirische Untersuchung exemplarisch für einen Fachbereich (Naturwissenschaften) durchgeführt wird. Dies gilt auch für das Zielkriterium des kognitiven Lernerfolgs der Schülerinnen und Schüler, das im Rahmen einer spezifischen Unterrichtsreihe zum Thema „Keimung von Samen" erfasst wird. Über einen solchen curriculumsensitiven Test, in welchem eine hohe inhaltliche Kohärenz mit den vorgegebenen Unterrichtszielen besteht, dürften Unterrichtsprozesse direkter abgebildet werden und zu höheren Varianzaufklärungen führen als in thematisch breit gefassten Leistungstests (Hill & Rowe, 1996).

Der in dieser Arbeit verwendete Kompetenzbegriff geht auf einen Vorschlag von Weinert (2001) zurück und umfasst neben kognitiven Dispositionen auch motivationale und handlungsbezogene Merkmale. Analog werden Kompetenzen von Lehrpersonen mit Blick auf die Bewältigung der komplexen beruflichen Anforderungen nicht als eindimensionale Fähigkeit, sondern als Fähigkeitskomplex mit verschiedenen Teilbereichen verstanden. Professionelle Kompetenzen von Lehrpersonen umfassen also nicht nur kognitive Kompetenzen (Professionswissen im engeren Sinne), sondern ebenso Überzeugungen und Werthaltungen sowie motivationale und selbstregulative Merkmale (Krauss et al., 2004; vgl. auch Kunter & Klusmann, 2010).

Aus diesem Kompetenzbegriff folgen weitere grundlegende forschungsmethodische Überlegungen. So können Kompetenzen nur leistungsbezogen gemessen werden und deren Operationalisierung muss sich auf konkrete Anforderungssituationen beziehen (Klieme et al., 2003). Im Zuge des gegenwärtig hohen Interesses in der pädagogisch-psychologischen Forschung an der Untersuchung von Lehrerkompetenzen und deren Effekte auf schulisches Lernen (Klieme, 2006) haben sich auch die Anstrengungen verstärkt, professionelle Kompetenzen von Lehrpersonen mit adäquaten Methoden zu erfassen (vgl. Übersichten von Frey, 2006; Tittle, 2006). Insbesondere werden Lehrerkompetenzen nicht mehr ausschliesslich über Fragebogen erfasst. Beispielsweise wird versucht, eine andere Zugangsweise zur Erfassung kognitiver Prozesse während des Unterrichts zu erschliessen, indem im Anschluss an eine gehaltene Lektion Befragungen durchgeführt werden. So legte Berliner (1992) zur Untersuchung, wie Lehrpersonen Unterricht kognitiv verarbeiten, unterschiedlich erfahrenen Lehrpersonen Unterrichtsmaterial oder Videoaufzeichnungen von Unterricht vor, das anschliessend kommentiert werden musste. Dieser insbesondere in der Expertenforschung angewandte methodische Zugang, bei dem Unterrichtsmaterial als Stimulus eingesetzt wurde, erwies sich als fruchtbar, um professionelles Wissen zu erfassen (Bromme, 1987). Gemeinsam ist den verschiedenen Ansätzen jedoch der Mangel, dass es sich um nachträgliche Befragungen handelt, bei denen die Lehrpersonen Zeit hatten, über das vorgelegte Material nachzudenken bzw. ihr Handeln zu reflektieren. Bei solchen nachträglichen Angaben handelt es sich um die kognitive Rekonstruktion von vormals spontanem Verhalten, womit wohl weniger handlungsleitendes Wissen, sondern vielmehr handlungsrechtfertigendes Wissen erfasst wird (Neuweg, 2002). Messungen von Lehrerkognitionen müssten deshalb versuchen, zumindest soweit es sich um die Erfassung kognitiver Prozesse in der interaktiven Unterrichtsphase handelt, die Unmittelbarkeit der Unterrichtssituation abzubilden.

Sollen die verschiedenen Aspekte oder Dimensionen der professionellen Kompetenz in ihrer Breite angemessen abgebildet werden, darf die Erfassung nicht zu eng auf die Messung einzelner, isolierter Leistungsbereiche gefasst sein (Inhaltsvalidität). Die Erfassung verschiedener Teilbereiche der adaptiven Lehrkompetenz erfolgte daher in der vorliegenden Studie im Rahmen eines Multi-Method-Ansatzes (vgl. Kapitel 5.4). So wurden adaptive Planungskompetenzen mittels Vignettentest, adaptive Handlungskompetenzen durch einen Videotest und das Sachwissen in einem Wissenstest erfasst. Zunächst wird aber im folgenden Kapitel auf die theoretische Fundierung und Konzeptualisierung der adaptiven Lehrkompetenz eingegangen.

3 Adaptive Lehrkompetenz

Der Umgang mit unterschiedlichen Lernbedürfnissen der Schülerinnen und Schüler stellt eine der zentralen Herausforderungen für Lehrpersonen im Unterrichtsalltag dar. Viele Lehrpersonen stimmen wohl darin überein, dass Schülerinnen und Schüler aufgrund ihrer Verschiedenheit im Unterricht unterschiedlich zu behandeln sind, damit Lernprozesse möglichst erfolgreich unterstützt werden können. Dabei stellt sich die Frage, wie dies bestmöglich geschehen soll und welche Kompetenzen seitens der Lehrpersonen dazu nötig sind.

In der vorliegenden Studie wird vorgeschlagen, dass „adaptive Lehrkompetenz" eine günstige Voraussetzung bildet, die es Lehrpersonen ermöglicht, im Unterricht adäquat mit unterschiedlichen Lernbedürfnissen von Schülerinnen und Schülern umzugehen. Die Grundlagen einer Konzeption der „adaptiven Lehrkompetenz" werden im folgenden Abschnitt hergeleitet und erörtert.

3.1 Der Begriff „Adaptivität"

Allgemein wird von Adaptivität gesprochen, wenn sich ein System durch externe Eingriffe oder selbständig an veränderte Bedingungen anpassen kann (Leutner, 2002). Solche Anpassungsprozesse sind beispielsweise in der Natur oder in der Technik, aber auch in sozialen Systemen zu beobachten: So passt sich ein Chamäleon farblich der Umwelt an oder wird eine Zentralheizung über die Messung der Umgebungstemperatur durch Thermostaten geregelt. Adaptivität hat stets mit einer Anpassungsleistung an Umweltbedingungen zu tun, mit dem übergeordneten Ziel, die Funktionsfähigkeit zu verbessern. Technische und soziale Anpassungsprozesse unterscheiden sich jedoch in Bezug auf die Steuerung. Während bei technischen Abläufen von Regelungen gesprochen wird, die im Rahmen vorgegebener Sollwerte Abweichungen automatisiert ausgleichen, erfolgt die Steuerung sozialer Systeme auf der Grundlage von Entscheidungen, impliziert also ein von Menschen ausgeführtes Handeln (Herzog, 2008).

Im pädagogisch-psychologischen Kontext wird der Begriff Adaptivität sowohl für *Lernende* wie für *Lehrende* verwendet: Während sich Schülerinnen und Schüler an verschiedene Formen des Unterrichts anzupassen haben, sollten Lehrpersonen den Unterricht an die Bedürfnisse der Lernenden anpassen (Corno & Snow, 1986; Schrader, 1989). Solche Unterrichtsansätze werden in der Literatur als adaptiver Unterricht bzw. adaptives Lehren oder adaptive Instruktion (*adaptive instruction* bzw. *adaptive teaching*) bezeichnet. Oftmals werden sie mit individualisiertem oder differenziertem Unterricht gleichgesetzt (vgl. z.B. Gruehn, 2000; Wember, 2001). Letztlich besteht das Ziel darin, die Schülerinnen und Schüler selbst zu adaptivem Lernverhalten hinzuführen, damit sie unter den situativ gegebenen Bedingungen und unter Einbezug der eigenen Lernvoraussetzungen ihr Lernen eigenständig planen, durchführen und steuern können. Insofern soll adaptives Unterrichten auch zur Förderung metakognitiver Strategien beitragen.

Der Adaptivitätsbegriff wird auch im Zusammenhang mit *adaptiver Expertise* bzw. „adaptive expert" (Hatano & Inagaki, 1986; Bransford, Brown & Cocking, 2000; Hatano, 2000) verwendet. Demnach zeichnen sich adaptive Expertinnen und Experten durch eine hohe Flexibilität bei ihren Tätigkeiten aus. Bransford et al. (2006, S. 223) unterscheiden *zwischen adaptiver Expertise* und *Routineexpertise*. Adaptive Expertise ist gekennzeichnet durch den Willen und die Fähigkeit, Kernkompetenzen zu verändern und kontinuierlich zu erweitern. Damit dies gelingt, sind sowohl Innovation als auch Effizienz nötig. Manchmal ist es notwendig, dass die kurzfristige Effizienz darunter leidet, um auf längere Sicht flexibler zu sein. Im Unterschied dazu ist routinisierte Expertise nur effizient. Nach Gruber (2007) ist das wesentliche Merkmal von Routineexpertise eine grosse deklarative Wissensbasis. Adaptive Expertise zeichnet sich dagegen durch eine hohe, flexibel einsetzbare Handlungskompetenz aus. „Routineexpertise ist durch die Automatisierung von Handlungsvorgängen gekennzeichnet, adaptive Expertise durch die Flexibilität von Handlungen" (Gruber, 2007, S. 100). Berliner (1992) betont auch in Bezug auf Lehrpersonen die Flexibilität als wesentliches Kennzeichen von Expertise. Er beschreibt „the expert teacher as having a well-thought-out general script to follow but being very flexible in following it in order to be responsive to what students do" (S. 236).

3.2 Adaptiver Unterricht

Die Notwendigkeit zu adaptivem Verhalten in Lehr-Lernsituationen liegt in den interindividuellen Unterschieden der Lernenden begründet. Die Grundidee des adaptiven Unterrichts basiert darauf, dass Inhalte und Methoden des Unterrichts an die unterschiedlichen individuellen Lernvoraussetzungen der Schülerinnen und Schüler angepasst werden sollen (Wember, 2001).

Weinert (1996) beschreibt das Konzept der *adaptiven Instruktion* bzw. des *adaptiven Unterrichts* als den vielgestaltigen „Versuch, die didaktischen Hilfen so auf die kognitiven, motivationalen und affektiven Unterschiede zwischen den Lernenden abzustimmen, dass alle möglichst optimal davon profitieren und jeder einzelne bestmöglich gefördert wird" (S. 31). Die Berücksichtigung individueller Lernbedürfnisse als zentrales Merkmal kommt auch bei Wang (1980) zum Ausdruck, die adaptives Lehren als „the use of alternative instructional strategies and resources to meet the learning needs of individual students" (S. 122) definiert.

In den verschiedenen Definitionen herrscht zwar weitgehende Einigkeit bezüglich der allgemeinen Auffassung über adaptiven Unterricht. Im Grunde geht es um eine möglichst optimale Passung zwischen dem zur Verfügung gestellten Lernangebot und den Nutzungsmöglichkeiten des bzw. der Lernenden (vgl. Rahmenmodell in Kapitel 2.2). Die konkrete Ausgestaltung in der Unterrichtspraxis und in Schulprogrammen erfolgt jedoch sehr vielfältig und uneinheitlich. So haben Waxman, Wang, Anderson und Walberg (1985) für eine Metaanalyse eine Reihe von charakteristischen Merkmalen für adaptiven Unterricht herausgearbeitet, aus denen hervorgeht, wie unterschiedlich adaptiver Unterricht gestaltet sein kann. Demnach könne von adaptivem Unterricht gesprochen werden, wenn mindestens eines der folgenden Merkmale vorhanden sei:

- Der Unterricht berücksichtigt Ergebnisse von individuellen Fähigkeitstests;
- die Schülerinnen und Schüler arbeiten nach eigenem Lerntempo;
- die Schülerinnen und Schüler erhalten regelmässige Rückmeldung über ihre Lernfortschritte;
- die Schülerinnen und Schüler planen und beurteilen ihr eigenes Lernen;
- alternative Materialien und Aktivitäten werden angeboten;
- die Schülerinnen und Schüler verfügen bei den Zielen und Aktivitäten über gewisse Wahlmöglichkeiten;
- die Schülerinnen und Schüler unterstützen sich gegenseitig, um individuelle Ziele und Gruppenziele zu erreichen.

Aus der additiven Aneinanderreihung wird ersichtlich, dass in dieser Metaanalyse sehr unterschiedliche Unterrichtsmerkmale und -aktivitäten als adaptiv bezeichnet werden, was einer stringenten Eingrenzung des Konzepts wenig dienlich ist. Als zentrale Strategien lassen sich einzig die Differenzierung und Individualisierung erkennen.

Fasst man den Begriff des adaptiven Unterrichts nicht nur eng als Sammelbezeichnung für Strategien und Verfahren der inneren Differenzierung, so lassen sich zurückgehend auf Salomon (1975) drei grundlegende Strategien unterscheiden, wie Passung zwischen den Unterrichtsanforderungen und den Lernvoraussetzungen angestrebt werden kann (vgl. auch Wember, 2001; Leutner, 2002): (1) Mit dem *Fördermodell* (remediale Strategie) sollen fehlende Lernvoraussetzungen einzelner Schülerinnen und Schüler mit zusätzlichen Massnahmen beseitigt werden. Diese Strategie bietet sich dann an, wenn die fehlenden Lernvoraussetzungen basale Fähigkeiten betreffen, die veränderbar, also prinzipiell erlernbar sind. (2) Die *Kompensationsstrategie* zielt darauf ab, Lerndefizite zu kompensieren, indem im Unterricht fehlende Lernvoraussetzungen umgangen werden. Dies ist insbesondere dann angezeigt, wenn die unzureichenden Lernvoraussetzungen nicht im Sinne des Fördermodells kurzfristig behoben werden können. (3) Die *Präferenzstrategie* baut hingegen auf den Stärken der Lernenden auf, indem der Unterricht auf bereits gut erworbene Fähigkeiten ausgerichtet wird.

Die Idee, dass sich Lehrpersonen auf individuelle Unterschiede bei Schülerinnen und Schülern auszurichten haben, um erfolgreich zu unterrichten, ist keineswegs neu. Dieser Gedanke ist schon im 4. Jahrhundert v. Chr. in chinesischen, etwas später in hebräischen und in römischen Schriftstücken zu finden (vgl. Corno & Snow, 1986; Wember, 2001). Ebenso gründen die in den ersten Jahrzehnten des 20. Jahrhunderts sich verbreitenden Ideen der Reformpädagogik wesentlich auf dem Versuch, die individuellen Bedürfnisse von Kindern und Jugendlichen bei der Gestaltung von Lernumgebungen zu berücksichtigen (Oelkers, 2005). Auch in den USA wurde adaptiver Unterricht im Zuge reformpädagogisch orientierter Schulversuche in die Praxis umgesetzt (z.B. Washburne, 1925). Diese Schulversuche forderten eine konsequente Individualisierung, indem die Eigenaktivität der Lernenden, intrinsische Motivation, Planungskompetenz und Eigenverantwortung betont wurden. Das wissenschaftliche Interesse am adaptiven Unterricht war allerdings wenig nachhaltig und flammte erst ab den 1950er Jahren wieder auf.

Aus den vielgestaltigen Versuchen, die individuellen Voraussetzungen der Schülerinnen und Schüler im Lehr-Lernprozess zu berücksichtigen, lassen sich in Anlehnung an Corno und Snow (1986) grundsätzlich zwei Ansätze von adaptivem Unterricht unterscheiden: *Makro-* und *Mikroadaptationen* (vgl. auch, Hartke, 1999; Wember, 2001; Leutner, 2002; Park & Lee, 2004). Während auf der Ebene von *Makroadaptationen* das Unterrichtsangebot mittel- bis langfristig angepasst wird, erfolgen Anpassungsprozesse auf der Ebene von *Mikroadaptationen* andauernd und können unmittelbar im Unterrichtsgeschehen wirksam werden. Zwar verweisen Corno und Snow (1986) darauf, dass es sich bei den beiden Ebenen nicht um trennscharfe Kategorien handelt, sondern sie als die beiden Extreme auf einem Kontinuum zu verstehen seien. Trotzdem wird nachfolgend der Versuch unternommen, typische Merkmale der beiden Adaptationsebenen herauszuarbeiten und Umsetzungsbeispiele anzuführen.

3.2.1 Makroadaptation

Makroadaptation bezieht sich auf die Anpassung von Lehrangeboten in grösseren zeitlichen Abständen (vgl. Corno & Snow, 1986; Wember, 2001). Die Anpassung an die Lernvoraussetzungen ist aber mindestens einmal vor Beginn einer neuen Unterrichtseinheit oder eines neuen Lehrgangs zu vollziehen (Leutner, 2002). Bei der Makroadaptation ist es sinnvoll, wenn das Unterrichtsangebot an relativ stabile Schülereigenschaften angepasst wird, die sich während dem Lernen kaum verändern. Hierzu sind nach Corno und Snow (1986) (1) kognitive Grundfähigkeiten (Intelligenz), (2) spezifisches Vorwissen, (3) motivationale und affektive Merkmale (z.b. Leistungsmotivation, Ängstlichkeit oder Selbstkonzept) und (4) Lernstile (z.b. metakognitive Lernstrategien) besonders geeignet.

Formale Struktur

Versucht man die Struktur adaptiven Unterrichts formal zu fassen, so eignet sich die Ebene der Makroadaptation besser, da sie einen geringeren Komplexitätsgrad aufweist als Mikroadaptationen. Laut Corno und Snow (1986) gilt es in einem ersten Schritt die im Hinblick auf die Erreichung von Lernzielen relevanten Lernereigenschaften zu erfassen. Falls die Lernausgangslage als ausreichend eingeschätzt wird, um über die zur Verfügung stehenden regulären Unterrichtsangebote die intendierten Lernziele zu erreichen, erfolgt die Zuweisung zu jenem Unterrichtsangebot, das am erfolgversprechendsten scheint. Sofern die Lernziele erreicht werden, kann die Schülerin bzw. der Schüler zur nächsten Lerneinheit weitergehen. Werden die Lernziele hingegen nicht erreicht, oder wird schon die Lernausgangslage als ungenügend diagnostiziert, so werden diese unzureichenden Lernvoraussetzungen im Sinne einer direkten Förderung aufgearbeitet. Falls diese remediale Strategie des Förderunterrichts scheitert, wird der Lernende einer sonderpädagogischen Massnahme zugewiesen (Separation).

Diese formale Struktur adaptiver Prozesse ist mit dem bekannten TOTE-Schema (Test-Operation-Test-Entscheidung) von Miller, Galanter und Pribram (1960; 1973) vergleichbar. Glaser (1977) hat im Rahmen der „adaptive education" ebenfalls eine Abfolge von Diagnoseschritten und darauf aufbauenden Unterrichtsmassnahmen formuliert. Demzufolge ist in einer ersten Phase die Lernausgangslage zu bestimmen, indem die für eine Unterrichtsmassnahme erforderlichen Voraussetzungen erfasst werden, etwa durch Eignungstests, Leistungstests oder Verhaltensbeobachtungen. Aufgrund der diagnostizierten Lernvoraussetzungen wird ein passendes Unterrichtsangebot ausgewählt und schliesslich wieder überprüft, ob die intendierten Lernziele erreicht wurden. Wember (2001) betont, dass die Gestaltung der weiteren Unterrichtsmassnahmen auf eine bestmögliche Förderung der Schülerinnen und Schüler auszurichten sei.

Diese Grundstruktur adaptiver Entscheidungen lässt sich prinzipiell auch in selektiven Schulorganisationsformen mit äusserer Differenzierung nach Leistungsgruppen erkennen. Auch in solchen gegliederten Schulsystemen erfolgt die leistungsbezogene Zuteilung zu Lerngruppen aufgrund einer vorausgegangenen Leistungsbewertung, etwa durch eine Aufnahmeprüfung, durch die Empfehlung der Lehrperson oder eine Kombination verschiedener Verfahren. Allerdings wird in selektiven Systemen die angestrebte Passung zwischen den Lernvoraussetzungen und dem Unterricht durch eine gezielte Auswahl zu erreichen versucht. Die zur Verfügung stehende Anzahl alternativer Unterrichtsformen ist sehr beschränkt (Glaser, 1975; Wember, 2001). Der Unterricht selbst wird methodisch und inhaltlich kaum an die unterschiedlichen Bedürfnisse der Lernenden angepasst. Dagegen wird bei adaptiven Unterrichtsangeboten und Schulprogrammen, die spezifisch im Hinblick auf die Berücksichtigung von unterschiedlichen Lernbedürfnissen ausgearbeitet wurden, die schulische Umwelt differentiell gestaltet, um möglichst vielen Schülerinnen und Schülern eine passende Förderung zu gewährleisten.

Modelle und Schulprogramme zur adaptiven Gestaltung von Lernumwelten

Seit den 50er Jahren des 20. Jahrhunderts wurden zur adaptiven Gestaltung von Lernumwelten zahlreiche Modelle und Schulprogramme entwickelt, die der Ebene der Makroadaptation zugeteilt werden können (vgl. Gage & Berliner, 1996). Prominente Beispiele hierfür sind das auf Carroll (1963) zurückgehende *Mastery Learning* (Bloom, 1968; Block & Burns, 1976; Bloom, 1976) bzw. das *Zielerreichende Lernen* (Ingenkamp, 1979), der *Keller-Plan* bzw. das *Personalized System of Instruction* (PSI; Keller, 1968) oder das *Adaptive Learning Environments Model* (ALEM; Wang, 1980; Wang, M.C. et al., 1985).

Wember (2001) bezeichnet das *zielerreichende Lernen* (mastery learning) als den Kern des adaptiven Unterrichts. Die Grundannahme besteht darin, dass ungenügende schulische Lernleistungen durch ein Missverhältnis zwischen schulisch zugestandener und individuell benötigter Lernzeit entstehen. Carroll (1963) hat optimales Lernen als bestmögliche Passung zwischen benötigter Lernzeit und angebotener, gewährter Lernzeit definiert (vgl. Kapitel 2.5.4). Diese Idee wurde von Bloom (1968; 1976) zum „mastery learning" umgesetzt, bei dem den einzelnen Schülerinnen und Schülern genügend Lernzeit zur Erreichung eines Lernziels zugestanden wird. Ob die Ziele für den nächsten Lernschritt erreicht sind, soll mittels lernzielorientierter Tests ermittelt werden. Wird der Unterricht konsequent nach diesem Prinzip durchgeführt, so könne bei den meisten Schülerinnen und Schülern dem Entstehen von elementaren Kenntnislücken vorgebeugt werden, was insbesondere bei kumulativ aufbauenden Lerninhalten zentral ist.

Kulik, Kulik und Bangert-Drowns (1990) haben in einer umfassenden Metaanalyse nachweisen können, dass der Ansatz des zielerreichenden Lernens positive Effekte auf den Lernerfolg von Schülerinnen und Schülern, aber auch auf die Einstellungen zu den Lerninhalten und zum Unterricht hat. Die Leistungseffekte scheinen bei leistungsschwächeren Schülerinnen und Schülern etwas stärker auszufallen als bei den leistungsstarken. Zudem hat sich gezeigt, dass besonders erfolgreiche Unterrichtsversuche nicht nur die Lernzeit variierten, sondern auch die Inhalte und Unterrichtsmethoden. Erfolgreiche Lehrpersonen sollten demnach Lernvoraussetzungen und den Lernstand häufig diagnostizieren, ein verständliches Feedback an die Lernenden geben und den darauffolgenden Unterricht flexibel darauf anpassen. Wember (2001) hebt hervor, dass die Unterrichtsqualität eine besonders wichtige Variable und eng mit den Kompetenzen von Lehrpersonen verknüpfte Einflussgrösse sei.

In den letzten Jahrzehnten sind die Programme adaptiver Lernumwelten zunehmend komplexer geworden. Auch Walberg und Paik (2000) postulieren ein umfassendes Verständnis von *adaptiver Erziehung* (adaptive education), deren Umsetzung hohe Anforderungen an die Lehrpersonen stellen „including planning, time allocation, task delegation to aides and students, and quality control" (S. 20). Adaptive Erziehung bezieht sich also nicht auf den Einsatz einzelner Methoden, sondern stellt ein umfassendes Programm dar, das den Fokus auf das Lernen der einzelnen Schülerinnen und Schüler richtet, indem die oft divergierenden Bedürfnisse, Möglichkeiten und Begrenzungen der Lernenden besser berücksichtigt werden.

Eines der bekanntesten Unterrichtsmodelle, das *Adaptive Learning Environments Model* (ALEM), wurde am Learning Research and Development Center der Universität Pittsburgh entwickelt und wurde grossflächig in Primarschulen implementiert. ALEM geht auf Überlegungen von Glaser (1977) zurück und wurde in der Folge insbesondere von Wang (1980; Wang, M.C. et al., 1985; Wang, 1992) weiterentwickelt. In dieser Tradition wird unter adaptivem Unterricht der Einsatz von alternativen Unterrichtsstrategien und Ressourcen verstanden, um die individuellen Lernbedürfnisse und motivationale Voraussetzungen der einzelnen Schülerinnen und Schüler besser zu berücksichtigen als in traditionellen Unterrichtsformen. Schülerinnen und Schüler sollten auch dann in die normalen Jahrgangsklassen integriert werden, wenn sie auf besondere pädagogische Bedürfnisse angewiesen sind (Wang, M.C. et al., 1985). Lernschwierigkeiten werden dabei nicht als Misserfolg, sondern vielmehr als Herausforderung aufgefasst. Eine optimale Förderung wird aber nicht nur für Schülerinnen und Schüler mit Lerndefiziten angestrebt, sondern auch für normal und besonders begabte Schülerinnen und Schüler.

Bemerkenswert ist die wissenschaftliche Fundierung und Begleitung des ALEM. Einerseits wurden Aspekte ins Programm integriert, die sich in der Schul- und Unterrichtsforschung als wirksam erwiesen hatten (Wang, 1996). So kombiniert das Programm sowohl Teile direkter Instruktion als auch Elemente eigenständigen Lernens. Zentral sind die Ermittlung der individuellen Lernvoraussetzungen und das Monitoring des Lernfortschritts. Aufgrund der diagnostizierten Lernvoraussetzungen werden anschliessend curriculare Entscheidungen getroffen und das didaktische Arrangement gewählt. Sowohl das Lerntempo als auch die Art des Lernarrangements können je nach Bedürfnissen der einzelnen Schülerinnen und Schüler variieren. Dabei wird auf eine leistungsorientierte und kognitiv aktivierende Lernumgebung bei sozialer und emotionaler Wertschätzung geachtet. Der umfassende Ansatz des ALEM zeigt sich auch daran, dass Aspekte ausserhalb des Unterrichts ebenfalls mit einbezogen wurden: Dazu gehören etwa organisatorische Unterstützungsmassnahmen bis hin zu flexiblen zeitlichen Abläufen und an die Lernformen angepasste Räumlichkeiten (z.B. Bereiche für individuelle Arbeitsmöglichkeiten oder Lernzentren mit der Möglichkeit für flexible Gruppenbildungen), ein grosses Medienangebot, der Einbezug der Familien der Schülerinnen und Schüler sowie gezielte Weiterbildung der Lehrpersonen, um die Implementierung und Realisierung des ALEM bestmöglich zu unterstützen.

Die Wirksamkeit des ALEM wurde in zahlreichen wissenschaftlichen Untersuchungen evaluiert (Wang & Gennari, 1983; Wang & Birch, 1984; Wang, Vaughan & Dytman, 1985; Waxman et al., 1985; Wang & Zollers, 1990). Eine wichtige Erkenntnis betrifft die Praxistauglichkeit: Das Modell lässt sich offenkundig unter realen Bedingungen im schulischen Alltag umsetzen und wird bei ausreichender Unterstützung (z.B. mit Arbeitsmaterial und ausgearbeiteten Unterrichtsplänen) von den Lehrpersonen gut akzeptiert. Als zentral hat sich die Qualität der Implementierung erwiesen. Je besser die Umsetzung des ALEM, desto effizienter wurde die Lernzeit durch die Schülerinnen und Schüler genutzt (Wang & Walberg, 1983). Positive Effekte des ALEM zeigten sich auch in Bezug auf die Leistungsergebnisse der Schülerinnen und Schüler. Ebenso wurden das Arbeitsverhalten, das soziale Verhalten und die Einstellungen gegenüber dem Lernen günstig beeinflusst.

Folgt man Corno und Snow (1986), die nicht nur langfristige, sondern auch kurzfristige präaktive Adaptationsentscheide als makroadaptiv bezeichnen, so können auch Unterrichtskonzeptionen wie das Just-in-Time Teaching

(JiTT) zu den makroadaptiven Ansätzen gezählt werden (Novak, Patterson, Gavrin & Wolfgang, 1999; Gavrin, 2006; Pohl, 2009). In diesem Unterrichtskonzept wird eine zentrale Idee des adaptiven Unterrichts aufgenommen, indem den Schülerinnen und Schülern einige Tage vor dem Unterricht Fragen gestellt werden, um deren konzeptuelles Verständnis zu erfassen. Das Wissen über das Vorverständnis der Lernenden wird daraufhin gezielt für die Planung von Unterricht genutzt, etwa indem Schülerantworten im Unterricht diskutiert werden. Auf diese Weise soll eine höhere Schülerzentrierung und Aktivierung erreicht werden.

Am Beispiel des Just-in-Time Teaching wird auch offensichtlich, dass Ansätze adaptiven Unterrichtens oft eine Kombination von makro- und mikroadaptiven Entscheidungen umfassen.

3.2.2 Mikroadaptation

Im Unterschied zu Makroadaptationen erfolgen Mikroadaptationen nicht auf der Grundlage präaktiver Entscheidungen, sondern aufgrund kurzfristiger Entscheidungen während der interaktiven Phase des Unterrichts (Corno & Snow, 1986; Schrader, 1989). Solche laufenden, oftmals intuitiven Adaptationen (Cronbach, 1975) an das Unterrichtsgeschehen und die Schülerbedürfnisse verlangen nach bestimmten Verhaltensweisen der Lehrpersonen, die für das adaptive Unterrichten als typisch bezeichnet werden können.

Lehrerverhalten während des adaptiven Unterrichts

Corno und Snow (1986) greifen zur Beschreibung mikroadaptiver Prozesse auf den „Rezitationszyklus" von Bellack (Bellack, Kliebard, Hyman & Smith, 1966) zurück. Dieses Interaktionsmuster, das sich in vielen Unterrichtsgesprächen beobachten lässt, besteht aus einer Abfolge der drei Schritte *Strukturieren* (structuring), *Auffordern* (soliciting) und *Reagieren* (reacting). Typischerweise strukturiert eine Lehrperson in einem ersten Schritt den Unterrichtsverlauf, gibt das Thema vor, präsentiert Informationen und organisiert die Lernprozesse. Im zweiten Schritt provoziert die Lehrperson Schülerreaktionen, etwa durch Fragen oder Aufgabenstellungen. Schliesslich gibt die Lehrperson Rückmeldungen auf die Schülerreaktionen. Bei den einzelnen Schritten sind viele Variationsmöglichkeiten denkbar, mit denen eine Lehrperson ihr Verhalten gezielt an die Lernvoraussetzungen der Schülerinnen und Schüler ausrichten kann. So können unterschiedliche Medien und Materialien gewählt werden, oder sie kann mit einzelnen Schülerinnen und Schülern, Schülergruppen oder der ganzen Klasse gleichzeitig interagieren.

Wollen Lehrpersonen ihr unterrichtliches Handeln an die Lernvoraussetzungen der Schülerinnen und Schüler anpassen, stehen ihnen grundsätzlich drei Möglichkeiten zur Verfügung (Schrader, 1989): (1) die Anpassung des Unterrichtstempos (Pacing), (2) die Differenzierung der Unterrichtsschwierigkeit und (3) die Individualisierung des unterrichtlichen Verhaltens gegenüber verschiedenen Schülerinnen und Schülern bzw. Schülergruppen. Videoanalysen am Beispiel von Mathematikunterricht in der Schweiz zeigen, dass eine individuelle Lernunterstützung durch die Lehrperson in Schülerarbeitsphasen besonders häufig vorzufinden ist (Krammer, 2009). Weitere viedeobasierte Analysen belegen, dass auch die anderen genannten Massnahmen zur Individualisierung von Unterricht, wie die Differenzierung des Schwierigkeitsgrads und das individuelle Variieren des Lerntempos, durchaus eingesetzt werden (Hugener & Krammer, 2001; 2010).

Diese erwähnten Anpassungsleistungen werden zwar erst im Unterrichtshandeln sichtbar, sind aber zumindest teilweise schon bei der Unterrichtsplanung mit zu bedenken. Beispielsweise sollte schon in der Unterrichtsvorbereitung antizipiert werden, dass gewisse Schülergruppen ein geringeres Vorkenntnisniveau aufweisen und deshalb auf engmaschigere Strukturierungshilfen angewiesen sein dürften. Insofern handelt es sich hier zwar in erster Linie um mikroadaptive Prozesse. Diese sollten aber nicht unabhängig von makroadaptiven Überlegungen, die bei der Unterrichtsplanung angestellt wurden (z.B. alternative Erklärungsansätze oder Übungen mit unterschiedlichem Anforderungsgehalt für verschiedene Schülergruppen), ablaufen.

Intelligente tutorielle Systeme (E-Learning-Systeme)

Eine typische Anwendung mikroadaptiver Prozesse erfolgt mittels sogenannter *intelligenter tutorieller Systeme* (Intelligent Tutoring Systems, ITS). Dabei handelt es sich um computerbasierte Lehrsysteme, die sich im Verlaufe des Lernprozesses anhand verschiedener Parameter nach vorprogrammierten Algorithmen den Lernermerkmalen anpassen (Weidenmann, 1996). Als Ursprung für solche adaptiven E-Learning-Systeme wird üblicherweise der *Programmierte Unterricht* (Skinner, 1954) angesehen. Die Grundidee basiert auf der Realisierung kleinschrittiger, relativ leicht erlernbarer Lerneinheiten, wobei die Lernenden unmittelbar nach korrekten Antworten positiv verstärkt wurden. Das Lernmaterial selbst war nicht individualisiert, es konnte aber in unterschiedlichem Lerntempo durchlaufen werden. Auch wenn die Adaptation der Lernumgebung auf die individuellen Lernvoraussetzungen noch sehr beschränkt war, so hat der Programmierte Unterricht wesentlich zur Entwicklung von anspruchsvolleren computerbasierten tutoriellen Systemen beigetragen (Park & Lee, 2004).

Adaptive computerunterstützte Unterrichtsprogramme zielen darauf ab, die Lernfortschritte der Lernenden unmittelbar zu diagnostizieren und an das Lehrsystem zurückzumelden, das diese Informationen wiederum für die weiteren Lehrmassnahmen verwendet (Leutner, 2002; 2006). Nach Shute & Towle (2003) kommt das Potential des computergestützten Lernens dann zum Tragen, wenn das Lehrsystem eine optimale Passung zwischen Lernangebot und Lernunterstützung sowie den Bedürfnissen, Voraussetzungen und Möglichkeiten seitens der Lernenden herstellen kann.

Die Anpassung an individuelle Unterschiede wird seit einigen Jahren auch bei *computergestützten adaptiven Testsystemen* (Computerized Adaptive Testing; CAT) genutzt (Wainer et al., 2000; Kubinger, 2003). Solche adaptiven Tests[3] passen sich den Fähigkeiten von Testpersonen an, wobei der Testprozess in Abhängigkeit des Antwortverhaltens insofern flexibel verläuft, dass der Schwierigkeitsgrad der nachfolgenden Items jeweils den aufgrund der bisherigen Testleistung geschätzten Fähigkeiten der Testpersonen angepasst wird. Auf diese Weise kann die Anzahl dargebotener Items zur Messung des individuellen Leistungsstands minimiert werden und den Testpersonen müssen nicht unnötig über- oder unterfordernde Aufgaben gestellt werden.

Nach Leutner (2002) unterscheiden sich Benutzende von multimedialen Lehr- und Informationssystemen im Ausmass der benötigten Lernunterstützung. Novizinnen und Novizen bräuchten wesentlich mehr Unterstützung als Expertinnen und Experten. Letztere können manchmal sogar durch zu viel Instruktion behindert werden (Lohman, 1986; Clark, 1988). Zu beachten gilt es überdies, dass der Unterstützungsbedarf nicht konstant ist, sondern Novizinnen und Novizen sich zunehmend grössere Expertise erwerben und als Folge davon der Unterstützungsbedarf abnimmt.

In ähnlicher Art und Weise dürften sich die Anforderungen an Strukturierungshilfen mit zunehmendem Lernzuwachs der Schülerinnen und Schüler verändern. Sofern es die Lernvoraussetzungen der Schülerinnen und Schüler zulassen, insbesondere wenn ausreichende metakognitive Fähigkeiten zur eigenständigen Steuerung des Lernprozesses vorhanden sind, kann die Lehrperson das Unterstützungsangebot allmählich zurücknehmen. In Anlehnung an den Ansatz des Cognitive Apprenticeship (Collins, Brown & Newman, 1989) könnte dies als *Scaffolding* mit allmählichem *Fading* bezeichnet werden. Ein solcher bewusster Verzicht auf Strukturierungsmassnahmen ist

---

3   Ein Beispiel für ein etabliertes adaptives Testsystem ist der „Stellwerk-Test" (www. stellwerk-check.ch), der seit einigen Jahren in verschiedenen Kantonen der Schweiz mit dem Ziel einer individuellen Standortbestimmung für Schülerinnen und Schüler der 8. bzw. 9. Klassenstufe eingesetzt wird (Moser, 2006).

ebenso als adaptiv zu bezeichnen wie beispielsweise das Angebot zusätzlicher Unterstützung bei diagnostizierten Lernschwierigkeiten.

3.2.3 Wirkungen des adaptiven Unterrichts

Walberg und Paik (2000) bringen die Forschungsergebnisse zur Wirkung adaptiven Unterrichts wie folgt auf den Punkt: „A variety of instructional techniques adapting lessons to individual students and small groups raises achievement" (S. 20). Eine Metaanalyse von Waxman et al. (1985) basierend auf 38 Studien mit insgesamt 7200 Schülerinnen und Schülern zu Effekten adaptiven Unterrichts in natürlichen Settings belegt robuste und konsistente mittlere Effekte adaptiven Unterrichts: Die durchschnittliche Effektstärke liegt bei .45, wobei sie bei kognitiven Outcomes mit Effektstärken von .39 (34 Studien) niedriger ausgewiesen wird als bei affektiven und einstellungsbezogenen Kriteriumsvariablen mit .60 (14 Studien) und bei Verhaltensvariablen mit .69 (5 Studien). Kurz: Adaptiver Unterricht zeigt konsistent mittlere positive Effekte auf kognitive Lernergebnisse und hat sogar noch stärkere Auswirkungen auf lernrelevante Einstellungen. Obschon die Kriterien, welche Programme als adaptiv gelten, für die Aufnahme in die Metaanalyse sehr breit sind, so erhärten die Ergebnisse die Wirksamkeit adaptiven Unterrichts auf den Lernerfolg der Schülerinnen und Schüler.

Die Effekte sind damit deutlich stärker als vergleichbare Metaanalysen bezüglich anderer Wirkfaktoren auf der Unterrichtsebene hervorgebracht haben (Walberg, 1986). Zudem sind die Wirkungen breit generalisierbar, da sowohl eine grosse Bandbreite von Bedingungen berücksichtigt wurde und sich die Wirksamkeit über alle Stufen der Volksschule sowie über verschiedene individuelle Schülermerkmale (wie z.B. Fähigkeiten, sozioökonomischer Hintergrund, ethnische Herkunft, Geschlecht) nachweisen lässt. Walberg und Paik (2000) heben hervor, dass die Effekte vermutlich unterschätzt werden, weil adaptiver Unterricht neben intellektuellen Leistungen viele andere Zielkriterien anvisiert, die oft schwierig messbar sind (z.B. Schülerautonomie, intrinsische Motivation, Elternbeteiligung).

Auch aktuelle Studien belegen die hohe Bedeutung von adaptiven Massnahmen. So konnten VanLehn, Graesser, Jackson, Jordan, Olney und Rosé (2007) in einer Serie von Experimenten die Bedeutung von Adaptivität für die Art der Lernunterstützung (individuelle Lernunterstützung vs. Textpräsentation) zeigen. Wenn die Lernmaterialien auf die Vorkenntnisse der Studierenden angepasst waren, dann erzielten die Studierenden gleich hohe Leistungsfortschritte, unabhängig davon, ob sie individuell unterstützt wurden oder ob sie einen Text gelesen hatten. Waren die Lerninhalte jedoch zu anspruchsvoll, dann zeigte sich die individuelle Lernunterstützung in Form eines Lerndialogs der reinen Textrezeption überlegen. Unter dieser Bedingung haben auch interaktive Formen von computerbasierter Lernuntersützung besser abgeschnitten als die reine Präsentation von Text.

Auch Metaanalysen zum computergestützten adaptiven Unterricht haben positive Effekte auf Lernerträge und Einstellungen gegenüber dem Lehrstoff nachgewiesen (Leutner, 2006). Dabei dürfte nach Leutner weniger das Medium selbst, sondern vielmehr die mit der Nutzung der Technik verbundene Lehrmethode, etwa die verbesserte Möglichkeit zur Individualisierung und zum zielerreichenden Lernen, für das bessere Abschneiden verantwortlich sein.

3.3 Aptitude-Treatment-Interaction (ATI)

Die im vorangegangenen Kapitel beschriebenen Adaptationsstrategien weisen enge Bezüge zum Forschungsstrang der Aptitude-Treatment-Interaction (ATI) der sechziger und siebziger Jahre des 20. Jahrhunderts auf (für eine Übersicht vgl. Schwarzer & Steinhagen, 1975; Cronbach & Snow, 1977; Snow & Swanson, 1992; Hasebrook, 2006). Ihnen ist gemeinsam, dass im Lernprozess den verschiedenen Lernvoraussetzungen besser Rechnung getragen werden soll als es im traditionellen Unterricht der Fall ist. Auf diese Weise soll ein wesentlich breiterer Bereich von individuellen Voraussetzungen und Potenzialen angesprochen und gefördert werden.

Zwar lassen sich aus der Unterrichtsforschung gewisse Merkmale erfolgreichen Unterrichtens ermitteln. Es ist jedoch falsch anzunehmen, dass es Merkmale guten Unterrichts gibt, die für alle Fachbereiche und Aufgabentypen, für alle Schülerinnen und Schüler und für alle Kontextbedingungen gelten (Rosenshine & Stevens, 1986, S. 377). Entsprechend geht der ATI-Ansatz von differentiellen Wirkungen des Unterrichts aus. Im Kern geht es also um die Frage, ob bestimmte Unterrichtsmerkmale in Abhängigkeit der Schülermerkmale unterschiedlich erfolgreich seien und ob sich daraus Konsequenzen für die Anpassung von Unterrichtsmethoden und Lehrinhalten an interindividuelle Unterschiede der Schülerinnen und Schüler ableiten lassen.

Obschon die Befunde im Rahmen des ATI-Forschungsansatzes teilweise inkonsistent ausfallen, lässt sich zusammenfassend festhalten, dass bei – sowohl in kognitiver (Vorwissen, Intelligenz) als auch in affektiver Hinsicht (Ängstlichkeit) – ungünstigen Lernvoraussetzungen lehrerzentrierte und kleinschrittige Unterrichtsformen wirksamer sind (Köller, 2008b). Von einem kleinschrittigen Vorgehen profitieren zudem jüngere und langsamere Lernende besonders (Rosenshine & Stevens, 1986). Umgekehrt eignen sich offene und kooperative Lernformen, die ein höheres Mass an Eigenständigkeit der Schülerinnen und Schüler erfordern, bei günstigen Lernvoraussetzungen besser. Diesen Befund erklären Helmke und Weinert (1997) damit, dass bei den leistungsschwächeren Schülerinnen und Schülern die Anforderungen bezüglich Informationsverarbeitung einen kritischen Schwellenwert eher übersteigen, und als Folge davon eine Aufgabe in der subjektiven Einschätzung als nicht bewältigbar erfahren wird.

ATI-Effekte lassen sich auch für die Darbietung verschiedener Lerninhalte nachweisen. So hat sich ein Schritt-für-Schritt-Vorgehen bei der Vermittlung von klar strukturierten und aufeinander aufbauenden Inhalten (z.b. Grammatik oder historische Fakten) als erfolgreich erwiesen. Demgegenüber ist das gleiche kleinschrittige Vorgehen für den Erwerb offener und wenig strukturierter Lerninhalte (z.b. Schreiben von Aufsätzen, Problemlösen) wenig geeignet (Rosenshine & Stevens, 1986).

Die Fruchtbarkeit des ATI-Forschungsansatzes zeigt sich auch in aktuellen Befunden zum Lernen aus Fehlern. So konnten Grosse und Renkl (2007) nachweisen, dass Studierende, denen sowohl korrekte als auch falsche Lösungen vorgegeben wurden, nur dann bessere Transferleistungen erzielen, wenn sie über ein hohes Vorwissen verfügen. Bei Lernenden mit geringem Vorwissen erweist sich hingegen die Darbietung von nur korrekten Lösungen als erfolgreicher. Interessant ist auch die Erkenntnis von Kieft, Rijlaarsdam und van den Bergh (2008), die im Bereich der Literatur festgestellt haben, dass ein adaptiver Einsatz von Schreibaufgaben, der sich an den Schreibstrategien der Lernenden orientiert, zu höherem Lernertrag führt.

Aus den beschriebenen Wechselwirkungen zwischen Unterrichts- und Schülermerkmalen lässt sich folgern, dass Lehrpersonen im Sinne einer Adaptivitätsleistung ihr unterrichtliches Handeln an die Lernvoraussetzungen der Schülerinnen und Schüler anpassen sollten (Köller, 2008b). Allerdings sind „Überadaptationen" wie etwa die Darbietung von unterfordernden Aufgaben für leistungsschwache Schülerinnen und Schüler (Renkl & Stern, 1994) zu vermeiden. Renkl und Stern konnten nämlich zeigen, dass in diesem Falle keine ATI-Effekte zu finden sind, sondern alle Schülerinnen und Schüler gleichermassen von kognitiv aktivierenden Aufgaben profitieren.

Für Lehrpersonen bedeuten solche Befunde aus der ATI-Forschung, dass es nicht ausreicht, ein bestimmtes Unterrichtsvorgehen zu lernen und dieses im Unterricht einzusetzen. Vielmehr müssen sie das Vorgehen in Abhängigkeit vom Lernziel und den Lernvoraussetzungen der Schülerinnen und Schüler auswählen. Lehrpersonen benötigen also Wissen darüber, wann eine bestimmte Unterrichtsmethode unter welchen Bedingungen für wen adäquat ist. Allerdings besteht noch wenig Wissen darüber, über welche Kompetenzen Lehrpersonen verfügen müssten, um adaptiven Unterricht effektiv zu gestalten.

3.4 Das Konzept „adaptive Lehrkompetenz"

Das Konzept der *adaptiven Lehrkompetenz*, wie es in dieser Untersuchung verwendet wird, knüpft an die oben beschriebenen Ansätze adaptiven Unterrichts an. Fokussiert werden nun aber nicht die Unterrichtsprozesse, sondern die Kompetenzen, die seitens der Lehrpersonen dazu führen sollen, adaptiven Unterricht zu planen und durchzuführen. Anders als beim adaptiven Unterricht interessieren also in erster Linie die Lehrerkognitionen als Bedingung für einen Unterricht, der für möglichst viele Schülerinnen und Schüler mit unterschiedlichen Lernvoraussetzungen und je verschieden verlaufenden Lernprozessen erfolgreich ablaufen soll. Erfolgreicher Unterricht ist dabei wesentlich dadurch gekennzeichnet, dass das Gelernte nicht einfach erworben, sondern verstanden wird, und dass die Lernprozesse nicht träges Wissen produzieren, sondern zu nachhaltigem, anwendbarem Wissen führen (vgl. Kapitel 2.5.1.1). Ein Kernanliegen dieser Studie ist es zu untersuchen, inwiefern sich adaptive Lehrkompetenz im Unterrichtshandeln umsetzen lässt und ob sie sich auf den Lernerfolg der Schülerinnen und Schüler auswirkt.

Eine erste umfassende Beschreibung des Konzepts der *adaptiven Lehrkompetenz* ist im Projektbericht zur gleichnamigen Studie von Beck et al. (2008) vorgelegt worden. Nachfolgend werden wesentliche Aspekte nochmals aufgenommen und mit Blick auf die eigenen Forschungsfragen vertieft. Insbesondere wird eine Weiterentwicklung des Modells zum Zusammenspiel der verschiedenen Dimensionen adaptiver Lehrkompetenz vorgestellt (vgl. Kapitel 3.5).

3.4.1 Adaptive Lehrkompetenz als Voraussetzung zum adaptiven Unterrichten

Adaptive Lehrkompetenz bezeichnet die Fähigkeit einer Lehrperson, ihren Unterricht so auf die individuellen Voraussetzungen der Schülerinnen und Schüler auszurichten und während des Unterrichts laufend anzupassen, dass für möglichst viele Schülerinnen und Schüler günstige Bedingungen für das Erreichen der Lernziele geschaffen werden (Beck, Brühwiler & Müller, 2007; Beck et al., 2008; Rogalla & Vogt, 2008). Eine Lehrperson mit hoher adaptiver Lehrkompetenz nimmt diese unterrichtsbezogenen Anpassungsleistungen bei der Unterrichtsplanung vor und realisiert diese während des Unterrichts. Dabei kann es durchaus vorkommen oder erforderlich sein, dass Handlungsanpassungen an situative Gegebenheiten vorgenommen werden müssen. Bemerkt beispielsweise eine Lehrperson im Verlaufe des Unterrichts, dass eine Schülergruppe den neuen Lernstoff nicht verstanden hat, so darf der Unterricht nicht nach Plan weiterlaufen, sondern sollte angepasst werden, etwa indem die notwendigen Grundlagen für das Weiterlernen durch alternative Erklärungsansätze geschaffen werden. Umgekehrt kann es auch vorkommen, dass die meisten Schülerinnen und Schüler ein Lernziel schneller erreichen als geplant. Dann wäre es wenig sinnvoll, mit weiteren gleichartigen Übungen Lernzeit zu „verschwenden" und womöglich bei den Schülerinnen und Schülern Langeweile und Desinteresse hervorzurufen. Wegleitend für solche Anpassungen ist jeweils der aktuelle Lernstand der einzelnen Schülerinnen und Schüler unter Berücksichtigung der Lernzielerreichung. Adaptive Lehrkompetenz kann somit als eine „fachübergreifende Voraussetzung für eine subjektorientierte Betrachtungs- und Handlungsweise der Lehrperson beim Unterrichten" (Beck et al., 2008, S. 39) bezeichnet werden.

Wie das in Kapitel 2.2 ausgeführte Rahmenmodell schulischer Lehr-Lern-Prozesse aufzeigt, ist Lernerfolg multiple determiniert (vgl. auch Helmke & Weinert, 1997; Helmke, 2009). Neben den individuellen Lernvoraussetzungen und Verarbeitungsprozessen haben Unterrichtsmerkmale wie die methodisch-didaktische Gestaltung des Unterrichts, die für das Lernen genutzte Zeit oder die Klassenführung eine besondere Bedeutung. Aus der Komplexität schulischer Lehr-Lern-Prozesse, aber auch aus einem konstruktivistischen Lehr-Lern-Verständnis folgt, dass Lehrpersonen nicht für jede mögliche Unterrichtssituation auf bestehendes Wissen zurückgreifen und dieses unmittelbar anwenden können, sondern dass sie lernen müssen, sich auch an aktuelle Situationen bzw. an Unvorhergesehenes anzupassen und flexibel darauf zu reagieren. Die Konzeption der adaptiven Lehrkompetenz nimmt diese multiplen Bedingungen schulischen Lernens auf, indem nicht bestimmte Lehrmethoden vorgeschlagen werden, sondern die Kompetenz der Lehrperson, ihren Unterricht auf die Lernvoraussetzungen der Schülerinnen und Schüler anzupassen, beleuchtet wird. Grundsätzlich könnte sich adaptive Lehrkompetenz auf verschiedene Zielbereiche (z.B. kognitive, soziale oder emotionale Kompetenzen der Schülerinnen und Schüler) beziehen. In dieser Studie wird die adaptive Lehrkompetenz jedoch eingegrenzt, indem stets das Ziel des verstehensorientierten Lernens im Fokus bleibt.

Weinert und Helmke (1988; Helmke & Weinert, 1997) konnten nachweisen, dass Leistungsfortschritte über ein Schuljahr hinweg wesentlich durch die vier folgenden Aspekte der Lehrerexpertise mitbestimmt sind: (a) *Klassenführung*, (b) *Diagnosekompetenz*, (c) *unterrichtsmethodische Kompetenz* und (d) *Sachwissen*. Mit Bezug auf diese Befunde sind die folgenden vier Kompetenzbereiche (Dimensionen) als Voraussetzung für eine hohe adaptive Lehrkompetenz von Bedeutung (vgl. Kapitel 3.4.2):

1. ein reichhaltiges, klar strukturiertes und flexibel nutzbares Sachwissen, in dem sich die Lehrperson leicht und rasch geistig bewegen kann *(Sachkompetenz)*;
2. die Fähigkeit, die Schülerinnen und Schüler bezogen auf ihre Lernvoraussetzungen und ihre Lernergebnisse genau einschätzen zu können *(diagnostische Kompetenz)*;
3. ein reichhaltiges methodisch-didaktisches Wissen und Können *(didaktische Kompetenz)*;
4. die Fähigkeit eine Klasse so zu führen und zu begleiten, dass das Lernen nicht durch Störungen und Konflikte beeinträchtigt wird, um so die Unterrichtszeit (time on task) bestmöglich zu nutzen *(Klassenführungskompetenz)*.

Das Konzept der adaptiven Lehrkompetenz betont, etwa in Ergänzung zu den Ansätzen des Professionswissens nach Shulman (1986; 1987) oder Bromme (1997) (vgl. Kapitel 2.5.1.1), explizit die Berücksichtigung von Planungs- und Handlungswissen sowie die Anpassungsleistung an variable Bedingungen. Letzteres kann als das wesentliche Charakteristikum von Adaptivität angesehen werden. Denn die vier einzelnen Kompetenzbereiche sind so zu koordinieren, dass das Lehrerhandeln an den Bedürfnissen der Lernenden und der aktuellen Lernsituation ausgerichtet wird, ohne das Ziel des verstehensorientierten Lernens aus den Augen zu verlieren.

Auch nach Girmes (2006) hat kompetentes Agieren generell damit zu tun, Bedingungen der jeweiligen Handlungssituation zu berücksichtigen und sich an einer Zielsetzung zu orientieren. Er bezeichnet die Anpassungsleistung verschiedener Kompetenzen als eigene Kompetenz.

Der funktionale Zusammenhalt dieser Tätigkeiten und deren produktive Wirksamkeit ist umso grösser, je besser die Einzelaktivitäten/Funktionen je für sich gelingen und je besser sie aufeinander und auf das Kommunikationsgegenüber, also auf die Schülerinnen und Schüler und die jeweilige Kommunikationssituation, abgestimmt sind. Diese Abstimmung oder Passung verschiedener kompetenter Tätigkeiten anzustreben und zu erreichen ist eine weitere, eigene Kompetenz, die in alter, aber immer noch verständlicher Sprache ‚Takt' heisst. (Girmes, 2006, S. 21)

Für eine hohe adaptive Lehrkompetenz müssen folglich sowohl hohe Ausprägungen in den vier Kompetenzbereichen als auch ein funktionierendes Zusammenwirken dieser Dimensionen vorliegen. Dieses koordinierte Wissen, auf das eine Lehrperson zurückgreift, um adaptiv zu unterrichten, kann als „metakognitives Wissen über das Lernen der Klasse als ganze und der Schülerinnen und Schüler in der Klasse als Individuen" (Beck et al., 2008, S. 40) verstanden werden. Die Lehrperson übernimmt stellvertretend für die Schülerinnen und Schüler die Rolle, deren Lernen zu steuern und zu überwachen, allerdings nur solange dies notwendig ist. Angestrebt wird eine zunehmende Eigenständigkeit der Lernenden, so dass sie schliesslich selbst in der Lage sind, die Verantwortung für den weiteren Wissensaufbau zu übernehmen, die eigenen Lernfortschritte zu beurteilen, erfolgversprechende Lernsettings einzurichten und geeignete Rahmenbedingungen für ihr Lernen zu schaffen und aufrechtzuerhalten.

Als ein wesentliches Ziel adaptiver Lehrkompetenz soll eine optimale Passung zwischen Unterstützungsbedarf und Unterstützungsangebot herbeigeführt werden. Helmke (2003) bezeichnet die Passung als das „übergeordnete Universalprinzip" der Unterrichtsqualität. Im Zusammenhang mit schulischem Lernen wurde der Passungsbegriff schon von Carroll (1963) verwendet, indem er optimales Lernen als bestmögliche Passung zwischen benötigter Lernzeit und zur Verfügung gestellter Lernzeit definiert hat (vgl. Kapitel 3.2.1). Beim Lernen im Klassenverband besteht jedoch das Problem, dass in der Regel – zumindest wenn sich Unterricht an (fiktiven) Durchschnittsschülerinnen und -schülern orientiert – nur wenige Lernende eine optimale Passung erfahren. Schülerinnen und Schüler, denen zu wenig Lernzeit zur Verfügung steht, sind permanent überfordert. Andere hingegen sind unterfordert und lernen weniger als aufgrund ihrer individuellen Lernvoraussetzungen möglich wäre.

Auch in Angebots-Nutzungs-Modellen (Fend, 2002; Helmke, 2003) spielt die optimale Passung eine besondere Rolle, da im Hinblick auf gelingende Lernprozesse das Angebot und deren Nutzung aufeinander abgestimmt sein sollten (vgl. Kapitel 2). Das Prinzip der optimalen Passung des Angebots auf die Nutzungsmöglichkeiten der Lernenden wird so zu einem zentralen Merkmal der Unterrichtsqualität. Dies bezieht sich nicht nur auf die zur Verfügung gestellte Lernzeit, sondern beispielsweise auch auf das kognitive Anspruchsniveau des Unterrichts.

Das Herstellen einer optimalen Passung zwischen individuellen Lernbedürfnissen und Unterrichtsangeboten, etwa durch Differenzierung von Lernwegen, Lerninhalten und Lernzielen, stellt hohe Anforderungen an das Lehrerhandeln. Denn komplexe und gleichzeitig ablaufende Prozesse erfordern eine erhöhte Aufmerksamkeit der Lehrperson (Wischer & Trautmann, 2010).

Die Komplexität wird dadurch noch gesteigert, dass im Konzept der adaptiven Lehrkompetenz der Prozesscharakter schulischen Lernens impliziert ist. Es handelt sich also nicht um ein statisches Denkmodell, bei dem eine einmalige Selektion dazu führen könnte, dass Lerngruppen über einen längeren Zeitraum hinweg identisch zusammengesetzt bleiben und sich die individuellen Bedürfnisse mit einer oder wenigen bestimmten Unterrichtsmethoden weitgehend abdecken liessen. Adaptive Lehrpersonen zeigen kein rigides stereotypes Verhalten, sind also nicht überreaktiv im Sinne von Brophy und Good (1974), sondern gehen von flexiblen veränderbaren Erwartungen aus. Das Antizipieren von Veränderungen, aber auch das Zulassen von durch die Schülerinnen und Schüler selbstbestimmten, autonomen Reaktionsweisen gehören mit zu adaptiven Lehrpersonen. Gerade um in besonders heiklen Unterrichtssituationen, sogenannten *Emergency-Room-Situationen* (Oser, 2000; 2007), bestehen und vom vorgesehenen Plan adäquat abweichen zu können, wird von Oser (2008) *Kompetenz-Souveränität* vorausgesetzt. In Analogie zum Ansatz *adaptiver Expertise* (Hatano & Inagaki, 1986; Bransford et al., 2000; Hatano, 2000) (vgl. Kapitel 3.1) zeichnen sich adaptive Lehrpersonen durch eine hohe Flexibilität bei ihren Unterrichtshandlungen aus.

Adaptivität geht oftmals mit dem Finden eines Optimums einher, wobei weder das Minimum noch das Maximum einer Verhaltensweise adäquat sein muss (Helmke, 2003). Mitunter liegt das Optimum eher im mittleren Ausprägungsbereich, weil im pädagogischen Handeln oft Antinomien eine wichtige Rolle spielen, die es auszutarieren gilt. So führt nach Weinert und Helmke (1988) eine maximale Nutzung der Lernzeit zwar dazu, die gesetzten Leistungsziele zu erreichen, zugleich können sich jedoch durch eine maximale Lernzeitnutzung langfristig motivationale Probleme ergeben.

Nach einer ersten Charakterisierung des Konzepts der adaptiven Lehrkompetenz folgen in den nachfolgenden Abschnitten Vertiefungen zu den inhaltlichen Dimensionen der adaptiven Lehrkompetenz und den unterschiedlichen Funktionen von Planungs- und Handlungskompetenz.

3.4.2 Dimensionen adaptiver Lehrkompetenz

Wie im vorangegangenen Kapitel beschrieben planen und gestalten adaptive Lehrpersonen ihren Unterricht unter Berücksichtigung der inhaltlichen Anforderungen, der individuellen Lernvoraussetzungen der Schülerinnen und Schüler sowie situativer Aspekte der Lernsituation, der didaktischen Möglichkeiten zur Unterrichtsgestaltung und der pädagogischen Massnahmen zur Führung der Klasse und Herstellung eines störungsarmen Unterrichts (Beck et al., 2008). Folglich gelten in Anlehnung an (Weinert & Helmke, 1988;

Helmke & Weinert, 1997) die vier Dimensionen (a) *Sachkompetenz*, (b) *Diagnosekompetenz*, (c) *didaktische Kompetenz* und (d) *Klassenführungskompetenz* als Voraussetzung für eine hohe adaptive Lehrkompetenz.

Sachkompetenz

Reichhaltiges, differenziertes und klar strukturiertes Fachwissen bildet eine wesentliche Voraussetzung, damit Lehrpersonen adaptiv auf Stärken und Schwächen von Schülerinnen und Schülern reagieren können (Beck et al., 2008). Dabei handelt es sich bei der Sachkompetenz von Lehrpersonen nicht um „reines Fachwissen, sondern beruht auf einer Mischung aus fachdidaktischer und fachwissenschaftlicher, pädagogisch-psychologischer (...) und entwicklungspsychologischer Expertise" (Helmke, 2009, S. 115). Es geht also auch darum, wie sich Inhalte vermitteln lassen und auf welchen typischen, mitunter auch naiven oder sogar falschen Vorstellungen das Denken der Lernenden beruht (vgl. Kapitel 2.5.1.1).

Ein tiefes fachliches Verständnis von Lehrpersonen beeinflusst zunächst die Themenwahl, aber auch das Anspruchsniveau oder die Qualität von Erklärungen (vgl. zusammenfassend Bromme, 1997; Neuweg, 2011). Dies erweitere die Möglichkeiten, fachlich adäquat auf Schülerbeiträge einzugehen und in den Unterricht einzubinden. Lehrpersonen mit geringerem Fachwissen neigen demgegenüber dazu, häufiger direkte und einfachere Fragen zu stellen und zeigen ein höheres Ausmass an direkter Steuerung des Unterrichts (Bromme, 1997). Auch Schoenfeld (2006) kommt zum Schluss, ein profundes Verstehen von mathematischen Inhalten durch die Lehrperson stelle eine bedeutsame Voraussetzung für erfolgreichen Unterricht dar.

Brown und Borko (1992) betonen, dass Lehrpersonen über ausreichendes Fachwissen verfügen sollten, da sie sonst in der Unterrichtsvorbereitung zu viel Zeit auf die Erarbeitung des zu unterrichtenden Stoffes verwenden müssen, anstatt die Ressourcen dazu nutzen zu können, wie sie die Inhalte darbieten sollen, um das Verstehen der Schülerinnen und Schüler zu erleichtern. Zusammenfassend lässt sich festhalten: Wer beim Unterrichten über genügend Fachwissen verfügt, ist während des Unterrichts flexibler und kann sich eher an den Bedürfnissen der Schülerinnen und Schüler ausrichten.

Die Annahme, dass hohes Fachwissen von Lehrpersonen nicht nur das Unterrichtshandeln günstig beeinflusst, sondern auch zu besseren Lernleistungen der Schülerinnen und Schüler beiträgt, erscheint plausibel. Obgleich verschiedene Studien Hinweise zur Bestätigung dieser Annahme liefern (z.B. Darling-Hammond & Youngs, 2002; Floden, 2002; Lipowsky, 2006), bleiben viele Fragen zum Zusammenhang zwischen fachlichem Wissen und Schülerleistung ungeklärt. Insgesamt ergibt sich nämlich ein uneinheitliches Bild zu den meist im Fachbereich der Mathematik untersuchten Effekten des Fachwissens der Lehrpersonen auf den Lernerfolg der Schülerinnen und Schüler. Insbesondere der Ansatz, fachliches Wissen über distale Indikatoren wie Qualifikationen oder Ausbildungsmerkmale zu erfassen, erwies sich als wenig ertragreich (Neuweg, 2011). Einzig im Fach Mathematik liessen sich laut Wayne und Youngs (2006) relativ konsistente Effekte von Lehrerqualifikationen auf Lernergebnisse nachweisen. In den anderen Fächern, beispielsweise in den Naturwissenschaften, sind die Befunde widersprüchlich. Daraus lässt sich schliessen, dass die Generalisierbarkeit über die Fächer hinweg nicht ohne weiteres gegeben ist.

Nach Verschaffel, Janssens und Janssens (2005) zeigen sich in korrelativen *large-scale* Studien, in denen mathematisches Wissen der Lehrpersonen global gemessen wurde, keine engen Beziehungen mit den Schülerleistungen (vgl. auch Fennema & Loef Franke, 1992). Bei Studien, in denen themenspezifisches Wissen von Lehrpersonen untersucht wurde, konnten teilweise Zusammenhänge mit der Wirksamkeit des Unterrichts gefunden werden.

In den letzten Jahren wurden vermehrt Anstrengungen unternommen, das Fachwissen von Lehrpersonen direkt über Leistungstests zu erfassen und in Längsschnittstudien Effekte auf Unterrichtsprozesse und Lernerträge zu untersuchen. So haben Hill et al. (2005) in einer längsschnittlichen Studie im ersten und dritten Schuljahr einen Nachweis für die Wirksamkeit von Fachwissen der Lehrperson auf den Lernertrag erbringen können. Es zeigten sich auch nach Kontrolle relevanter Lehrer- und Schülervariablen signifikante Effekte des mathematischen Wissens der Lehrpersonen auf die Leistungsentwicklung der Schülerinnen und Schüler über ein Schuljahr hinweg.

In Deutschland hat die COACTIV-Studie (Kunter, Baumert, Blum, Klusmann, Krauss & Neubrand, 2011) mittels mehrebenenanalytischer Regressionsanalysen nachweisen können, dass das (schulnahe) Fachwissen von Mathematiklehrpersonen zwar nicht direkt, aber vermittelt über fachdidaktisches Wissen sowie über Unterrichtsprozesse wie kognitive Aktivierung und individuelle Lernunterstützung zu Leistungszuwächsen bei den Schülerinnen und Schülern des 10. Schuljahres führen (Baumert et al., 2010; Baumert & Kunter, 2011b).

Über wie viel Fachwissen Lehrpersonen verfügen müssen, um wirksamen Unterricht anzubieten, ist Gegenstand heftiger Debatten (Zeichner, 2006). Oft wird in Frage gestellt, ob Lehrpersonen über genügend Grundlagenwissen verfügen, um erfolgreichen Unterricht durchführen zu können. De Corte et al. (1996, S. 519) begründen dies mit Studien, die grundlegende fachliche Mängel bei den Lehrpersonen (z.B. bei mathematischen Konzepten) festgestellt haben (vgl. auch Verschaffel et al., 2005). Gerade für Deutschland hat die Studie TEDS-M gezeigt, dass die fachwissenschaftlichen und fachdidaktischen Kompetenzen zwischen angehenden Lehrpersonen stark variieren und ein beträchtlicher Teil nur über rudimentäre Kompetenzen verfügt (Blömeke, Kaiser, et al., 2010b; 2010a).

Oft sind nur geringe Korrelationen zwischen dem Fachwissen von Lehrpersonen und den Schülerleistungen aufgedeckt worden (z.b. Hattie, 2009). Dies könnte jedoch auch daran liegen, dass die Messung des Fachwissens zu global und oberflächlich erfolgte. Wenn Fachwissen hingegen direkt und schulnah gemessen wird, dann scheint die plausible Annahme „that you cannot properly teach what you don't know yourself" (Verschaffel et al., 2005, S. 51) empirische Bestätigung zu erfahren. Fachwissen scheint eine notwendige, aber keine hinreichende Bedingung für Lernerfolge der Schülerinnen und Schüler zu sein (Baumert & Kunter, 2006). So konnten Laczko-Kerr und Berliner (2002) nachweisen, dass Schülerinnen und Schüler bei qualifizierten Lehrpersonen höhere Leistungszuwächse erreichten als jene bei ungenügend qualifizierten Lehrpersonen, selbst wenn diese über ein hohes Fachwissen verfügen. Sie kommen zum Schluss, dass fachliches Wissen und Enthusiasmus alleine nicht ausreichend sei für gelingenden Unterricht.

Diagnostische Kompetenz

Die diagnostische Kompetenz nimmt im Konzept der adaptiven Lehrkompetenz eine entscheidende Rolle ein. Eine adäquate Anpassung des Unterrichtshandelns an die individuellen Lernbedürfnisse der Schülerinnen und Schüler kann nur dann zielgerichtet erfolgen, wenn deren Eingangsvoraussetzungen bekannt sind. Lehrpersonen, welche die vielfältigen individuellen Lernwege verstehen und für einen adaptiven Unterricht nutzen möchten, brauchen ein hohes Mass an schülerbezogenem Wissen. Sollte eine Lehrperson zum Schluss kommen, über unzulängliche diagnostische Informationen zu verfügen, müsste sie gezielt Methoden einsetzen, um mehr über den aktuellen Lernstand in Erfahrung zu bringen. Calderhead (1996) bemängelt, dass Lehrpersonen während des Unterrichts ihre Aufmerksamkeit eher auf die Klassensituation als Ganzes ausrichten, aber selten individuelle Lernschwierigkeiten bei den einzelnen Schülerinnen oder Schülern diagnostizieren.

Die Bedeutung diagnostischer Kompetenzen lässt sich aus der konstruktivistischen Sichtweise von Lehr-Lern-Prozessen ableiten (vgl. Kapitel 2.1). Lernen ist demnach das Ergebnis mentaler Konstruktionen der Lernenden, die auf der Basis bestehender Wissensstrukturen neue Informationen verarbeiten und integrieren, diese aber nicht kopieren. Demzufolge wird schülerorientierter Unterricht nicht als Wissensverabreichung verstanden, sondern als Bereitstellung von Lerngelegenheiten. Vor diesem Hintergrund wird es für Lehrpersonen zur zentralen Aufgabe, die kognitiven Voraussetzungen der

Schülerinnen und Schüler zu diagnostizieren, aber auch Aufgabenanforderungen akkurat zu beurteilen. Oder wie Shulman (1986) es formuliert: „The essential task for the teacher, therefore, is to appraise, infer, or anticipate these prior cognitive structures that students bring to the learning situation" (S. 25). Nicht nur in der Forschungsliteratur, sondern auch in der Wahrnehmung von Schülerinnen und Schülern ist eine hohe diagnostische Kompetenz ein wesentliches Charakteristikum guter Lehrpersonen (Ditton, 2002).

Der Begriff der *diagnostischen Kompetenz*, obschon oft uneinheitlich oder diffus verwendet, hat in den letzten Jahren in der bildungspolitischen Diskussion grosse Aufmerksamkeit erlangt (z.B. Artelt & Gräsel, 2009). Im Wesentlichen wird unter diagnostischer Kompetenz die Fähigkeit von Lehrpersonen verstanden, lern- und leistungsrelevante Merkmale der Schülerinnen und Schüler zutreffend zu beurteilen sowie Lern- und Aufgabenanforderungen angemessen einzuschätzen (Schrader, 2009). Um überhaupt von einer lehrpersonenbezogenen Kompetenz sprechen zu können, muss die Güte des diagnostischen Urteils zeitüberdauernd stabil sein. Lorenz und Artelt (2009) fanden in einer Längsschnittstudie bei Grundschullehrpersonen erste Belege für die zeitliche Stabilität der Diagnosegenauigkeit. Verschiedene Studien zur Dimensionalität diagnostischer Fähigkeiten haben nachgewiesen, dass es sich um ein mehrdimensionales Konstrukt handelt, bei welchem verschiedene Indikatoren (z.B. aufgabenbezogene und leistungsbezogene Urteilsfehler) kaum miteinander korrelieren (Schrader, 1989; Spinath, 2005; McElvany et al., 2009; Brunner, Anders, Hachfeld & Krauss, 2011).

Für die vorliegende Arbeit wird der Begriff der diagnostischen Kompetenz in Anlehnung an Helmke (2003) verwendet. Er unterscheidet (a) *diagnostische Kompetenz* im engeren Sinne, die sich auf die Urteilsgenauigkeit (accuracy) bezieht, und (b) *diagnostische Expertise* als umfassenderes Konzept. Die *diagnostische Urteilsgenauigkeit* bezieht sich darauf, wie gut eine Information zutrifft (Veridikalität). Lehrpersonen mit hoher diagnostischer Urteilsgenauigkeit wissen sehr genau über den Leistungsstand der einzelnen Schülerinnen und Schüler Bescheid. Diagnostische Expertise im umfassenderen Sinne enthält auch *methodisches und prozedurales Wissen* zur Einschätzung von Schülerleistungen sowie *konzeptuelles Wissen* über Urteilstendenzen und -fehler. Für die adaptive Lehrkompetenz sind neben formalen auch informelle Diagnoseleistungen bedeutsam. Diese werden oft beiläufig und wenig systematisch, aber fortlaufend während des alltäglichen Unterrichtsgeschehens ausgeführt (Helmke, 2009). Lehrpersonen sollten eine hohe Bereitschaft zeigen, das Verständnis der Lernenden bereits im Verlaufe des Lernprozesses und nicht erst in summativen Lernkontrollen oder Tests zu überprüfen (z.B. Baumert & Kunter, 2006; Schrader, 2008).

Die Relevanz diagnostischer Fähigkeiten von Lehrkräften für die Gestaltung von angemessenen Lernumgebungen gilt als unbestritten (Brunner et al., 2011). Der empirisch gesicherte Erkenntnisstand ist demgegenüber, trotz einer in jüngster Zeit zunehmenden Anzahl an Forschungsarbeiten, bescheiden (Artelt & Gräsel, 2009). Am besten untersucht ist die Frage nach der Genauigkeit diagnostischer Lehrerurteile. Für die Feststellung der Urteilsgenauigkeit wird die Diagnoseleistung der Lehrpersonen (z.B. Einschätzung der Schülerleistungen) mit einem (relativ) objektiven Kriterium (z.B. Testleistung) in Beziehung gesetzt. Dabei lassen sich drei Komponenten der Urteilsgenauigkeit unterscheiden (Schrader & Helmke, 1987; Helmke, 2009; Schrader, 2011). Bei der (1) *Rangordnungs-* oder *Korrelationskomponente* geht es darum, wie gut es Lehrpersonen gelingt, die Rangreihe der einzelnen Schülerleistungen in einem Test zu bestimmen. Die (2) *Streuungskomponente* bezieht sich darauf, wie sehr die Verteilung der Testergebnisse mit jener der Lehrerangaben übereinstimmt. Mit der (3) *Niveaukomponente* wird ausgesagt, ob es der Lehrperson gelingt, das mittlere Leistungsniveau der Klasse korrekt einzuschätzen, etwa indem die Anzahl richtig gelöster Aufgaben vorhergesagt wird, oder ob es zu systematischen Über- bzw. Unterschätzungen kommt.

Empirische Studien kommen zum Ergebnis, dass viele Lehrpersonen lernrelevante Schülermerkmale wie beispielsweise das Leistungsniveau oder die Lernmotivation nur ungenau einzuschätzen vermögen (Spinath, 2005; Brunner et al., 2011). Im Rahmen von PISA 2000 stellten Artelt, Stanat, Schneider und Schiefele (2001) fest, dass „die meisten der schwachen Leserinnen und Leser von den Lehrkräften unerkannt bleiben" (S. 119). Karing (2009) konnte in verschiedenen Leistungsbereichen (Arithmetik, Wortschatz und Textverstehen) zeigen, dass Grundschullehrkräfte die Schülerleistungen akkurater einschätzen als Gymnasiallehrkräfte. Helmke (2003) verweist aber auch darauf, dass diagnostische Urteile von Lehrpersonen nicht besonders genau sein müssen, sofern sich die Lehrperson „der Ungenauigkeit, der Vorläufigkeit und der Revisionsbedürftigkeit seiner Urteile bewusst ist" (S. 89). Neben einer ungefähr korrekten Diagnose sei vor allem deren permanente Überprüfung im Verlauf des Unterrichts wichtig. Unter pädagogischen Gesichtspunkten erscheint es als günstiger, wenn die Lehrpersonen – verglichen mit den objektiven Diagnoseergebnissen – die Leistungsfähigkeit der einzelnen Schülerinnen und Schüler moderat überschätzen und die Leistungsunterschiede etwas unterschätzen. Ein Vertrauensvorschuss (Oser & Althof, 1996) oder eine mässige Überforderung im Sinne des Auffindens von Vygotskys (1978) *Zone der proximalen Entwicklung* dürfte jedenfalls Lernerfolge eher begünstigen als hemmen.

Noch ungenügend untersucht sind Effekte diagnostischer Kompetenz auf die Unterrichtsqualität und die Entwicklung von Schülerleistungen (Schrader, 2009). Allerdings ist nicht von einem linearen Zusammenhang zwischen der diagnostischen Kompetenz und dem Lernertrag der Schülerinnen und Schüler auszugehen. Vielmehr scheint es sich bei der diagnostischen Kompetenz um eine „Katalysatorvariable" (Helmke, 2009, S.132) zu handeln. So konnten Schrader und Helmke (1987) zeigen, dass sich eine hohe Diagnosekompetenz nur dann positiv auf den Lernerfolg der Klasse auswirkt, wenn zugleich der Unterricht stark strukturiert ist und mit hoher fachlicher Unterstützung einhergeht. Offenbar ist eine hohe diagnostische Kompetenz nur gekoppelt mit didaktischen Massnahmen lernwirksam. Eine gute Diagnose informiert Lehrpersonen darüber, was Schülerinnen und Schüler bereits verstehen und welche Lernziele sie noch nicht beherrschen. Sie gibt also Aufschluss darüber, *was* zu unterrichten ist, nicht aber *wie* etwas zu unterrichten ist.

Didaktische Kompetenz

In der Konzeption der adaptiven Lehrkompetenz dienen didaktische Überlegungen dazu, auf der Basis diagnostischer Informationen und mit Blick auf die angestrebten Ziele lernförderlichen Unterricht zu gestalten. Zur didaktischen Kompetenz zählen Weinert, Schrader & Helmke (1990) sowohl explizites als auch implizites Wissen von Lehrpersonen über die methodischen Aspekte der Stoffvermittlung. Ein hohes methodisch-didaktisches Wissen wird als wesentliches Merkmal erfolgreicher Lehrpersonen erachtet (Darling-Hammond & Youngs, 2002). Bei der *allgemeinen Didaktik* geht es um das *Wie* des Unterrichtens, d.h. um allgemeine Prinzipien und Regeln, die sowohl bei der Planung wie auch bei der Realisierung des Unterrichts zu beachten sind. Im Kontrast dazu orientieren sich die *Fachdidaktiken* an den jeweiligen fachlichen Inhaltsbereichen (Helmke, 2003).

Eine gängige Unterscheidung ist die Einteilung in (a) *instruktionalen Unterricht* (direkte Instruktion), bei dem Unterrichtsaktivitäten stark durch die Lehrperson gesteuert werden und in (b) *offenen, schülerzentrierten Unterricht*, bei dem die Lernenden überwiegend selbst bestimmen, welche Lernziele sie wie erreichen (Helmke & Weinert, 1997). Nie und Lau (2010) konnten zeigen, dass konstruktivistisch orientierte Unterrichtsverfahren zu tieferen Verarbeitungsstrategien und besseren Leistungen im Fach Englisch führen. Reusser (2006) verweist indes darauf, aus dem konstruktivistischen Lehr-Lern-Verständnis lasse sich nicht ableiten, dass selbstständiges Lernen ohne strukturierte Inputs und Anleitung der Lehrperson zielführend sei. Er bezeichnet dies als instruktionsdidaktischen Fehlschluss, denn selbstreguliertes Lernen dürfe nicht zu einer passiven Rolle der Lehrperson führen. Es sei vielmehr ein Rollenverständnis „in Richtung einer grösseren Adaptivität von Lehrerhandeln und Lernhilfe" (Reusser, 2006, S. 159) anzustreben. Unzulässig sei auch der Schluss, dass „direkte Instruktion kein konstruktivistisches Lernen auslösen könne" (ebd.).

Das Konzept des adaptiven Unterrichts (vgl. Kapitel 3.2) beruht wesentlich darauf, dass Inhalte und Methoden eine hohe Schülerorientierung aufweisen, indem sie an unterschiedliche Lernbedürfnisse angepasst werden. Dies setzt eine fundierte Diagnose der Lernausgangslage voraus. In verschiedenen didaktischen Modellen sind adaptive Ansätze wie etwa die Analyse von Lernvoraussetzungen integriert. So fordert Gasser (2002) in seiner *integrativen Didaktik* eine hohe Subjektorientierung ein. Die je subjektiven Lernbiografien sollen bei der Unterrichtsgestaltung berücksichtigt werden. Die von Schulz (1980) entworfene bzw. weiterentwickelte *Lehrtheoretische Didaktik* postuliert die Beteiligung der Schülerinnen und Schüler schon in der Unterrichtsplanung.

Bereits Cronbach (1975) verwies darauf, dass sich Unterricht an individuelle Unterschiede anzupassen habe und diese durch differenzierende Unterrichtsmethoden zu reduzieren seien. Adaptive Lehrpersonen im Sinne der vorliegenden Konzeption zeichnen sich aber nicht einfach dadurch aus, möglichst oft individualisierende Unterrichtsmethoden einzusetzen. Jede Unterrichtsmethode kann einen unterschiedlichen Grad an Adaptivität aufweisen. Ein Lehrervortrag, der das Vorwissen der Schülerinnen und Schüler angemessen berücksichtigt und deren aktuellen Interessenslagen aufnimmt, kann adaptiver sein als ein routinemässig durchgeführter Werkstattunterricht, in welchem weder aktuelle Fragen oder Lernbedürfnisse der Schülerinnen und Schüler berücksichtigt noch individuelle Lernunterstützung angeboten werden.

Lehrpersonen, die über ein reichhaltiges Repertoire an didaktischen Gestaltungsformen zur Unterstützung angeleiteten und eigenständigen Lernens verfügen, haben bessere Möglichkeiten ihren Unterricht adaptiv zu gestalten und flexibel auf Unvorhergesehenes einzugehen als solche mit geringeren didaktischen Kenntnissen. Für einen gelingenden Unterricht ist aber nicht nur die Breite des Methodenrepertoires massgebend, sondern „eine umsichtige Choreographie (...), bei der die Lehrenden verschiedene Methoden und Ansätze situationsgerecht auswählen und adaptiv verwenden" (Kunter & Klusmann, 2010, S. 209).

In einer Kritik am traditionellen Prozess-Produkt-Paradigma moniert Shuell (1996), dass zu oft nur die Häufigkeit bestimmter Verhaltensweisen von Lehrpersonen als unabhängige Variablen untersucht würden. Für den Erfolg von Unterricht scheine aber nicht nur wichtig zu sein, ob und wie oft ein günstiges Verhalten gezeigt wird, sondern auch ob es in einer angemessenen Situation eingesetzt und in hoher Qualität ausgeführt wird. „Such an approach to education calls for teachers to develop a broad spectrum of teaching approaches, along with knowledge of when to use each of them most productively" (Walberg & Paik, 2000, S. 20). Eine adaptive Lehrperson mit hoher didaktischer Kompetenz muss also nicht nur über ein grosses Methodenrepertoire verfügen, sondern auch wissen, wann und wie dieses eingesetzt werden soll.

Klassenführung

Mit klassenführungsbezogenen Kompetenzen stellt eine Lehrperson die Unterrichtsorganisation sicher und schafft Rahmenbedingungen, die eine effektive Stoffvermittlung und verstehensorientiertes Lernen erlauben (Weinert et al., 1990). Im Vordergrund steht die Etablierung eines störungsarmen Unterrichtsklimas bzw. die rasche Beseitigung von auftretenden Disziplinproblemen. Dadurch soll das Lernen möglichst ohne Beeinträchtigung durch Störungen oder Konflikte ermöglicht und die für das aktive Lernen zur Verfügung stehende Lernzeit (time on task) bestmöglich genutzt werden (Helmke, 2009).

Aktuelle Ansätze zur Klassenführung (z.b. Kounin, 1976; 2006; Borich, 2007; Evertson & Emmer, 2013) thematisieren weit mehr als nur den Umgang mit Disziplinstörungen (z.B. in Form von Ermahnungen oder Strafen), sondern binden neben reaktiven auch präventive Elemente mit ein. Solche vorausplanenden Handlungsweisen (Helmke, 2009; Evertson & Emmer, 2013), wie zum Beispiel die Klarheit des Unterrichts oder das Vorbereiten verschiedener Lernaktivitäten für unterschiedlich leistungsstarke Schülerinnen und Schüler entsprechen oft didaktischen Massnahmen und zielen darauf ab, Unterrichtsstörungen gar nicht erst aufkommen zu lassen (Beck et al., 2008). Eine wirksame Klassenführung dürfte demnach wesentlich mit hohen didaktischen Kompetenzen zusammenhängen.

Ein grundlegendes Merkmal guter Klassenführung besteht in der gemeinsamen Etablierung anerkannter Regeln und Verhaltenserwartungen (Helmke, 2009). Solche verbindlichen Abmachungen seien besonders wirksam, wenn kontinuierlich und konsequent auf deren Einhaltung geachtet wird, wenn sie für die Schülerinnen und Schüler einsichtig sind und akzeptiert werden und wenn die Sanktionen bei Nichteinhaltung klar sind. Neuenschwander (2006) betont ebenfalls die Wichtigkeit von Regeln für die Einhaltung der sozialen Ordnung. Er verweist darauf, dass eine souveräne Klassenführung nicht stur regelfixiert sein dürfe. Dieser flexible Typ der Klassenführung sei zwar für Lehrkräfte besonders anspruchsvoll, hänge aber nachweislich mit höherem Lernerfolg und einer besseren Lehrereinschätzung durch die Schülerinnen und Schüler zusammen.

Zahlreiche weitere Forschungsbefunde (vgl. zusammenfassend Brophy, 2006) weisen auf die herausragende Bedeutung einer effektiven Klassenführung für Lernerträge bei den Schülerinnen und Schülern hin. So konnten Opdenakker und Damme (2006) zeigen, dass ein lernerzentrierter Unterrichtsstil und gute Fertigkeiten in der Klassenführung besonders wichtig für effektiven Unterricht sind. Lipowsky et al. (2009) weisen anhand einer Videostudie im Mathematikunterricht nach, dass sowohl kognitive Aktivierung als auch Klassenführung positive Effekte auf die Mathematikleistungen haben.

Auch Klieme (2006), der eine strukturierte, klare und störungspräventive Unterrichtsführung als eine Grunddimension guten Unterrichts postuliert, verweist darauf, dass eine gute Unterrichtsführung sowohl motivationsfördernd als auch für systematischen Wissensaufbau und Verstehen relevant sei. Die strukturierte Klassenführung habe sowohl auf die intrinsische Motivation als auch auf mathematische Kompetenzen positive Auswirkungen. Die kognitive Aktivierung hingegen beeinflusst nur die Mathematikleistung (Klieme & Rakoczy, 2008). Auch Kunter, Baumert und Köller (2007) konnten positive Effekte von Klassenführungsstrategien (z.B. Regelklarheit) auf die Entwicklung mathematischer Interessen von Schülerinnen und Schülern der Sekundarstufe I belegen.

Wenig erfahrene Lehrpersonen konzentrieren sich im Unterricht stärker auf disziplinarische Massnahmen, wohingegen erfahrenere Lehrkräfte Disziplinprobleme schon im Keime zu ersticken vermögen, indem eine sorgfältige Planung und strukturierter Unterricht gekoppelt mit klaren Verhaltensregeln etabliert werden (Helmke, 2002). Darin zeigt sich auch die enge Verflechtung von Planungs- und Handlungskompetenzen.

3.4.3 Planungs- und Handlungskompetenz

Soll sich die Unterrichtstätigkeit an den individuellen Lernbedürfnissen der Schülerinnen und Schüler ausrichten, ist adaptive Lehrkompetenz nicht erst im Unterrichtshandeln, sondern schon bei der Unterrichtsplanung von Bedeutung. Die Kognitionen von Lehrpersonen sind in der Phase vor, während oder nach dem Unterricht in Art und Funktion unterschiedlich (vgl. Kapitel 2.5.1). Während Kognitionen vor und nach dem Unterricht bedächtiger sind, ist die interaktive Phase des Unterrichtens aufgrund des Handlungsdrucks von unmittelbaren und spontanen Kognitionen gekennzeichnet (Calderhead, 1996). In der Konzeption der adaptiven Lehrkompetenz wird der Unterscheidung zwischen proaktiven und interaktiven Lehrerkognitionen Rechnung getragen, indem eine Planungs- und eine Handlungskomponente mit je verschiedenen Arten und Funktionen des Wissens postuliert wird (Beck et al., 2008).

Adaptive Planungskompetenz

Mit *adaptiver Planungskompetenz* ist Beck et al. (2008) die Fähigkeit von Lehrpersonen gemeint, bei der gedanklichen oder schriftlich festgehaltenen Planung von Unterricht die Voraussetzungen (z.b. Sachstruktur, Fachdidaktik oder individuelle Lernvoraussetzungen) für einen gelingenden Lernprozess angemessen zu berücksichtigen. Die Planung von Unterricht erfordere von der Lehrperson, idealtypische Unterrichtsverläufe zu antizipieren und sich vorgängig zu überlegen, wie bei den Schülerinnen und Schülern Lernprozesse initiiert werden können. Es sollen sachliche Ziele geklärt, unterschiedliche kognitive und motivationale Voraussetzungen der Schülerinnen und Schüler berücksichtigt sowie geeignete didaktische Lernformen ausgearbeitet werden. Der Planungskompetenz komme für das eigentliche unterrichtliche Handeln eine handlungsleitende Funktion zu, wobei die antizipierten Unterrichtsverläufe während dem Unterrichtshandeln entsprechend den situativen Erfordernissen und dem Handlungswissen angepasst werden (ebd.). Die hohe Bedeutung der Unterrichtsplanung für die Umsetzung adaptiver Instruktion wird auch von anderen Autoren hervorgehoben. „Adaptive education requires implementation steps executed by a master teacher, including planning, time allocation, task delegation to aides and students, and quality control" (Walberg & Paik, 2000, S. 20).

Adaptive Handlungskompetenz

Mit *adaptiver Handlungskompetenz* wird die Fähigkeit bezeichnet, wie Lehrpersonen unterschiedliche Informationen und situative Veränderungen während der interaktiven Phase des Unterrichts erfassen, in ihre Handlungsentscheide einbeziehen und den Unterricht an die aktuellen Lerngegebenheiten mit dem Ziel anpassen, die bestmögliche Unterstützung der individuellen Lernprozesse zu gewährleisten (Beck et al., 2008). Die kognitiven Prozesse der Lehrpersonen richten sich auf die Durchführung der geplanten Unterrichtsmassnahmen bzw. auf die Anpassung an die lernrelevanten Bedürfnisse der Schülerinnen und Schüler, indem etablierte Unterrichtsroutinen eingesetzt werden. Die kognitiven Anforderungen an die Lehrpersonen sind im unterrichtlichen Handeln andersartig als bei der Unterrichtsplanung, wo grundsätzlich mehr Zeit für Reflexion bleibt und die Denkprozesse entsprechend gemächlicher ablaufen können. Der in der Unterrichtssituation vorherrschende Handlungsdruck verlangt unmittelbare Reaktionen auf das Schülerverhalten und lässt der Lehrperson kaum Zeit für reflexives Denken (vgl. Kapitel 2.5.3). Diese von Anderson (2004) als „ability and willingness to adapt to the needs of a situation and change tactics" (S. 21) beschriebene Flexibilität gilt als eines von 12 Lehrermerkmalen, das nach McBer (2000) mit mehr Wirksamkeit einhergeht.

Um diese Art von handlungsleitenden Lehrerkognitionen zu verstehen, kann auf die *intuitiven Verhaltenstheorien* bzw. das Konzept der *subjektiven Theorie* zurückgegriffen werden (Heider, 1958; Groeben, Wahl, Schlee & Scheele, 1988; Dann, 1994). Demnach sind pädagogisches, diagnostisches und didaktisches Wissen von Lehrpersonen nicht lexikalisch oder lehrbuchartig gespeichert, sondern aufgrund gemachter Praxiserfahrungen in situationsspezifischer und handlungsorientierter Form. Empirische Studien haben gezeigt, dass ein solches interaktionales Professionswissen bei erfahrenen Lehrpersonen besser organisiert, kohärenter und reflektierter ist, da sie zunehmend prototypische Situationsmuster (z.B. Schemata und Skripte) ausbilden, die „von den zahlreichen Details, die eine Situation einmalig machen, absehen" (Fried, 2003, S. 115). Nach Fried wird von Lehrpersonen vor allem solch interaktionsrelevantes Wissen als für die Praxis nützlich erachtet. Träges Theoriewissen hingegen erweist sich nach Wahl (1991; 2001) beim Handeln unter Druck (vgl. Kapitel 2.5.1.1) als wenig wirksam.

Die Bedeutung adaptiver Handlungskompetenz lässt sich auch daran ermessen, dass sich trotz guter Planung und Vorbereitung der tatsächliche Unterrichtsverlauf prinzipiell kaum vorhersagen lässt (Doyle, 1986; Doyle, 2006). Lehrpersonen mit hohen adaptiven Handlungskompetenzen sollten deshalb besser in der Lage sein, auf unvorhersehbare Ereignisse reagieren zu können.

Adaptivitätsniveau, Aufgaben der Lehrperson und Kompetenzarten in den verschiedenen Unterrichtsphasen

Zusammenfassend wird eine Übersicht zu verschiedenen theoretischen Zugängen dargestellt, die sich alle mit unterschiedlichen Aspekten von Lehrerkognitionen in den verschiedenen Phasen des Unterrichts beschäftigen (vgl. Tabelle 1). Calderhead (1996) unterscheidet die drei Phasen (1) *langfristige Unterrichtsplanung*, zu der auch schulorganisatorische Belange gezählt werden, (2) *proaktives Unterrichten*, das der unmittelbaren Vorbereitung auf eine Unterrichtssequenz dient und (3) *interaktives Unterrichten*, das sich auf die Lehr-Lern-Prozesse während des Unterrichts bezieht (vgl. Kapitel 2.5.1.1). Charakteristisch für die Lehrerkognitionen in den verschiedenen Phasen ist, dass die Denkprozesse vor dem Unterricht bedächtiger verlaufen können als während der interaktiven Unterrichtsphase, in welcher Lehrpersonen einem unmittelbaren Handlungsdruck ausgesetzt sind.

Tabelle 1: Aufgaben der Lehrperson, Adaptationsniveau und Kompetenzarten in verschiedenen Unterrichtsphasen

Unterrichtsphase (Calderhead, 1996)	Aufgaben der Lehrperson (Burns, 1984)	Adaptationsniveau (Corno & Snow, 1986)	Kompetenzart (Beck et al., 2008)
langfristige Unterrichtsplanung; Schulorganisation	langfristige präaktive Entscheidungen	Makroadaptation (langfristig)	
proaktives Unterrichten	kurzfristige präaktive Entscheidungen	Makroadaptation (kurzfristig)	adaptive Planungskompetenz
interaktives Unterrichten	interaktive Entscheidungen	Mikroadaptation	adaptive Handlungskompetenz

Corno und Snow (1986) beschreiben zwei Adaptationsniveaus des unterrichtlichen Planens und Handelns von Lehrpersonen (vgl. Kapitel 3.2). Auf der Ebene von *Makroadaptationen* werden Anpassungen mittel- bis langfristig vorgenommen, so wie sie beispielsweise für die Planung von Unterricht typisch sind. *Mikroadaptationen* erfolgen hingegen während der interaktiven Unterrichtsphase auf der Basis kurzfristiger, oftmals intuitiver Entscheidungen. Corno und Snow betonen jedoch, dass die Ausprägungen des Adaptationsniveaus kontinuierlich verlaufen. Dementsprechend grenzen sie begrifflich nicht zwischen lang- und mittelfristigen Adaptationen ab, sondern zählen sowohl langfristige als auch kurzfristige präaktive Adaptationsentscheide zur Makroadaptation.

Burns (1984) hat typische Aufgaben von Lehrpersonen herausgearbeitet, die für mikro- und makroadaptive Unterrichtsprozesse kennzeichnend sind und verschiedene Entscheidungstypen erfordern (vgl. auch Schrader, 1989). *Langfristige präaktive Entscheidungen* erfolgen in einer zeitlichen Perspektive eines Schuljahres (z.B. curriculare Jahresplanung, Etablierung von Regeln und Sanktionen). Von diesen langfristigen Entscheidungen unterscheidet Burns, analog zu Calderhead (1996), kurzfristige präaktive Entscheidungen. Diese betreffen die Vorbereitung konkreter Unterrichtseinheiten oder Unterrichtsstunden. *Interaktive Entscheidungen* beziehen sich auf die Instruktions- und Klassenführungsaufgaben während der Realisierung des Unterrichts.

Die Konzeption der adaptiven Lehrkompetenz (Beck et al., 2008) sieht die Differenzierung zweier funktional unterschiedlicher Kompetenzarten vor. Mit der *adaptiven Planungskompetenz* wird die Fähigkeit von Lehrpersonen bezeichnet, bereits in der Unterrichtsplanung unterschiedliche Lernbedürfnisse von Schülerinnen und Schülern zu berücksichtigen und mögliche

Unterrichtsverläufe zu antizipieren, um im Unterricht bestmögliche Lernbedingungen zu schaffen. *Adaptive Handlungskompetenz* bezieht sich auf das professionelle Wissen, wann und wie situationsbezogene Unterrichtsanpassungen an die aktuellen Lerngegebenheiten zu erfolgen haben, um verstehensorientiertes Lernen möglichst aller Schülerinnen und Schüler zu fördern.

3.5 Modell der adaptiven Lehrkompetenz

Die in den beiden vorangegangenen Teilkapiteln beschriebenen *Dimensionen* (Sachkompetenz, diagnostische und didaktische Kompetenz sowie Klassenführungskompetenz) und *Kompetenzarten* (Planungs- und Handlungskompetenz) bilden die Grundlagen der Konzeption der adaptiven Lehrkompetenz. Die isolierte Betrachtung der einzelnen Teilaspekte machte aus analytischen Gründen Sinn. Sie sind aber nur als Teil eines übergeordneten Funktionssystems zu verstehen, deren Zusammenspiel erst das Wesen der adaptiven Lehrkompetenz ausmacht. Abbildung 2 stellt modellhaft das Zusammenwirken der an der adaptiven Lehrkompetenz beteiligten kognitiven Prozesse dar.

Das Konstrukt der adaptiven Lehrkompetenz geht davon aus, dass Planungs- und Handlungskompetenz zeitlich und funktional unterschiedlich angelegt, aber nicht unabhängig voneinander sind (Beck et al., 2008). Eine gute Unterrichtsplanung wird als wesentliche Voraussetzung für hohe Unterrichtsqualität erachtet. In der Unterrichtsplanung erfolgt die geistige Vorwegnahme des erwarteten Unterrichtsablaufs, die Ziele und unterrichtlichen Handlungsschritte werden festgelegt. Shavelson und Stern (1981) haben festgestellt, dass der Unterrichtsverlauf weitgehend der Planung folgt. Dies gelte selbst dann, wenn im Unterricht grössere Schwierigkeiten auftreten. Dieser Befund unterstreicht die hohe Bedeutung von Planungskompetenzen. Untersuchungen zu den Planungskognitionen von Lehrpersonen zeigen auf, dass sich die meisten Lehrpersonen stärker auf den Inhalt und auf Unterrichtsaktivitäten konzentrieren und weniger auf Lernziele oder individuelle Merkmale von Schülerinnen und Schülern (Shulman, 1986). Diese Befunde stehen in starkem Kontrast zur Intention adaptiven Unterrichts. Sollen die vorgesehenen Unterrichtsmassnahmen adaptiv auf die unterschiedlichen Bedürfnisse der Lernenden ausgerichtet sein, sind die individuellen Lernvoraussetzungen im Hinblick auf die zu erreichenden Ziele zu prüfen, was eine hohe diagnostische Planungskompetenz voraussetzt.

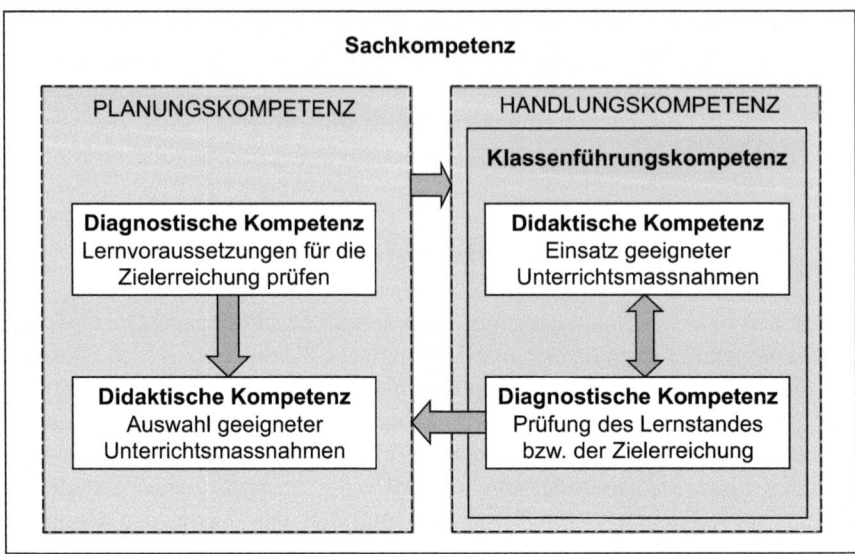

Abbildung 2: Modell der adaptiven Lehrkompetenz

Trotz der hohen Bedeutung der Unterrichtsplanung ist Unterricht nicht einfach eine Reproduktion des Geplanten. Die Planung kann immer nur Annahmen über mögliche Verläufe bilden, die in der realen Unterrichtssituation oft nicht zutreffen, sondern normalerweise laufend revidiert und adjustiert werden müssen. Diese permanenten Anpassungen an neue situative Bedingungen oder an Unvorhergesehenes im Klassenraum (z.B. Doyle, 1986) sind im Modell durch einen Doppelpfeil gekennzeichnet. Die didaktischen Massnahmen sind im Verlaufe des Unterrichts immer wieder auf deren Zweckmässigkeit hinsichtlich der Zielerreichung zu überprüfen. Anders als in der Planungssituation besteht folglich eine unmittelbare Rückkoppelung diagnostischer Informationen auf Unterrichtsmassnahmen. Wird aufgrund der Diagnose erkannt, dass bedeutsame individuelle Abweichungen zum erwarteten Lernstand bestehen, sind neue Unterrichtsmassnahmen abzuleiten, die helfen sollen, Lernschwierigkeiten zu überwinden oder Stärken zu fördern. Die Wirkungen dieser Massnahmen werden erneut überprüft und allfällige Abweichungen diagnostiziert. Der am Ende des Unterrichts diagnostizierte Lernstand entspricht wiederum den Lernvoraussetzungen für nachfolgende Lerneinheiten. Diese Reflexion des Unterrichtsgeschehens und der unterrichtlichen Wirkungen dient der Planung künftiger Unterrichtsmassnahmen (Pfeil zurück zur Planungskompetenz in Abbildung 2).

Die beiden Dimensionen Klassenführung und Sachkompetenz schaffen Rahmenbedingungen, die für einen adaptiven Unterricht mit dem Ziel verstehensorientierten Lernens wesentlich sind. Klassenführungsbezogene Kompetenzen sollen ein störungsarmes Unterrichtsklima ermöglichen, in welchem die Lernzeit bestmöglich genutzt werden kann (vgl. Kapitel 3.4.2). Die Klassenführung ist hier nur der Handlungskompetenz zugeordnet, weil beispielsweise Regeln nicht für jede Unterrichtsstunde neu geplant und etabliert werden müssen. Selbst bei der Übernahme einer neuen Klasse zu Beginn eines Schuljahres bringen die Schülerinnen und Schüler (ausser in der ersten Klasse) Erfahrungen über Regeln und Verhaltenserwartungen im Unterricht mit. Diese sind jedoch in der neuen Zusammensetzung zu modifizieren bzw. neu auszuhandeln. Zudem sei auf die enge Verknüpfung von Didaktik und Klassenführung verwiesen. So tragen gut geplante didaktische Massnahmen dazu bei, Störungen im Unterricht gar nicht erst aufkommen zu lassen (z.b. Evertson & Emmer, 2013).

Die Sachkompetenz ist übergreifend über die Planungs- und Handlungskompetenz konzipiert, da ein fundiertes fachliches Wissen sowohl bei der Unterrichtsvorbereitung (z.b. bei der Stoff- oder Aufgabenauswahl) als auch in der interaktiven Phase des Unterrichts (z.b. für das Beantworten von Schülerfragen) von hoher Relevanz ist.

Adaptive Handlungskompetenz dürfte bis zu einem gewissen Ausmass durch eine hohe adaptive Planungskompetenz kompensierbar sein. Wer schon bei der Planung eine Vielzahl an möglichen Unterrichtssituationen antizipiert und didaktische Massnahmen so vorsieht, dass die individuellen Lernbedürfnisse berücksichtigt werden, ist auf unvorhergesehene Situationen besser vorbereitet. Die geplanten Unterrichtssequenzen müssen entsprechend seltener Anpassungen unterzogen werden. Jedoch kann es trotz gründlicher Planung nicht gelingen, alle Eventualitäten im komplexen Interaktionsgeschehen des Unterrichts vorauszusehen (Doyle, 1986; Doyle, 2006). Demzufolge müssen adaptive Lehrpersonen auch über Wissen und Handlungsmöglichkeiten verfügen, mit denen sie während des Unterrichts adäquat auf Unvorhergesehenes reagieren können. Die Fähigkeit, mit Unterschieden und Widersprüchen umzugehen, wird für Lehrpersonen zu einer wichtigen Schlüsselkompetenz (OECD, 2005a). Oser (1997) fasst die Beziehung zwischen Planung und Durchführung des Unterrichts in einem der Standards zur Lehrerbildung zusammen. Demnach sollen sich Lehrpersonen bei der Unterrichtsdurchführung an der Planung orientieren, aber bei Unvorhergesehenem dennoch flexibel reagieren.

Die zentrale Struktur adaptiven Unterrichts lässt sich als enge Verknüpfung von diagnostischen Leistungen und darauf aufbauenden didaktischen Massnahmen beschreiben (vgl. auch Ingenkamp & Lissmann, 2008). Dieser

Rückkopplungskreislauf gleicht dem TOTE-Schema (Test-Operation-Test-Entscheidung) von Miller, Gallanter und Pribram (1960). Denn es ist nahe liegend, die weitere Unterrichtsgestaltung vom Lernstand der Schülerinnen und Schüler abhängig zu machen.

Die enge Koppelung von Diagnose und Didaktik lässt sich auch empirisch untermauern. So scheint diagnostische Kompetenz nur dann lernwirksam zu werden, wenn lernunterstützende und strukturierende didaktische Massnahmen ergriffen werden (Schrader & Helmke, 1987; Schrader, 2008). Oder wie Gardner (2002) formuliert: „Sich mit der Denkweise der Lernenden vertraut zu machen ist aber nur der erste Schritt. Entscheidend ist dann der Versuch, diese Kenntnisse in die Beschlüsse zu Lehrplan- und Unterrichtsgestaltung (…) einfliessen zu lassen" (S. 183).

Nicht eine didaktische Einzelmassnahme oder eine bestimmte Sozialform kann also als adaptiv bezeichnet werden, sondern erst das Zusammenspiel von diagnostischen Handlungen zur Bestimmung individueller Lernvoraussetzungen und der passenden Auswahl des didaktischen Arrangements. „Adaptiv-Sein" bedeutet, sensibel zu sein für die Verschiedenartigkeit von Lernvoraussetzungen und Lernwegen der Schülerinnen und Schüler (Rogalla & Vogt, 2008). Adaptive Lehrpersonen antizipieren sowohl in der Unterrichtsplanung als auch in der interaktiven Phase des Unterrichts Schlüsselmomente wie Nicht-Verstehen, Abschweifen oder mögliche Schülerfragen und sind bereit, darauf mit angemessenen didaktischen Mitteln zu reagieren, sofern die neue Situation eine Anpassung erfordert.

Zusammenfassend soll die Konzeption der adaptiven Lehrkompetenz nochmals in einen grösseren theoretischen Kontext gestellt werden. Aus dem der Studie zugrundeliegenden Rahmenmodell (vgl. Kapitel 2.2) geht hervor, dass die adaptive Lehrkompetenz als Teilbereich der professionellen Kompetenz von Lehrpersonen konzeptualisiert ist. Demnach trägt die adaptive Lehrkompetenz, gemeinsam mit anderen Lehrermerkmalen und abhängig vom Klassenkontext zu einer höheren Unterrichtsqualität bei, um so lernrelevante individuelle Verarbeitungsprozesse bei den Schülerinnen und Schülern auszulösen, die schliesslich zu einem höheren Lernerfolg führen sollen. Adaptive Lehrkompetenz ergibt sich aus dem spezifischen Zusammenspiel der vier Teildimensionen *Fachkompetenz, diagnostische Kompetenz, didaktische Kompetenz* und *Klassenführungskompetenz* sowie der Unterteilung in *Planungs-* und *Handlungskompetenzen*, womit die je unterschiedlichen Lehrerkognitionen in der Unterrichtsvorbereitung und in der interaktiven Phase des Unterrichts berücksichtigt werden. Es ist anzunehmen, dass ein hohes Wissen in den einzelnen Teilbereichen die Voraussetzung für eine hohe adaptive Lehrkompetenz ist. Adaptive Lehrpersonen sollten fähig sein, aufgrund der individuellen Lernbedürfnisse der Schülerinnen und Schüler den Unterricht so zu planen, durchzuführen und falls nötig anzupassen, dass Lerngelegenheiten geschaffen werden, die verstehensorientiertes Lernen für möglichst alle Schülerinnen und Schüler begünstigen.

4 Forschungsfragen und Hypothesen

Die übergreifende Fragestellung dieser Arbeit lautet: Welche Rolle spielen professionelle Kompetenzen von Lehrpersonen für das schulische Lernen? Diese scheinbar einfache, für die Schule als Ort des Lehrens und Lernens aber nahe liegende und zentrale Frage, soll nachfolgend empirisch untersucht werden. Wie im vorangegangenen Kapitel ausgeführt, liegen zahlreiche empirische Befunde zu einzelnen Teilbereichen der adaptiven Lehrkompetenz vor. Welche Effekte sich für die hier postulierte adaptive Lehrkompetenz als Gesamtkonstrukt auf den Lernerfolg der Schülerinnen und Schüler nachweisen lassen, wurde bisher kaum oder im Rahmen des Nationalfondsprojekts „Adaptive Lehrkompetenz" (Beck et al., 2008) erst ansatzweise untersucht. Ein weiteres Forschungsdesiderat bezieht sich auf die Mediationsprozesse, die zwischen dem Professionswissen von Lehrpersonen und den Unterrichtserfolgen der Schülerinnen und Schüler ablaufen (vgl. Bromme & Haag, 2004).

Die vorliegende Arbeit möchte diese Lücken schliessen und hat grundsätzlich zum Ziel, das Konzept der adaptiven Lehrkompetenz und deren Wirkung auf schulische Lernprozesse mit angemessenen Methoden zu überprüfen und dadurch besser zu verstehen. Dabei wird insbesondere berücksichtigt, dass

- die einzelnen Bedingungen von Lehr-Lern-Prozessen nicht nur isoliert zu betrachten sind, sondern auch deren Zusammenwirken relevant ist,
- es sich bei den Untersuchungseinheiten um Lehrpersonen und deren Schülerinnen und Schüler handelt, die in Klassenverbänden organisiert sind und der Klassenkontext die Lehr-Lern-Prozesse mit beeinflusst (hierarchische Mehrebenenstruktur),
- Lernerfolg nur durch Veränderungsmessung in einer längsschnittlichen Untersuchungsanlage angemessen überprüft werden kann,
- sich eine themenspezifische Unterrichtsreihe zur Messung der Wirksamkeit von Unterricht besser eignet als eine breite Leistungsmessung über einen langen Zeitraum hinweg,
- Effekte je nach Schülergruppe differentiell ausfallen können, d.h. nicht alle Schülerinnen und Schüler das Unterrichtsangebot gleichermassen nutzen und davon profitieren.

Nachfolgend werden die einzelnen Fragebereiche, die Gegenstand der Arbeit sind, erläutert und basierend auf den theoretischen Grundlagen (vgl. Kapitel 2 und 3) empirisch prüfbare Hypothesen formuliert.

4.1 Konstruktvalidierung und Zusammenhänge der adaptiven Lehrkompetenz mit Merkmalen der Lehrperson

a) *Lässt sich das theoretisch postulierte Konstrukt der adaptiven Lehrkompetenz empirisch identifizieren?*

Die Operationalisierung des Konstrukts *adaptive Lehrkompetenz* erwies sich als anspruchsvoll (Beck et al., 2008). Mit der Erfassung der adaptiven Planungskompetenz durch einen Vignettentest und der adaptiven Handlungskompetenz in einem Videoparadigma wurde methodisches Neuland betreten. Bei wenig erprobten methodischen Ansätzen und neu entwickelten Instrumenten besteht stets auch die Gefahr, dass die testtheoretischen Gütekriterien moderat ausfallen können. Deshalb ist es besonders notwendig, in einem ersten Schritt die Konstruktvalidität der *adaptiven Lehrkompetenz* zu überprüfen. Es stellt sich die Frage, wie die verschiedenen Dimensionen (Sachkompetenz, Didaktik, Diagnose, Klassenführung) mit dem latenten Konstrukt adaptive Lehrkompetenz zusammenhängen. Mittels konfirmatorischer Faktorenanalysen wird geprüft, ob sich das theoretisch postulierte Konstrukt mit den empirisch gewonnenen Daten aus Vignetten- und Videotest stützen lässt (vgl. Kapitel 6.1). Im Vordergrund steht dabei, ob sich die adaptive Lehrkompetenz als eindimensionaler latenter Faktor beschreiben lässt oder ob Planungs- und Handlungskompetenz separat zu modellieren sind. Damit wird auch der bislang kaum untersuchten Frage nachgegangen, ob sich Lehrerkognitionen in der proaktiven und der interaktiven Phase des Unterrichtens voneinander unterscheiden (vgl. Calderhead, 1996).

b) *Unterscheidet sich die Ausprägung der adaptiven Lehrkompetenz hinsichtlich verschiedener Lehrermerkmale?*

Hinweise zur Validität der adaptiven Lehrkompetenz lassen sich auch dadurch gewinnen, wenn theoretisch begründete Beziehungen zu anderen Merkmalen bestehen. Dementsprechend können plausible Zusammenhänge der adaptiven Lehrkompetenz mit anderen Merkmalen der Lehrperson, z.B. mit der Berufserfahrung oder mit subjektiven Überzeugungen, als Hinweis auf die Kriteriumsvalidität interpretiert werden. Obschon sich keine theoriegestützten Hypothesen ableiten lassen, wird auch untersucht, ob die Ausprägung der adaptiven Lehrkompetenz vom Geschlecht der Lehrperson oder der Unterrichtsstufe abhängt.

Zudem interessiert, ob Zusammenhänge bestehen zwischen der mittels Vignetten- und Videotest gemessenen adaptiven Lehrkompetenz und den Lehrermerkmalen *Sachwissen* und *diagnostische Urteilsgenauigkeit*, die im

Rahmen der Unterrichtsreihe „Keimung von Samen" themen- bzw. klassenspezifisch erfasst wurden. Weil Lehrpersonen mit hoher adaptiver Lehrkompetenz über ein vertiefteres methodisches und prozedurales Diagnosewissen verfügen sollten, müssten diese genauer diagnostizieren können, wie gut die einzelnen Schülerinnen und Schüler in ihrer Klasse die Lernziele erreichen. Das Sachwissen zum spezifischen Thema „Keimung von Samen" sollte hingegen unabhängig von der themenunspezifisch gemessenen adaptiven Lehrkompetenz sein.

Zur Konstruktvalidität und zu den Zusammenhängen der adaptiven Lehrkompetenz mit anderen Lehrermerkmalen werden die folgenden Hypothesen überprüft.

(1a) Das theoretisch postulierte Konstrukt der adaptiven Lehrkompetenz lässt sich an den Daten aus dem Vignetten- und Videotest empirisch identifizieren.

(1b) Die beiden Arten der adaptiven Lehrkompetenz, Planungs- und Handlungskompetenz, lassen sich empirisch unterscheiden.

(1c) Je höher die adaptive Lehrkompetenz, desto genauer diagnostizieren die Lehrpersonen den Lernstand der Schülerinnen und Schüler.

(1d) Adaptive Lehrpersonen mit mehr Berufserfahrung verfügen über eine höhere adaptive Lehrkompetenz.

(1e) Je höher die adaptive Lehrkompetenz, desto höher ist das konstruktivistische Lehr-Lern-Verständnis.

4.2 Adaptive Lehrkompetenz und Merkmale des Unterrichtsprozesses

Welche Zusammenhänge bestehen zwischen der adaptiven Lehrkompetenz und dem unterrichtlichen Handeln von Lehrpersonen? Wodurch kennzeichnet sich das unterrichtliche Handeln adaptiver Lehrpersonen?

Da adaptive Lehrkompetenz als handlungsleitende Kognition konzeptualisiert ist, müssten Effekte im von den Lehrpersonen tatsächlich praktizierten Unterricht feststellbar sein. In einem zweiten Fragebereich soll deshalb beschrieben werden, wodurch sich der Unterricht adaptiver Lehrpersonen kennzeichnet. Zu diesem Zweck werden die Beziehungen zwischen der adaptiven Lehrkompetenz und verschiedenen Merkmalen des Unterrichtsprozesses untersucht. Im Vordergrund stehen didaktische und klassenführungsbezogene Aspekte der Unterrichtsqualität, die Lehrer-Schüler-Beziehung sowie die Passung des Schwierigkeitsgrades des Unterrichts. Zur Einschätzung der Unterrichtsqualität wird die im Schülerfragebogen erfasste Wahrnehmung des Unterrichts durch die Schülerinnen und Schüler herangezogen. Es ist zu erwarten, dass eine höhere Ausprägung der adaptiven Lehrkompetenz mit einer höheren Unterrichtsqualität sowie einer besseren Lehrer-Schüler-Beziehung einhergeht. Dies dürfte vor allem auf jene Skalen zutreffen, die eine adäquatere Berücksichtigung individueller Lernvoraussetzungen der Schülerinnen und Schüler vorsehen, z.b. höhere Schülerbeteiligung, geringerer Unterrichtsdruck, mehr Möglichkeiten der Schülermitsprache sowie eine bessere Passung des Anspruchsniveaus an die Schülervoraussetzungen. Die Analysen zu diesen erwarteten Beziehungen zwischen der adaptiven Lehrkompetenz und Merkmalen des Unterrichtsprozesses liefern weitere Anhaltspunkte für die Kriteriumsvalidität.

Zum Zusammenhang der adaptiven Lehrkompetenz mit den Merkmalen des Unterrichtsprozesses werden folgende Hypothesen formuliert.

(2a) Je höher die adaptive Lehrkompetenz, desto besser ist die didaktische Qualität des Unterrichts.

(2b) Je höher die adaptive Lehrkompetenz, desto besser ist die Qualität der Klassenführung.

(2c) Die adaptive Lehrkompetenz hängt positiv mit der Lehrer-Schüler-Beziehung zusammen.

(2d) Lehrpersonen mit hoher adaptiver Lehrkompetenz passen den Schwierigkeitsgrad des Unterrichts besser an das individuelle Anspruchsniveau der Schülerinnen und Schüler an.

4.3 Adaptive Lehrkompetenz und Schülerleistung

a)   Wie wirkt sich adaptive Lehrkompetenz auf den Lernerfolg der Schülerinnen und Schüler aus?

Im Kern dieser Arbeit geht es um die Untersuchung der Wirkungszusammenhänge zwischen der adaptiven Lehrkompetenz und dem schulischen Lernen. Zunächst wird geprüft, ob sich der Lernerfolg der Schülerinnen und Schüler auf die adaptive Lehrkompetenz der Lehrpersonen zurückführen lässt. Weil Lehrpersonen mit hoher adaptiver Lehrkompetenz in der Lage sein sollten, besser auf die individuellen Lernbedürfnisse einzugehen und mit Blick auf die Klasse, auf einzelne Schülergruppen und einzelne Schülerinnen und Schüler günstigere Rahmenbedingungen für verstehendes Lernen zu gestalten, wird ein positiver Effekt auf den Wissenszuwachs erwartet. Um diesen Effekt von möglichen Einflussfaktoren (Drittvariablen), die ebenfalls mit der schulischen Leistung zusammenhängen, zu bereinigen, werden verschiedene Merkmale des Klassenkontexts (z.B. Klassengrösse, Leistungs-niveau der Klasse) und der individuellen Lernvoraussetzungen (z.B. soziale Herkunft, Sprachhintergrund) statistisch kontrolliert. Zu prüfen ist überdies, ob die Ergebnisse sowohl für die Primarstufe wie für die Sekundarstufe I gültig sind. Shuell (1996) mahnt zumindest zur Vorsicht bei der Generalisierung von Ergebnissen der Primarstufe auf die Sekundarstufe I. Entwicklungsbedingte Differenzen, aber auch systematische Stufenunterschie-de in den angestrebten Lernergebnissen, dem Vorwissen, in den Interessen oder im unterrichtlichen Handeln der Lehrpersonen dürften dazu führen, dass sich Lehrer- und Unterrichtsmerkmale nicht bei beiden Stufen gleich auf die Leis-tungsentwicklung der Schülerinnen und Schüler auswirken.

b) *Profitieren alle Schülerinnen und Schüler in einer Klasse gleichermassen von einer hohen adaptiven Lehrkompetenz oder gibt es gewisse Schüler-gruppen, die besonders grosse Leistungsfortschritte machen?*

Neben der Wirkung adaptiver Lehrkompetenz auf durchschnittlich leistungs-fähige Schülerinnen und Schüler sind differentielle Effekte von Bedeutung. So soll geprüft werden, ob gewisse Schülerinnen und Schüler besonders vom Unterricht bei Lehrpersonen mit hoher adaptiver Lehrkompetenz profitieren. Aus der Schuleffektivitätsforschung ist bekannt, dass günstige Lernbedin-gungen für Schülerinnen und Schüler mit tieferem Leistungsniveau beson-ders bedeutsam sind (Scheerens & Bosker, 1997). Einzelne Studien zeigen auch differentielle Effekte von Schulen zu Gunsten von Schülerinnen und Schülern mit niedrigerer sozialer Herkunft oder mit Migrationshintergrund (z.B. Nuttall, Goldstein, Prosser & Rasbash, 1989; Scheerens & Bosker, 1997). Ähnliche Hinweise finden sich in der Unterrichtsforschung. So profi-tierten vor allem schwächere Schülerinnen und Schüler von günstigen unter-richtlichen Lernbedingungen (Sanders & Rivers, 1996), etwa von strukturier-tem Unterricht (Scheerens & Linnakylä, 2007, S. 22f.) oder von kleineren Klassen (Finn & Achilles, 1999).

Für adaptive Lehrpersonen sollte dieser differentielle Effekt hingegen nicht gültig sein. Vielmehr müsste es Lehrpersonen mit hoher adaptiver Lehrkompetenz aufgrund der Berücksichtigung der individuellen Lernvor-aussetzungen gelingen, dass nicht eine bestimmte Schülergruppe besonders vom Unterricht profitiert, sondern alle Schülerinnen und Schüler unabhängig von ihrem Leistungsniveau, der sozialen Herkunft oder dem Migrationshin-tergrund grössere Leistungsfortschritte erbringen können.

c) Erreichen adaptivere Lehrpersonen mit heterogenen Klassen höhere Ler-nerträge als weniger adaptive Lehrpersonen?

Adaptive Lehrkompetenz dürfte für den pädagogischen Umgang mit Heterogenität eine Schlüsselrolle spielen, weil unterschiedliche Lernvoraussetzungen explizit berücksichtigt werden und der Unterricht gezielt an die Bedürfnisse der Lernenden angepasst wird. Aus diesem Grund wird erwartet, dass es adaptiven Lehrpersonen besser gelingt, mit hoher Leistungsheterogenität in der Klasse umzugehen und grössere Leistungszuwächse zu erreichen als weniger adaptiven Lehrpersonen. Eine hohe adaptive Lehrkompetenz dürfte auch für Klassen mit höheren Anteilen von fremdsprachigen Schülerinnen und Schülern und mit einer hohen Heterogenität bezüglich der sozialen Herkunft wertvoll sein.

Zu den Effekten der adaptiven Lehrkompetenz auf den Lernerfolg der Schülerinnen und Schüler sind folgende Hypothesen aufgestellt worden.

(3a)   Schülerinnen und Schüler bei Lehrpersonen mit höherer adaptiver Lehrkompetenz erreichen einen grösseren Lernerfolg als Schülerinnen und Schüler bei Lehrpersonen mit geringerer adaptiver Lehrkompetenz.

(3b)   Alle Schülerinnen und Schüler innerhalb einer Klasse profitieren (unabhängig ihres Leistungsniveaus, der sozialen Herkunft und des Migrationshintergrunds) in ihrem Leistungszuwachs gleichermassen von Lehrpersonen mit hoher adaptiver Lehrkompetenz.

(3c)   Lehrpersonen mit höherer adaptiver Lehrkompetenz erzielen mit heterogeneren Klassen (in Bezug auf die Leistung, den Sprachhintergrund und die soziale Herkunft) grössere Leistungsfortschritte als Lehrpersonen mit geringeren Ausprägungen in der adaptiven Lehrkompetenz.

4.4 Mediatormodell: Effekte der adaptive Lehrkompetenz auf den Lehr-Lernprozess und den Lernerfolg bei den Schülerinnen und Schülern

Über welche Unterrichtsprozesse lässt sich der Effekt der adaptiven Lehrkompetenz auf den Lernerfolg der Schülerinnen und Schüler erklären?

Obschon verschiedene Forschungsergebnisse auf die hohe Bedeutung von Lehrermerkmalen hinweisen (Lipowsky, 2006; Wayne & Youngs, 2006), wurde erst selten untersucht, über welche Unterrichtsprozesse Effekte professioneller Kompetenzen von Lehrpersonen vermittelt werden (Klieme, 2006). Ein wesentliches Ziel dieser Studie ist es, die komplexen Beziehungen zwi-

schen Lehrerkompetenzen, Unterrichtsprozessen, individuellen Lernvoraussetzungen und Lernertrag unter Berücksichtigung des Klassenkontextes zu
erhellen, indem Teile des theoretischen Rahmenmodells (vgl. Kapitel 2.2) in
einer Wirkungsanalyse formal getestet werden. Auf diese Weise sollen empirisch gesicherte Erklärungen für die erwarteten Effekte adaptiver Lehrkompetenz auf den Lernerfolg der Schülerinnen und Schüler gefunden werden.

Gemäss dem Rahmenmodell wird erwartet, dass Lehrpersonen ihr Wissen
und ihre Kompetenzen nicht direkt auf die Schülerinnen und Schüler übertragen, sondern dass Lernen über Prozesse des unterrichtlichen Handelns
vermittelt wird.

Demnach kann zur Frage nach den Lernerfolg vermittelnden Unterrichtsprozessen folgende Hypothese formuliert werden.

(4) Effekte der adaptiven Lehrkompetenz auf den Lernerfolg der Schülerinnen und Schüler erfolgen nicht direkt, sondern werden über eine hohe
Unterrichtqualität vermittelt.

5 Datengrundlage und methodisches Vorgehen

Ziel der vorliegenden Studie ist die empirische Überprüfung von Effekten handlungsleitender Lehrerkognitionen auf Prozessmerkmale des Unterrichts und auf den Lernerfolg der Schülerinnen und Schüler. Die empirische Grundlage zur Beantwortung der im vorangegangenen Kapitel ausgeführten Fragestellungen bilden Daten der Nationalfondsstudie „Adaptive Lehrkompetenz – Analyse von Struktur, Veränderbarkeit und Wirkung handlungssteuernden Lehrerwissens"[4]. Das Forschungsdesign und eine Übersicht über die verwendeten Methoden der Nationalfondsstudie werden nachfolgend in einer kurzen Übersicht dargestellt (vgl. Kapitel 5.1). Im Anschluss daran werden die für diese Arbeit relevante Stichprobe (vgl. Kapitel 5.2) und die Durchführung der Erhebungen (vgl. Kapitel 5.3) beschrieben. Da die standardisierte Erfassung adaptiver Planungs- und Handlungskompetenzen neue Messinstrumente erforderte, wird der Beschreibung der Instrumente besondere Aufmerksamkeit geschenkt (vgl. Kapitel 5.4). Ein grundlegendes Anliegen dieser Arbeit besteht in der Verwendung angemessener statistischer Verfahren, die der multiplen Determiniertheit schulischer Leistungen (Helmke & Weinert, 1997) und der hierarchischen Mehrebenenstruktur der Daten gerecht werden (vgl. Kapitel 5.5).

5.1 Die Nationalfondsstudie „Adaptive Lehrkompetenz" (AL)

Die Daten zur empirischen Überprüfung der Fragestellungen dieser Arbeit stammen aus dem Projekt „Adaptive Lehrkompetenz" (Beck et al., 2008). Um den Kontext der vorliegenden Arbeit besser einschätzen und verstehen zu können, wird im folgenden Abschnitt das methodische Vorgehen in der Nationalfondsstudie soweit notwendig erläutert. Eine umfassende Beschreibung der Nationalfondsstudie findet sich bei Beck et al. (2008).

---

4   Das vom Schweizerischen Nationalfonds (SNF) unterstützte Forschungsprojekt „Adaptive Lehrkompetenz – Analyse von Struktur, Veränderbarkeit und Wirkung handlungssteuernden Lehrerwissens" (SNF-Projekt Nr. 1114-066726.01) wurde unter der Leitung von Erwin Beck, Matthias Baer und Titus Guldimann in den Jahren 2003-2006 durchgeführt. Weitere Mitarbeitende waren Sonja Bischoff, Christian Brühwiler, Peter Müller, Ruth Niedermann, Marion Rogalla und Franziska Vogt.

5.1.1 Ziele der Studie

Das an der Pädagogischen Hochschule St.Gallen durchgeführte Forschungsprojekt „Adaptive Lehrkompetenz" (AL) untersucht auf der Basis eines konstruktivistischen Lehr-Lern-Verständnisses handlungsleitende Lehrerkognitionen, deren Fördermöglichkeiten sowie deren Wirkung auf schulisches
Lernen. Die Studie geht zwei grundlegenden Forschungsfragen nach:
1. Analyse der Struktur und Wirkung adaptiver Lehrkompetenz
2. Überprüfung der Veränderbarkeit adaptiver Lehrkompetenz durch eine
   Intervention und deren Wirkung auf die Leistungen der Schülerinnen
   und Schüler

Der erste Forschungsschwerpunkt zur Analyse von Struktur und Wirkung
adaptiver Lehrkompetenz zielt darauf, die adaptive Lehrkompetenz von
Lehrpersonen im naturwissenschaftlichen Unterricht zu beschreiben sowie
geeignete Messinstrumente zur Erfassung adaptiver Lehrkompetenz zu entwickeln. Zudem wird untersucht, wie sich adaptive Lehrkompetenz auf die
Verstehensleistungen der Schülerinnen und Schüler auswirkt.

Der zweite Forschungsschwerpunkt bezieht sich auf die Förderung der
adaptiven Lehrkompetenz durch eine Intervention und der Überprüfung der
Wirksamkeit der Intervention sowohl in Bezug auf die adaptive Lehrkompetenz als auch auf den Lernerfolg der Schülerinnen und Schüler.

5.1.2 Forschungsdesign

Aufgrund der Zielsetzungen des Projekts wurde eine quasiexperimentelle
Feldstudie (Interventionsstudie) realisiert, bei der grosser Wert auf eine hohe
ökologische Validität gelegt wurde. Entsprechend vielfältig sind die unter-
schiedlichen methodischen Zugänge, um die komplexen Anforderungen, die
Lehrpersonen in der Praxis zu bewältigen haben, und allfällige differenzielle
Wirkungen des Unterrichts möglichst realitätsnah zu erfassen.

Vor der Interventionsstudie wurden zu Beginn des Jahres 2003 Fallstudien mit acht Lehrpersonen durchgeführt. Die Fallstudien dienten vor allem der Klärung theoretischer Fragen und der Entwicklung inhaltsvali-
der Instrumente zur Erfassung adaptiver Lehrkompetenz. Die Überprüfung
von Interventionseffekten erforderte für die Hauptstudie ein längsschnittli-
ches Forschungsdesign mit zwei Erhebungszeitpunkten sowie je einer Inter-
ventions- und Kontrollgruppe (Tabelle 2). Zu beiden Erhebungszeitpunkten,
kurz nach Beginn und gegen Ende des Schuljahres 2003/2004, wurden bei
beiden Untersuchungsgruppen dieselben Messinstrumente eingesetzt. Die Er-

hebungsinstrumente, die für die vorliegende Arbeit relevant sind, werden in Kapitel 5.4 eingehend beschrieben.

Tabelle 2: Forschungsdesign und Erhebungsmethoden der Nationalfondsstudie „Adaptive Lehrkompetenz"

Zeitpunkt	Interventionsgruppe (32 Klassen)	Kontrollgruppe (18 Klassen)
1. Erhebungszeitpunkt September/Oktober 2003	Videotest, Vignettentest, Fragebogen für Lehrpersonen, Fragebogen für Schülerinnen und Schüler, Leistungstest in Naturwissenschaften	
Intervention (Treatment) Oktober 2003 – April 2004	Weiterbildungskurs „Adaptive Lehrkompetenz" und fachspezifisch-pädagogisches Coaching	Besuch individueller Weiterbildungsangebote
2. Erhebungszeitpunkt Mai/Juni 2004	Unterrichtsreihe mit vorgegebenen Lernzielen zum Thema „Keimung von Samen" mit Messung des Leistungszuwachses der Schülerinnen und Schüler sowie des Fachwissens und der diagnostischen Urteilsgenauigkeit der Lehrpersonen	
Juni 2004	Videotest, Vignettentest, Fragebogen für Lehrpersonen, Fragebogen für Schülerinnen und Schüler, Leistungstest in Naturwissenschaften	

Anmerkung: Eine Lehrperson der Kontrollgruppe hat nur an den Erhebungen zum 1. Messzeitpunkt teilgenommen.

Die zweiteilige Intervention hatte zum Ziel, die adaptive Lehrkompetenz der beteiligten Lehrpersonen zu fördern. Der erste Teil der Intervention bestand aus einem zweitägigen Weiterbildungskurs, in welchem das pädagogisch-psychologische Grundwissen zum Konzept der adaptiven Lehrkompetenz vermittelt wurde. Die Schwerpunkte lagen bei der praxisbezogenen Einführung in die vier Dimensionen der adaptiven Lehrkompetenz (vgl. Kapitel 3.4.2): Sachkompetenz, diagnostische Kompetenz, didaktische Kompetenz und Klassenführungskompetenz. Der zweite Teil der Intervention bildete ein fachspezifisch-pädagogisches Coaching (Staub, 2001; West & Staub, 2003; Staub, 2006), während dem die Lehrpersonen in einem Zeitraum von rund einem halben Jahr an insgesamt neun Coachingsitzungen teilnahmen. Eine einzelne Sitzung beanspruchte etwa drei Stunden und umfasste die gemeinsame Vorbereitung, Durchführung und Nachbereitung des Unterrichts. Die Kontrollgruppe besuchte während der Interventionsphase selbst gewählte Weiterbildungskurse. Mit diesem Vorgehen wurde versucht, das bei Interventionsstudien bestehende prinzipielle Problem des sogenannten Hawthorne-Effekts, d.h. der Konfundierung von Treatment- und Neuigkeitseffekten (Huber, 1987), bestmöglich zu entschärfen. Dementsprechend wurde den an der Studie teilnehmenden Lehrpersonen gegenüber nicht von Interventions-

bzw. Kontrollgruppe gesprochen, sondern sie wurden neutral als Gruppe A und B bezeichnet.

Im Anschluss an die Intervention, d.h. zu Beginn des zweiten Erhebungszeitpunkts, hatten die Lehrpersonen in ihren eigenen Klassen eine Unterrichtsreihe von vier Doppellektionen zum Thema „Keimung von Samen" mit vorgegebenen Lernzielen durchzuführen (vgl. Kapitel 5.3). Diese Unterrichtsreihe wurde dazu genutzt, um den Leistungszuwachs der Schülerinnen und Schüler sowie das Fachwissen und die diagnostische Urteilsgenauigkeit bei den Lehrpersonen zu erfassen. Nach der Unterrichtsreihe wurden dieselben Erhebungen vorgenommen wie zum ersten Messzeitpunkt vor der Intervention.

5.1.3 Stichprobe

An der Hauptstudie beteiligten sich 27 Lehrpersonen der Primarstufe (4. und 5. Klassenstufe) und 23 Lehrpersonen der Sekundarstufe I (7. und 8. Klassenstufe). Da die Studie im Fachbereich Naturwissenschaften durchgeführt wurde, mussten sämtliche Lehrpersonen mindestens teilweise Unterricht in naturwissenschaftlichen Fächern[5] erteilen. Insgesamt nahmen 50 Lehrpersonen und deren Klassen mit 976 Schülerinnen und Schülern aus den Ostschweizer Kantonen St.Gallen, Thurgau und den beiden Appenzell an der Untersuchung teil. Die Rekrutierung der Lehrpersonen erfolgte auf Grund öffentlicher Ausschreibungen in den amtlichen Schulblättern. Die Teilnahme an der Studie war freiwillig und unentgeltlich, konnte jedoch als kantonale Weiterbildungsveranstaltung angerechnet werden. Nach einer Informationsveranstaltung zum Projekt konnten die an der Studienteilnahme interessierten Lehrpersonen ihre Präferenz angeben, ob sie der Gruppe mit fachspezifisch-pädagogischem Coaching (Interventionsgruppe) oder der Gruppe mit individueller Weiterbildung (Kontrollgruppe) angehören wollten. 32 Lehrpersonen wurden der Interventionsgruppe, 18 Lehrpersonen der Kontrollgruppe zugeteilt. Eine Lehrperson der Kontrollgruppe beteiligte sich nur an den Erhebungen zum ersten Messzeitpunkt. Da eine randomisierte Zuteilung auf Grund der Feldsituation nicht möglich war, wurde darauf geachtet, dass die

---

5 Der Fachbereich Naturwissenschaften wird in der Volksschule der beteiligten Kantone vorwiegend integriert unterrichtet und umfasst Inhalte aus den Fächern Biologie, Physik, Chemie und Erdkunde. Die begrifflichen Bezeichnungen unterscheiden sich von Kanton zu Kanton und teilweise von Schulstufe zu Schulstufe. Im Kanton Thurgau wird der integrierte naturwissenschaftliche Unterricht „Realien" genannt (Kanton Thurgau, 2006a; 2006b), im Kanton St. Gallen auf der Sekundarstufe I „Natur und Technik" und in der Primarstufe „Mensch und Umwelt" (Erziehungsdepartement des Kantons St.Gallen, 1996).

Kriterien Geschlecht, Berufserfahrung und Unterrichtsstufe in beiden Unter-suchungsgruppen ähnlich verteilt waren.

5.1.4 Mehrwert der vorliegenden Arbeit

In der Nationalfondsstudie „Adaptive Lehrkompetenz" lag der Schwerpunkt auf der Entwicklung der Instrumente, auf der Durchführung und Wirksam-keitsüberprüfung der Intervention sowie auf ersten Analysen zu den Effek-ten adaptiver Lehrkompetenz auf das schulische Lernen ganzer Klassen. Die Befunde verweisen auf komplexe Wirkungszusammenhänge zwischen der adaptiven Lehrkompetenz und dem schulischen Lernen, die vertieftere Analysen bedürfen (Beck et al., 2008). Noch kaum untersucht wurden bei-spielsweise die Beziehung zwischen adaptiver Lehrkompetenz und Merkma-len des unterrichtlichen Handelns oder differentielle Effekte adaptiver Lehr-kompetenz. Ebenso fehlen weitgehend vertiefte statistische Analysen zu den Effekten adaptiver Lehrkompetenz, welche der multiplen Determination schulischer Leistungen (z.B. die Berücksichtigung von Kontexteffekten und Mediatorvariablen) sowie der hierarchischen Mehrebenenstruktur der Daten gerecht werden.

Der Neuigkeitsgehalt der vorliegenden Arbeit gegenüber den Ergebnissen der Nationalfondsstudie liegt neben der Vertiefung und Schärfung des theo-retischen Konzepts der adaptiven Lehrkompetenz (vgl. Kapitel 3) hauptsäch-lich in der Analyse vertiefter Fragestellungen (vgl. Kapitel 4) mittels elabo-rierteren statistischen Methoden. Im Einzelnen werden folgende erweiterten Analysen durchgeführt:

- Messtheoretische Überprüfung der verwendeten Konstrukte und teilwei-se Reskalierung zur Erhöhung der Reliabilität unter Berücksichtigung theoretischer Vorannahmen,
- Konstruktvalidierung der adaptiven Lehrkompetenz unter Verwendung konfirmatorischer Faktorenanalysen,
- Untersuchung von Zusammenhängen zwischen der adaptiven Lehrkom-petenz und Merkmalen des Unterrichtsprozesses (Kriteriumsvalidität),
- Mehrebenenanalysen zu Effekten der adaptiven Lehrkompetenz auf den Lernerfolg bei Schülerinnen und Schülern nach Kontrolle von individu-ellen Merkmalen und Kontextvariablen,
- Mehrebenenanalysen zu differentiellen Effekten der adaptiven Lehrkom-petenz auf die Lernleistung der Schülerinnen und Schüler,
- Mediatormodell zur Untersuchung von direkten und indirekten Effek-ten der adaptiven Lehrkompetenz auf den Lehr-Lernprozess und den

Lernerfolg bei den Schülerinnen und Schülern (Mehrebenenanalytisches Strukturgleichungsmodell).

Die vorliegende Arbeit fokussiert auf die Analyse der Effekte adaptiver Lehrkompetenz. Hingegen werden Förderung und Entwicklung der adaptiven Lehrkompetenz nicht untersucht. Für diese Studie werden deshalb nur Daten des zweiten Erhebungszeitpunkts genutzt, unabhängig davon, ob die Versuchspersonen an der Intervention teilgenommen hatten oder nicht. Selbstverständlich haben sich die Interventionseffekte bereits in der gemessenen Ausprägung der adaptiven Lehrkompetenz niedergeschlagen. Aus den Ergebnissen der Nationalfondstudie lässt sich schliessen, dass dies besonders für die adaptive Planungskompetenz zutrifft (Rogalla & Vogt, 2008; Vogt & Rogalla, 2009). Es hat sich aber auch gezeigt, dass es durchaus Lehrpersonen aus der Kontrollgruppe gibt, die ohne spezifische Intervention ein hohes Niveau der adaptiven Lehrkompetenz erreichen. Für die Beantwortung der hier interessierenden Fragestellungen spielt es jedoch keine Rolle, wie die Versuchspersonen adaptive Lehrkompetenz erworben haben. Entscheidend ist deren Ausprägung zum Zeitpunkt der Unterrichtsreihe, während der die Unterrichtsmerkmale und und der schulische Lernerfolg gemessen wurde.

5.2 Beschreibung der Stichprobe

Die vorliegende Studie beruht auf den Daten von jenen 49 Lehrpersonen, die mit ihren Klassen am zweiten Erhebungszeitpunkt der Nationalfondsstudie „Adaptive Lehrkompetenz" teilgenommen haben (Tabelle 3). Die Stichprobe besteht etwa zu gleichen Teilen aus Lehrpersonen der Primarstufe (4. und 5. Schuljahr) und der Sekundarstufe I (7. und 8. Schuljahr). Von den Lehrpersonen der Sekundarstufe I unterrichten deren 8 in Realklassen, 13 in Sekundarklassen und 2 in integrativen Klassen ohne äussere Differenzierung nach Leistungskriterien. Die Lehrpersonen wiesen zum Erhebungszeitpunkt zwischen 2 und 34 Jahren Berufserfahrung auf (Md = 15). Das Unterrichtspensum betrug mindestens 47 Prozent. 38 Lehrpersonen unterrichteten ein volles Pensum. Maximal erteilen die Lehrpersonen sechs Wochenlektionen in naturwissenschaftlichen Fächern, ein Lehrer unterrichtete nur eine einzige Lektion. Je ein Drittel der Lehrpersonen unterrichtete zwei oder vier Lektionen Naturwissenschaften.

Tabelle 3:   Stichprobe der Lehrpersonen nach Unterrichtsstufe und Geschlecht.

	Primarstufe		Sekundarstufe I		Total	
	N	%	N	%	N	%
Geschlecht						
weiblich	13	50.0	6	26.1	19	38.8
männlich	13	50.0	17	73.9	30	61.2
Total	26	100.0	23	100.0	49	100.0

Das Geschlechterverhältnis ist in der Stichprobe etwas weniger ausgewogen als die Verteilung nach Unterrichtsstufe. Mit 61 Prozent sind die Lehrer in der Stichprobe ein wenig übervertreten. Vergleicht man das tatsächliche Geschlechterverhältnis der Lehrpersonen nach Schulstufe im Schuljahr 2003/04 (Bundesamt für Statistik, 2005), so gilt dies für die Lehrpersonen sowohl der Primarstufe (78% Frauenanteil in der Schweiz gegenüber 50% in der Stichprobe) als auch der Sekundarstufe I (49% Frauenanteil in der Schweiz gegenüber 26% in der Stichprobe).

Das Ziel dieser Arbeit besteht – anders als in den grossen internationalen Vergleichsstudien – nicht darin, für einen bestimmten geographischen Raum repräsentative Aussagen zu machen, sondern Beziehungen zwischen Lehrermerkmalen, Unterrichtsprozessen und Lernleistungen von Schülerinnen und Schülern zu analysieren. Die Repräsentativität spielt daher eine untergeordnete Rolle.

Von je einer Lehrerin und einem Lehrer der Sekundarstufe I liegen keine Daten zur Unterrichtsreihe vor. Die Daten der beiden Lehrpersonen können folglich nur für jene Auswertungen genutzt werden, die nicht auf der Unterrichtsreihe beruhen, weshalb die Fallzahlen je nach Analyse leicht variieren.

Insgesamt liegen Daten von 898 Schülerinnen und Schülern aus 49 Klassen vor (Tabelle 4). Dies ergibt eine durchschnittliche Klassengrösse von 18.3 Schülerinnen und Schüler, wobei die Primarschulklassen (17.9) etwas kleiner sind als die Sekundarschulklassen (18.8). Der Anteil der Primarschülerinnen und -schüler an der Gesamtstichprobe beträgt 52 Prozent mit einem Durchschnittsalter von 11.5 Jahren. Die Schülerinnen und Schüler der Sekundarstufe I (Durchschnittsalter 14.4 Jahre) stammen zu 34 Prozent aus Realklassen, zu 57 Prozent aus Sekundarklassen und zu 9 Prozent aus Klassen von integrativen Schulen ohne äussere Differenzierung nach Leistungskriterien. Das Geschlechterverhältnis ist für beide Stufen annähernd ausgeglichen. Weniger ausgewogen sind die Anteile an Schülerinnen und Schülern, bei denen Deutsch nicht die Erstsprache ist. Während in der Primarstufe 16 Prozent der Schülerinnen und Schüler angeben, dass deutsch nicht die zu

Hause am häufigsten gesprochene Sprache ist, sind es in der Sekundarstufe I 23 Prozent. Auffallend ist für die Primarstufe der geringere Anteil an Fremdsprachigen, die in der Schweiz geboren sind (Ausländerinnen und Ausländer der ersten Generation[6]). Fremdsprachige, die mit ihren Eltern in die Schweiz einwanderten, sind in beiden Stufen gleich oft vertreten.

Tabelle 4: Stichprobe der Schülerinnen und Schüler nach Unterrichtsstufe und Geschlecht bzw. Sprach-/Migrationshintergrund.

	Primarstufe		Sekundarstufe I		Total	
	N	%	N	%	N	%
Geschlecht						
weiblich	233	50.0	213	49.3	446	49.7
männlich	233	50.0	219	50.7	452	50.3
Sprach-/Migrationshintergrund						
deutschsprachig	370	84.3	314	77.0	684	80.8
fremdsprachig, in der Schweiz geboren	19	4.3	45	11.0	64	7.6
fremdsprachig, im Ausland geboren	50	11.4	49	12.0	99	11.7
Total	466	100.0	432	100.0	898	100.0

Da einzelne Schülerinnen und Schüler nicht an allen Erhebungsterminen anwesend waren, werden je nach einbezogenen Variablen etwas niedrigere Fallzahlen in die Analysen eingehen. Dies gilt – wie oben beschrieben – insbesondere für Auswertungen zur Unterrichtsreihe, da hierzu von zwei Klassen keine gültigen Werte vorhanden sind.

5.3 Durchführung der Datenerhebung

Die Daten, auf die sich die vorliegende Arbeit stützt, wurden im Mai und Juni 2004 zum zweiten Erhebungszeitpunkt des Nationalfondsprojekts „Adaptive Lehrkompetenz" erhoben. Ein grosser Teil der Datenerhebung wurde mit der Durchführung einer Unterrichtsreihe mit vorgegebenen Lernzielen zum Thema „Keimung von Samen" gekoppelt. Eine ausführliche Beschreibung der Instrumente folgt in Kapitel 5.4.

---

6   Ausländerinnen und Ausländer der ersten Generation sind in der Schweiz, deren Eltern jedoch im Ausland geboren. Umgangssprachlich wird dafür auch der etwas irreführende Begriff „Secondos" verwendet.

5.3.1 Unterrichtsreihe „Keimung von Samen"

Die Unterrichtsreihe hatte zum Ziel, den Lernerfolg der Schülerinnen und Schüler in einem eingeschränkten naturwissenschaftlichen Sachbereich und einem begrenzten Zeitraum möglichst auf das unterrichtliche Handeln der Lehrperson zurückführen zu können (vgl. Kapitel 2.7). Zudem wurden das Sachwissen der Lehrpersonen und die diagnostische Urteilsgenauigkeit hinsichtlich der Lernzielerreichung durch die Schülerinnen und Schüler getestet.

Bei der Wahl des Themas „Keimung und Entwicklung von Samen" wurde darauf geachtet, dass das Thema für beide Unterrichtsstufen lehrplankompatibel ist. Ferner sollte die übliche Jahresplanung möglichst wenig gestört werden, weshalb sich die Durchführung des Themas „Keimung von Samen" im Frühjahr anbot. Den Lehrpersonen wurden die inhaltlichen Lernziele gemäss den Stufenrichtzielen des Lehrplans des Kantons St.Gallen (Erziehungsdepartement des Kantons St.Gallen, 1996) vorgegeben. Mit vier Doppellektionen war exakt festgelegt, wie viel Unterrichtszeit den Lehrpersonen zur Erreichung der Lernziele zur Verfügung steht. Wie die Zeit genutzt wird und mit welchen didaktischen Mitteln die Lernziele erreicht werden, war hingegen den einzelnen Lehrpersonen überlassen.

Die Schülerinnen und Schüler wurden unmittelbar vor und innerhalb einer Woche nach Abschluss der Unterrichtsreihe im Klassenverband getestet. Die Durchführung der Tests dauerte je 45 Minuten und wurde nach standardisierten Vorgaben durch die Lehrpersonen vorgenommen. Im Anschluss an den Nachtest mussten die Schülerinnen und Schüler einen Fragebogen ausfüllen. Dies beanspruchte ca. eine halbe Stunde. Der grössere Teil enthielt Fragen zum naturwissenschaftlichen Unterricht bei der eigenen Lehrperson sowie zu den Lerneinstellungen und zum Lernverhalten. Ein kleinerer Teil der Fragen bezog sich direkt auf die Unterrichtsreihe. Das ausgefüllte Testmaterial wurde unmittelbar nach der Erhebung eingesammelt und im Beisein der Klasse versandfertig gemacht. Auf diese Weise wurde sichergestellt, dass die Vertraulichkeit der Daten jederzeit gewahrt blieb.

5.3.2 Erhebungen bei den Lehrpersonen

Der Videotest und der Sachwissenstest für die Lehrpersonen wurden als Einzeltest an der Pädagogischen Hochschule St.Gallen von geschulten Testleiterinnen und Testleitern durchgeführt. Der zeitliche Aufwand für die Lehrperson betrug zwischen einer und zwei Stunden. Die Antworten der Lehrpersonen wurden mittels Minidisc aufgezeichnet und für die Auswertung transkribiert. Unmittelbar im Anschluss an den Videotest wurde der

Wissenstest über den Sachbereich „Keimung von Samen" durchgeführt. Die Lehrperson füllte den Testbogen alleine und ohne Hilfsmittel aus. Das Durcharbeiten des Tests dauerte etwa eine halbe Stunde. Eine zeitliche Vorgabe wurde jedoch nicht gemacht.

Die übrigen Datenerhebungen (Fragebogen, Vignette, diagnostische Urteilsgenauigkeit) konnten durch die Lehrpersonen individuell nach eigenen Zeitvorgaben durchgeführt werden. Für das Lösen der Vignette, die der Erfassung adaptiver Planungskompetenz dient, wurden bewusst keine Zeitvorgaben gemacht. Die Lehrpersonen konnten sämtliche ihnen zur Verfügung stehenden Hilfsmittel und Ressourcen nutzen, da dies in einer realen Unterrichtsvorbereitungssituation auch der Fall ist.

5.4 Erhebungsinstrumente

5.4.1 Überblick über die Erhebungsmethoden und Skalen

Bei der adaptiven Lehrkompetenz handelt es sich um ein komplexes latentes Konstrukt, das durch verschiedene Dimensionen und Wissensarten, z.B. der Unterscheidung in Planungs- und Handlungskompetenzen, gekennzeichnet ist (vgl. Kapitel 3.4 und 3.5). Die Komplexität des Forschungsfeldes hat zur Folge, dass eine valide Operationalisierung nicht mit einer einzigen Erhebungsmethode zu leisten ist (z.B. Calderhead, 1996; Seidel & Shavelson, 2007). Deshalb wurde ein Multi-Method-Ansatz gewählt, mit dem verschiedene Aspekte der adaptiven Lehrkompetenz separat erfasst werden können. Die Wahl der jeweiligen Methode hängt dabei in erster Linie vom zu erfassenden Konstrukt ab. Beispielsweise sind handlungsorientierte Kompetenzen mit einem videogestützten Test unter einem gewissen Handlungsdruck erfasst worden (vgl. Kapitel 5.4.3), wohingegen motivationale Orientierungen oder epistemologische Überzeugungen mittels schriftlicher Befragung erhoben wurden.

Tabelle 5 gibt einen Überblick über die verwendeten Methoden und die entsprechenden Erhebungsziele bzw. Inhalte. Der Vignettentest und der Videotest bilden das Kernstück zur Erfassung der adaptiven Lehrkompetenz und wurden eigens für die Nationalfondsstudie „Adaptive Lehrkompetenz" entwickelt. Beide Instrumente können als Simulationsmethoden (Calderhead, 1996) bezeichnet werden, weil Problemlagen simuliert werden, um die Überlegungen von Lehrpersonen in praxisnahen Situationen sichtbar zu machen. Mit dem Vignettentest (vgl. Kapitel 5.4.2) werden Planungskompetenzen von Lehrpersonen erfasst, indem sich die Lehrpersonen in eine Unterrichtsvorbereitungssituation hineinversetzen und ihre Planungsüberlegungen offen legen. Beim Videotest (vgl. Kapitel 5.4.3) müssen die Lehrpersonen anhand einer standardisierten Unterrichtssequenz das dargebotene Unterrichtsgeschehen beurteilen, mit dem Ziel handlungsorientierte Kompetenzen zu erfassen. Der Wissenstest „Keimung von Samen" dient der Ermittlung des Sachwissens der Lehrpersonen zum Thema der selbst durchgeführten Unterrichtsreihe. Zusätzlich hatten die Lehrpersonen diagnostische Urteile über die Lernzielerreichung der einzelnen Schülerinnen und Schüler abzugeben. Schliesslich wurde ein Fragebogen eingesetzt, um Angaben zur Lehrperson und Klasse sowie zu den pädagogischen Überzeugungen und motivationalen Orientierungen der Lehrpersonen zu erfassen.

Tabelle 5:   Überblick über die Erhebungsmethoden

Methode	Erhebungsziele / Inhalte
Lehrpersonen	
Vignettentest	Erfassung adaptiver Planungskompetenz mittels Beurteilung einer Planungssituation; erfasste Dimensionen: *Diagnose*, *Didaktik* und *Bedeutung der Sachkompetenz*
Videotest	Erfassung adaptiver Handlungskompetenz mittels Beurteilung einer standardisierten Unterrichtssequenz; erfasste Dimensionen: *Diagnose*, *Didaktik* und *Klassenführung*
Fragebogen für Lehrpersonen (LFB)	Angaben zur Person und zur Klasse, epistemologische Überzeugungen, motivationale Orientierung
Test zum Sachwissen für Lehrpersonen	Sachwissen im Bereich der durchgeführten Unterrichtsreihe „Keimung von Samen"
Einschätzung der Lernzielerreichung	Genauigkeit des Diagnoseurteils hinsichtlich der Lernzielerreichung bei der Unterrichtsreihe „Keimung von Samen"
Schülerinnen und Schüler	
Fragebogen für Schülerinnen und Schüler (SFB)	Familiäre Herkunft, Unterrichtswahrnehmung, Lehrer-Schüler-Beziehung, Quantität von Lerngelegenheiten
Leistungstest zur Unterrichtsreihe „Keimung von Samen"	Ermittlung des Lernertrags in der Unterrichtsreihe
Leistungstest in Naturwissenschaften	Naturwissenschaftliche Kompetenzen

Auf Schülerseite wurde ebenfalls ein Fragebogen eingesetzt. Dieser enthielt Fragen zur Wahrnehmung des Unterrichts und der Lehrer-Schüler-Beziehung, aber auch zur familiären Herkunft. Der Lernerfolg der Schülerinnen und Schüler wurde mit je einem Leistungstest vor und nach der Unterrichtsreihe „Keimung von Samen" gemessen. Der Test zur Erfassung allgemeiner naturwissenschaftlicher Kompetenzen wird in dieser Arbeit als Kontrollvariable zur individuellen und kollektiven Leistungsfähigkeit in den Naturwissenschaften benutzt.

Die Übersicht über die verwendeten Variablen und Skalen orientiert sich am im Kapitel 2 dargestellten Rahmenmodell (Abbildung 1). Tabelle 6 gibt einen Überblick über die verwendeten Variablen und Skalen der zweiten Modellebene (Lehrermerkmale, Klassenkontext und Unterrichtsprozesse). In Tabelle 7 sind dieselben Angaben zur ersten Modellebene (Schülerebene) dargestellt. Ziel dieser Übersicht ist die Veranschaulichung, wie die einzelnen Bereiche operationalisiert worden sind. In der linken Spalte sind jene Bereiche gemäss dem Rahmenmodell aufgeführt, die in der vorliegenden Arbeit untersucht werden. In der mittleren Spalte finden sich die zu den Bereichen gehörenden Skalen bzw. Variablen. In der rechten Spalte sind die Erhebungsinstrumente und deren Herkunft angegeben. Dort kann auch entnommen werden, ob die Daten bei den Lehrpersonen oder den Schülerinnen und Schülern erhoben wurden. Die gewählte Darstellungsform führt dazu, dass gewisse Erhebungsinstrumente mehrmals aufgeführt sind, weil damit verschiedene Skalen konstruiert wurden, die aber gemäss Rahmenmodell unterschiedlichen Bereichen bzw. Ebenen zuzuordnen sind. So wird beispielsweise der Leistungstest zur Unterrichtsreihe einerseits dazu genutzt, um als Zielkriterium des Unterrichts den Lernerfolg zu messen, andererseits aber auch dazu, um das mittlere Leistungsniveau sowie die Leistungsheterogenität der Klasse zu bestimmen (Klassenkontext).

Tabelle 6: Überblick über Variablen und Skalen der zweiten Modellebene: Lehrermerkmale, Klassenkontext und Unterrichtsprozesse

Bereiche	Variablen / Skalen	Instrumente (mit Quellenangabe)
A) Allgemeine Merkmale der Lehrperson		
Soziodemographische Merkmale	Geschlecht	LFB
Berufsmerkmale	Berufserfahrung	LFB
	Schulstufe	LFB
	Anzahl unterrichteter Lektionen in Naturwissenschaften	LFB
B) Professionelle Kompetenzen		
Adaptive Lehrkompetenz		
Diagnostische Kompetenz	Diagnostische Planungskompetenz	Vignettentest
	Diagnostische Handlungskompetenz	Videotest
	Genauigkeit des Diagnoseurteils bezüglich Lernzielerreichung in der Unterrichtsreihe (klassen- und themenspezifisch)	Einschätzung der Lernzielerreichung (Übereinstimmung mit Testleistung); in Anlehnung an (Schrader, 1989; Helmke, 2003);
Didaktische Kompetenz	Didaktische Planungskompetenz	Vignettentest
	Didaktische Handlungskompetenz	Videotest
Klassenführungskompetenz	Klassenführungsbezogene Handlungskompetenz	Videotest
Sachkompetenz	Bedeutung der Sachkompetenz bei der Unterrichtsplanung	Vignettentest
	Sachwissen „Keimung von Samen" (themenspezifisch)	Wissenstest „Keimung von Samen" für Lehrpersonen
Weitere professionelle Handlungskompetenzen		
Epistemologische Überzeugungen	Konstruktivistisches Lehr-Lern-Verständnis	LFB (Staub & Stern, 2002)
Motivationale Orientierung	Themenspezifisches Interesse „Keimung von Samen"	LFB

115

Bereiche	Variablen / Skalen	Instrumente (mit Quellenangabe)
C) Klassenkontext		
Leistungsniveau der Klasse	Themenspezifische Vorkenntnisse „Keimung von Samen" (Klassenmittelwert)	Leistungstest zur Unterrichtsreihe „Keimung von Samen"
	Naturwissenschaftliche Kompetenzen (Klassenmittelwert)	Leistungstest in Naturwissenschaften; ausgewählte Aufgaben aus TIMSS (Beaton et al., 1996; Martin, Mullis, Beaton, Gonzalez, Smith & Kelly, 1997) und PISA (OECD, 2001; 2004)
Sozioökonomischer Status der Klasse	Soziale Herkunft der Klasse	SFB; PISA 2000 (OECD, 2001)
Heterogenität	Themenspezifische Leistungsheterogenität (Streuung des Leistungsniveaus bei „Keimung von Samen")	Leistungstest zur Unterrichtsreihe „Keimung von Samen"
	Streuung nach sozialer Herkunft	SFB; PISA 2000 (OECD, 2001)
	Anteil Fremdsprachiger in der Klasse	SFB; PISA 2000 (OECD, 2001)
Klassengrösse	Klassengrösse	LFB
D) Unterrichtsprozesse (Lehrerhandeln)		
Unterrichtsqualität		
Passung	Schwierigkeitsgrad des Unterrichts	SFB
	Unterrichtsdruck (Pacing)	SFB; LFSK 4-8 (Eder & Mayr, 2000)
Didaktik	Schülerbeteiligung (Individualisierung)	SFB; LFSK 4-8 (Eder & Mayr, 2000)
	Vermittlungsqualität (Klarheit, Motivierung)	SFB; LFSK 4-8 (Eder & Mayr, 2000)
Klassenführung	Störneigung	SFB; LFSK 4-8 (Eder & Mayr, 2000)
	Regelorientierung	SFB; LFSK 4-8 (Eder & Mayr, 2000)
Motivierung	Interessantheit der Unterrichtsgestaltung (Keimung von Samen)	SFB
Fehlerkultur	Lehrerverhalten bei Fehlern	SFB; S-UFS (Spychiger, Mahler, Hascher & Oser, 1998)

Bereiche	Variablen / Skalen	Instrumente (mit Quellenangabe)
Lehrer-Schüler-Beziehung		
Schülerzentriertheit	Pädagogisches Engagement	SFB; LFSK 4-8 (Eder & Mayr, 2000)
	Mitsprache	SFB; LFSK 4-8 (Eder & Mayr, 2000)
Quantität der Lerngelegenheiten		
Quantität von Lernge-legenheiten	Lernzeit ausserhalb des Unter-richts (Hausaufgaben und Prü-fungsvorbereitung)	SFB

Anmerkung: LFB = Lehrerfragebogen; SFB = Schülerfragebogen. Instrumente ohne besondere Quellenangabe wurden im Rahmen des Nationalfondsprojekts „Adaptive Lehrkompetenz" (Beck et al., 2008) entwickelt.

Tabelle 7: Überblick über Variablen und Skalen der ersten Modellebene: Individuel-le Lernvoraussetzungen und familiäre Lernumwelt der Schülerinnen und Schüler

Bereiche	Variablen / Skalen	Instrumente (mit Quellenangabe)
A) Individuelle Lernvoraussetzungen		
Kognitive Vorausset-zungen und Vorkennt-nisse	Themenspezifisches Vorwissen „Keimung von Samen"	Leistungstest zur Unterrichtsreihe „Keimung von Samen"
	Naturwissenschaftliche Kom-petenzen	Leistungstest in Naturwissenschaf-ten; ausgewählte Aufgaben aus TIMSS (Beaton et al., 1996; Martin et al., 1997) und PISA (OECD, 2001; 2004)
B) Lernumwelt Familie		
Sozioökonomischer Status	Soziale Herkunft (Individual-ebene)	SFB; PISA 2000 (OECD, 2001)
Migrationshinter-grund	Sprachhintergrund	SFB; PISA 2000 (OECD, 2001)
	Ethnische Herkunft	SFB; PISA 2000 (OECD, 2001)
C) Wirkungen des Unterrichts (Zielkriterien): Fachliche Kompetenzen		
Lernertrag	Fachliches Wissen im Bereich „Keimung von Samen"	Leistungstest zur Unterrichtsreihe „Keimung von Samen"

Anmerkung: Instrumente ohne besondere Quellenangabe wurden im Rahmen des National-fondsprojekts „Adaptive Lehrkompetenz" (Beck et al., 2008) entwickelt.

Im Folgenden werden die Erhebungsinstrumente und die damit gemessenen Konstrukte bzw. Skalen beschrieben und hinsichtlich der testtheoretischen Gütekriterien beurteilt. Die Darstellung der Instrumente überschneidet sich teilweise mit der Publikation zum Nationalfondsprojekt „Adaptive Lehrkompetenz" (Beck et al., 2008). In den folgenden Abschnitten werden insbesondere jene Teile erläutert und vertieft, die für das Verständnis der vorliegenden Studie notwendig sind.

5.4.2 Vignettentest zur Erfassung der adaptiven Planungskompetenz

Zielsetzung und Beschreibung des Vignettentests

Für die Erfassung der adaptiven Planungskompetenz von Lehrpersonen wurde im Rahmen des Nationalfondsprojekts „Adaptive Lehrkompetenz" ein eigenes Instrument entwickelt. Bei der Operationalisierung waren folgende Anliegen zu berücksichtigen (Beck et al., 2008):

a) Erfassung handlungsleitender Kognitionen bei der Unterrichtsplanung,
b) Ausloten der Reflexionstiefe in den einzelnen Dimensionen des Konstrukts adaptive Lehrkompetenz,
c) möglichst handlungsnahe Erfassung,
d) Möglichkeit des Vergleichs zwischen den Lehrpersonen.

Auf Grund der Anforderungen an das Instrument wurde mit dem Vignettentest ein qualitativer Ansatz gewählt, der es den Lehrpersonen ermöglicht, ihre Planungsüberlegungen in eigene Worte zu fassen. Als Vignetten werden strukturierte Stimuli bezeichnet, die eine kurze hypothetische Situation beschreiben (Ruiz-Primo & Li, 2003; Stecher, Le, Hamilton, Ryan, Robyn & Lockwood, 2006). Die Probandinnen und Probanden werden dazu aufgefordert, sich in diese Situation hineinzuversetzen und diese zu beurteilen oder zu erläutern, wie sie vorgehen würden. Dadurch wird ein handlungsnaher Kontext geschaffen, in dem handlungsleitende Kognitionen formuliert werden können und durch den hypothetischen Rahmen zugleich eine gewisse Distanz von der eigenen Praxis gewahrt bleibt (Baer, 1998; Barter & Renold, 1999). Nach Mason (1994) sind Vignetten in einem Multi-Method-Design, das qualitative und quantitative Methoden verbindet, besonders geeignet. Ruiz-Primo und Li (2003) heben hervor, dass sich Vignetten dafür eignen, um „pedagogical content knowledge" im Sinne von Shulman (1986) zu erfassen.

Die Vignettenmethode mit offener, schriftlicher Antwortmöglichkeit wurde anderen qualitativen Methoden wie etwa dem Interview auch deshalb vorgezogen, weil die Vignette der realen Planungssituation von Lehrpersonen näher kommt. Unterrichtsvorbereitung erfolgt in der Regel ohne unmittelbaren Zeitdruck und wird vorwiegend schriftlich festgehalten. Zudem konnte mit der Vignette ein einheitlicher Stimulus vorgegeben werden, was einen standardisierten Vergleich zwischen den Lehrpersonen zulässt.

Durchführung des Vignettentests

Beim Vignettentest zur Erfassung der adaptiven Planungskompetenz wurde eine Rahmensituation gewählt, in der eine Praktikumslehrperson Studierenden bei der Unterrichtsvorbereitung helfen soll. Die Probandinnen und Probanden wurden dadurch in die Lage einer Expertenlehrperson versetzt, die ihre eigenen Erfahrungen und Überlegungen beim Vorbereiten von Unterricht an Novizen weitergibt. Durch die offen gehaltene Situation sollten die Probandinnen und Probanden dazu gebracht werden, möglichst viele Planungsüberlegungen zu verbalisieren – auch solche, die unter erfahrenen Lehrpersonen möglicherweise als implizit vorausgesetzt werden. Die untersuchten Lehrpersonen wurden deshalb dazu aufgefordert, die Vorschläge zu begründen.

Der Vignettentest erfolgte schriftlich und konnte von den getesteten Lehrpersonen individuell und ohne Zeitdruck gelöst werden. Es wurde ihnen mitgeteilt, dass es darum geht, einen möglichst genauen Einblick über ihre Vorstellungen von Unterrichtsvorbereitung zu gewinnen. Für die Beantwortung der Vignetten mussten sie sich vorstellen, dass sie das letzte Praktikum eines Lehramtsstudenten betreuen. Sie wurden gebeten, sich so intensiv wie möglich in die folgende Situation als Praktikumslehrperson zu versetzen:

> Reto Wagner ist beim Vorbereiten von Unterricht immer wieder unsicher, ob die Schülerinnen und Schüler die zentralen Lernziele erreichen. Besonders im Bereich *Natur und Technik*[7] zweifelt er daran, ob seine Vorbereitungen professionell genug sind. Schildere ihm, wie er bei der Unterrichtsvorbereitung in *Natur und Technik* vorgehen könnte. Gehe bitte auf sämtliche Vorbereitungsschritte ein und begründe diese.

---

7 *Natur und Technik* umfasst in der Sekundarstufe I der st.gallischen Volksschule die Inhalte des integrierten naturwissenschaftlichen Unterrichts. Bei der Vignettenversion für die Lehrpersonen der Primarstufe wurde der Begriff *Natur und Technik* lehrplankonform mit *Mensch und Umwelt* bezeichnet.

Das schriftlich vorliegende Datenmaterial wurde inhaltsanalytisch ausgewertet (Früh, 1991; Schnell, Hill & Esser, 2005; Mayring, 2008) und für die weiteren statistischen Analysen quantifiziert. In einem ersten Auswertungsschritt wurde auf der Grundlage des Konstrukts der adaptiven Lehrkompetenz ein theoriegeleitetes Kategoriensystem entwickelt. Die detaillierte Beschreibung der Kategorien wurde durch die empirisch vorliegenden Aussagen der Lehrpersonen ergänzt. Die sechs Kategorien können den drei Dimensionen *Diagnose*, *Didaktik* und *Bedeutung der Sachkompetenz* zugeteilt werden (Tabelle 8).

Die *diagnostische Planungskompetenz* umfasst Aussagen zur Unterrichtsvorbereitung, die sich auf (a) das Überprüfen von Vorwissen, (b) das Abklären von nicht fachlichen Lernvoraussetzungen und (c) die Überprüfung des Verständnisses des neu vermittelten Wissens richten.

Der *didaktischen Planungsadaptivität* werden Überlegungen zugeordnet, (a) mit welchen Sozialformen und Methoden neues Wissen erarbeitet werden soll und (b) wie erarbeitetes Wissen vertieft und fixiert werden kann. Eine dritte im Projekt „Adaptive Lehrkompetenz" verwendete didaktische Kategorie wurde aus inhaltlichen und methodischen Gründen von den Analysen dieser Arbeit ausgeschlossen. Es handelt sich um die Kategorie *Unterricht vorbereiten*, womit allgemeine Überlegungen zur Unterrichtsvorbereitung erfasst wurden. Zu dieser Kategorie wurden Aussagen gezählt, welche eine langfristige, strukturierte und an den Lernzielen orientierte Ausrichtung des Unterrichts betreffen. Dazu gehören auch die Reflexion von Planungsideen mit anderen Fachleuten und das Austesten gewisser Unterrichtsteile unter Berücksichtigung der eigenen Ressourcen. In Anbetracht der inhaltlichen Heterogenität dieser Kategorie erstaunt es wenig, dass die Reliabilitätsanalyse eine äusserst niedrige Trennschärfe (Item-Skala-Korrelation r_{it} = .01) ausweist. Zudem werden mit den langfristigen Planungsüberlegungen didaktische Inhalte angesprochen, die vergleichsweise wenig mit dem Konstrukt der adaptiven Lehrkompetenz gemeinsam haben.

Die *Bedeutung der Sachkompetenz* wird durch eine einzelne Kategorie abgedeckt. Dabei geht es – anders als beim Test zum Sachwissen der Lehrpersonen (vgl. Kapitel 5.4.4) – nicht um die vorhandenen Fachkenntnisse der Lehrpersonen, sondern um deren Umgang mit dem eigenen Sachwissen und um die Einschätzung der Bedeutsamkeit von Fachwissen für den Unterricht. Als günstig wurden insbesondere Aussagen gewertet, die darauf verweisen, wie fehlendes Sachwissen vorgängig angeeignet bzw. aktualisiert werden kann (z.B. fachwissenschaftliche Strukturanalyse). Um Missverständnissen vorzubeugen wird in dieser Arbeit im Zusammenhang mit der Planungskom-

Tabelle 8: Kategorien des Vignettentests mit Kurzbeschreibung prototypischer Antworten (leicht modifizierter Auszug aus dem Auswertungsmanual des Projekts „Adaptive Lehrkompetenz")

Dimension	Kategorie	Beschreibung prototypischer Antworten
Diagnose	Vorwissen überprüfen	Die Lehrperson klärt schulisch und ausserschulisch erworbenes Vorwissen ab.
	Lernvoraussetzungen abklären	Die Lehrperson klärt die Interessen, Denk-/Lernstile und die sozialen Voraussetzungen der Schülerinnen und Schüler ab.
	Verständnis überprüfen	Die Lehrperson nimmt Hinweise auf das Verständnis der Schülerinnen und Schüler aufmerksam wahr (z.b. spontane Äusserungen, Mimik und Gestik), fordert diese auf, neues Wissen in eigene Worte zu fassen oder stellt eigene Verständnisfragen. Sie regt die Schülerinnen und Schüler zur Selbstevaluation an und überprüft deren Verständnis mit (formativen) Lernkontrollen.
Didaktik	Neues Wissen erarbeiten	Zur Erarbeitung des neuen Wissens wählt die Lehrperson geeignete Sozialformen und verschiedene didaktische Methoden, veranschaulicht den Inhalt an Modellen, ermöglicht konkrete Handlungserfahrungen und initiiert vernetztes Denken. Sie teilt den Schülerinnen und Schülern die Lernziele mit, nimmt deren Fragestellungen auf, regt Vermutungen an und passt die Planung dem Unterrichtsgeschehen an.
	Erarbeitetes Wissen vertiefen und fixieren	Zur Vertiefung des Wissens hält die Lehrperson die wichtigsten Erkenntnisse mit der Klasse fest, regt die kognitive Aktivität der Schülerinnen und Schüler an, indem sie den Unterricht gemäss ihren Fähigkeiten und Interessen differenziert und Möglichkeiten zur freien Verarbeitung oder Übung des Stoffes bietet. Sie fordert die Schülerinnen und Schüler dazu auf, das neue Wissen in eigene Worte zu fassen. Um diese Ziele zu erreichen, ermöglicht sie den Schülerinnen und Schülern, in Lernpartnerschaften zu arbeiten, anderen Erklärungshilfen zu bieten oder ihr Wissen der Klasse darzubieten. Bei mangelndem Verständnis plant sie Repetitionen.
Bedeutung der Sachkompetenz	Sachkenntnisse haben bzw. aneignen	Die Lehrperson wählt das Thema und die spezifischen Lerninhalte unter Berücksichtigung des eigenen Sachwissens und eignet sich das fehlende Sachwissen an.

petenz die Dimension Sachkompetenz stets als *Bedeutung der Sachkompetenz* bezeichnet.

Die Dimension *Klassenführung* blieb für die Analysen unberücksichtigt, weil Aspekte der Klassenführung bei der Planung einzelner Lektionen eher eine untergeordnete Rolle spielen und die offen gehaltene Vignette nicht darauf ausgerichtet war. Dies lässt sich auch daran ermessen, dass nur 4 von insgesamt 256 codierten Aussagen die Klassenführung betrafen. Wollte man Planungsüberlegungen zur Klassenführung provozieren, müsste eine speziell auf Probleme mit der Klassenführung (z.B. Unterrichtsstörungen) ausgerichtete Vignette dargeboten werden. Ergänzend könnte auch die Übernahme einer neuen Klasse als Problemsituation vorgegeben werden, da die Einführung eines klaren Regelsystems dann von grosser Bedeutung ist.

Nachdem die Kategorien festgelegt und im Auswertungsmanual (Beck et al., 2008) beschrieben waren, wurden die Antworttexte von jeweils zwei Mitarbeitenden der Forschungsgruppe bzw. eigens dafür geschulten Lehrpersonen codiert. Die Codierung erfolgte für jede Kategorie einzeln unter Berücksichtigung des gesamten Antworttextes. Jede Kategorie konnte die Ausprägung 0 (= keine Nennung), 1 (= Erwähnung) oder 2 (= Planungsadaptivität) annehmen. Wenn zu einer Kategorie im gesamten Text keine relevante Aussage vorlag, wurden keine Punkte vergeben. Wurde die Kategorie mindestens einmal erwähnt, wurde ein Punkt vergeben. Um als adaptiv codiert zu werden und zwei Punkte zu erhalten, musste zusätzlich mindestens eines der folgenden Merkmale gegeben sein:

- Orientierung am verstehenden Lernen,
- Orientierung auf die individuell verschiedenen Lernprozesse der Schülerinnen und Schüler,
- Differenziertheit in der Begründung im Hinblick auf Verstehensorientierung,
- Differenziertheit der Umsetzungsvorschläge.

Um die volle Punktzahl zu erhalten musste also eine differenziertere Begründung erkennbar sein, die sich mit dem Konstrukt der adaptiven Lehrkompetenz vereinbaren lässt. Die Auflistung noch so vieler verschiedener Methoden und Sozialformen wurde nur mit einem Punkt für die Kategorie *neues Wissen erarbeiten* gewertet. Erst wenn eine Begründung folgte, die beispielsweise auf die kognitive Aktivierung möglichst vieler Schülerinnen und Schüler unter Berücksichtigung ihrer Vorkenntnisse hinwies, wurde der zweite Punkt vergeben. Diese Abgrenzung schliesst an die Unterscheidung zwischen Tiefen- und Oberflächenstrukturen von Aebli (1977) an und wird durch aktuelle empirische Ergebnisse gestützt, wonach videobasierte Studien keine Effekte der Lernorganisation (auf der Ebene von Sichtstrukturen) auf die Schülerleistungen nachweisen (Hugener, Pauli, Grob & Reusser, 2005; Pauli & Reusser, 2006).

Die Codierung wurde jeweils von zwei Personen unabhängig voneinander vorgenommen, um eine möglichst hohe Objektivität zu erreichen. Bei unterschiedlicher Erstbewertung einigte man sich diskursiv über die angemessene Punktzahl.[8]

---

8 Bei der Auswertung im Projekt „Adaptive Lehrkompetenz" wurde nicht im Detail fest-

Im Vignettentest sind maximal 12 Punkte möglich, wobei die Dimensionen höchstens die Werte 6 (Diagnose), 4 (Didaktik) und 2 (Bedeutung der Sachkompetenz) annehmen können. Die empirisch gefundenen Häufigkeiten variieren im Gesamttest zwischen 0 und 10 Punkten. Mit Ausnahme des Wertes 6 bei der Diagnose sind bei den Dimensionen alle möglichen Ausprägungen vorgekommen.

Um trotz der unterschiedlichen Spannbreiten vergleichende Aussagen über die Dimensionen zu ermöglichen, wurden Prozentscores gebildet. Diese entsprechen jeweils dem Prozentanteil der erreichten Punktzahl, d.h. die jeweilige Maximalpunktzahl entspricht dem Wert 100, unabhängig davon, wie viele Kategorien eine Dimension umfasst. Zu deskriptiven Zwecken wurde als zusammenfassendes Mass eine *Gesamtskala adaptive Planungskompetenz* gebildet, die sich aus dem arithmetischen Mittel der Prozentscores der drei Dimensionen zusammensetzt. Auf diese Weise gehen die drei Dimensionen gleich gewichtet in die Gesamtskala ein.

In Tabelle 9 sind die Skalenkennwerte für die drei Dimensionen sowie die Gesamtskala der adaptiven Planungskompetenz aufgeführt. Angegeben sind die Mittelwerte, Standardabweichungen sowie Cronbachs alpha für standardisierte Items[9] als Mass für die interne Konsistenz. Die Mittelwerte liegen zwischen 27 und 41 Punkten, was bedeutet, dass insgesamt etwa ein Drittel der Maximalpunktzahl erreicht wurde. Die interne Konsistenz (Cronbachs alpha) der Skalen kann mit Werten zwischen $\alpha = .58$ und $\alpha = .64$ als ausreichend bezeichnet werden[10], wenn man bedenkt, dass die Skalen nur aus zwei oder drei Items bestehen (die *Bedeutung der Sachkompetenz* ist sogar nur ein Einzelitem). Aus der Testtheorie ist bekannt, dass der Reliabilitätskoeffizient negativ mit der Anzahl der Items zusammenhängt. Mit der Spearman-Brown-Korrekturformel (vgl. Bühner, 2006, S. 139) lässt sich abschätzen, wie sich die Reliabilität bei einer Testverlängerung mit inhaltshomogenen Items verändert. Damit die Reliabilitätskoeffizienten trotz unterschiedlicher Itemanzahlen vergleichbar sind, werden jeweils auch die Cronbachs alpha Werte (α_{10}) angegeben, wenn die Skala 10 Items umfassen

---

gehalten, wie hoch der Übereinstimmungsgrad zwischen den beiden codierenden Personen war bzw. wie oft eine Einigung diskursiv gefunden werden musste. Aus diesem Grund können keine Kennwerte zur Interrater-Reliabilität angegeben werden.

9 Cronbachs alpha für standardisierte Items verwendet zur Berechnung Korrelationen anstelle von Kovarianzen. Dies führt bei identischen Varianzen der Items zu gleichen Ergebnissen wie Cronbachs alpha. Bei unterschiedlichen Varianzen wird empfohlen, das standardisierte Cronbachs alpha zu verwenden (Bühner, 2006).

10 Nach Wittenberg (1991, S. 79f.) können Cronbachs alpha Werte von > .50 als ausreichende, > .70 als zufriedenstellende und > .90 als hohe Reliabilität interpretiert werden. Andere Autoren (z.B. Bortz & Döring, 1995; Bühner, 2006) bezeichnen Werte < .80 als niedrig, .80 bis .90 als mittel und > .90 als hoch. Schnell, Hill und Esser (2005) verweisen darauf, dass in der Praxis auch tiefere Werte akzeptiert werden.

würde. Die hochgerechneten Reliabilitäten liegen mit Werten zwischen .82 und .90 entsprechend höher als die realen Koeffizienten.

Die Mittelwerte der einzelnen Items bzw. Kategorien sowie die Trennschärfekoeffizienten sind im Anhang aufgeführt.

Tabelle 9:   Skalenkennwerte der adaptiven Planungskompetenz (Vignettentest)

Skala (Anzahl Items)	M	SD	α	$α_{10}$
Diagnostische Planungskompetenz (3)	31.3	19.7	.58	.82
Didaktische Planungskompetenz (2)	40.8	24.8	.64	.90
Bedeutung der Sachkompetenz bei der Unterrichtsplanung (1)	26.5	30.8	-	-
Adaptive Planungskompetenz, Gesamtscore	32.9	18.9	.61	.84

Anmerkung: Cronbachs alpha für standardisierte Items; N = 49.

Mit sechs Kategorien und jeweils drei Ausprägungen wurde beim Vignettentest ein grobmaschiges Auswertungssystem umgesetzt, das viele verschiedene Aussagen pro Kategorie zulässt. Eine feinere Rasterung hatte sich als schwierig realisierbar erwiesen, weil die Übereinstimmung zwischen den Codierpersonen mangelhaft war. Für die vorliegende Arbeit wird an der groben Erfassung der adaptiven Planungskompetenz festgehalten, da in die nachfolgenden Modellberechnungen ohnehin zusammengefasste Werte einbezogen werden. Zudem hat sich gezeigt, dass die gefundenen Häufigkeiten zwischen den Lehrpersonen ausreichend variieren.

Eine Besonderheit des für diese Arbeit verwendeten Vignettentests liegt in der längsschnittlichen Untersuchungsanlage des Projekts „Adaptive Lehrkompetenz". Weil bereits zum ersten Messzeitpunkt der identische Vignettentest vorgelegt wurde, haben nicht nur die Aussagen zum zweiten Messzeitpunkt, sondern auch jene vom ersten Erhebungszeitpunkt Eingang in die Bewertung gefunden, sofern sie nicht doppelt genannt wurden. Da der Vignettentest beabsichtigt, Planungskompetenzen zu erfassen, ist nicht anzunehmen, dass die Lehrpersonen ihre Planungskompetenzen im Verlaufe des Schuljahrs abgebaut haben. Vielmehr ist anzunehmen, dass gewisse Lehrpersonen bestimmte als selbstverständlich vorausgesetzte Planungsüberlegungen nicht nochmals oder nur verkürzt aufgeführt haben. Wäre nur die zweite Erhebung gewertet worden, hätte dies zu einer Unterschätzung der Planungskompetenzen geführt.

5.4.3 Videotest zur Erfassung adaptiver Handlungskompetenz

Zielsetzung und Beschreibung des Videotests

Die Operationalisierung der adaptiven Handlungskompetenz von Lehrpersonen erfolgte mittels Videotest. Dabei handelt es sich wie beim Vignettentest um ein im Rahmen des Projekts „Adaptive Lehrkompetenz" entwickeltes Erhebungsinstrument. Ziel des Videotests ist eine kontextgebundene und möglichst unterrichtsnahe, aber dennoch standardisierte Erfassung adaptiver Handlungskompetenz. Eine ausführliche Darstellung zur Entwicklung des Videotests findet sich bei Bischoff, Brühwiler und Baer (2005).

Üblicherweise werden in der Unterrichtsforschung videobasierte Methoden dazu genutzt, um schulische Interaktionsprozesse aufzuzeichnen, zu beschreiben und zu analysieren (Stigler, Gallimore & Hiebert, 2000; Seidel & Prenzel, 2003). Obschon bereits in den 70er-Jahren des letzten Jahrhunderts Videoaufzeichnungen eingesetzt wurden, haben erst die Videostudien TIMSS 1995 (Stigler & Hiebert, 1999) und TIMSS-R 1999 (z.B. Reusser & Pauli, 2003) begünstigt durch die technische Entwicklung zu einer grösseren Verbreitung von Unterrichtsvideos geführt. Dabei hat in den letzten Jahren eine Entwicklung von den deskriptiv-vergleichenden internationalen Surveys hin zur videobasierten Unterrichtsforschung stattgefunden, bei der Unterrichtseffekte mit Hilfe von Videoanalysen, und zumeist in längsschnittlichen Mehr-Ebenen- und Mehr-Perspektiven-Designs, untersucht werden (Pauli & Reusser, 2006). Aktuelle Beispiele hierfür sind die deutsch-schweizerische Mathematikstudie (Klieme & Reusser, 2003; Hugener, Pauli, Reusser, Lipowsky, Rakoczy & Klieme, 2009; Lipowsky et al., 2009), die IPN Videostudie zu Lehr-Lern-Prozessen im Physikunterricht (Seidel & Prenzel, 2006; Seidel et al., 2006), das Projekt „VERA – Gute Unterrichtspraxis" zur Untersuchung erfolgreichen Unterrichts in Deutsch und Mathematik in der Grundschule (Helmke et al., 2007; Helmke et al., 2008) oder verschiedene Teilstudien des DFG-Schwerpunktprogramms „Bildungsqualität von Schule (BIQUA)" (vgl. die Übersicht von Doll & Prenzel, 2004; Prenzel & Allolio-Näcke, 2006).

Wie oben beschrieben werden videobasierte Methoden in der Unterrichtsforschung meist dazu verwendet, das Unterrichtsgeschehen aufzuzeichnen. Für die vergleichende Erfassung von Handlungskompetenzen ergibt sich jedoch das Problem, dass Unterrichtprozesse je individuell verlaufen und vergleichende Aussagen über zugrundeliegende handlungsorientierte Kompetenzen problematisch sind. Der in dieser Arbeit verwendete Ansatz nutzt daher ein nach einem Drehbuch aufgezeichnetes Unterrichtsvideo als Stimulus, um so die untersuchten Lehrpersonen in eine für alle gleiche Unterrichtssituation zu versetzen und Rückschlüsse auf zugrundeliegende Handlungskompetenzen zu erfassen. Die Probandinnen und Probanden mussten das Unterrichtsvideo betrachten und unmittelbar angeben, wenn sie anders handeln würden als die Lehrperson in der Videosequenz. Vorgeschlagene Handlungsalternativen waren zu begründen.

Mit dem videobasierten, situierten Test wurde ein Vorgehen gewählt, das eine hohe kontextuelle Nähe zur realen Lehrtätigkeit schafft, indem unmittelbare Entscheidungssituationen simuliert werden. Folgt man Doyles (1986) Beschreibung unterrichtlicher Strukturmerkmale, so werden im Videotest insbesondere die Mehrdimensionalität, Unmittelbarkeit und Gleichzeitigkeit des Unterrichtsgeschehens berücksichtigt (vgl. Kapitel 2.5.3). Dennoch ist die mit dem Videotest erfasste adaptive Handlungskompetenz nicht mit dem tatsächlichen Handeln im eigenen Unterricht (Performanz) gleichzusetzen. Es wird jedoch unterstellt, dass eine hohe Expertise in der Unterrichtswahrnehmung und bei möglichen Handlungsoptionen zumindest bessere Voraussetzungen bietet, auch im eigenen Unterricht adaptiver zu agieren. Demnach müsste mit hoher adaptiver Lehrkompetenz die Wahrscheinlichkeit zunehmen, dass eine Lehrperson adaptiven Unterricht durchführt. In der vorliegenden Arbeit wird diese Annahme im Kapitel 6.2, wo Zusammenhänge zwischen adaptiver Lehrkompetenz und Merkmalen des Unterrichts berichtet werden, partiell geprüft.

Ähnliche methodische Zugänge zur Erfassung von Lehrerkognitionen sind in den Studien „Professional Minds" (Oser & Renold, 2005; Oser, Curcio & Düggeli, 2007; Oser, Heinzer & Salzmann, 2010), COACTIV (Baumert et al., 2004; Krauss et al., 2004) und „Observe" (Seidel, Blomberg & Stürmer, 2010; Jahn, Prenzel, Stürmer & Seidel, 2011) entwickelt worden. Im Projekt „Professional Minds" werden Standards für das Lehrerhandeln an Berufsschulen festgelegt und anschliessend auf Video dokumentiert. Ziel ist die Entwicklung eines Diagnoseinstruments, mit dem die Qualität professioneller Kompetenzen von Lehrpersonen erfasst und in einem Interventionsprogramm gefördert werden können. Der Kern des Diagnoseinstruments besteht aus Filmvignetten mit authentischen Unterrichtssituationen, die dazu dienen, Lehrkompetenzen in Bezug auf die spezifisch formulierten Standards für Berufsschullehrpersonen zu erfassen (Kern, 2005). Anders als beim Videotest für adaptive Handlungskompetenz handelt es sich nicht um nach einem Drehbuch erstellte Unterrichtssituationen, sondern um Aufnahmen von authentischem Unterricht. Ein weiterer Unterschied besteht darin, dass den Lehrpersonen erst im Anschluss an die Videopräsentation ein Fragenkatalog präsentiert wird und der unmittelbare Entscheidungsdruck in der Situation entfällt.

Auch Krauss et al. (2004) arbeiteten bei COACTIV mit kurzen Video-clips als standardisierte Stimuli zur realitätsnahen Erfassung didaktischer Kompetenzen bei Lehrpersonen. Den Lehrpersonen wurden kurze Unter-richtsvideos vorgespielt, die mit fachdidaktisch herausfordernden Situatio-nen endeten. Die Lehrpersonen mussten Vorschläge für die Fortsetzung des Unterrichts formulieren. Mit der Erfassung didaktisch adäquater Reaktio-nen werden Aussagen zur flexiblen Nutzung fachdidaktischen Wissens an-gestrebt.

Im Rahmen des Projekts „Observe" wurde ein videobasiertes, standar-disiertes Diagnoseinstrument (Observer) zur Erfassung professioneller Un-terrichtswahrnehmung entwickelt (Seidel et al., 2010). Der „Observer" nutzt authentische Unterrichtsaufzeichnungen als Stimuli, die (angehenden) Lehr-personen vorgeführt werden. Zu diesen Videoclips wurden standardisierte Ratingformate für die drei Dimensionen *Beschreiben, Erklären* und *Vorher-sagen* entwickelt und validiert.

Aufbau und Durchführung des Videotests

Die Filmaufnahme besteht aus einer zusammenhängenden Unterrichtsse-quenz von rund 13 Minuten Dauer zum Thema „Physikalische Versuche zu Luft- und Wasserdruck". Das Drehbuch für das Unterrichtsvideo wurde auf der Grundlage des Konstrukts der adaptiven Lehrkompetenz erstellt. Es wur-den bewusst kritische bzw. suboptimale Unterrichtssituationen eingebaut, die im Hinblick auf verstehensorientiertes Lernen lernbehindernd sind. Auf diese Weise wurde den getesteten Lehrpersonen ermöglicht, wenig adaptive Ver-haltensweisen des Lehrers im Video zu erkennen und adaptivere Handlungs-optionen vorzuschlagen. Um den Lehrpersonen beider Schulstufen dieselbe Unterrichtssequenz präsentieren zu können, ohne dass eine Gruppe benach-teiligt ist, wurden die Aufnahmen in einer jahrgangsgemischten Primarklas-se (5./6. Schuljahr) gemacht, die altersmässig zwischen den beiden Unter-suchungsgruppen liegt. Die Videoaufnahmen wurden unter der Regie des Forschungsteams von einem professionellen Filmtcam produziert und ge-schnitten.

Die Durchführung des Videotests erfolgte als Einzeltest unter Anleitung eigens geschulter Versuchleiterinnen. Die getesteten Lehrpersonen erhielten vorgängig schriftliche Informationen über Art, Inhalt und Ziele der vorge-führten Unterrichtslektion. Sie wurden aufgefordert, das Video immer dann zu stoppen, wenn sie etwas anders machen würden als der Lehrer im Video. Die Lehrpersonen äusserten somit ihre alternativen Handlungsvorschläge zu selbst gewählten Zeitpunkten. Diese Handlungsoptionen mussten begründet werden. Die Testleitung war angewiesen, nach Begründungen nachzufragen, wenn sie die getestete Lehrperson nicht von sich angab.

Die genauen Anweisungen lauteten wie folgt:

1. Sobald Sie etwas anders als die Lehrperson machen würden, stoppen Sie den Film.
2. Was würden Sie anders machen?
3. Begründen Sie Ihre Reaktion.
4. Fahren Sie mit dem Film fort und stoppen Sie ihn wieder usw.

Der Zeitpunkt des Stoppens wurde festgehalten, damit die Antworten der entsprechenden Stelle im Video (Timecode) zugeordnet werden konnte. Die Aussagen der Lehrpersonen wurden auf Minidisc aufgezeichnet. Die Durchführung des Videotests dauerte insgesamt zwischen einer und zwei Stunden.

Tabelle 10: Kategorien des Videotests und Beispielaussagen mit Handlungsvorschlag

Dimension	Kategorie	Beispielaussage mit Handlungsvorschlag
Diagnose	Vorwissen überprüfen	*„Ich hätte sie überlegen lassen, was man mit diesen Sachen machen könnte. (...) Wenn ich es einfach präsentiere, verschliesst die Hälfte meiner Erfahrung nach sowieso schon die Ohren. (...) Auch für mich als Lehrer würde ich sehen, dass die anderen Versuche schon Früchte getragen haben, dass es schon transferieren, dass sie sich vorstellen können, was sie machen könnten."* *(Teilsequenz B)*
	Neues Wissen überprüfen	*„Ich denke, es wäre wichtig gewesen, wenn die Kinder das selbst formuliert hätten, dann hätte man auch gesehen, ob sie den Mechanismus dahinter wirklich verstanden haben."* *(Teilsequenz H)*
Didaktik	Neues Wissen erarbeiten	*„Nur eine Versuchsanordnung ist relativ wenig. Es wäre ideal, wenn möglichst viele Schüler selber ausprobieren könnten. Alles, was die Schüler selbst gemacht haben, bleibt viel mehr hängen, als wenn sie nur zuschauen."* *(Teilsequenz C)*
	Vorwissen mit einbeziehen	*„Ich weiss jetzt nicht, wie er weitermacht, aber ich würde sehr wahrscheinlich darauf aufbauen, evtl. kann man die Versuche vergleichen. Man müsste sie wiederholen, um herauszufinden, wo Ähnlichkeiten und wo Unterschiede sind. Sonst sind diese Sachen irgendwie losgelöst. In der Primarschule finde ich es wichtig, dass sie versuchen zu spüren, wo Ähnlichkeiten sind."* *(Teilsequenz B)*

Dimension	Kategorie	Beispielaussage mit Handlungsvorschlag
	Vertiefung und Fixierung	*„Ich hätte schon ganz anders vorbereitet. Es ist 1:10. Die Schnellsten sind zehnmal schneller fertig, für sie muss er Arbeit bereit halten. Er muss mehr differenzieren. Diese Experimente bieten sich geradezu an als Werkstatt oder Postenlauf. Es gibt obligatorische und auch viele freiwillige, um so auszugleichen. (...) Aus dem Grund, auch jenen gerecht zu werden, die langsamer arbeiten. Damit auch diejenigen den Stoff, den ich erwarte, verinnerlicht haben." (Teilsequenz H)*
	Auf Verständnis-schwierigkeiten reagieren	*„(...) würde ich mit den Schwächeren am Tisch zusammensitzen, vormachen, nachmachen ... zeigen, wie man einen Versuch zeichnet, wenn sie das noch nicht gewohnt sind. Die Starken lassen wir sitzen, die machen weiter. Vorne beim Versuchstisch könnte man ein freiwilliges Grüppchen machen. Dort könnte man besprechen, warum es so sei, damit sie an ihren Plätzen wissen, was sie schreiben sollen." (Teilsequenz K)*
	Klarheit und Struktur schaffen	*„Ich liesse sie jetzt in eine zweite Phase gehen, wo es um die Beschreibung geht. Da wäre es mir wichtig gewesen, die Schlüsselwörter an der Wandtafel zu notieren, für alle sichtbar machen." (Teilsequenz H)*
Klassen-führung	Aufmerksamkeit der Klasse erhöhen	*„Es hat dem Lehrer sicher niemand zugehört, weil die Schüler sind alle am Schwatzen und er gibt eine neuen Auftrag. Ich mache es jeweils so, entweder ich schreibe den Auftrag an die Wandtafel und wer fertig ist, kann den Auftrag dort lesen und sonst wirklich nochmals in die ganze Klasse sagen: Ruhe! Und dann erklären, wie es weitergeht. Ich denke, mehr als die Hälfte hat überhaupt nicht gehört, was er jetzt noch gesagt hat." (Teilsequenz L)*
	Organisations-form initiieren und anpassen	*„Dass sie sich dann auch melden oder fragen, ob sie diese Sache auch zu zweit durchführen dürften. Diese werden dann an einen andern Platz geschickt, damit diejenigen, die alleine arbeiten wollen, nicht gestört werden." (Teilsequenz J)*

Anmerkung: Leicht modifizierter Auszug aus dem Auswertungsmanual des Projekts „Adaptive Lehrkompetenz". Die Dimension Sachkompetenz wurde im Videotest nicht erfasst.

Auswertung des Videotests

Zunächst wurde das Unterrichtsvideo in 16 Teilsequenzen gegliedert. Diese Unterteilung erfolgte entweder entlang der Unterrichtsphasen (z.B. Versuchseinführung, Vertiefung) oder von eingrenzbaren Lehrer-Schüler-Interaktionen (z.B. Reaktion des Lehrers auf eine Schülerfrage). Danach wurden die transkribierten Aussagen der Lehrpersonen den 16 Teilsequenzen zugeordnet.[11]

Für die inhaltsanalytische Auswertung wurde ein ähnliches Vorgehen gewählt wie beim Vignettentest. Vor dem theoretischen Hintergrund der adap-

---

11 Die Zuordnung und Codierung der transkribierten Aussagen erfolgte mit Hilfe der Software ATLAS/ti.

tiven Lehrkompetenz wurde ein Auswertungsmanual (Beck et al., 2008) entwickelt, in welchem zu jeder analysierten Teilsequenz Kategorien festgelegt wurden. Zur Illustration des Kategoriensystems sind in Tabelle 10 Beispielaussagen zu den Kategorien sowie deren Zuordnung zu den Dimensionen dargestellt.

In einem ersten Auswertungsversuch wurde auf dem Abstraktionsniveau der Kategorien ein hoch-inferentes Ratingverfahren erprobt. Dies führte jedoch bezüglich der Testgütekriterien zu unbefriedigenden Ergebnissen und erwies sich als nicht praktikabel. Um die Breite der vorgeschlagenen Verhaltensweisen und die Qualität der Begründungen dennoch bewerten zu können, wurden anstelle eines hoch-inferenten Ratings für jede Kategorie theoriegeleitet ein oder mehrere Indikatoren bestimmt (Tabelle 11). Teilweise wurden die Indikatoren bei den ersten Auswertungen durch empirische Aussagen präzisiert oder ergänzt. Die Kategorien und Indikatoren konnten in verschiedenen Teilsequenzen vorkommen, d.h. sie wurden in unterschiedliche Handlungskontexte eingebettet.

Beim Ratingverfahren wurden die Aussagen der Lehrpersonen hinsichtlich des Auftretens oder Nichtauftretens der Indikatoren beurteilt, wobei für jeden aufgetretenen Indikator ein Punkt vergeben wurde. Wie beim Vignettentest wurde das Rating jeweils von zwei geschulten Personen des Forschungsteams unabhängig voneinander durchgeführt (vgl. Kapitel 5.4.2). Alle abweichenden Einschätzungen wurden diskutiert bis eine Einigung gefunden war.

Die Anlage des Videotests ist so gestaltet, dass Lehrpersonen zunächst eine kritische Situation in der dargebotenen Unterrichtssequenz erkennen und daraufhin eine begründete Handlungsalternative vorschlagen sollen. Diese Unterscheidung wurde im Ratingverfahren insofern berücksichtigt, als Äusserungen, die sich auf das blosse *Erkennen des Problems* beschränken (z.B. Hinweise auf Verständnisschwierigkeiten der Schülerinnen und Schüler) mit einem Punkt auf der Abstraktionsebene der Kategorien bewertet wurde. Für *konkrete und adaptive Handlungsvorschläge* (z.B. Hinweise, wie Schülerinnen und Schüler bei Verständnisschwierigkeiten unterstützt werden können) wurden auf der Ebene der Indikatoren weitere Punkte vergeben.

Im Auswertungsmanual wurde jede Kategorie und jeder Indikator mit einem Ankerbeispiel veranschaulicht. Das Vorgehen wird in Tabelle 12 anhand der Teilsequenz „Vorgehen bei der Einführung des Versuchs" veranschaulicht. In der Beispielsequenz wird deutlich, dass (a) pro Teilsequenz mehrere Dimensionen berücksichtigt werden und (b) pro Kategorie mehrere Indikatoren vorkommen können.

Tabelle 11: Kategorien und Indikatoren des Videotests

Dimension	Kategorie	Indikatoren
Diagnose	Vorwissen über-prüfen	Klärt durch die Wiederholung das Vorwissen. Regt die Schülerinnen und Schüler zu Vermutungen zum Versuch an, um Herauszufinden, was die Schülerinnen und Schüler schon wissen.
	Neues Wissen überprüfen	Klärt Verständnis der verwendeten Fachbegriffe. Überprüft Verständnis der Klasse in Bezug auf den Inhalt bzw. Auftrag.
Didaktik	Neues Wissen erarbeiten	Lenkt das Interesse der Schülerinnen und Schüler auf den Sachverhalt hin. Ermöglicht Schülerinnen und Schülern konkrete Handlungser-fahrungen bei der Demonstrations-Versuchsdurchführung. Ermöglicht den Schülerinnen und Schülern konkrete Hand-lungserfahrungen bei Schüler-Versuchsdurchführungen (ohne Mittun der Lehrperson). Strukturiert zum besseren Verständnis den Versuchsablauf (durch Material, Anweisungen usw.). Schafft optimale Rahmenbedingungen für das Erarbeiten des neuen Wissens. Erklärt Fachbegriffe. Regt einzelne Schülerinnen und Schüler zur Formulierung von Hypothesen zum gemachten Versuch an.
	Vorwissen mit einbeziehen	Aktiviert das Vorwissen möglichst vieler Schülerinnen und Schüler zum Versuch. Aktiviert das Vorwissen, um das Verständnis des neuen Ver-suchs zu fördern.
	Vertiefung und Fixierung	Erteilt differenzierte Arbeitsaufträge (von Beginn weg). Regt die kognitive Aktivität der Schülerinnen und Schüler an. Erteilt Zusatzaufgabe als integrierten Bestandteil des Auftrags.
	Auf Verständnis-schwierigkeiten reagieren	Baut zum besseren Verständnis Unterrichtsvariation ein (z.B. auch Lernpartnerschaft mit Bezug „Inhalt").
	Klarheit und Struktur schaffen	Strukturiert die Erarbeitung des neuen Wissens stufengerecht (Zeit, Sprache, Komplexität …). Strukturiert erarbeitetes Wissen. Macht Lektionsstruktur und Lernziele transparent.
Klassen-führung	Aufmerksamkeit der Klasse er-höhen	Definiert Ansprechpartner/in klar. Stellt Aufmerksamkeit der Schülerinnen und Schüler vor Auftragserteilung sicher.
	Organisations-form initiieren und anpassen	Passt Organisationsform den Bedürfnissen der Klasse an. Sorgt für Rahmenbedingungen für ungestörtes Lösen der Stillarbeit.

Anmerkung: Zusammenstellung gemäss Auswertungsmanual des Projekts „Adaptive Lehrkompe-tenz". Die Dimension Sachkompetenz wurde im Videotest nicht erfasst.

Tabelle 12: Beispielsequenz aus dem Videotest mit Kategorien und Indikatoren

Beschreibung der Teilsequenz B „Vorgehen bei der Einführung des Versuchs"

Der Lehrer beginnt die Lektion mit einer kurzen Repetition. Diese besteht darin, dass die Schülerinnen und Schüler sich an bereits durchgeführte Versuche in vorhergehenden Lektionen erinnern sollen. Zwei Schülerinnen melden sich und beschreiben je kurz einen Versuch (Trennung von Pfeffer und Salz mit einem Löffel und Haare in die Höhe durch aufgeladenen Massstab).

Kategorie (Erkennen)	Beispielaussage	Indikator (Handeln)	Beispielaussage
Vorwissen überprüfen	*„Er will jetzt mit seiner Versuchsreihe fortfahren und greift auf Altes zurück. Ich finde er beginnt auf komische Weise, dass sie eine Reihe Versuche machen und wiederholt einen alten Versuch. "*	Klärt durch die Wiederholung das Vorwissen	*„Ich hätte sie überlegen lassen, was man mit diesen Sachen machen könnte. (...) Wenn ich es einfach präsentiere, verschliesst die Hälfte meiner Erfahrung nach sowieso schon die Ohren. (...) Auch für mich als Lehrer würde ich sehen, dass die anderen Versuche schon Früchte getragen haben, dass sie es schon transferieren, dass sie sich vorstellen können, was sie machen könnten. "*
Vorwissen mit einbeziehen	*„Also mir fehlt hier ein wenig der Bezug zu dem, was sie schon gemacht haben. "*	Aktiviert das Vorwissen möglichst vieler Schülerinnen und Schüler zum Versuch	*„Er repetiert zwar, was sie gemacht haben. Aber jene Schüler, die es nie interessiert hat, machen hier auch nicht mit. Er hätte besser gesagt, sie sollen in der Gruppe schnell diskutieren, was sie letztes Mal durchgenommen hätten. Ich glaube, sie wären aktiver gewesen. Sie sitzen ja auch sehr schön in der 4-er-Gruppe. Da würde mehr herauskommen. "*
		Aktiviert das Vorwissen, um das Verständnis des neuen Versuchs zu fördern	*„ ... Ich weiss jetzt nicht, wie er weitermacht, aber ich würde sehr wahrscheinlich darauf aufbauen, evtl. kann man die Versuche vergleichen. Man müsste wie wiederholen, um herauszufinden, wo Ähnlichkeiten und wo Unterschiede sind. Sonst sind diese Sachen irgendwie losgelöst. In der Primarschule finde ich es wichtig, dass sie versuchen zu spüren, wo Ähnlichkeiten sind. "*

| Neues Wissen erarbeiten | „Ich denke, dass die Kurve der Motivation stark mit dem Beginn einer Lektion beeinflusst werden kann. Wenn das häufig passiert, dass er so in die Lektion einsteigt, dann wissen die Kinder immer schon, was kommen wird und sie verschliessen sich dadurch innerlich schon fast ein wenig." | Lenkt das Interesse der Schülerinnen und Schüler auf den Sachverhalt hin | „Dieses Bezugnehmen auf was sie schon gemacht haben, (...) finde ich keinen motivierenden Einstieg. Auch die Haltung der Schüler drückt das aus, der Junge hinten wirkt ziemlich gelangweilt. Ich würde die Begrüssung gar nicht mündlich machen, sondern mit etwas Konkretem vorne beginnen, welches Bezug nimmt." |

Anmerkung: Leicht modifizierter Auszug aus dem Auswertungsmanual des Projekts „Adaptive Lehrkompetenz".

Die erste Kategorie wird der Dimension *Diagnose* zugerechnet, weil es darum geht, dass die Lehrperson wissen sollte, was die Schülerinnen und Schüler von den vorangegangenen Lektionen verstanden haben. Die Wiederholung der Versuche kann im Sinne eines Diagnoseverfahrens dazu genutzt werden, sich Überblick über das Vorwissen der Schülerinnen und Schüler zu verschaffen. Die beiden anderen Kategorien, bei denen es um kognitive Aktivierung bzw. um die Lenkung der Schülerinteressen auf den Sachverhalt geht, gehören zur Dimension *Didaktik*. Auch hier spielt zwar die Anknüpfung an das Vorwissen eine wichtige Rolle. Das Ziel ist aber anders gelagert als bei der diagnostischen Kategorie. Es geht nicht um die Ermittlung des individuellen Kenntnisstands, sondern um die Nutzung des Vorwissens, um die Erarbeitung des neuen Wissens zu unterstützen.

Die Skalenbildung erfolgte durch Zuordnung der empirisch gefundenen Indikatoren und Kategorien zu den einzelnen Dimensionen. Tabelle 13 zeigt die Aufteilung zwischen der Kategorienebene (Erkennen kritischer Situationen) und der Indikatorenebene (adaptive Handlungsvorschläge) sowie die Zuordnung zu den Dimensionen. Insgesamt waren 59 Punkte zu vergeben, wobei 38 der *Didaktik*, 13 der *Diagnostik* und 8 der *Klassenführung* zugeordnet werden konnten. Die Dimension *Sachkompetenz* wurde nicht mit dem Videotest, sondern mit einem Sachwissenstest (vgl. Kapitel 5.4.4) erfasst. Pro Indikator und Kategorie wurde jeweils ein Punkt vergeben. Die Lehrerantworten enthielten oft keine explizite Bezugnahme auf die kritische Situation, sondern es wurden direkt begründete Handlungsvorschläge geäussert. In diesen Fällen wurde bei der dazugehörenden Kategorie automatisch ein Punkt für das Erkennen vergeben, da davon ausgegangen werden kann, dass das Äussern einer adaptiven Handlungsoption das Erkennen der entsprechenden kritischen Situation bereits voraussetzt.

Die Maximalpunktzahlen in Tabelle 13 entsprechen der theoretisch erreichbaren Spannbreite pro Dimension. Damit sich die verschiedenen Skalenausprägungen miteinander vergleichen lassen, wurde – analog zum Vorgehen beim Vignettentest – für jede Dimension ein Prozentscore gebildet.[12] Dieser entspricht dem Verhältnis zwischen den gewerteten Indikatoren und der theoretisch möglichen Maximalpunktzahl. Als zusammenfassendes Mass wurde eine Gesamtskala *adaptive Handlungskompetenz* gebildet, die sich aus den drei je gleich gewichteten Dimensionenscores zusammensetzt.

Tabelle 13: Anzahl der Kategorien und Indikatoren im Videotest

Dimension (Skala)	Anzahl Kategorien (Erkennen)	Anzahl Indikatoren (Handlungsvorschlag)	Maximale Punktzahl
Diagnostische Handlungskompetenz	6	7	13
Didaktische Handlungskompetenz	14	24	38
Klassenführungskompetenz	4	4	8
Adaptive Handlungskompetenz	24	35	59

Anmerkung: Die Dimension Sachkompetenz wurde im Videotest nicht erfasst.

Gegenüber dem SNF-Projekt „Adaptive Lehrkompetenz" wurden für diese Arbeit Reskalierungen vorgenommen mit dem Ziel, die Gütekriterien der Skalen (Dimensionen) zu verbessern.[13] Weil eine Optimierung der internen Konsistenz oft mit einer inhaltlichen Homogenisierung einhergeht (Bühner, 2006), musste ein ausgewogenes Verhältnis zwischen hoher Reliabilität und Inhaltsvalidität gefunden werden. Bei der ausschliesslichen Berücksichtigung statistischer Kriterien (z.B. geringe Trennschärfe) zur Eliminierung einzelner Items besteht die Gefahr, dass die Skala inhaltlich zu sehr eingeengt wird. Deshalb wurden Ausschlüsse stets auch aus inhaltlicher Sicht beurteilt. Insbesondere wurde darauf geachtet, dass die inhaltliche Breite des Konstrukts adaptive Handlungskompetenz (Inhaltsvalidität) erhalten bleibt.

Die Zuordnung der Kategorien und Indikatoren wurde mit einer Ausnahme beibehalten. Die Ausnahme betrifft einen Indikator der Kategorie *Vorwissen mit einbeziehen*, der ehemals der didaktischen Kompetenz zugerechnet wurde. Aus inhaltlichen Gründen wurde dieser Indikator der Diagnostik

---

12 Auf eine z-Standardisierung wurde verzichtet, um die Varianzen nicht zu nivellieren.
13 Da die ökologische Validität und die Inhaltsvalidität im Rahmen des SNF-Projekts „Adaptive Lehrkompetenz" sehr hoch gewichtet wurden, waren sehr viele Indikatoren im Videotest belassen worden.

und dort der Kategorie *Vorwissen überprüfen* zugeordnet. Diese inhaltliche Anpassung lässt sich durch eine mittlere Trennschärfe von $r_{it} = .45$ auch empirisch begründen (vgl. auch die Ergebnisse der konfirmatorischen Faktorenanalyse in Kapitel 6.1).

Für die Reliabilitätsanalyse wurde pro Kategorie der Summenwert bestehend aus Erkennen der kritischen Situation (Kategorie) und Handlungsvorschlägen (Indikatoren) als Itemausprägung verwendet. Abhängig von der Anzahl Indikatoren, die zu einer Kategorie formuliert wurden, konnten die Kategorien bzw. Items maximal Werte zwischen 2 und 5 annehmen. Indikatoren und Kategorien wurden als Summenwerte und nicht separat in die Reliabilitätsanalyse aufgenommen, da sie nicht unabhängig voneinander gemessen sind. Als Mass für die interne Konsistenz wird wiederum Cronbachs alpha für standardisierte Items verwendet, damit die Items standardisiert in die Reliabilitätsanalyse eingehen (Bühner, 2006).

Die interne Konsistenz für die *diagnostische* und die *didaktische Handlungskompetenz* kann als ausreichend bis zufriedenstellend bezeichnet werden (Tabelle 14). Für die *Klassenführung* fällt der Reliabilitätskoeffizient mit $\alpha = .36$ sehr niedrig aus. Der Ausschluss weiterer Kategorien würde zwar zu einer leichten Erhöhung der internen Konsistenz führen, beschränkt aber den gemessenen Kompetenzausschnitt auf das Thema *Erhöhung der Aufmerksamkeit* in der Klasse. Da bei einer fiktiven Testverlängerung auf 10 Items immerhin $\alpha_{10} = .58$ erreicht werden, aber auch aus inhaltlichen Gründen, wird die Skala *Klassenführungskompetenz* für die Analysen beibehalten. Die Mittelwerte der Skalen liegen zwischen 31 und 49 Punkten. Die empirisch gefundenen Spannbreiten variieren zwischen 0 und 69 bei der *Diagnostik*, 21 und 87 bei der *Didaktik* und 0 und 88 bei der *Klassenführung*. Auffallend ist die deutlich niedrigere Ausprägung in der *diagnostischen Handlungskompetenz*. Dies deutet darauf hin, dass Lehrpersonen ihre Aufmerksamkeit im Unterricht stärker auf die Bereiche Didaktik und Klassenführung richten, wohingegen diagnostische Kompetenzen weniger ausgeprägt scheinen (vgl. auch Bischoff et al., 2005).

Tabelle 14: Skalenkennwerte der adaptiven Handlungskompetenz (Videotest)

Dimension (Anzahl Kategorien bzw. Items)	M	SD	α	$α_{10}$
Diagnostische Handlungskompetenz (6)	31.1	21.9	.57	.69
Didaktische Handlungskompetenz (14)	49.4	15.1	.72	.65
Klassenführungskompetenz (4)	42.9	25.6	.36	.58
Adaptive Handlungskompetenz, Gesamtscore	41.1	15.5	.59	.83

Anmerkung: Cronbachs alpha für standardisierte Items.

5.4.4 Test zum Sachwissen der Lehrpersonen

Die *Sachkompetenz* der Lehrpersonen (content knowledge) wird als wesentliches Element der adaptiven Lehrkompetenz erachtet. Lehrpersonen mit mangelndem Sachwissen sind in ihrem Handlungsrepertoire eingeschränkt, beispielsweise wenn es darum geht, auf Schüleräusserungen angemessen zu reagieren oder Sachverhalte auf unterschiedliche Art und Weise zu erklären (vgl. Kapitel 3.4.2). Die Sachkompetenz der Lehrpersonen ist weder im Videotest noch im Vignettentest gemessen worden. Im Vignettentest ist zwar die Bedeutung der Sachkompetenz bei der Unterrichtsplanung erfasst worden, nicht aber über welche fachlichen Kenntnisse die Lehrpersonen verfügen. Um diese Lücke zu schliessen wurde ein Wissenstest „Keimung von Samen" entwickelt, mit dem das spezifische Sachwissen der Lehrpersonen zum Thema der Unterrichtsreihe erfasst wurde. Die Testentwicklung erfolgte in Zusammenarbeit mit zwei Dozierenden, die in der Lehrerinnen- und Lehrerausbildung Fachdidaktik der Naturwissenschaften lehren.

Der Test wurde nach der Unterrichtsreihe „Keimung von Samen" durchgeführt. Somit hatten sich alle Lehrpersonen bereits ausgiebig mit dem Thema beschäftigt und die Möglichkeit gehabt, sich das nötige fachliche Wissen anzueignen. Der Test wurde den Lehrpersonen nur sehr allgemein angekündigt, damit kein themenspezifisches Lernen möglich war. Die Lehrpersonen der Primarstufe und Sekundarstufe I haben dieselben Testaufgaben gelöst und können daher direkt miteinander verglichen werden. Für das Lösen der Aufgaben benötigten die Lehrpersonen etwa 45 bis 60 Minuten. Eine Zeitlimite war jedoch nicht vorgegeben. Testaufgaben und Lösungsschlüssel sind im Anhang zum wissenschaftlichen Schlussbericht des Projekts „Adaptive Lehrkompetenz" aufgeführt (Beck et al., 2008).

Der Test enthält insgesamt sieben Aufgaben[14] mit unterschiedlichen Antwortformaten (gebundene und freie Aufgabenbeantwortung) zu den Themen *Samenbau, Nährstoffvorrat, Keimruhe, Keimungsbedingungen, Keimungsversuche, Keimling* und *Verbreitungsarten*. Die Auswertung und Codierung des Leistungstests erfolgte durch eine unabhängige Fachlehrperson anhand des Lösungsschlüssels.

Die Aufgaben konnten ursprünglich unterschiedliche Werte annehmen, wurden jedoch für die Analysen zu Werten zwischen 0 und 1 transformiert.[15] Damit wurde sichergestellt, dass alle Themen gleichwertig in den Analysen berücksichtigt wurden. Die interne Konsistenz ist mit $\alpha = .63$ akzeptabel (Tabelle 15). Hochgerechnet auf 10 Items ergäbe dies einen Reliabilitätskoeffizienten von ($\alpha_{10} = .71$). Die mässige Reliabilität deutet darauf hin, dass relativ heterogene Wissensbereiche abgefragt wurden. Mit dem Ausschluss des Items *Verbreitungsarten* könnte zwar eine Verbesserung der Reliabilität auf $\alpha = .65$ ($\alpha_{10} = .76$) erreicht werden. Da jedoch möglichst das gesamte Themenspektrum der Unterrichtsreihe „Keimung von Samen" abgedeckt werden soll, wird das Item dennoch im Test belassen.[16]

Die Testergebnisse wurden auf eine Skalenmetrik mit einem Mittelwert (M) von 50 und einer Standardabweichung (SD) von 10 standardisiert (T-Werte). Das Minimum beträgt 28.3 Punkte, das Maximum 73.4 Punkte. Die Werte der Skala weichen gemäss Kolmogorov-Smirnov-Test (z.B. Zöfel, 2003) nicht statistisch signifikant von der Normalverteilung ab.

Tabelle 15: Skalenkennwerte des Tests zum Sachwissen der Lehrpersonen im Bereich „Keimung von Samen"

Skala (Anzahl Items)	M	SD	α	α_{10}
Sachwissen „Keimung von Samen" (7)	50	10	.63	.71

Anmerkung: N = 48. Cronbachs alpha für standardisierte Items.

---

14 Einzelne Themen enthielten Teilaufgaben, sodass insgesamt 13 (Teil-)Aufgaben zu lösen waren. Zwei Teilaufgaben wurden bereits im Projekt AL wegen mangelnder Trennschärfe ausgeschlossen.

15 Dieses Vorgehen weicht geringfügig von der Skalierung im Projekt AL ab. Die Korrelation von r = .98 zwischen den beiden Skalen verweist jedoch darauf, dass die beiden Skalen inhaltlich nahezu identisch sind.

16 Auf eine Skalierung mittels Item-Response-Theory (IRT) wurde aufgrund der geringen Stichprobengrösse verzichtet (Rost, 2004, S. 336). Die versuchsweise durchgeführte IRT-Skalierung ergab eine zufriedenstellende Skala, die sehr hoch mit der nach der klassischen Testtheorie erstellten Skala korreliert (r = .97).

5.4.5 Diagnostische Urteilsfähigkeit bezüglich Lernzielerreichung

Neben dem methodischen und prozeduralen Wissen der diagnostischen Kompetenz, die mit dem Vignettentest und dem Videotest klassenunabhängig erhoben wurden, interessiert auch die klassenbezogene Genauigkeit des diagnostischen Urteils, die nach Helmke (2003) als diagnostische Kompetenz im engeren Sinne bezeichnet wird (vgl. Kapitel 3.4.2). Konkret geht es in der vorliegenden Arbeit um die Frage, ob es den Lehrpersonen gelingt, ihre einzelnen Schülerinnen und Schüler bezüglich der Lernzielerreichung in der Unterrichtsreihe „Keimung von Samen" zutreffend einzuschätzen.

Zur Erfassung der *diagnostischen Urteilsfähigkeit* bezüglich der Lernzielerreichung wurden die Lehrpersonen gebeten, für alle Schülerinnen und Schüler einzeln einzuschätzen, wie gut sie die vorgegebenen Lernziele in der Unterrichtsreihe „Keimung von Samen" erreicht haben. Die Einschätzung der Lernzielerreichung erfolgte nach Abschluss der Unterrichtsreihe auf einer fünfstufigen Ratingskala mit den Ausprägungen 1 = „klar nicht erreicht", 2 „knapp nicht erreicht", 3 „erreicht", 4 „übertroffen", 5 „weit übertroffen". Als Mass für die Genauigkeit des diagnostischen Urteils wurden die realen Testleistungen aller Schülerinnen und Schüler in fünf Gruppen (Quintile) eingeteilt und mit den Lehrereinschätzungen korreliert (Rangkorrelation nach Spearman)[17]. Dieses Vorgehen wurde einer einfachen Rangkorrelation vorgezogen, damit das Leistungsniveau der Klassen (Niveaukomponente) zumindest annäherungsweise mit berücksichtigt wurde. Die theoretische Spannbreite der diagnostischen Urteilsfähigkeit liegt demnach zwischen 1 für eine perfekte Vorhersage des erreichten Leistungsniveaus der Schülerinnen und Schüler und -1 für den unwahrscheinlichen Fall des genauen Gegenteils. Eine Zufallsangabe, d.h. wenn keinerlei Zusammenhang zwischen dem Lehrerurteil und der Testleistung besteht, ergibt eine Nullkorrelation. Die empirischen Werte liegen zwischen .79 und -.06, der Mittelwert aller Lehrpersonen beträgt .43 (Tabelle 16). Die Werte erfüllen gemäss Kolmogorov-Smirnov-Test die Voraussetzungen für eine Normalverteilung.

---

17 Die Berechnung erfolgte mittels Spearman-Rangkorrelation (Bühner, 2006, S. 397), da es sich bei der Lernzieleinschätzung durch die Lehrpersonen um ordinalskalierte Daten handelt.

Tabelle 16: Skalenkennwerte der Genauigkeit des Diagnoseurteils der Lehrpersonen

Variable	M	SD	Min	Max
Genauigkeit des Diagnoseurteils bezüglich Lernzielerreichung in der Unterrichtsreihe „Keimung von Samen"	.43	.21	-.06	.79

Anmerkung: N = 47.

5.4.6 Fragebogen für die Lehrpersonen

Mit dem Fragebogen für die Lehrpersonen werden allgemeine Angaben zur Lehrperson und deren Klasse sowie zu den pädagogischen Überzeugungen und zur motivationalen Orientierung der Lehrperson erfasst. Die ausgewählte Skala zum konstruktivistischen Lehr-Lern-Verständnis und das themenspezifische Interesse ergänzen die mit den zuvor dargestellten Instrumenten erhobenen Aspekte der adaptiven Lehrkompetenz, indem weitere *professionelle Handlungskompetenzen* erfasst werden (vgl. Kapitel 2.5.1).

In Tabelle 17 sind die Kennwerte aufgeführt. Angegeben sind die Bezeichnung der Skala bzw. Variable, ein Beispielitem sowie Mittelwert (M), Standardabweichung (SD) und Cronbachs alpha als Mass für die interne Konsistenz. Wie schon bei den vorangegangen Skalenbeschreibungen wird aus Gründen der Vergleichbarkeit auch der auf eine Skalenlänge von 10 Items hochgerechnete Cronbachs alpha Wert (α_{10}) angegeben (vgl. Kapitel 5.4.2). Der genaue Wortlaut der Items sowie deren Kennwerte sind im Anhang zu finden.

Konstruktivistisches Lehr-Lern-Verständnis

Mit der Skala *konstruktivistisches Lehr-Lern-Verständnis* werden die epistemologischen Überzeugungen und subjektiven Theorien der Lehrpersonen über das Lernen im Fach Naturwissenschaften erhoben. Die Items stammen aus einem Fragebogen von Staub und Stern (2002), der die kognitiv-konstruktivistische Orientierung von Lehrpersonen im Mathematikunterricht erfasst. Die Items beziehen sich beispielsweise darauf, wie sehr individuelle Lösungswege zugelassen, das Lernen an Phänomenen ermöglicht oder individuelles Lernen durch eine hohe Aufgabenvariabilität unterstützt werden. Der umfangreiche Fragebogen wurde auf den naturwissenschaftlichen Unterricht angepasst[18] und aufgrund der Ergebnisse aus einer Pilotstudie von 48 auf 24 Items gekürzt. Das Antwortformat besteht aus einer fünfstufigen

---

18 Die Anpassung der Items erfolgte in Zusammenarbeit mit Fritz C. Staub.

Likertskala mit den Ausprägungen 1 = „überhaupt nicht einverstanden", 2 = „eher nicht einverstanden", 3 = „unentschieden", 4 = „eher einverstanden", 5 = „sehr einverstanden". Die Skalenwerte wurden gebildet, indem jeweils der Mittelwert aller Items berechnet wurde. Ein höherer Skalenwert verweist auf eine positivere Beantwortung bzw. Einschätzung der Items. In der Originalfassung werden die vier Subskalen *(1) Rolle der Lernenden, (2) Beziehung zwischen Fertigkeiten, Verstehen und Problemlösen, (3) Soziokonstruktivismus* sowie *(4) Rolle der Lehrperson* unterschieden. Da die Reliabilitäten der Subskalen teilweise schwach ausfielen und die inhaltliche Differenzierung nicht im Vordergrund der Arbeit steht, wird hier nur die Gesamtskala verwendet (α = .86).

Themenspezifisches Interesse

Das Interesse der Lehrpersonen am in der Unterrichtsreihe behandelten Thema „Keimung von Samen" wurde mit einem Einzelitem erfasst. Die Lehrpersonen hatten auf einer fünfstufigen Likertskala ihr themenspezifisches Interesse anzugeben. Die Antwortvorgaben lauteten 1 = „stimmt nicht", 2 = „stimmt eher nicht", 3 = „unentschieden" 4 = „stimmt eher", 5 = „stimmt genau".

Tabelle 17: Kennwerte der Skala bzw. Variable aus dem Fragebogen für Lehrpersonen

Skala bzw. Variable (Itemanzahl)	Beispielitem	M	SD	α	α_{10}
Professionelle Handlungskompetenzen					
Konstruktivistisches Lehr-Lern-Verständnis (24)	(-) Der Erwerb von Grundlagen in den naturwissenschaftlichen Disziplinen (z.B. Elektrizität, Aggregatszustände) soll dem Verstehen von Phänomenen vorausgehen.	3.81	.44	.86	.72
Themenspezifisches Interesse (1)	Das Thema „Keimung und Entwicklung von Samen" interessiert mich.	4.08	.85	-	-

Anmerkung: N = 49. Cronbachs alpha für standardisierte Items. Das mit (-) gekennzeichnete Item ist negativ formuliert und wurde für die Analysen recodiert.

5.4.7 Fragebogen für die Schülerinnen und Schüler

Der Fragebogen für die Schülerinnen und Schüler dient einerseits der Erfassung *individueller Schülermerkmale* und wird andererseits als Informationsquelle für die Einschätzung von *Unterrichtsqualität und Klassenkontext* genutzt. Die individuellen Schülermerkmale liefern Informationen zur Beschreibung der *Lernumwelt Familie* (z.b. soziale Herkunft) sowie anderen individuellen Merkmalen (z.b. Geschlecht oder Migrationshintergrund).

Im Rahmen des SNF-Projekts „Adaptive Lehrkompetenz" stand die Erfassung der Unterrichtsprozesse während der Unterrichtsreihe „Keimung von Samen" nicht im Fokus, weshalb vorwiegend auf die Schülerwahrnehmung des naturwissenschaftlichen Unterrichts zurückgegriffen wird. Dabei wird angenommen, dass sich der Unterricht während der Unterrichtsreihe nicht wesentlich vom allgemeinen naturwissenschaftlichen Unterricht der Lehrperson unterscheidet. Da der Fragebogen unmittelbar nach der Unterrichtsreihe ausgefüllt wurde, ist davon auszugehen, dass die Schülerwahrnehmung von der Unterrichtsreihe zumindest mitgeprägt ist, auch wenn die Items nicht spezifisch auf die Unterrichtsreihe hin formuliert sind.

Die ausgewählten Skalen wurden nach Möglichkeit von bewährten Instrumenten übernommen und sofern nötig für die vorliegende Fragestellung modifiziert. Anpassungen erfolgten möglichst sparsam und wurden in der Regel vorgenommen, um die Itemformulierung auf den Kontext des Fachbereichs Naturwissenschaften auszurichten. Die Antwortformate der Originalskalen wurden beibehalten, was den Nachteil mit sich bringt, dass die Skalenausprägungen verschieden sind. Da für diese Arbeit nicht die absoluten Ausprägungen der Skalen interessieren, sondern Zusammenhänge mit anderen Variablen untersucht werden, ist dies jedoch vertretbar. Sofern nicht anders vermerkt, handelt es sich um fünfstufige Antwortformate.

Die Skalenwerte wurden durch Mittelwertsberechnung gebildet. In Tabelle 18 sind die Skalenkennwerte des Schülerfragebogens dargestellt. Die Ordnung orientiert sich an den Bereichen des Rahmenmodells schulischer Lehr-Lern-Prozesse aus Kapitel 2. Angegeben sind jeweils die Bezeichnung der Skala bzw. Variable, ein Beispielitem sowie Mittelwert (M), Standardabweichung (SD) und Cronbachs alpha als Mass für die interne Konsistenz. Aus Gründen der Vergleichbarkeit werden neben den tatsächlichen Cronbachs alpha Werten auch die auf eine Skalenlänge von 10 Items hochgerechneten Cronbachs alpha Werte (α_{10}) angegeben (vgl. Kapitel 5.4.2). Die exakten Itemformulierungen und -kennwerte sind im Anhang zu finden. Die Schülerinnen und Schüler der Primarstufe und Sekundarstufe I erhielten, von Anpassungen in der Formulierung abgesehen, denselben Fragebogen. Nachfolgend werden die Inhalte der einzelnen Skalen sowie deren Herkunft kurz beschrieben.

Unterrichtsqualität

Obgleich die Nutzung von Schülerangaben zur Einschätzung der Unterrichtsqualität eine gängige Methode in der Unterrichtsforschung darstellt, ist sie nicht unproblematisch und wird in der Literatur kontrovers diskutiert (vgl. die Übersicht von Clausen, 2002). Die Unterrichtswahrnehmung durch die Schülerinnen und Schüler stellt – ebenso wie die Lehrerwahrnehmung oder die Unterrichtsbeobachtung – kein genaues Abbild des Unterrichtsgeschehens dar und ist folglich kein objektives Mass für die Unterrichtsqualität. Clausen (2002) konnte aufgrund eines systematischen Perspektivenvergleichs belegen, dass zwischen Schülerinnen und Schülern, Lehrpersonen und Videobeurteilerinnen und -beurteilern wenig Übereinstimmung in der Einschätzung von Unterricht besteht. Nachteile bestehen nach Clausen bei der Schülerbeurteilung vor allem im Auftreten möglicher Antworttendenzen, beispielsweise aufgrund mangelnder Differenzierungsfähigkeit der Schülerinnen und Schüler (Halo-Effekt), insbesondere wenn zur Beurteilung pädagogisch-didaktisches Verständnis vorausgesetzt wird, oder weil die Beurteilung vom individuellen Leistungsstand innerhalb der Klasse beeinflusst werden kann. Dieser Effekt wird indes bei der Aggregierung auf Klassenebene ausgeglichen, da die individuelle Fehlervarianz und der leistungsbedingte Wahrnehmungsbias gemittelt werden (vgl. auch Gruehn, 2000; Ditton, 2002; Lüdtke, Trautwein, Kunter & Baumert, 2006; Lüdtke, Robitzsch, Trautwein & Kunter, 2009). Die Verwendung von Schülerbefragungen zur Beurteilung von Unterrichtsprozessen hat aber auch etliche Vorteile. Neben dem vergleichsweise geringen Erhebungsaufwand und der hohen Reliabilität als Folge der klassenweisen Aggregierung nennt Clausen (2002, S. 45) insbesondere den langen Beobachtungszeitraum und den relativ hohen Erklärungswert für schulischen Lernerfolg. Auch Gruehn (2000) konnte zeigen, dass die schülerperzipierte Lernumwelt gute Prädiktoren für die Entwicklung akademischer Leistungen liefern. Schülerinnen und Schüler könnten demnach, vorausgesetzt ihre Urteile werden auf Klassenebene aggregiert, als Expertinnen und Experten für die Beobachtung von Unterrichtsprozessen angesehen werden.

Sofern nicht anders vermerkt stammen die in dieser Arbeit verwendeten Skalen zur Einschätzung der Unterrichtsqualität aus dem Linzer Fragebogen zum Schul- und Klassenklima für die 4. bis 8. Klassenstufe (LFSK 4-8; Eder & Mayr, 2000). Das fünfstufige Antwortformat mit den Abstufungen 1 = „stimmt nicht", 2 = „stimmt eher nicht", 3 = „unentschieden", 4 =

„stimmt eher", 5 = „stimmt genau" wurde in der Originalfassung beibehalten.

Schwierigkeitsgrad des Unterrichts (Keimung von Samen)

Mit der Einschätzung des *Schwierigkeitsgrads des Unterrichts* durch die Schülerinnen und Schüler wird erfasst, inwiefern das unterrichtliche Anspruchsniveau in der Unterrichtsreihe „Keimung von Samen" an die individuellen Lernvoraussetzungen der Schülerinnen und Schüler angepasst ist. Die Schülerinnen und Schüler hatten anzugeben, als wie schwierig sie den Unterricht in der Unterrichtsreihe „Keimung von Samen" erlebt haben. In Anlehnung an Helmke (2003, S. 173) wurde ein fünfstufiges Antwortformat mit den Ausprägungen 1 = „zu leicht", 2 = „eher zu leicht", 3 = „gerade richtig", 4 = „eher schwierig", 5 = „zu schwierig" gewählt. Eine mittlere Ausprägung entspricht demnach einer aus Schülersicht optimalen Passung zwischen Über- und Unterforderung. Im Sinne von Vygotskys (1978) Konzept der *Zone der nächsten Entwicklung* könnte jedoch ein Anspruchsniveau, das leicht über dem Mittelpunkt liegt, für schulische Lernerträge Erfolg versprechender sein.

Unterrichtsdruck

Die Skala *Unterrichtsdruck* bezieht sich darauf, wie sehr der Unterricht nach Ansicht der Schülerinnen und Schüler durch zu hohes Tempo und mangelnde Erklärungsqualität geprägt ist. Zu hoher Unterrichtsdruck kann als mangelnde Passung infolge inadäquaten Pacings (vgl. Kapitel 3.2.2) durch die Lehrperson interpretiert werden. Die interne Konsistenz der drei Items umfassenden Skala liegt bei $\alpha = .79$.

Schülerbeteiligung

Die Skala *Schülerbeteiligung* misst das Ausmass, in dem sich die Schülerinnen und Schüler aktiv und eigenständig am Unterricht beteiligen können, z.B. in Gruppenarbeiten oder indem ihnen Raum zur Verwirklichung ihrer eigenen Einfälle gewährt wird. Die Skala kann als didaktische Umsetzung einer kognitiv-konstruktivistischen Lernorientierung betrachtet werden, indem eine hohe Individualisierung und die kognitive Aktivierung möglichst vieler Schülerinnen und Schüler angestrebt wird (vgl. Kapitel 2.5.4.1). Die Reliabilität der drei Items umfassenden Skala erreicht mit $\alpha = .53$ einen ausreichenden Wert ($\alpha_{10} = .79$).

Vermittlungsqualität

Mit der *Vermittlungsqualität* wird erhoben, inwiefern die Lehrpersonen den Unterricht anschaulich, klar und motivierend gestalten. Die drei Items umfassende Skala kann der Dimension Didaktik zugeordnet werden. Die interne Konsistenz beträgt $\alpha = .70$.

Störneigung

Mit der Skala *Störneigung* wird erfasst, in welchem Ausmass Schülerinnen und Schüler den Unterricht stören oder sich unruhig verhalten. Die Skala dient damit als negativer Indikator für diszipliniertes Verhalten der Klasse. Die drei Items basieren ebenfalls auf dem LFSK 4-8 (Eder & Mayr, 2000). Der Reliabilitätskoeffizient beträgt $\alpha = .67$.

Regelorientierung

Die Skala *Regelorientierung* umfasst vier Items und bezieht sich auf das Aufstellen eindeutig festgelegter Regeln, die der Aufrechterhaltung disziplinierten Schülerverhaltens dienen, und auf die Überprüfung der Regelbefolgung. Die Skala kann demnach als Indikator für Klassenführung durch Etablierung und Durchsetzung von Verhaltensregeln aufgefasst werden. Die ursprüngliche Skala im LFSK 4-8 (Eder & Mayr, 2000) wurde unter der Bezeichnung „Strenge-Kontrolle" geführt und enthielt zwei zusätzliche Items zum Bestrafungsverhalten. Diese wurden aus inhaltlichen Gründen und wegen niedriger Trennschärfe weggelassen und die Skala umbenannt. Die interne Konsistenz der neuen Skala erreicht mit $\alpha = .68$ angesichts der Kürze der Skala einen zufriedenstellenden Wert.

Interessantheit der Unterrichtsgestaltung (Keimung von Samen)

Die *Interessantheit der Unterrichtsgestaltung* in der Unterrichtsreihe „Keimung von Samen" wurde als Einzelitem operationalisiert und umschreibt einen Aspekt der Motivierungsqualität des Unterrichts. Die Schülerinnen und Schüler hatten auf einer fünfstufigen Antwortskala mit den Ausprägungen 1 = „stimmt nicht", 2 = „stimmt eher nicht", 3 = „unentschieden", 4 = „stimmt eher", 5 = „stimmt genau" anzugeben, wie interessant und abwechslungsreich die Lehrperson den Unterricht gestaltet hatte.

Lehrerverhalten bei Fehlern

Die Skala *Lehrerverhalten bei Fehlern* wird als Mass für die Fehlerkultur verwendet und beruht auf der Kurzform des „Schülerfragebogens zum Umgang mit Fehlern in der Schule" (S-UFS) (Spychiger et al., 1998; Oser & Spychiger, 2005). Damit wurde das Verhalten der Lehrpersonen im Umgang mit Schülerfehlern erfasst, beispielsweise ob die Lehrperson bei Verständnisschwierigkeiten Geduld aufbringt und Fehler als Lerngelegenheit betrachtet. Die Skala enthält sieben Items mit den vier Antwortmöglichkeiten 1 = „stimme überhaupt nicht zu", 2 = „stimme eher nicht zu", 3 = „stimme eher zu", 4 = „stimme völlig zu". Die interne Konsistenz beträgt α = .76.

Lehrer-Schüler-Beziehung

Die beiden Skalen zur Lehrer-Schüler-Beziehung sind dem LFSK 4-8 (Eder & Mayr, 2000) entnommen und gehören gemäss LFSK 4-8 zur Dimension Schülerzentriertheit. Das fünfstufige Antwortformat mit den Ausprägungen 1 = „stimmt nicht", 2 = „stimmt eher nicht", 3 = „unentschieden", 4 = „stimmt eher", 5 = „stimmt genau" wurde beibehalten.

Pädagogisches Engagement

Die Skala *pädagogisches Engagement* bezieht sich auf das Ausmass, mit der die Lehrperson sich für die Lebenswelt der Schülerinnen und Schüler interessiert und sich für sie persönlich einsetzt. Mit einem Cronbachs alpha von .59 bei drei Items kann die Reliabilität der Skala als ausreichend betrachtet werden.

Mitsprache

Mit der Skala *Mitsprache* wird erfasst, in welchem Ausmass sich die Schülerinnen und Schüler an Entscheidungen beteiligen können und wie stark ihre Meinung ernst genommen wird. Die interne Konsistenz der drei Items umfassenden Skala beträgt α = .75.

Quantität der Lerngelegenheiten

Die Quantität der Lerngelegenheiten wird allgemein als relativ einfach zu verändernde Massnahme angesehen (Moser & Angelone, 2009; Angelone & Moser, 2010). Gemäss Angebots-Nutzungs-Modell (vgl. Kapitel 2.2) ist jedoch entscheidend, ob das Lernangebot auch tatsächlich genutzt wird, was nicht zuletzt von der motivationalen Orientierung der Schülerinnen und Schüler abhängt.

Lernzeit ausserhalb des Unterrichts (Nutzung)

Als Mass für die Nutzung der *Lernzeit ausserhalb des Unterrichts* wurden die Schülerinnen und Schüler gefragt, wie viel Zeit sie im Verlaufe der Unterrichtsreihe „Keimung von Samen" für das Erledigen von Hausaufgaben und für das Lernen auf den Test, der im Anschluss an die Unterrichtsreihe durchgeführt wurde, aufgewendet haben. Die totale Lernzeit (in Minuten) wurde durch einfache Addition berechnet. Die empirische Spannbreite liegt zwischen 0 und 660 Minuten. Wie zu erwarten ergab sich eine linkssteile Verteilung mit einem Median von 70 und einem arithmetischen Mittelwert von 90. Um artifiziell erhöhte Korrelationen durch Extremwerte zu vermeiden (Bühner, 2006, S. 97), wurden acht extreme Ausreisser mit mehr als sechs Stunden Lernzeit ausgeschlossen. Als Ausschlusskriterium wurde die Distanz zum Interquartilbereich gewählt. Es wurden Werte ausgeschlossen, die bei einer Boxplotdarstellung mehr als Faktor 3 ausserhalb der „Box" (= Interquartilbereich) liegen. Die um die Extremwerte bereinigte Variable *Lernzeit ausserhalb des Unterrichts* weist einen Median von 65 und ein arithmetisches Mittel von 86 auf. Die maximal angegebene Lernzeit während der Unterrichtsreihe beträgt 360 Minuten.

Lernumwelt Familie

Soziale Herkunft

Als Mass für die *soziale Herkunft* wurde in Anlehnung an PISA 2000 (OECD, 2001) eine Skala gebildet, die die Indikatoren *Schul- und Berufsausbildung der Eltern* sowie die *Bildungsnähe des Elternhauses* einschliesst. Die Schul- und Berufsausbildung der Eltern wurde mit Hilfe der International Standard Classification of Education (ISCED) erhoben. Die ISCED-Variable kann Werte zwischen 1 und 6 annehmen. Die Bildungsnähe der Eltern wurde über den Besitz von Büchern erhoben. Die Schülerinnen und Schüler hatten anzugeben, wie viele Bücher (ohne Zeitschriften, Zeitungen und Schulbücher) es zu Hause gibt. Die sechs vorgegebenen Antwortkategorien reichten von 1 = „0 bis 10 Bücher" bis 6 = „mehr als 500 Bücher". Die Indexbildung erfolgte mittels Hauptkomponentenanalyse und anschliessender Standardisierung auf eine Skalenmetrik mit einem Mittelwert (M) von 100 und einer Standardabweichung (SD) von 10. Die Spannbreite der Werte liegt zwischen 75 und 124.

Die soziale Herkunft wird in der vorliegenden Arbeit nicht nur als individuelles Merkmal zur Beschreibung der familiären Lernumwelt der Schülerinnen und Schüler betrachtet, sondern dient auch als Merkmal des Klassenkontextes zur Beschreibung der sozialen Zusammensetzung der Schülerschaft.

Zu diesem Zweck wird einerseits die durchschnittliche soziale Herkunft der Klasse ermittelt. Andererseits gibt die Streuung der sozialen Herkunft in der Klasse Auskunft darüber, wie homogen bzw. heterogen die soziale Zusammensetzung der Klasse ist.

Migrationshintergrund

Mit dem *Migrationshintergrund* der Schülerinnen und Schüler wird ein kombiniertes Merkmal bezeichnet, das sich aus dem *Sprachhintergrund* und der *ethnischen Herkunft* zusammensetzt. Auf Grund der zu Hause am häufigsten gesprochenen Sprache werden die beiden Gruppen *Deutschsprachige* und *Fremdsprachige* gebildet. Letztere werden wiederum nach dem *Geburtsort* – in der Schweiz oder im Ausland geboren – unterschieden. Die in der Schweiz geborenen Kinder mit nicht-deutschsprachigem Hintergrund können vereinfacht als Kinder der ersten Generation bezeichnet werden. In der Umgangssprache werden diese Kinder oft etwas irreführend als „Secondos" bezeichnet. Im Ausland geborene Fremdsprachige sind dagegen erst im Verlaufe ihrer Kindheit immigriert und haben oft nur einen Teil ihrer Schulzeit in der Schweiz verbracht. In der vorliegenden Stichprobe sind 81 Prozent der Schülerinnen und Schüler deutschsprachig, 8 Prozent sind in der Schweiz geborene Fremdsprachige und 12 Prozent sind fremdsprachig und im Ausland geboren (vgl. Stichprobenbeschreibung in Kapitel 5.2).

Tabelle 18: Kennwerte der Skalen bzw. Variablen aus dem Fragebogen für Schülerinnen und Schüler

Skala bzw. Variable (Itemanzahl)	Beispielitem	M	SD	α	α_{10}
Unterrichtsqualität					
Schwierigkeitsgrad des Unterrichts (1)	Der Unterricht zum Thema „Säen, keimen, wachsen" war für mich … (1) „zu leicht" bis (5) „zu schwierig"	2.91	.66	-	-
Unterrichtsdruck (3)	Die Lehrperson erklärt oft so schnell, dass man kaum mitkommt.	2.33	.95	.79	.93
Schülerbeteiligung (3)	Im Unterricht gibt es immer wieder Gelegenheit, eigene Einfälle zu verwirklichen.	3.48	.68	.53	.79
Vermittlungsqualität (3)	Unsere Lehrperson erklärt alles so gut, dass wir auch schwierige Dinge verstehen können.	3.77	.81	.70	.89
Störneigung (3)	Für die Lehrperson ist es oft nicht einfach, in unserer Klasse für Ruhe zu sorgen.	2.93	.97	.67	.87
Regelorientierung (4)	Im Unterricht gibt es klare Regeln, wie man sich als Schüler zu verhalten hat.	3.75	.70	.68	.84
Interessantheit der Unterrichtsgestaltung „Keimung von Samen" (1)	Die Lehrperson hat den Unterricht zum Thema „Säen, keimen, wachsen" interessant und abwechslungsreich gestaltet.	3.85	1.00	-	-
Lehrerverhalten bei Fehlern (7)	Wenn ich im Unterricht etwas falsch mache, geht die Lehrperson so damit um, dass ich etwas dazu lernen kann.	3.24	.52	.76	.82
Lehrer-Schüler-Beziehung					
Pädagogisches Engagement (3)	Die Lehrperson interessiert sich auch für unsere persönlichen Probleme und Erlebnisse.	3.83	.80	.59	.83
Mitsprache (3)	Die Lehrperson fragt uns oft um unsere Meinung.	3.30	.86	.75	.91
Quantität der Lerngelegenheiten (Nutzung)					
Lernzeit ausserhalb des Unterrichts (2)	Wie viel Hausaufgaben hast du zum Thema „Säen, keimen, wachsen" gemacht? Wie lange hast du für den (zweiten) Test zum Thema „Säen, keimen, wachsen" gelernt? (Angaben in Minuten aufsummiert)	85.57	73.46	-	-

Anmerkung: N = 898. Cronbachs alpha für standardisierte Items. Die hier verwendete Itemformulierung basiert auf der Version für die Primarstufe. Bei der Version für die Sekundarstufe I lautete gemäss Lehrplan des Kantons St.Gallen die Bezeichnung der Unterrichtsreihe „Keimung und Entwicklung von Samen".

5.4.8 Leistungstest zur Unterrichtsreihe „Keimung von Samen"

Im Rahmen der SNF-Studie „Adaptive Lehrkompetenz" wurden bei den Schülerinnen und Schülern zwei verschiedene Leistungsbereiche getestet: Zum einen die grundlegenden *naturwissenschaftlichen Kompetenzen*, zum anderen *spezifische Kenntnisse zum Thema der Unterrichtsreihe „Keimung von Samen"*. Für diese Arbeit wird als Zielkriterium zur Erfassung der Wirkungen von Unterricht der Lernerfolg der Schülerinnen und Schüler in der Unterrichtsreihe verwendet. Die Nutzung der Unterrichtsreihe zur Messung des Leistungsfortschritts bringt, verglichen mit der Erfassung grundlegender naturwissenschaftlicher Kompetenzen während eines Schuljahrs, zwar den Nachteil mit sich, dass ein relativ eingeschränkter Wissensbereich über einen kurzen Veränderungszeitraum gemessen wird. Dies hat zur Folge, dass die Generalisierbarkeit der Befunde auf andere inhaltliche Bereiche und auf längere Lernzeiträume nur eingeschränkt zulässig ist. Dennoch spricht einiges dafür, für die vorliegende Fragestellung, nämlich die Überprüfung von Effekten adaptiver Lehrkompetenz auf schulisches Lernen, den Lernerfolg der Schülerinnen und Schüler in der Unterrichtsreihe als Zielkriterium zu verwenden (vgl. auch Kapitel 2.7).

Ein erster Vorteil der Unterrichtsreihe liegt darin, dass der Lernerfolg der Schülerinnen und Schüler unter relativ standardisierten Bedingungen in einem eingeschränkten Sachbereich und einem begrenzten Zeitraum gemessen werden konnte. Die Lernziele, und damit auch die getesteten Wissensbereiche, waren transparent formuliert und einheitlich festgelegt. Ebenso war die zur Verfügung stehende Unterrichtszeit mit vier Doppellektionen (insgesamt 360 Minuten) vorgegeben. Zudem konnten wichtige alternative Erklärungsgrössen (z.B. Lernzeit ausserhalb des Unterrichts) erfasst und als Kontrollvariable berücksichtigt werden.

Ein zweiter Vorzug besteht darin, dass sich Effekte der inhaltlich und zeitlich begrenzten Unterrichtsreihe eher auf Kompetenzen der Lehrperson bzw. auf das Unterrichtsgeschehen zurückzuführen lassen als wenn breit gefasste allgemeine Kompetenzen über einen grossen Zeitraum und ohne definierte Lernziele getestet werden. Die Gefahr, dass Bedingungsfaktoren, die nicht auf Kompetenzen der Lehrperson zurückgehen (z.B. Unterstützung durch die Eltern, ausserschulische Lernangebote oder zufälliges Behandeln oder Nichtbehandeln von Testinhalten), den Lernerfolg der Schülerinnen und Schüler verursachen, ist bei der Unterrichtsreihe vermindert. Curriculumsensitive Tests führen deshalb in der Regel zu höherer Varianzaufklärung durch unterrichtsnahe Variablen, wohingegen bei allgemeinen Leistungstests der Effekt der Schule bzw. des Unterrichts eher unterschätzt wird (Hill & Rowe, 1996).

Ein dritter erwähnenswerter Aspekt liegt im Neuigkeitsgehalt der Unterrichtsreihe. Da es sich beim Thema „Keimung von Samen" um neue Inhalte handelt, ist das Vorwissen der Schülerinnen und Schüler vermutlich deutlich weniger vom bisherigen Unterricht der Lehrperson beeinflusst als dies bei breiter gefassten naturwissenschaftlichen Kompetenzen der Fall wäre. Da die Ausgangsbedingungen nicht schon durch die Lehrperson bzw. schulischen Unterricht beeinflusst sind, bestehen günstigere Voraussetzungen, um Veränderungen zwischen Vor- und Nachtest auf den Unterricht zurückführen zu können. In anderen Worten: Wenn das fachliche Wissen der Schülerinnen und Schüler am Ende der Unterrichtsreihe weitgehend durch das Vorwissen determiniert ist, bleibt kaum zusätzliche Varianz, die durch Merkmale der Lehrperson bzw. des Unterrichts erklärt werden könnte.

Da sich die Lernziele der Unterrichtsreihe für die Primarstufe und die Sekundarstufe I unterscheiden, wurden zwei stufenspezifisch verschiedene Leistungstests entwickelt, die sich je an den vorgegebenen Lernzielen orientieren. Die Testkonstruktion erfolgte in Zusammenarbeit mit denselben Dozierenden für Fachdidaktik der Naturwissenschaften, die auch die Testaufgaben zum Sachwissen der Lehrpersonen erstellten (vgl. Kapitel 5.4.4). Aufgrund der Mitarbeit von Fachleuten, die sowohl mit den fachlichen Inhalten als auch mit den stufenspezifischen Lehrplanvorgaben vertraut sind, kann eine hohe curriculare Validität der Tests gewährleistet werden. Die Testaufgaben enthielten sowohl offene als auch geschlossene Antwortformate.

Mit der Erfassung der themenspezifischen Kenntnisse zur Unterrichtsreihe sollen Aussagen über den Lernerfolg gemacht werden. Lernerfolg wird dabei als Leistungsveränderung definiert, zu deren Erfassung wiederholte Messungen notwendig sind. Die Schülerinnen und Schüler mussten deshalb vor der Unterrichtsreihe einen Test zur Erfassung des themenspezifischen Vorwissens zum Thema „Keimung von Samen" und nach der Unterrichtsreihe einen Test zur Bestimmung der Lernzielerreichung absolvieren. Im Gegensatz zum ersten Test, wurde der Nachtest als Prüfung über die Inhalte der Unterrichtsreihe angekündigt. So hatten die Schülerinnen und Schüler Gelegenheit, sich gezielt auf den Test vorzubereiten. Die Tests wurden im Klassenverband nach standardisierten Vorgaben von den Lehrpersonen durchgeführt. Die Testzeit betrug je 45 Minuten.

Um Wiedererkennungs- bzw. Erinnerungseffekte trotz Testwiederholung zu minimieren, wurde ein Testdesign mit Multi-Matrix-Sampling (z.B. Baumert, Stanat & Demmrich, 2001; Adams & Wu, 2002) gewählt. Die Grundidee eines Testdesigns mit Multi-Matrix-Sampling besteht in der systematischen Zuordnung einzelner Aufgabenblöcke zu verschiedenen Testheften.

Die verschiedenen Testhefte enthalten jeweils nur eine Teilmenge aus dem gesamten Aufgabenpool und werden zufällig auf die zu testenden Schülerinnen und Schüler verteilt. Dieses Vorgehen erlaubt bei entsprechender Zuteilung der Testhefte, dass beim Vor- und Nachtest nicht identische Aufgaben bearbeitet werden müssen. Durch die systematische Überlappung der Aufgaben zwischen den verschiedenen Testversionen lassen sich die Ergebnisse auf einer gemeinsamen Kompetenzskala abbilden, obwohl die Schülerinnen und Schüler je nach Testheft unterschiedliche Aufgaben gelöst haben. Die Skalierung solcher Datensätze mit zufällig verteilten fehlenden Werten ist mittels Verfahren der Item-Response-Theorie (IRT) vorzunehmen, da die Itemparameter unabhängig von den Personen (stichprobenunabhängig) geschätzt werden müssen (z.b. Fischer & Molenaar, 1995; Rost, 2004; Bühner, 2006).

Tabelle 19 veranschaulicht das verwendete Testdesign. Der gesamte Aufgabenpool wurde so in vier Aufgabenblöcke (A bis D) unterteilt, dass möglichst viele der verschiedenen Lernziele abgedeckt und zeitlich etwa mit dem gleichen Aufwand zu lösen sind. Die Aufgabenblöcke A bis D wurden systematisch über die vier Testhefte rotiert, so dass jeder Block jeweils nur in zwei Testheften vorkommt. Die Testhefte wurden den Schülerinnen und Schülern so vorgelegt, dass sie beim Vor- und Nachtest jeweils andere Aufgaben lösen mussten. So bearbeitete beispielsweise ein Schüler, der im Vortest das Heft 1 mit den Aufgabenblöcken A+B erhalten hatte, im Nachtest das Heft 3 mit den Aufgabenblöcken C+D. Da der Itempool mit 12 bzw. 14 Aufgaben aufgrund des eingeschränkten Themenbereichs eher klein war, wurden aufgrund der Pilotstudie jeweils zwei Aufgaben (Block E) in jedes Testheft eingebaut. Diese beiden Aufgaben lösten somit sämtliche Schülerinnen und Schüler zu beiden Messzeitpunkten und dienten bei der Skalierung als zusätzliche Ankeritems. Die Verwendung verschiedener Testhefte hat ausserdem den praktischen Vorteil, dass bei der Testdurchführung keine Möglichkeit zum Abschreiben beim Sitznachbarn besteht.

Die Korrektur und Codierung der Testhefte zur Unterrichtsreihe erfolgte durch eigens dafür geschulte höhersemestrige Studierende der Pädagogischen Hochschule St.Gallen. Für die Skalierung der Tests wurden nur die Ergebnisse jener Schülerinnen und Schüler berücksichtigt, von denen sowohl für den Vortest wie für den Nachtest Daten vorliegen. Testaufgaben und Lösungsschlüssel sind im Anhang zum wissenschaftlichen Schlussbericht des Projekts „Adaptive Lehrkompetenz" zu finden (Beck et al., 2008).

Tabelle 19: Testdesign für die Messung der Leistungsveränderung im Verlaufe der Unterrichtsreihe „Keimen von Samen"

Schüler-ID	Vortest (Aufgabenblöcke)	Nachtest (Aufgabenblöcke)
1	Testheft 1 (AEB)	Testheft 3 (CED)
2	Testheft 2 (BEC)	Testheft 4 (DEA)
3	Testheft 3 (CED)	Testheft 1 (AEB)
4	Testheft 4 (DEA)	Testheft 2 (BEC)

Die Skalierung der Leistungstests erfolgte auf der Grundlage der probabilistischen Testtheorie (z.b. Rost, 2004; Bühner, 2006). Probabilistische Testmodelle beruhen auf der Grundannahme, dass das Lösen einer Testaufgabe ein Indikator für die latente Fähigkeit einer Person darstellt. Dabei steigt mit zunehmender Personenfähigkeit die Wahrscheinlichkeit, zu richtigen Lösungen zu gelangen. Da die Leistungstests sowohl dichotome Items als auch Aufgaben mit Teillösungen enthalten, wurde das *ordinale Rasch-Modell* bzw. *Partial-Credit-Model* (PCM) angewendet. Insgesamt umfassen die 12 Items des Primarstufentests 42 Antwortkategorien (30 Schwellenwerte), die 14 Items des Tests für die Sekundarstufe I enthalten 50 Antwortkategorien (36 Schwellenwerte).

Die Leistungstests wurden für die Primarstufe und die Sekundarstufe je unabhängig voneinander skaliert.[19] Es wurden also je separate Itemparameter und Fähigkeitswerte der Schülerinnen und Schüler berechnet. Da sowohl für den Vortest als auch für den Nachtest derselbe Aufgabenpool eingesetzt wurde, sind die Items für beide Messzeitpunkte simultan skaliert worden.[20]

Anhand der in Abbildung 3 dargestellten Beispielaufgabe (Item 5: Samenbestandteile) aus dem Test für die Sekundarstufe I soll die Skalierung illustriert werden. Die Schülerinnen und Schüler mussten bei dieser Aufgabe aus elf Antwortvorgaben die sechs korrekten Antworten (Samenbestandteile) ankreuzen. Pro richtige Antwort wurde ein halber Punkt vergeben, pro falsche Antwort wurde ein halber Punkt abgezogen. Die Punktzahl wurde so gerundet, dass bei dieser Aufgabe 0, 1, 2 oder 3 Punkte erreicht werden konnten. Es handelt sich also um ein *Partial Credit Item* mit vier geordneten Antwortkategorien.

---

19 Prinzipiell wäre auch eine gemeinsame Skalierung des Primarstufen- und Sekundarstufentests möglich gewesen. Dies hätte jedoch geeignete Ankeritems vorausgesetzt, die in beiden Tests hätten dargeboten werden müssen. Eine gemeinsame Skalierung wäre vor allem dann vorteilhaft, wenn Leistungsunterschiede zwischen Primar- und Sekundarstufe im Fokus stünden. In der vorliegenden Arbeit ist dies aber nicht der Fall.

20 Die Skalierung erfolgte mit der Software RUMM 2020 (Rasch Unidimensional Models for Measurement).

Samenbestandteile   *OS 05*

Woraus besteht ein reifer Same? Kreuze die richtigen Antworten an.

☐ Fruchtknoten
☐ Samenschale
☐ Kapsel
☐ Nährgewebe
☐ Embryo
☐ Keimzelle
☐ Keimwurzel
☐ Speicherstoffe
☐ Keimblatt
☐ Samenanlage
☐ Fruchtwand

Abbildung 3: Beispielaufgabe (Item 5: Samenbestandteile) aus dem Leistungstest „Keimung von Samen" für die Sekundarstufe I

Zur Skalierung solcher Aufgaben mit mehreren Lösungskategorien wird das ordinale Rasch-Modell bzw. *Partial-Credit-Model* (PCM) angewendet. Die jeweiligen Antwortkategorien können dabei als unterschiedlich schwierige Einzelaufgaben aufgefasst werden, wobei sich dabei die Antwortwahrscheinlichkeiten gegenseitig bedingen. Die Kategorienfunktion in Abbildung 4 beschreibt die Wahrscheinlichkeit, mit der eine bestimmte Antwortkategorie in Abhängigkeit der Personenfähigkeit erreicht wird. So ist bei der Aufgabe 5 zu den Samenbestandteilen zu erwarten, dass Schülerinnen und Schüler mit hohen Fähigkeiten mit hoher Wahrscheinlichkeit die richtige Lösung (3 Punkte) finden. Für Schülerinnen und Schüler mit einem Fähigkeitswert oberhalb des Schwellenwerts .65 ist die Antwortkategorie 3 am wahrscheinlichsten. Mit etwas geringerer Wahrscheinlichkeit erreichen diese Schülerinnen und Schüler nur eine teilweise richtige Lösung und eine völlig falsche Lösung ist sehr unwahrscheinlich. Umgekehrt ist bei Schülerinnen und Schülern mit schwachen Leistungen im Gesamttest (niedrige Personenparameter) die Wahrscheinlichkeit für eine falsche Antwort am grössten. Je weiter man sich beim Fähigkeitsparameter nach rechts begibt, um so grösser wird die Wahrscheinlichkeit einer teilweise richtigen Lösung (der Schwellenwert für die Erreichung eines Punktes liegt bei -.71). Durchschnittliche Schülerinnen und Schüler der Sekundarstufe I erreichen mit hoher Wahrscheinlichkeit mindestens einen Punkt, wobei bereits leicht überdurchschnittliche Schülerinnen und Schüler (mit einem Fähigkeitswert > .06) eher zwei oder ab einem Wert von .65 sogar alle drei Punkte erzielen. Der Itemparameter von .09 (gemittelter Schwellenparameter) verweist darauf, dass es sich insgesamt um eine mittelschwere Aufgabe handelt.

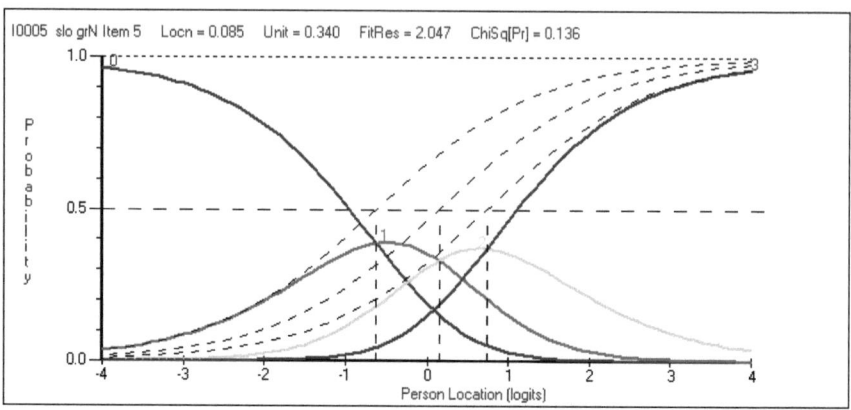

Abbildung 4: Kategorien-Wahrscheinlichkeits-Kurven (Category Probability Curves) am Beispiel des Items 5 (Samenbestandteile) aus dem Test für die Sekundarstufe I

Abbildung 5 zeigt die *Item Characteristic Curve* (ICC) für dieselbe Aufgabe 5. Sie veranschaulicht die Beziehung zwischen dem – mit dem Gesamttest gemessenen – latenten Fähigkeitsmerkmal und der erwarteten Punktzahl im (manifesten) Item. Die Punkte in der Abbildung repräsentieren die beobachteten Punktzahlen in diesem Item für zehn Gruppen von Schülerinnen und Schülern, die auf Grund der Fähigkeitswerte gebildet wurden. Die Abbildung verdeutlicht, dass für dieses Item die spezifische Objektivität als eine Grundbedingung von IRT-Modellen erfüllt ist, nämlich dass Schülerinnen und Schüler mit zunehmender Fähigkeit die Aufgaben mit höherer Wahrscheinlichkeit richtig lösen müssten. Anders formuliert heisst dies, dass bei Gültigkeit der IRT-Modellannahmen die Höhe des Schwierigkeitsparameters unabhängig der untersuchten Teilstichprobe bestimmt ist (Brandstätter, 2001).

Aus der ICC lässt sich überdies ablesen, wie gut ein Item zwischen hohen und niedrigen Fähigkeitswerten diskriminiert (Trennschärfe). Je steiler die Kurve, desto stärker trennt die Aufgabe zwischen besseren und schwächeren Schülerinnen und Schülern. Umgekehrt können Aufgaben mit flachen Steigungen kaum zwischen guten und weniger guten Schülerinnen und Schülern unterscheiden. Weder eine zu starke noch eine zu geringe Trennschärfe ist wünschenswert. Die abgebildete Steigung liegt mit einem Wert von 0.90 nahe am Idealwert von 1. Das hier verwendete 2-Parameter-Modell (Birnbaum-Modell) lässt unterschiedliche Trennschärfenparameter pro Item zu (z.B. Bühner, 2006). Damit der Summerwert dennoch eine erschöpfende Statistik der Personenfähigkeit darstellt, werden als Folge davon die Itemantworten zuerst mit der Trennschärfe gewichtet. Trennscharfe Items werden demnach stärker gewichtet als weniger trennscharfe Items.

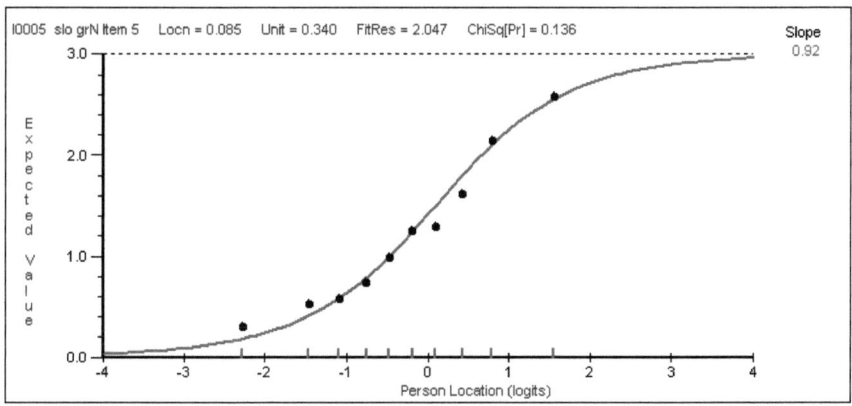

Abbildung 5: Item Characteristic Curve (ICC) und beobachtete Werte am Beispiel des Items 5 (Samenbestandteile) aus dem Test für die Sekundarstufe I

Die Testkennwerte zeigen, dass die Tests zur Unterrichtsreihe „Keimen von Samen" den Kriterien einer IRT-Skalierung genügen und die Messmodelle die empirische Datengrundlage hinreichend genau abbilden (Tabelle 20). Die Item- und Personen-Fit-Masse geben an, ob die Items IRT-konform sind, bzw. ob die Personen die Items insgesamt modellkonform gelöst haben. Diese Fit-Indizes sind z-verteilt, wobei Personen-Fit-Werte kleiner als -1.96 darauf verweisen, dass ein nicht modellkonformes Antwortmuster vorliegt (Bühner, 2006). In den beiden vorliegenden Tests liegen sowohl die Item- als auch die Personenparameter deutlich innerhalb der tolerierbaren Grenzen, weshalb insgesamt auf Modellgültigkeit geschlossen werden kann.[21]

Tabelle 20: Kennwerte der Leistungstests für die Primarstufe und die Sekundarstufe I zur Unterrichtsreihe „Keimung von Samen"

	Itemparameter				Personparameter				Reliabilität
	Location		Fit Residual		Location		Fit Residual		Separation Index
	M	SD	M	SD	M	SD	M	SD	
Primarstufe	.00	.68	-.16	1.76	.22	.86	-.22	.85	.61
Sekundarstufe I	.00	.60	-.15	1.75	-.35	1.24	-.16	.91	.81

---

21 Es ist jedoch auch anzumerken, dass der *Likelihood Ratio Test* als globale Prüfgrösse jeweils statistisch signifikant ausfällt. Dies ist nach Bühner (2006) nicht aussergewöhnlich, da in der Praxis die Voraussetzungen für diesen Modelltest praktisch nie erfüllt sind und die Angabe nicht aussagekräftig ist.

Der Test für die Primarstufe war mit einem durchschnittlichen Personenparameter von .22 etwas leichter als der Test für die Sekundarstufe I (-.35). Positive Fähigkeitswerte weisen auf eine durchschnittliche Lösungswahrscheinlichkeit von über 50 Prozent hin, negative Werte auf eine Lösungswahrscheinlichkeit unter 50 Prozent.

Der Test für die Sekundarstufe I erfüllt die Reliabilitätskriterien gut (Separation Index = .81), die Reliabilität des Primarstufentests liegt tiefer, kann aber noch als ausreichend bewertet werden.

Auf Grund der ermittelten Fähigkeitsparameter wurden sechs extreme Ausreisser von den Analysen zu den Testleistungen der Unterrichtsreihe ausgeschlossen, womit 832 Schülerinnen und Schüler mit gültigen Werten verbleiben.

Die Abbildungen 6 und 7 zeigen die Aufgabenverteilungen bzw. deren Schwellenwerte gemäss ihrem Schwierigkeitsgrad und stellen sie den Fähigkeitswerten der Schülerinnen und Schüler gegenüber.

Damit die beiden stufenspezifischen Tests miteinander verglichen werden können, wurden die Testleistungen im Vortest, analog zum Vorgehen beim Test zum Sachwissen der Lehrpersonen (vgl. Kapitel 5.4.4), z-standardisiert und auf eine Skalenmetrik mit einem Mittelwert von 50 und einer Standardabweichung von 10 transformiert (T-Werte). Die Standardisierung der Nachtestergebnisse erfolgte am Mittelwert und an der Standardabweichung des Vortests. Auf diese Weise sind die Leistungsergebnisse der beiden Messzeitpunkte auf der gleichen Metrik interpretierbar.

In Abbildung 8 sind die Kennwerte und anhand von Perzentilbalken die Leistungsverteilungen in den beiden Tests zur Unterrichtsreihe „Keimung von Samen" dargestellt. Der schwarze Abschnitt in der Balkenmitte gibt das 95%-Konfidenzintervall an. Im hellen Bereich rund um den Mittelwert liegen die mittleren 50 Prozent der Leistungen. Der gesamte Balken gibt an, in welchem Bereich 90 Prozent der Leistungen liegen. Die besten und schwächsten 5 Prozent der Leistungen werden nicht dargestellt, um Verzerrungen durch Extremfälle zu eliminieren.

Der Leistungszuwachs zwischen Vor- und Nachtest beträgt durchschnittlich 15.2 Punkte, was einer Effektstärke von d = 1.44 entspricht. Das 95. Perzentil des Vortests liegt im Bereich des Mittelwerts des Nachtests. Die schwächsten fünf Prozent der Schülerinnen und Schüler erreichen auch nach der Unterrichtsreihe nicht den Mittelwert aus dem Vortest. Die Spannweite des Vortests beträgt 60.1 Punkte (Minimum = 12.4; Maximum = 72.5), jene des Nachtests fällt mit 77.2 Punkten (Minimum = 18.6; Maximum = 95.8) etwas grösser aus. Der visuelle Eindruck der Perzentilbalken lässt auf

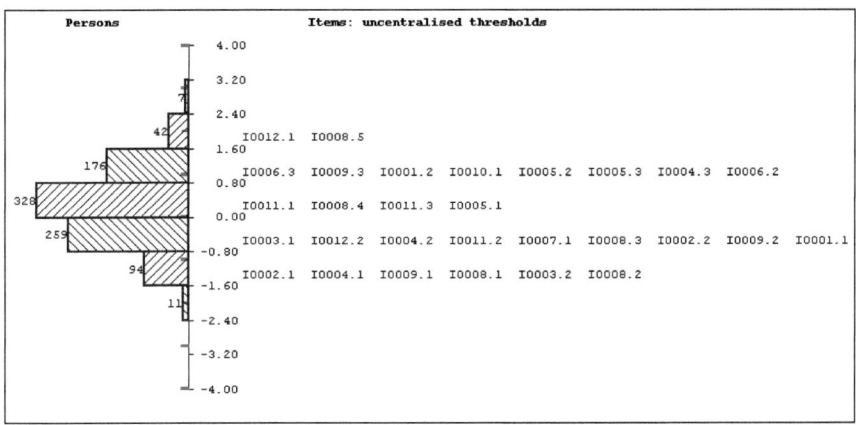

Abbildung 6: Schwierigkeitsgrad der Aufgaben (Item Map) für den Test zur Unterrichtsreihe der Primarstufe

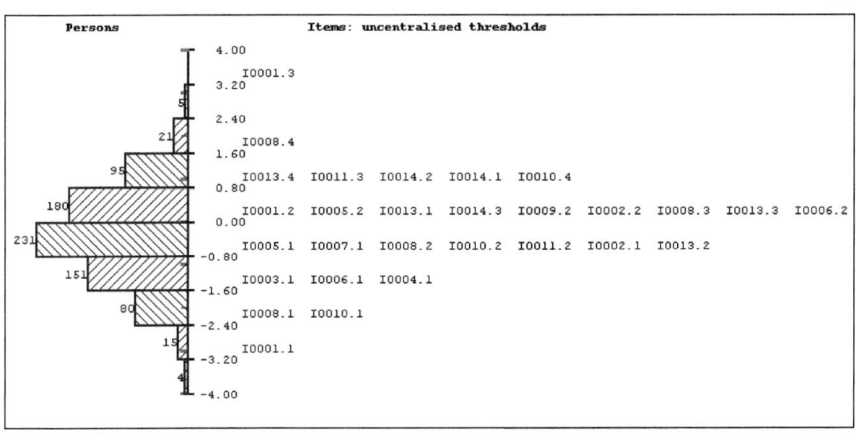

Abbildung 7: Schwierigkeitsgrad der Aufgaben (Item Map) für den Test zur Unterrichtsreihe der Sekundarstufe I

eine recht gute Normalverteilung der beiden Testskalen schliessen. Trotzdem fällt für den Vortest der Kolmogorov-Smirnov-Test statistisch signifikant aus (p = .02), was sich jedoch durch den grossen Stichprobenumfang erklären lässt. Der Nachtest ist auch gemäss Kolmogorov-Smirnov-Test normalverteilt.

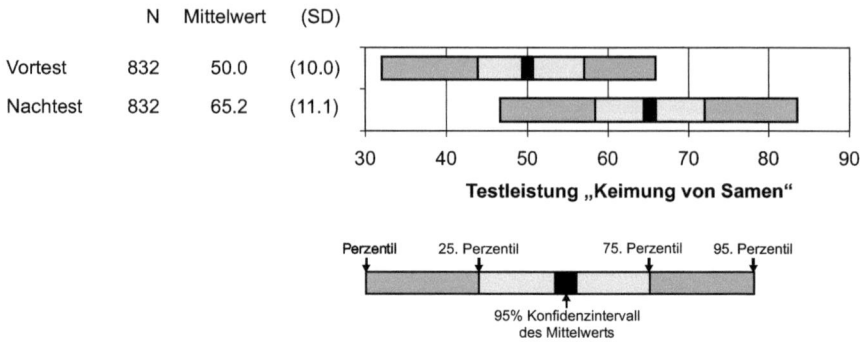

Abbildung 8: Leistungen im Test zur Unterrichtsreihe „Keimung von Samen"

5.4.9 Leistungstest in Naturwissenschaften

Die Ergebnisse aus dem globalen naturwissenschaftlichen Leistungstest werden, wie im vorangegangenen Kapitel ausgeführt, in dieser Arbeit nicht als
Mass für den individuellen schulischen Lernerfolg herangezogen, sondern lediglich als Kontrollvariable genutzt. Zum einen wird die naturwissenschaftliche Kompetenz als individuelle Lernvoraussetzung einbezogen, zum anderen wird die durchschnittliche Testleistung der Klasse als Mass für das
Leistungsniveau der Klasse im Fach Naturwissenschaften verwendet.

Im Rahmen der Studie „Adaptive Lehrkompetenz" wurden zur Erfassung der naturwissenschaftlichen Kompetenzen der Schülerinnen und Schüler zwei stufenspezifische Tests erstellt. Die Tests wurden im Klassenverband
von den Lehrpersonen durchgeführt und waren auf 45 Minuten Testzeit begrenzt. Da diese Testdaten nur als Kontrollvariablen in die Analysen Eingang
finden, wird der Leistungstest in Naturwissenschaften nur kurz dargestellt.
Nähere Informationen finden sich im wissenschaftlichen Schlussbericht des
Projekts „Adaptive Lehrkompetenz" (Beck et al., 2008). Testaufgaben und
Lösungsschlüssel befinden sich in dessen Anhang.

Die Testaufgaben wurden den beiden grossen internationalen Schulleistungsstudien TIMSS und PISA entnommen. Der Test für die Sekundarstufe I umfasst 26 Aufgaben, wovon 22 aus den naturwissenschaftlichen
TIMSS-Aufgaben der Population 2 (7. und 8. Klassenstufe; Beaton et al.,
1996) stammen. Vier Aufgaben sind den Beispielaufgaben von PISA 2000
bzw. dem Feldtest für PISA 2003 entnommen. Der Aufgabensatz für die Primarstufe besteht aus 19 ausgewählten naturwissenschaftlichen Aufgaben der
TIMSS-Studie. 15 Aufgaben wurden der TIMSS-Studie 1 (3. und 4. Klassenstufe; Martin et al., 1997), vier Aufgaben der Studie 2 (7. und 8. Klasse)

entnommen. Die Testaufgaben decken die naturwissenschaftlichen Fachbereiche *Biologie, Physik, Chemie, Erdwissenschaften* und *Umwelt* ab.

In Tabelle 21 sind die stufenspezifischen Kennwerte des *Leistungstests in Naturwissenschaften* dargestellt. Für den Test der Sekundarstufe I ergibt sich ein Reliabilitätskoeffizient von Cronbachs alpha = .76. Beim Test für die Primarstufe liegt der Wert mit α = .60 tiefer. Damit die Ergebnisse der beiden stufenspezifischen Tests vergleichbar sind, wurden die Rohwerte zunächst z-standardisiert und anschliessend mittels linearer Transformation auf eine Skalenmetrik mit einem Mittelwert (M) von 50 und einer Standardabweichung (SD) von 10 überführt (T-Werte).[22]

Tabelle 21: Kennwerte des Leistungstests in Naturwissenschaften für Schülerinnen und Schüler

Leistungstest in Naturwissenschaften	N	M	SD	α	Min	Max
Primarstufe	462	50	10	.60	13.2	68.1
Sekundarstufe I	423	50	10	.76	22.5	73.4

Anmerkung: Cronbachs alpha für standardisierte Items.

5.5 Analyseverfahren

Ein Schwerpunkt der Arbeit liegt bei der Verwendung angemessener statistischer Methoden, die der multiplen Determiniertheit schulischer Leistungsbedingungen (Helmke & Weinert, 1997) und den Einflüssen verschiedener Ebenen (v.a. Individuum, Klasse/Lehrperson) gerecht werden. Neben deskriptiven Statistiken zur Beschreibung des Datensatzes werden verschiedene multivariate Methoden (insbesondere Strukturgleichungsmodelle und Mehrebenenanalysen) eingesetzt, um die komplexe Datenstruktur adäquat analysieren zu können.

5.5.1 Strukturgleichungsmodelle

Strukturgleichungsmodelle (structural equation models, SEM) bezeichnen nicht eine einzelne Analysetechnik, sondern eine ganze Gruppe von statistischen Analysemethoden (Reinecke, 2005). Dabei werden Modelle aufgrund

---

22 Gegenüber der SNF-Studie „Adaptive Lehrkompetenz" wurde beim Test der Primarstufe aus Gründen mangelnder Trennschärfe ein Item ausgeschlossen. Die in dieser Arbeit verwendete Skala korreliert mit r = .99 mit der ursprünglichen Skala. Beim Test für die Sekundarstufe I wurden hingegen alle Items im Test belassen.

inhaltlicher Hypothesen gebildet und anhand der empirischen Daten getestet, wobei eine möglichst hohe Korrespondenz zwischen dem Modell und den Daten angestrebt wird. Strukturgleichungsmodelle zeichnen sich gegenüber traditionellen Regressionsmodellen durch verschiedene Vorteile aus (Byrne, 2001; Urban, 2004; Reinecke, 2005):

- Es können sowohl direkt beobachtete (manifeste) Variablen als auch nicht direkt gemessene (latente) Konstrukte bzw. Faktoren modelliert werden.
- Die freien (nicht durch Vorannahmen fixierten) Modellparameter können simultan geschätzt werden (z.B. Faktorladungen in Messmodellen oder Pfadkoeffizienten in Strukturmodellen).
- Die Modellierung von zufallsbedingten Varianzen (Messfehler) in Messmodellen führt zu messfehlerbereinigten Schätzungen der Zusammenhänge zwischen latenten Konstrukten. Dies bedeutet, dass die Konstruktvalidität bei der Parameterschätzung berücksichtigt wird. Wird kein Messmodell spezifiziert, werden die Koeffizienten des Strukturmodells unterschätzt.
- Die Qualität der gesamten Modellschätzung kann mittels statistischer Anpassungstests (sogenannter Fit-Indizes) geprüft werden. Dabei wird getestet, wie gut sich die empirischen Daten innerhalb des Modells reproduzieren lassen.

Die Verwendung von Strukturgleichungsmodellen bietet sich in dieser Studie aus mehreren Gründen an. Zunächst handelt es sich bei der adaptiven Lehrkompetenz nicht um ein direkt beobachtbares Merkmal, sondern um ein latentes Konstrukt, das mittels Vignetten- und Videotest gemessen wurde. Mit einer konfirmatorischer Faktorenanalyse (confirmatory factor analysis, CFA) kann geprüft werden, ob sich das latente Konstrukt adaptive Lehrkompetenz in den Daten identifizieren lässt.

Für die Verwendung von Strukturgleichungsmodellen spricht zweitens die messfehlerbereinigte Modellierung von Zusammenhängen zwischen latenten Variablen, wodurch eine präzisere Schätzung der Pfadkoeffizienten erreicht wird. Dies ist besonders wichtig, wenn Effekte von Bedingungsfaktoren auf Veränderungswerte analysiert werden sollen, da diese durch den Effekt der Regression zur Mitte beeinträchtigt werden (Prenzel, Carstensen, Schöps & Maurischat, 2006). Latente Analysen führen demzufolge bei der Schätzung der Effekte adaptiver Lehrkompetenz auf die Leistungsveränderungen der Schülerinnen und Schüler zu präziseren Ergebnissen.

Drittens wird hier angenommen, dass sich die adaptive Lehrkompetenz nicht direkt auf die Leistungen der Schülerinnen und Schüler auswirkt, sondern über dazwischen liegende Mediatorvariablen erklärt werden kann. Es sollen also Annahmen geprüft werden, wie abhängige Variablen (z.B. Variablen zur Unterrichtsqualität) auf weitere Kriteriumsvariablen (z.B. Leistung im Test „Keimung von Samen") einwirken. Strukturgleichungsmodelle erlauben die simultane Modellierung solcher direkter und indirekter Effekte.

Grundsätzlich könnten mit Strukturgleichungsmodellen zwar auch Interaktionseffekte modelliert werden (z.B. differentielle Effekte der adaptiven Lehrkompetenz in Abhängigkeit der Schulstufe). Da die Einführung von Interaktionstermen im Kontext von Strukturgleichungsmodellen weder einfach noch elegant durchführbar ist (Hox, 2002), werden in dieser Studie Interaktionseffekte nicht latent berechnet.

Eine Schwierigkeit für den Einsatz von Strukturgleichungsmodellen in der vorliegenden Arbeit ist der relativ geringe Stichprobenumfang auf der Ebene der Lehrpersonen. Normalerweise werden für Strukturgleichungsmodelle Stichprobengrössen von mindestens N = 200 empfohlen (z.B. Bühner, 2006), da bei kleineren Stichproben häufiger Schätzprobleme auftreten können. Allerdings hängt die anzustrebende Stichprobengrösse auch mit der Modellkomplexität zusammen. Insbesondere bei kleinen Stichproben spielt für eine korrekte Schätzung der Anpassungsgüte auch die Modellgrösse eine Rolle. Hoogland und Boomsma (1998) empfehlen, dass die Stichprobengrösse nicht kleiner als das Fünffache der Anzahl Freiheitsgrade sein sollte, um zuverlässige Chi-Quadrat Statistiken zu erhalten.[23]

Generell gilt, dass bei kleinen Stichprobengrössen Modelle mit vielen Indikatoren pro Faktor und hohen Faktorladungen zu stabileren Lösungen und besseren Schätzungen führen (Hoogland & Boomsma, 1998; Boomsma & Hoogland, 2001). Dies trifft sowohl auf die Schätzung der Parameter als auch der Standardfehler zu. Gemäss Boomsma und Hoogland (2001, S. 140) reichen für Modelle mit sechs oder mehr Indikatoren pro Faktor Stichprobengrössen von 50 aus, um eine genügende Schätzgenauigkeit zu erzielen. Allerdings zeigt sich auch, dass mit zunehmender Anzahl Items pro Faktor der Chi-Quadrat-Wert tendenziell überschätzt wird, wodurch passende Modelle oftmals vorschnell verworfen werden (Bühner, 2006).

Der geringe Stichprobenumfang bringt ausserdem mit sich, dass die Teststärke der Parameterschätzungen innerhalb des Modells geringer ausfällt als bei grösseren Stichproben (Hancock, 2006). Die geringe Teststärke bedeutet für diese Arbeit, dass nur bei grossen Effekten statistisch signifikante Ergebnisse ausgewiesen werden, wodurch die Gefahr fälschlicherweise verworfener Nullhypothesen (α-Fehler) als relativ gering zu betrachten ist.

---

23 Diese Empfehlung gilt für Maximum Likelihood Schätzungen (ML). Bei Schätzungen nach der Generalised Least Square Methode (GLS) führen auch halb so grosse Stichproben zu akzeptablen Schätzungen der Chi-Quadrat Statistik.

Zur Beurteilung der Anpassungsgüte von Strukturgleichungsmodellen an die Daten wird mit Hilfe eines Chi-Quadrat-Tests geprüft, wie gut das spezifizierte Modell mit den Daten übereinstimmt (z.b. Bühner, 2006). Wenn das Modell zur Datenstruktur passt, fällt der Chi-Quadrat-Test nicht signifikant aus. In diesem Falle unterscheiden sich die beobachteten und die geschätzten Werte nur geringfügig. Da der Chi-Quadrat-Test stark von der Stichprobengrösse abhängt, werden bei kleinen Stichproben möglicherweise Modelle angenommen, die bedeutsam vom perfekten Modell abweichen. Aufgrund der Stichprobensensitivität des Chi-Quadrat-Tests werden auch andere Fit-Indizes herangezogen, um die Modellgüte zu beurteilen. Diese lassen sich in relative (bzw. inkrementelle oder komparative) und absolute Fit-Indizes unterscheiden (z.b. McDonald & Ho, 2002; Bühner, 2006): *Relative Indizes* beruhen auf einem Vergleich des spezifizierten Modells mit dem Null-Modell bzw. Unabhängigkeits-Modell, d.h. einem Modell, in welchem keine Kovarianzen zwischen den beobachteten Variablen bestehen (z.B. Comparative Fit Index, CFI). *Absolute Indizes* geben dagegen direkt an, wie gut das Modell die Daten im Vergleich zum saturierten Modell, d.h. einem Modell ohne Freiheitsgrade, beschreibt (z.b. Root Mean Square Error of Approximation, RMSEA).

In dieser Arbeit werden mehrere Fit-Indizes angegeben, um die unterschiedlichen Informationen (z.b. unterschiedliche Berücksichtigung der Modellkomplexität) der Indizes zur Beurteilung der Modellgüte zu nutzen. Ausgewählt wurden insbesondere Indizes, die eine geringe Sensitivität gegenüber der Stichprobengrösse aufweisen. Neben dem Chi-Quadrat-Wert und dem dazugehörigen p-Wert werden auch CFI, RMSEA (mit pclose) und der SRMR (Standardized Root Mean Residual) angegeben. Als Kriterium für eine ausreichende Modellanpassung werden die in der Literatur üblichen Cutoff-Werte verwendet (Hu & Bentler, 1999; Byrne, 2001; McDonald & Ho, 2002; Yu, 2002; Bühner, 2006): Für ein gutes Modell sollte der CFI einen Wert > .95 (auch > .90 akzeptabel), der RMSEA < .05 (< .08) mit einer Irrtumswahrscheinlichkeit (pclose) > .50 und der SRMR < .08 aufweisen. Ebenfalls ausgewiesen wird der CAIC (Consistent Akaike's Information Criterion), der vor allem bei Modellvergleichen hilfreich ist, wobei ein kleinerer Wert für ein besseres Modell spricht (Byrne, 2001). Obgleich die Fit-Indizes wichtige Masse zur Beurteilung der Modellgüte darstellen, sollte nicht allein auf sie vertraut werden. Es sind immer auch theoretische und praktische Überlegungen anzustellen.

Für die konfirmatorischen Faktorenanalysen (vgl. Kapitel 6.1), die nur Daten der Lehrpersonen (zweite Analyseebene) verwenden, wurde die Software AMOS 7.0 (Arbuckle & Wothke, 1999) eingesetzt. Die latente Analyse von Mehrebenenmodellen in Kapitel 6.4 wurde mit Mplus 4.1 (Muthén

& Muthén, 1998-2006) durchgeführt. Sofern nicht anders vermerkt wird als Schätzmethode die Maximum-Likelihood-Methode (ML-Methode) verwendet, da diese auch bei relativ geringen Stichprobenumfängen zu genauen Ergebnissen führt und gegenüber Verletzungen der multivariaten Normalverteilungsannahme robust ist (Hox, 2002; Bühner, 2006).

5.5.2 Hierarchische Struktur der Daten

Die Entstehung schulischer Leistungen verläuft in einem komplexen Prozess, in welchem soziale Faktoren mit Merkmalen der Lernenden, des Unterrichts und der Lehrperson interagieren. Dieses Zusammenspiel von Personen- und Situationsmerkmalen ist für das Lernen in Schulklassen kennzeichnend und in der pädagogisch-psychologischen Forschung mit einzubeziehen (Lüdtke & Köller, 2006). Wie im mehrebenenanalytischen Angebots-Nutzungs-Modell des schulischen Lernens ausgeführt wurde (vgl. Kapitel 2.2), verlangt die simultane Berücksichtigung von individuellen Schülermerkmalen, Lehrervariablen und Kontextfaktoren der Klasse, dass die Mehrebenenstruktur auch in den Daten abzubilden und bei der statistischen Anlayse zu berücksichtigen ist (Seel, 2005).

Solche hierarchisch geschachtelten Daten unterscheiden sich in zwei wesentlichen Punkten von einfachen Stichproben (Lüdtke, Trautwein, Schnyder & Niggli, 2007). Zum einen setzt sich die Varianz zwischen den Schülerinnen und Schülern aus zwei verschiedenen Variationsquellen zusammen, nämlich aus den individuellen Unterschieden und den Unterschieden auf der Klassenebene bzw. der Lehrperson. Zum anderen sind die Schülerangaben statistisch nicht voneinander unabhängig, weil Merkmale der Lehrperson oder der gemeinsamen Lernumgebung dazu führen, dass sich zahlreiche Merkmale der Schülerinnen und Schüler innerhalb einer Klasse ähnlicher sind als zwischen verschiedenen Klassen. Dieser sogenannte Design-Effekt (Kish, 1995) bedeutet, dass bei geclusterten Daten die tatsächliche Stichprobengrösse überschätzt und folglich der Standardfehler unterschätzt wird, wenn gewöhnliche Signifikanztests eingesetzt werden. Mit mehrebenenanalytischen Verfahren (z.B. Ditton, 1998; Kreft & De Leeuw, 1998; Snijders & Bosker, 1999; Hox, 2002; Raudenbush & Bryk, 2002; Schwetz & Subramanian, 2005) wird die Abhängigkeit innerhalb von Gruppen berücksichtigt und der Design-Effekt korrigiert.

Der vorliegende Datensatz bildet eine Mehrebenenstruktur ab, indem neben den Daten der untersuchten Lehrpersonen auch Daten der von ihnen unterrichteten Schülerinnen und Schülern vorliegen. Letztere werden auch als Informationsquelle genutzt, um das unterrichtliche Handeln der Lehrpersonen und Merkmale der Lernumgebung zu beurteilen. Dabei interessiert nicht die subjektive Wahrnehmung der einzelnen Schülerinnen und Schüler, sondern die auf Klassenebene aggregierten Daten, die als geteilte Unterrichtswahrnehmung interpretiert werden. Aus methodischer Sicht bringt die Aggregierung der Schülerdaten den Vorteil mit sich, dass die Reliabilität der Unterrichtswahrnehmung auf Klassenebene besonders hoch ausfällt, weil die individuelle Fehlervarianz gemittelt wird (z.b. Clausen, 2002). Allfällige individuelle Wahrnehmungsverzerrungen, etwa weil die Unterrichtswahrnehmung von der individuellen Leistungsfähigkeit oder von der Leistungsbeurteilung durch die Lehrpersonen abhängen könnte, können in latenten Mehrebenenmodellen berücksichtigt werden, indem auf der Individualebene Korrelationen zwischen Unterrichtswahrnehmungen und Leistungsergebnissen modelliert werden.

Die Untersuchung von Unterrichtsprozessen unter Verwendung aggregierter Schülerdaten ist mit einigen methodischen Herausforderungen verbunden. So konnten Lüdtke, Robitzsch und Köller (2002) nachweisen, dass bei der Analyse von Kontexteffekten aufgrund aggreggierter Merkmale statistische Artefakte auftreten können. Die Wahrscheinlichkeit statistischer Artefakte steige mit niedrigerer Reliabilität der Individualmerkmale und mit zunehmender Intraklassenkorrelation (ICC_1). Aus diesem Grund ist den psychometrischen Eigenschaften der aggregierten Schülerdaten besondere Aufmerksamkeit zu widmen.

Analog zur Angabe von Cronbachs alpha werden zur Bestimmung der Reliabilität von aggregierten Daten die Intraklassenkorrelationen ICC_1 (Varianz zwischen den Gruppen) und ICC_2 (Reliabilität des aggregierten Konstrukts) verwendet (Raudenbush & Bryk, 2002; Lüdtke, Marsh, Robitzsch, Trautwein, Asparouhov & Muthén, 2008; Wagner, 2008; Lüdtke et al., 2009). Die ICC_1 ist ein Mass für den Anteil der Varianz zwischen den Klassen zur Gesamtvarianz. Im Falle der Unterrichtswahrnehmung durch die Schülerinnen und Schüler gibt die ICC_1 an, wie stark die Wahrnehmung von der Zugehörigkeit zu verschiedenen Klassen beeinflusst wird. Ein hoher Wert der ICC_1 verweist auf eine grosse Übereinstimmung in der Unterrichtswahrnehmung innerhalb der Klasse und auf Unterschiede in der Unterrichtswahrnehmung zwischen den Klassen. Analysen auf Klassenebenen machen nur Sinn, wenn die Unterrichtsprozesse zwischen den Klassen systematisch variieren. Auch wenn die ICC_1 theoretisch Werte zwischen 0 und 1 annehmen kann, übersteigt bei der Messung von Unterrichtsprozessen durch die Schülerinnen und Schüler die ICC_1 den Wert von .30 selten (Trautwein & Lüdtke, 2009). Lüdtke et al. (2007) verweisen darauf, dass die ICC_1 unterschätzt werde, wenn nicht latent gerechnet wird, da die Messungen mit einem Messfehler behaftet sind. Die „wahren" ICC_1-Werte fielen höher aus, weil ein übergeordnetes Konstrukt auf der Gruppenebene durch Einschätzungen auf der Individualebene gemessen wird, und der Messfehler vor allem für die Individualebene bedeutsam ist.

Anders als die ICC_1 bezieht sich die ICC_2 nicht auf die Individualebene, sondern ist ein Reliabilitätsmass für das auf Klassenebene aggregierte Konstrukt (Wagner, 2008; Lüdtke et al., 2009). Dabei steigt die Reliabiltität, d.h. die Genauigkeit des kollektiven Schülerurteils, mit der Anzahl der beurteilenden Schülerinnen und Schüler in der Klasse an.[24] Üblicherweise gelten Werte ab .70 als ausreichend für die Reliabilität von aggregierten Merkmalen.

Eine weitere wesentliche Entscheidung bei der Analyse von hierarchischen Daten betrifft die Frage nach der Zentrierungsoption (Raudenbush & Bryk, 2002; Lüdtke et al., 2009). Grundsätzlich lassen sich zwei Varianten unterscheiden: Erstens, die *Zentrierung am Gruppenmittelwert* (centering within cluster; CWC).[25] Bei diesem Vorgehen ist zu beachten, dass Effekte der aggregierten Unterrichtswahrnehmung zwischen den Klassen nicht nach interindividuellen Unterschieden der Schülerinnen und Schüler innerhalb der Klassen kontrolliert sind. Zweitens, die *Zentrierung am Gesamtmittelwert* (centering at the grand mean; CGM). Bei dieser Variante sind die interindividuellen Unterschiede der Schülerinnen und Schüler bei der Unterrichtswahrnehmung kontrolliert, wenn Effekte der Klassenebene auf eine Kriteriumsvariable (z.B. Lernertrag) geschätzt werden sollen. Demzufolge kann in CGM-Modellen der Effekt zwischen Klassen als partieller, nach den individuellen Schülerurteilen kontrollierter Effekt bezeichnet werden, wohingegen in CWC-Modellen keine Adjustierung an den unterschiedlichen Individualurteilen stattfindet. Dieser Unterschied führt dazu, dass je nach Zentrierungsoption grosse Unterschiede in den Effekten der geteilten Unterrichtswahrnehmung auftreten können.

Lüdtke et al. (2009) argumentieren, dass es auf die Forschungsfrage ankomme, welche der Zentrierungsoptionen gewählt werden soll. Beispielsweise schlagen Raudenbush und Bryk (2002) für die Frage nach dem Kontexteffekt der sozialen Herkunft auf die Schulleistung die Zentrierung am Gesamtmittelwert vor, weil sich die mittlere soziale Herkunft einer Schule aus der sozialen Herkunft der einzelnen Schülerinnen und Schüler zusammensetzt, letztere aber kontrolliert werden muss, um den Kontexteffekt nicht zu überschätzen. Denn die Annahme, dass die soziale Herkunft einzel-

---

24 Im Falle identischer Gruppengrössen ist die ICC_2 analog zu Cronbachs alpha zu interpretieren (Wagner, 2008).

25 Anstelle der Zentrierung am Gruppenmittelwert können auch nur die aggregierten Schülerurteile ins Mehrebenenmodell einbezogen werden, weil dadurch die individuellen Unterschiede ebenfalls nicht kontrolliert werden (Lüdtke et al., 2009).

ner Schülerinnen und Schüler durch die mittlere soziale Herkunft beeinflusst wird, ist wenig plausibel.

Soll hingegen die geteilte Wahrnehmung von Lernumgebungen untersucht werden, kann davon ausgegangen werden, dass alle individuellen Schülerwahrnehmungen dasselbe Konstrukt (z.B. Vermittlungsqualität der Lehrperson) auf der Klassenebene messen (Lüdtke et al., 2009). Die einzelnen Schülerdaten entsprechen dann unabhängigen Beobachtungen für das Konstrukt auf der Klassenebene, das jedoch das Lernen der einzelnen Schülerinnen und Schüler beeinflussen kann. In diesem Falle ist die Kontrolle der individuellen Schülerwahrnehmungen unangebracht und die Zentrierung am Gruppenmittelwert zu bevorzugen.

Gemäss dieser Argumentation wird in der vorliegenden Arbeit in den Mehrebenenanalysen die Zentrierung am Gesamtmittelwert gewählt, wenn die Individuelebene eines entsprechenden aggregierten Merkmals kontrolliert werden soll (z.B. Fremdsprachenanteil, mittlere soziale Herkunft oder mittleres Leistungsniveau einer Klasse). Bei der Verwendung von aggregierten Schülerdaten zur Erfassung der Unterrichtsqualität wird hingegen die Zentrierung am Gruppenmittelwert benutzt.

Wie bei traditionellen statistischen Verfahren hängt auch für Mehrebenenanalysen die Schätzgenauigkeit von der Stichprobengrösse ab. Dabei spielt weniger die Gesamtstichprobe eine Rolle, sondern vor allem die Anzahl der Einheiten auf höheren Ebenen (Jones & Duncan, 1998; Maas & Hox, 2005). Generell gilt, dass mit zunehmender Stichprobengrösse auf allen Ebenen die Koeffizienten und ihre Standardfehler präziser geschätzt werden. Hox (2002, S. 175) empfiehlt für Mehrebenenanalysen, bei denen wie in der vorliegenden Studie ein starkes Interesse an festen Effekten und an cross-level Interaktionen besteht, einen Stichprobenumfang von etwa 50 Gruppen mit ca. 20 Individualfällen pro Gruppe. Die vorliegende Stichprobengrösse kann demnach für die vorgesehenen Mehrebenenanalysen als ausreichend bezeichnet werden.

Die Mehrebenenanalysen wurden mit dem Softwarepaket MLwiN 2.0 (Rasbash, Steele, Browne & Prosser, 2005) durchgeführt. Als Schätzverfahren wurde die auf der Maximum-Likelihood-Methode basierende IGLS-Prozedur (Iterative Generalized Least Squares) verwendet, da diese gegenüber Verletzungen der Normalverteilungsannahmen robust ist.

Die mehrebenenanalytischen Strukturgleichungsmodelle zur Analyse von latenten Variablen (vgl. das Mediatormodell der adaptiven Lehrkompetenz in Kapitel 6.4), welche die Modellierung von direkten und indirekten Effekten sowie messfehlerbereinigten Schätzungen der Pfadkoeffizienten auch auf der zweiten Ebene ermöglichen (Hox, 2002; Preacher, Zyphur & Zhang, 2010), wurden mit Mplus 4.1 (Muthén & Muthén, 1998-2006) durchgeführt.

Als Schätzmethode wurde die Maximum-Likelihood-Methode (ML-Methode) verwendet. Die Modellierung von cross-level Interaktionen wurde jedoch aufgrund des relativ geringen Stichprobenumfangs mit nicht latenten Variablen unter Verwendung der Software MLwiN 2.0 (Rasbash et al., 2005) durchgeführt.

6 Ergebnisse

6.1 Konstruktvalidität und Zusammenhänge der adaptiven Lehrkompetenz mit Merkmalen der Lehrperson

6.1.1 Konstruktvalidität der adaptiven Lehrkompetenz

In einem ersten Analyseschritt wird die Operationalisierung des Konstrukts *adaptive Lehrkompetenz* überprüft. Dabei geht es um die Frage, inwiefern die mittels Vignetten- und Videotest gemessenen Dimensionen mit dem latenten Konstrukt adaptive Lehrkompetenz zusammenhängen. Bevor das Messmodell für die adaptive Lehrkompetenz mittels konfirmatorischer Faktorenanalysen validiert wird, sind in Tabelle 22 die Korrelationsmatrix der manifesten Indikatoren der adaptiven Lehrkompetenz sowie deren Mittelwerte (M) und Standardabweichungen (SD) dargestellt. Die drei ersten Variablen wurden mit Hilfe des Vignettentests erfasst und repräsentieren die adaptive Planungskompetenz (vgl. Kapitel 5.4.2), die übrigen drei Variablen zur Handlungskompetenz stammen aus dem Videotest (vgl. Kapitel 5.4.3). Erwartungsgemäss korrelieren sämtliche Indikatoren positiv. Die Klassenführungskompetenz weist durchwegs niedrigere und zum Teil statistisch nicht signifikante Korrelationen mit den übrigen Dimensionen auf. Erwähnenswert ist überdies, dass die Zusammenhänge über beide Messinstrumente hinweg ähnlich hoch ausfallen.

Tabelle 22: Interkorrelationen der Dimensionen adaptiver Lehrkompetenz

	(1) P_DG	(2) P_DID	(3) P_SW	(4) H_DG	(5) H_DID	(6) H_KLF
(1) Diagnostische Planungskompetenz (P_DG)	-					
(2) Didaktische Planungskompetenz (P_DID)	.40*	-				
(3) Bedeutung der Sachkompetenz (P_SW)	.38*	.26	-			
(4) Diagnostische Handlungskompetenz (H_DG)	.32*	.41*	.32*	-		
(5) Didaktische Handlungskompetenz (H_DID)	.40*	.27*	.56*	.46*	-	
(6) Klassenführungskompetenz (H_KLF)	.25*	.08	.20	.26*	.24*	-
Mittelwert (M)	31.29	40.82	26.53	31.08	49.36	42.86
Standardabweichung (SD)	19.73	24.84	30.79	21.87	15.12	25.64

Anmerkung: Korrelationskoeffizienten nach Pearson. N = 49; *p<.05 (einseitige Testung).[26]

Für die Konstruktvalidierung der adaptiven Lehrkompetenz werden aufgrund inhaltlicher Überlegungen zwei verschiedene Modellvarianten spezifiziert. Mittels konfirmatorischer Faktorenanalyse wird geprüft, ob sich die adaptive Lehrkompetenz als eindimensionaler latenter Faktor beschreiben lässt oder ob Planungs- und Handlungskompetenz separat zu modellieren sind.

Beim ersten Modell handelt es sich um ein eindimensionales Faktoren-modell, bei dem alle mittels Vignetten- und Videotest erfassten Skalen den latenten Faktor *adaptive Lehrkompetenz* abbilden. Diese in Kapitel 5.4.2 und 5.4.3 beschriebenen Skalen werden als manifeste Indikatoren verwendet. Zur Festlegung der Metrik wurde das Regressionsgewicht der didakti-

---

26 Als Signifikanzniveau für die statistischen Entscheidungen wurde in der vorliegenden Arbeit, wie bei der Prüfung sozialwissenschaftlicher Hypothesen üblich, eine Irrtums-wahrscheinlichkeit von α = 0.05 festgelegt (z.B. Bortz & Schuster, 2010; Eid, Gollwit-zer & Schmitt, 2011). Damit beträgt die akzeptierte Wahrscheinlichkeit, die Nullhypo-these fälschlicherweise zu verwerfen (α-Fehler bzw. Fehler 1. Art), fünf Prozent. Der Entscheid für diese weniger strenge Signifikanzgrenze (verglichen etwa mit α = 0.01) lässt sich damit begründen, dass selbst bei einer Fehlentscheidung keine gravieren-den negativen Konsequenzen für die betroffenen Personen zu erwarten sind (Rost, 2013). Werden bei gerichteten Hypothesen die Ergebnisse von einseitigen Tests angegeben, so ist dies speziell gekennzeichnet. Zusätzlich zur Angabe statistischer Signifikanz werden jeweils auch Effektstärkenmasse (z.B. Korrelations- oder Regressionskoeffizienten) an-gegeben, um die praktische Bedeutsamkeit der Ergebnisse beurteilen zu können (ebd.).

schen Handlungskompetenz (H_DID) auf 1 gesetzt.[27] Abbildung 9 zeigt das Ergebnis[28] der konfirmatorischen Faktorenanalyse für die adaptive Lehrkompetenz als generalisierter Faktor. Bei den Pfeilen sind die standardisierten Regressionsgewichte bzw. Faktorladungen (ß) angegeben. Die Werte auf den manifesten Indikatoren (Dimensionen der adaptiven Lehrkompetenz) stellen multiple quadrierte Korrelationskoeffizienten (R^2) dar. Sie geben an, welcher Varianzanteil einer Dimension durch die adaptive Lehrkompetenz erklärt wird.

Die Anpassungsgüte des Modells an die Daten ist als sehr gut zu beurteilen, auch wenn aufgrund des kleinen Stichprobenumfangs gewisse Unsicherheiten bestehen. So tendiert der Chi-Quadrat-Test bei kleinen Stichproben zu einer hohen Irrtumswahrscheinlichkeit, was dazu führen kann, dass bestehende Unterschiede zwischen den beobachteten und geschätzten Werten als zu gering beurteilt werden. Sämtliche Fit-Indizes befinden sich jedoch innerhalb der festgelegten Cutoff-Kriterien, was insgesamt auf eine hohe Anpassungsgüte des Modells schliessen lässt. Die Faktorladungen der Indikatoren liegen zwischen ß = .34 und ß = .75 und sind alle statistisch signifikant von Null verschieden. Einzig die Ladung der Klassenführungskompetenz fällt gegenüber den übrigen Dimensionen etwas ab. Hier dürfte sich die niedrige Reliabilität dieser Skala (vgl. Kapitel 5.4.3) negativ bemerkbar machen. Aus theoretischen Gründen wird am Indikator Klassenführung festgehalten, zumal das Modell auch mit der Klassenführung gute Anpassungswerte aufweist.

Im zweiten Modell wird die adaptive Lehrkompetenz als ein Faktor zweiter Ordnung (second-order model) spezifiziert und die adaptive Planungskompetenz sowie die adaptive Handlungskompetenz als Faktoren erster Ordnung modelliert (Abbildung 10). Mit dieser Modellspezifikation wird getestet, ob die adaptive Lehrkompetenz als übergeordneter Faktor der beiden Teilaspekte Planungs- und Handlungskompetenz betrachtet werden kann. Planungs- und Handlungskompetenz werden ihrerseits durch die Skalen aus dem Vignetten- bzw. Videotest abgebildet.

Die für die Modellidentifikation erforderliche Skalierung erfolgte, indem je eine Ladung auf die beiden Faktoren erster Ordnung sowie die Varianz der latenten Variable zweiter Ordnung (adaptive Lehrkompetenz) auf

---

27 Die didaktische Handlungskompetenz wurde als Referenzvariable bestimmt, weil es sich um den Indikator mit dem höchsten Regressionsgewicht handelt (Bühner, 2006).

28 Die konfirmatorischen Faktorenanalysen wurden mit der Software AMOS 7.0 (Arbuckle & Wothke, 1999) mittels ML-Schätzmethode durchgeführt (vgl. Kapitel 5.5.1). ML-Schätzungen eignen sich einerseits bei kleinen Stichproben und sind andererseits gegenüber Verletzungen der multivariaten Normalverteilungsannahmen robust (Bühner, 2006). Dies ist auch deshalb vorteilhaft, da beispielsweise der Indikator *Bedeutung der Sachkompetenz* nur dreistufig ist. Eine Kontrollanalyse mittels GLS-(Generalized-Least-Squares-)Schätzung führte zu nahezu identischen Ergebnissen.

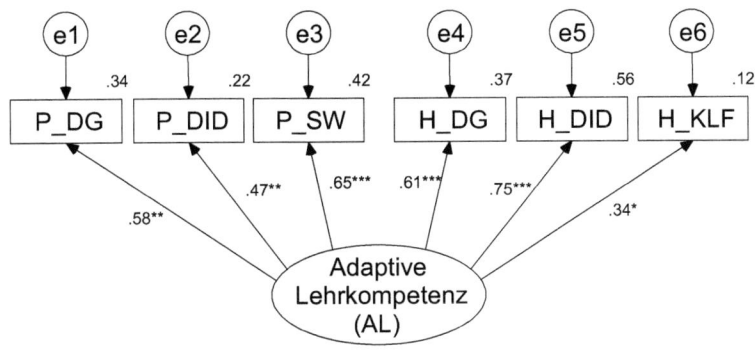

Chi-Quadrat = 7.299; df = 9; p = .606
CFI = 1.000; SRMR = .057; CAIC = 65.243; RMSEA = .000; pclose = .684

Anmerkung: *p < .05; **p < .01; ***p < .001; N = 49.

Abbildung 9: Messmodell für adaptive Lehrkompetenz als generalisierter Faktor (konfirmatorische Faktorenanalyse mit standardisierten Schätzwerten)

1 festgesetzt wurden. Da ein solches Modell mit nur zwei Faktoren erster Ordnung noch immer nicht hinreichend identifiziert ist, wurden als weitere Restriktion die Varianzen der Faktoren erster Ordnung gleichgesetzt (vgl. Byrne, 2001).[29] Dieses konfirmatorische Faktorenmodell zweiter Ordnung zeigt ebenfalls eine gute Passung, auch wenn die Anpassungswerte teilweise geringfügig schwächer ausfallen. Die Anpassungsgüte – gemessen am Chi-Quadrat-Test – unterscheidet sich statistisch nicht signifikant vom Einfaktormodell. Die Faktorladungen auf die adaptive Planungs- bzw. Handlungskompetenz liegen nahezu unverändert zwischen ß = .34 und ß = .76 und fallen allesamt statistisch signifikant aus. Daraus lässt sich folgern, dass die Messung der adaptiven Planungs- und Handlungskompetenz mittels Vignetten- bzw. Videotest das theoretische Konstrukt empirisch angemessen abbildet. Allerdings wird durch die beiden Faktoren erster Ordnung kaum zusätzliche Varianz erklärt, was sich auch in den sehr hohen Pfadkoeffizienten mit der adaptiven Lehrkompetenz widerspiegelt.[30]

---

29 Die Überprüfung der Varianzähnlichkeit erfolgte anhand einer äquivalenten Modellspezifikation mit den beiden Faktoren Planungs- und Handlungskompetenz.

30 In einem nicht dargestellten äquivalenten Zweifaktorenmodell, in welchem die adaptive Planungs- und Handlungskompetenz je als separater Faktor modelliert werden, ergibt sich zwischen der Planungs- und Handlungskompetenz eine sehr hohe Korrelation von .94, was auf eine Kollinearität zwischen den beiden Faktoren hindeutet. Die separate Modellierung der Planungs- und Handlungskompetenz ohne Zusammenfassung zu einem übergeordneten Faktor erscheint deshalb ungeeignet.

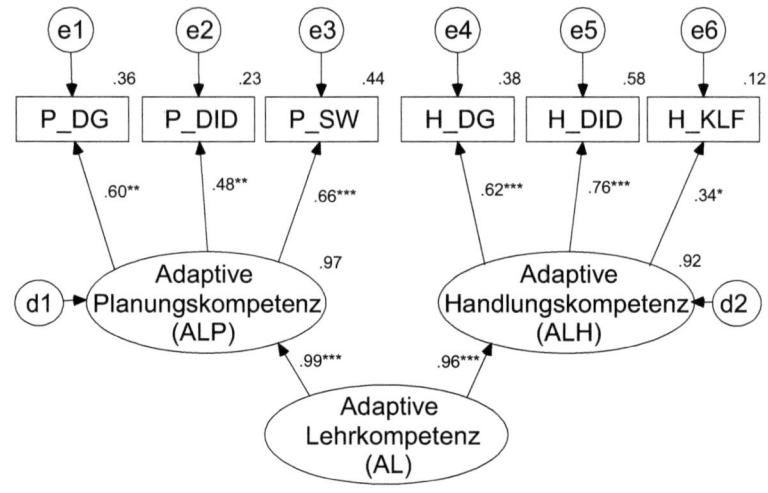

Chi-Quadrat = 7.147; df = 8; p = .521
CFI = 1.000 ; SRMR = .056; CAIC = 69.919; RMSEA = .000; pclose = .601

Anmerkung: *p < .05; **p < .01; ***p < .001; N = 49.

Abbildung 10: Messmodell für adaptive Lehrkompetenz als Faktor zweiter Ordnung (konfirmatorisches Faktorenmodell zweiter Ordnung mit standardisierten Schätzwerten)

Da das erste Modell, in dem adaptive Lehrkompetenz als ein Faktor aufgefasst wird, sowohl sparsamer ist als auch insgesamt eine etwas bessere Anpassungsgüte aufweist, wird nachfolgend in der Regel die adaptive Lehrkompetenz als Generalfaktor spezifiziert. Dadurch wird auch der Forderung von Boomsma und Hoogland (2001) entsprochen, dass bei kleinen Stichproben einfache Modelle mit vielen Indikatoren pro Faktor bevorzugt werden sollten (vgl. Kapitel 5.5.1).

Die Konstruktvalidität der adaptiven Lehrkompetenz wurde bisher anhand der Daten aus dem Vignetten- und Videotest geprüft. Die Messung der adaptiven Lehrkompetenz erfolgte dabei zwar im Rahmen naturwissenschaftlichen Unterrichts, jedoch generalisiert, d.h. weder themenspezifisch noch mit Bezug zur eigenen Klasse. Merkmale adaptiver Lehrpersonen, die im Rahmen der Unterrichtsreihe „Keimung von Samen" gemessen wurden, nämlich das *Sachwissen* sowie die *diagnostische Urteilsgenauigkeit* in Bezug auf die Lernzielerreichung der eigenen Schülerinnen und Schüler, wurden bislang nicht in den Modellen berücksichtigt. Diese beiden Merkmale sind im Gegensatz zu den im Vignetten- und Videotest gemessenen Variablen nicht nur themenspezifisch, sondern auch im Rahmen des eigenen Unterrichts bzw. mit Bezug auf die eigenen Schülerinnen und Schüler erfasst worden.

Nachfolgend wird deshalb untersucht, inwiefern die themen- und klassenunspezifisch operationalisierte *adaptive Lehrkompetenz* mit den beiden manifest eingeführten Variablen *Sachwissen* und *diagnostische Urteilsgenauigkeit* zusammenhängen. Das in Abbildung 11 dargestellte Modell zeigt, dass die latent gemessene adaptive Lehrkompetenz statistisch signifikant mit der diagnostischen Urteilsgenauigkeit zusammenhängt (r = .39; p = .02), aber kein statistisch signifikanter Zusammenhang mit dem themenspezifischen Sachwissen der Lehrpersonen besteht. Dies ist insofern plausibel, da im Unterschied zur adaptiven Lehrkompetenz das Sachwissen spezifisch zum Thema „Keimung von Samen" erfasst wurde. Auch zwischen dem Sachwissen der Lehrpersonen und der diagnostischen Urteilsgenauigkeit besteht keine statistisch signifikante Korrelation. Die Pfadkoeffizienten des Messmodells erweisen sich verglichen mit den vorgängigen Modellen weitgehend als stabil. Die Anpassungsgüte dieses erweiterten Modells fällt zufriedenstellend aus.

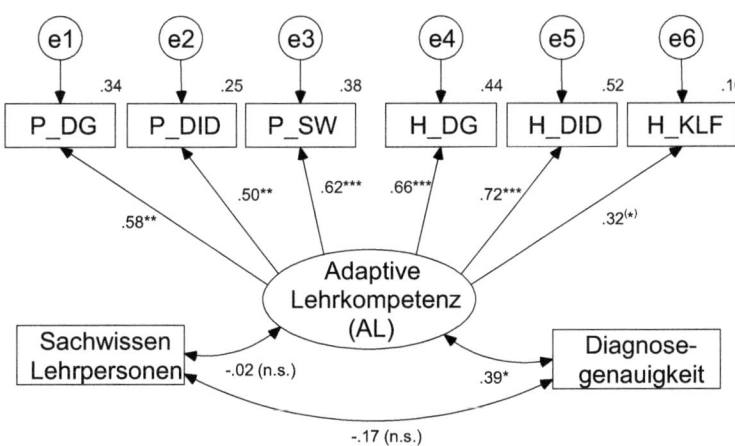

Chi-Quadrat = 18.342; df = 19; p = .500
CFI = 1.000; SRMR = .076; CAIC = 100.429; RMSEA = .000; pclose = .626

Anmerkung: (*)p < .10; *p < .05; **p < .01; ***p < .001; N = 48.

Abbildung 11: Korrelationen zwischen adaptiver Lehrkompetenz und zwei Indikatoren aus der Unterrichtsreihe „Keimung von Samen" (standardisierte Schätzwerte)

6.1.2 Adaptive Lehrkompetenz und andere Merkmale der Lehrpersonen

Um einen Einblick in die Ausprägung der adaptiven Lehrkompetenz in Abhängigkeit verschiedener allgemeiner Lehrermerkmale zu gewinnen, wird geprüft, ob die Berufserfahrung, die unterrichtete Schulstufe oder das Geschlecht der Lehrpersonen eine Rolle spielen. In Tabelle 23 sind die Ergebnisse einfacher t-Tests angegeben. Als abhängige Variablen wurden neben der mittels Vignetten- und Videotest gemessenen *adaptiven Lehrkompetenz* auch das *themenspezifische Sachwissen* und die *Genauigkeit des Diagnoseurteils* der Lehrpersonen in der Unterrichtsreihe „Keimung von Samen" verwendet.

Es zeigt sich, dass Lehrpersonen der Primarstufe statistisch signifikant höhere Werte in der *adaptiven Lehrkompetenz* aufweisen als Lehrpersonen der Sekundarstufe I. Die Berufserfahrung erweist sich als statistisch knapp nicht signifikant, wobei erfahrene Lehrpersonen mit mehr als fünf Dienstjahren etwas höhere Werte erreichen.[31] Ähnliches lässt sich für das Geschlecht der Lehrpersonen zu Gunsten der Lehrerinnen feststellen.

In Bezug auf das *Sachwissen* zum Thema der Unterrichtsreihe „Keimung von Samen" sowie auf die Diagnosegenauigkeit unterscheiden sich die verschiedenen Lehrpersonengruppen statistisch nicht signifikant voneinander. Dies ist insbesondere im Falle des Sachwissens bemerkenswert, da Lehrpersonen der Primarstufe eine Generalistenausbildung absolvieren und nahezu alle Schulfächer unterrichten, während auf der Sekundarstufe I in der Regel Fächergruppen (z.B. Mathematik und Naturwissenschaften)[32] unterrichtet werden.

---

31 Berufserfahrung wurde nicht als stetige, sondern als diskrete Variable mit sechs Kategorien operationalisiert. Aus Gründen der Stichprobengrösse wurde für die Auswertung eine dichotome Variable „Junglehrpersonen" (weniger als 6 Jahre Berufserfahrung) und „erfahrene Lehrpersonen" (mehr als 6 Jahre Berufserfahrung) gebildet.

32 In der vorliegenden Stichprobe haben acht Lehrpersonen der Sekundarstufe I in Schulen mit Grundanforderungen (Realschule) unterrichtet. Diese Lehrpersonen haben ebenfalls eine Generalistenausbildung.

Tabelle 23:　Adaptive Lehrkompetenz (inkl. Sachwissen und Diagnosegenauigkeit zur Unterrichtsreihe „Keimung von Samen") in Abhängigkeit allgemeiner Lehrermerkmale

	N	Adaptive Lehrkompetenz		Sachwissen „Keimung"		Diagnose-genauigkeit	
		M	(SE)	M	(SE)	M	(SE)
Schulstufe		*p < .01*		*p = .22*		*p = .15*	
Primarstufe	26	43.01	(2.94)	48.27	(1.85)	.47	(.03)
Sekundarstufe I	23	30.18	(2.51)	51.88	(2.22)	.38	(.06)
Berufserfahrung		*p = .11*		*p = .19*		*p = .49*	
Junglehrpersonen (2 bis 5 Jahre)	15	31.77	(3.28)	47.03	(3.21)	.40	(.06)
Erfahrene Lehrpersonen (> 5 Jahre)	34	39.29	(2.67)	51.22	(1.54)	.45	(.04)
Geschlecht		*p = .13*		*p = .17*		*p = .19*	
weiblich	19	41.05	(3.97)	47.53	(2.44)	.48	(.04)
männlich	30	34.42	(2.38)	51.62	(1.75)	.40	(.04)

Anmerkung: Die Stichprobe beträgt beim Sachwissen N = 48 und bei der Diagnosegenauigkeit N = 47.

Wie in Kapitel 5.2 dargestellt sind die Lehrermerkmale nicht unabhängig voneinander in der Stichprobe vertreten. So sind etwa in der Sekundarstufe I Männer deutlich übervertreten. Diese Konfundierung der Lehrermerkmale kann dazu führen, dass die einfachen Mittelswertsunterschiede verzerrt sind. Um die isolierten Effekte der einzelnen Merkmale auf die adaptive Lehrkompetenz zu ermitteln, wurden mittels multipler Regressionsanalysen die Merkmale gegenseitig konstant gehalten (vgl. z.B. Weisberg, 1985; Rudolf & Müller, 2004).

Abbildung 12 veranschaulicht die jeweiligen isolierten Effekte der Lehrermerkmale auf die adaptive Lehrkompetenz. Der Ausgangspunkt der Balken liegt bei 39.7 Punkten und entspricht der Konstante (intercept). Dieser Wert entspricht der durchschnittlichen Ausprägung der adaptiven Lehrkompetenz für eine Referenzperson. Diese unterrichtet auf der Primarstufe, verfügt über höchstens fünf Jahre Berufserfahrung und ist weiblich. Dabei wird deutlich, dass Lehrpersonen auf der Sekundarstufe I auch nach Kontrolle der Berufserfahrung und des Geschlechts eine statistisch signifikant geringere adaptive Lehrkompetenz aufweisen. Im Gegensatz zu den einfachen Mittelwertsvergleichen zeigt sich, dass auch Lehrpersonen mit viel Berufserfahrung über eine statistisch signifikant höhere Ausprägung adaptiver Lehrkompetenz verfügen als Junglehrkräfte. Geschlechterunterschiede liegen hingegen nach wie vor im Zufallsbereich.

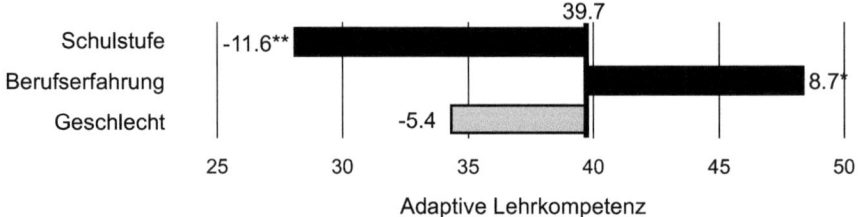

Anmerkung: N = 47; *p < .05; **p < .01. Die dunklen Balken kennzeichnen statistisch signifikante Unterschiede. Codierung: Schulstufe (0 = Primarstufe; 1 = Sekundarstufe I), Berufserfahrung (0 = Junglehrperson; 1 = erfahrene Lehrperson), Geschlecht (0 = weiblich; 1 = männlich).

Abbildung 12: Adaptive Lehrkompetenz in Abhängigkeit von Schulstufe, Berufserfahrung und Geschlecht (unter Konstanthaltung der übrigen Merkmale)

Die analogen multiplen Regressionsanalysen (Tabelle 41 im Anhang) für die abhängigen Variablen *Sachwissen* und *Diagnosegenauigkeit* bestätigen das zuvor gefundene Ergebnis. Weder für die Schulstufe noch für die Berufserfahrung oder das Geschlecht liegen statistisch signifikante Unterschiede vor.

Zum Schluss dieses Kapitels wird geprüft, ob adaptive Lehrpersonen eine stärker kognitiv-konstruktivistische Orientierung aufweisen als weniger adaptive Lehrpersonen. Die Korrelation der Skala *Lehr-Lern-Verständnis* mit der adaptiven Lehrkompetenz fällt statistisch nicht signifikant aus (r = .21).[33] Auch zwischen dem Sachwissen, der Diagnosegenauigkeit und dem konstruktivistischen Lehr-Lern-Verständnis bestehen keine statistisch signifikanten Korrelationen.

6.1.3 Fazit

Die Ergebnisse der konfirmatorischen Faktorenanalysen unterstützen die Konstruktvalidität der mittels Vignetten- und Videotest themenunabhängig operationalisierten adaptiven Lehrkompetenz (Hypothese 1a bestätigt). Dabei lassen sich nicht zwei getrennte latente Faktoren für die Planungs- und Handlungskompetenz identifizieren, sondern die adaptive Lehrkompetenz kann als eindimensionaler latenter Faktor beschrieben werden (Hypothese 1b nicht bestätigt). Während das themenspezifische Sachwissen der Lehr-

---

33 Im Gegensatz zu den vorangehend dargestellten Strukturgleichungsmodellen, wird hier die adaptive Lehrkompetenz nicht latent, sondern manifest berücksichtigt, was zu nicht messfehlerbereinigten und deshalb etwas unterschätzten Korrelationskoeffizienten führt.

personen nicht mit der generalisiert gemessenen adaptiven Lehrkompetenz korreliert, hängt die in der eigenen Klasse gemessene diagnostische Urteilsgenauigkeit mit der adaptiven Lehrkompetenz zusammen: Lehrpersonen mit höherer adaptiver Lehrkompetenz konnten den Leistungsstand der einzelnen Schülerinnen und Schüler nach der Unterrichtsreihe „Keimung von Samen" genauer angeben als Lehrpersonen mit geringerer adaptiver Lehrkompetenz (Hypothese 1c bestätigt). Dieses erwartete Ergebnis lässt sich als ein starkes Argument für die vorhandene Kriteriumsvalidität der adaptiven Lehrkompetenz interpretieren.

Ein weiterer plausibler Befund, der die Kriteriumsvalidität untermauert, ist die höhere adaptive Lehrkompetenz von Lehrpersonen mit viel Berufserfahrung (Hypothese 1d bestätigt). Die Annahme, dass adaptive Lehrpersonen ein stärker konstruktivistisches Lehr-Lern-Verständnis aufweisen, kann trotz schwacher bis mittlerer Effektstärken nicht empirisch abgesichert werden (Hypothese 1e nicht bestätigt). Im Hinblick auf die Interpretation weiterer Ergebnisse ist die höhere adaptive Lehrkompetenz von Primarlehrpersonen, verglichen mit Lehrpersonen der Sekundarstufe I, bemerkenswert.

6.2 Zusammenhänge zwischen adaptiver Lehrkompetenz und Merkmalen des Lehr-Lern-Prozesses

In den folgenden Analysen wird untersucht, inwiefern Effekte adaptiver Lehrkompetenz in den Unterrichtsprozessen sichtbar werden. Auch wenn keine systematischen und umfassenden Validitätsanalysen durchgeführt werden, können dadurch weitere Anhaltspunkte zur Kriteriumsvalidität der adaptiven Lehrkompetenz gewonnen werden.

Zur Einschätzung des unterrichtlichen Lehrerhandelns wird auf die Schülerinnen und Schüler als Informationsquelle zurückgegriffen. Weil nicht die individuelle Schülerwahrnehmung, sondern die geteilte Wahrnehmung der Lernumgebung interessiert, werden die Schülerangaben auf Klassenebene aggregiert (vgl. Kapitel 5.4.7). Vor der Klärung der inhaltlichen Frage zum Zusammenhang zwischen der adaptiven Lehrkompetenz und der Unterrichtsqualität werden die psychometrischen Eigenschaften der aggregierten Schülerdaten berichtet. Zudem wird geprüft, ob sich der Unterricht bzw. die Unterrichtswahrnehmung durch die Schülerinnen und Schüler zwischen der Primarstufe und der Sekundarstufe I unterscheiden.

6.2.1 Variation der Unterrichtsprozesse zwischen den Klassen

Als Kriterien für die Reliabilität von aggregierten Daten werden die Intraklassenkorrelationen ICC_1 und ICC_2 (Lüdtke et al., 2009) berechnet (vgl. Kapitel 5.5.2). Mit der ICC_1 wird der Varianzanteil zwischen den Klassen an der Gesamtvarianz bestimmt. Je höher die ICC_1, desto einheitlicher werden die Unterrichtsprozesse von den Schülerinnen und Schülern innerhalb derselben Klasse wahrgenommen, und desto grösser ist die Variation der Unterrichtswahrnehmung zwischen den Klassen.

Die ICC_1-Werte der eingesetzten Unterrichtsskalen liegen zwischen .16 und .34 (Tabelle 24). Vergleicht man diese Ergebnisse mit den üblicherweise in der Literatur gefundenen ICC_1-Werten (z.B. Trautwein & Lüdtke, 2009), so sind die Variationen zwischen den Klassen als bedeutsam einzustufen. Mit Varianzanteilen von mehr als 30 Prozent sind vor allem beim *Unterrichtsdruck*, bei der *Vermittlungsqualität*, bei der *Störneigung* und bei der *Lernzeit ausserhalb des Unterrichts* besonders grosse Unterschiede zwischen den Klassen festzustellen. Mit dieser systematischen Variation der Unterrichtsprozesse ist die Voraussetzung gegeben, dass Analysen auf Klassenebene überhaupt zweckmässig sind.

Die ICC_2 gibt die Reliabilität der auf Klassenebene aggregierten Konstrukte an. Diese ist bei identischen Klassengrössen analog zu Cronbachs alpha zu interpretieren (Trautwein & Lüdtke, 2009). Die ICC_2-Werte liegen zwischen .80 und .91, was auf eine hohe Reliabilität der erfassten Unterrichtsmerkmale auf Klassenebene hinweist.

Tabelle 24: Intraklassenkorrelationen (ICC) für die Unterrichtsskalen

	ICC_1	ICC_2
Unterrichtsqualität		
Unterrichtsdruck	.33	.91
Schülerbeteiligung	.16	.80
Vermittlungsqualität	.33	.91
Interessantheit der Unterrichtsgestaltung „Keimung von Samen"	.19	.82
Lehrerverhalten bei Fehlern	.23	.86
Störneigung	.34	.91
Regelorientierung	.19	.82
Lehrer-Schüler-Beziehung		
Pädagogisches Engagement	.21	.85
Mitsprache	.21	.84
Quantität der Lerngelegenheiten (Nutzung)		
Lernzeit ausserhalb des Unterrichts	.32	.90

Unterschiede in der Unterrichtsqualität und der Lehrer-Schüler-Beziehung zeigen sich nicht nur zwischen den Klassen, sondern auch zwischen den Schulstufen (Abbildung 13; Tabelle 42 im Anhang). Mit Ausnahme der beiden Skalen *Störneigung* und *Regelorientierung*, die der Dimension der Klassenführung zuzuordnen sind, und der *Lernzeit ausserhalb der Unterrichtsreihe* (nicht in Abbildung 13 dargestellt), fallen alle Skalen der Unterrichtsqualität und der Lehrer-Schüler-Beziehung statistisch signifikant zugunsten der Primarstufe aus. Besonders gross sind die Differenzen bei den didaktischen Aspekten *Unterrichtsdruck, Vermittlungsqualität* und *Interessantheit des Unterrichts*.

Die Ergebnisse zeigen, dass die didaktische Unterrichtsqualität (z.B. Schülerbeteiligung, Vermittlungsqualität, Interessantheit des Unterrichts) von den Schülerinnen und Schülern mit Werten, die etwa zwischen 3.5 und 4 liegen, als eher hoch bis hoch eingeschätzt wird. Der Unterrichtsdruck wird vor allem auf der Primarstufe als eher gering wahrgenommen. Auffallend sind die relativ hohen Werte bei der Störneigung, die in beiden Stufen nahe bei der Skalenmitte liegen. Der Schwierigkeitsgrad des Unterrichts wird aus Sicht der Sekundarschülerinnen und -schüler als gerade richtig bezeichnet. In der Primarstufe wird der Unterricht als etwas zu leicht wahrgenommen. Das pädagogische Engagement der Lehrpersonen wird hingegen auf der Primarstufe als eher gross wahrgenommen (M = 4.04); in der Sekundarstufe I mit einem Mittelwert von 3.60 als deutlich geringer. Ausserhalb der Unterrichtsreihe „Keimung von Samen" haben die Schülerinnen und Schüler beider Stufen durchschnittlich etwas mehr als 80 Minuten Zeit für das Lernen zu diesem Thema aufgewendet (Tabelle 42 im Anhang).

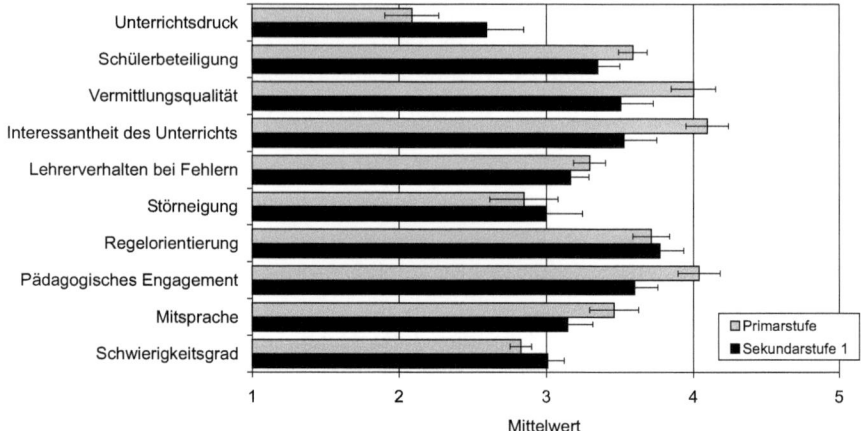

Anmerkung: Mittelwerte auf Klassenebene. Primarstufe: N = 26; Sekundarstufe I N: = 23. Alle Skalen weisen ein fünfstufiges Antwortformat auf; einzig die Skala *Lehrerverhalten bei Fehlern* ist vierstufig (vgl. Kapitel 5.4.7). Die Fehlerbalken entsprechen dem 95%-Konfidenzintervall. Mittelwerte und Standardfehler zur Abbildung sind in Tabelle 42 im Anhang zu finden.

Abbildung 13: Wahrnehmung der Unterrichtsprozesse durch die Schülerinnen und Schüler nach Schulstufe (Klassenebene)

Insgesamt zeichnet sich zwischen den beiden Schulstufen ein deutlicher Unterschied in der durch die Schülerinnen und Schüler wahrgenommenen Unterrichtsqualität ab: Der Unterricht in der Primarstufe ist gekennzeichnet durch eine höhere didaktische Qualität, aber auch die Beziehung zwischen den Lehrpersonen und Schülerinnen und Schülern scheint deutlich besser zu sein. Dies trifft auch für jene Merkmale des Unterrichtsprozesses zu, die in besonderem Masse auf eine adäquate Berücksichtigung individueller Lernvoraussetzungen der Schülerinnen und Schüler hindeuten, etwa eine höhere Beteiligung und mehr Mitsprachemöglichkeiten der Schülerinnen und Schüler oder weniger Unterrichtsdruck.

Das Anspruchsniveau des Unterrichts wird dagegen auf der Sekundarstufe I – verglichen mit der Primarstufe – als höher bezeichnet. Im Durchschnitt wird der Schwierigkeitsgrad des Unterrichts als gerade richtig beurteilt. Auf der Primarstufe könnte der Unterricht für viele Kinder etwas anspruchsvoller gestaltet werden, ohne dass sie deswegen überfordert würden. Bei Aspekten der Klassenführung und bei der Lernzeit ausserhalb des Unterrichts zeigen sich keine Stufenunterschiede.

6.2.2 Adaptive Lehrkompetenz und unterrichtliches Lehrerhandeln

Die Ergebnisse in Tabelle 25 zeigen die Korrelationen der einzelnen Bereiche der adaptiven Lehrkompetenz mit den Skalen der Unterrichtsqualität und der Lehrer-Schüler-Beziehung sowie mit der Lernzeit. Die Schülerinnen und Schüler von adaptiveren Lehrpersonen beurteilen die *Unterrichtsqualität* insgesamt als besser. Sie berichten insbesondere über eine statistisch signifikant höhere *Schülerbeteiligung* (r = .31), eine bessere *Vermittlungsqualität* (r = .32) sowie über einen *interessanteren Unterricht* (r = .26). Adaptive Planungskompetenz korreliert überdies negativ mit *Unterrichtsdruck*. Der Unterricht von Lehrpersonen mit niedrigerer adaptiver Planungskompetenz ist demnach häufiger durch ein zu hohes Tempo und mangelnde Erklärungsqualität gekennzeichnet. Das *Lehrerverhalten bei Fehlern* (Fehlerkultur) hängt nur geringfügig und statistisch nicht signifikant mit der adaptiven Lehrkompetenz zusammen.

Tabelle 25: Zusammenhang zwischen adaptiver Lehrkompetenz (AL) und Unterrichtsprozessen (Schülerperspektive)

Unterrichtsqualität	AL Planung	AL Handlung	AL
Unterrichtsdruck	-.26*	-.08	-.21
Schülerbeteiligung	.28*	.26*	.31*
Vermittlungsqualität	.29*	.26*	.32*
Interessantheit der Unterrichtsgestaltung „Keimung von Samen"	.24*	.22	.26*
Lehrerverhalten bei Fehlern	.14	.13	.16
Störneigung	-.14	.19	.01
Regelorientierung	.06	.15	.11
Lehrer-Schüler-Beziehung			
Pädagogisches Engagement	.32*	.21	.31*
Mitsprache	.25*	.17	.24*
Quantität der Lerngelegenheiten (Nutzung)			
Lernzeit ausserhalb des Unterrichts	.03	-.02	.00

Anmerkung: Schülerdaten auf Klassenebene aggregiert; N = 49; *p < .05 (einseitige Testung).[34]

Im Gegensatz zu den didaktischen Unterrichtsaspekten sind zwischen adaptiver Lehrkompetenz und den klassenführungsbezogenen Skalen (*Störneigung* und *Regelorientierung*) keine statistisch signifikanten Beziehungen festzu-

---

34 Zwischen den beiden Schulstufen bestehen keine statistisch signifikanten Unterschiede bei den Korrelationen.

stellen. Betrachtet man die (nicht in einer Tabelle dargestellten) Detailergebnisse der im Videotest erfassten Dimension Klassenführung, so fällt auf, dass zwischen der Störneigung und den Klassenführungskompetenzen eine positive Korrelation besteht (r = .29). Demnach erreichen Lehrpersonen von Klassen mit häufigeren disziplinarischen Problemen höhere Werte in der Dimension Klassenführungskompetenz. Dieser auf den ersten Blick unerwartete Zusammenhang lässt sich damit erklären, dass Lehrpersonen mit gravierenderen Unterrichtsstörungen der Klassenführung mehr Aufmerksamkeit schenken dürften. Dies führt möglicherweise zu höheren Werten in der Dimension Klassenführung, die im Videotest relativ eng auf angepasstes Schülerverhalten bezogen wurde. Indirekte Verhaltensweisen zur Klassenführung, etwa durch didaktische Massnahmen oder kognitiv aktivierenden und motivierenden Unterricht, werden im Klassenführungsscore des Videotests kaum berücksichtigt. Ein ähnlicher Befund wird von Pekrun et al. (2006) berichtet, wonach Disziplinprobleme ein stärker regelorientiertes Unterrichten hervorrufen könnten.

Die beiden Skalen der *Lehrer-Schüler-Beziehung*, pädagogisches Engagement (r = .31) und Mitsprachemöglichkeiten der Klasse (r = .24), korrelieren im geringen bis mittleren Bereich mit der adaptiven Lehrkompetenz.

Dass die *Quantität der Lerngelegenheiten* nicht mit der adaptiven Lehrkompetenz zusammenhängt, ist erwartungskonform, da die Lernzeit ausserhalb des Unterrichts wohl stärker von individuellen Schülermerkmalen und nur teilweise von der Lehrperson abhängt. Insbesondere die für das Lernen auf eine Prüfung investierte Lernzeit dürfte nur geringfügig von der Lehrperson beeinflusst sein.

Schwierigkeitsgrad des Unterrichts

Der von den Schülerinnen und Schülern wahrgenommene Schwierigkeitsgrad des Unterrichts bildet ab, inwiefern das Anspruchsniveau an die individuellen Lernvoraussetzungen angepasst ist. Ein mittlerer Schwierigkeitsgrad weist auf ein Anspruchsniveau hin, bei dem die Schülerinnen und Schüler den Unterricht weder über- noch unterfordert erleben. Der Schwierigkeitsgrad des Unterrichts wurde sowohl für den naturwissenschaftlichen Unterricht generell als auch spezifisch in Bezug auf die Unterrichtsreihe „Keimung von Samen" erfasst. Die beiden Items korrelieren statistisch signifikant (rho = .44), was einen Hinweis dafür liefert, dass die Unterrichtsreihe „Keimung von Samen" nicht völlig anders gehalten bzw. von den Schülerinnen und Schülern ähnlich wahrgenommen wurde als der übrige naturwissenschaftliche Unterricht. Dies ist für diese Arbeit nicht unerheblich, weil viele Skalen zur Erfassung der Unterrichtsprozesse auf den allgemeinen naturwissenschaftlichen Unterricht zurückgreifen und angenommen wird, dass die Unterrichtsreihe „Keimung von Samen" nicht grundlegend anders inszeniert ist (vgl. Kapitel 5.4.7).

Die Überprüfung, ob adaptivere Lehrpersonen den Schwierigkeitsgrad des Unterrichts besser auf die Lernvoraussetzungen der Schülerinnen und Schüler ausrichten, erfolgt anhand multipler Regressionsmodelle auf Klassenebene[35], in welchen quadratische Terme eingeführt sind. Auf diese Weise wird die durchschnittliche Wahrnehmung des Schwierigkeitsgrads der Klasse modelliert. Obschon im statistischen Modell aufgrund der besseren Modellierbarkeit die adaptive Lehrkompetenz als abhängige Variable spezifiziert wird, ist der Zusammenhang nicht kausal zu interpretieren.

Die Ergebnisse des ersten Modells (M1 in Tabelle 26) zeigen, dass weder ein linearer noch ein quadratischer Zusammenhang zwischen dem mittleren Schwierigkeitsgrad der Unterrichtsreihe „Keimung von Samen" und der adaptiven Lehrkompetenz vorliegt.[36] Wird zusätzlich die Schulstufe kontrolliert (M2), so zeigt sich – neben dem bereits in Kapitel 6.1.2 berichteten Ergebnis, dass die Primarlehrpersonen eine höhere adaptive Lehrkompetenz aufweisen – ein positiver Zusammenhang des Schwierigkeitsgrads mit der adaptiven Lehrkompetenz. Folglich wird der Unterricht adaptiver Lehrpersonen im Klassendurchschnitt als anspruchsvoller wahrgenommen.

Tabelle 26: Adaptive Lehrkompetenz (AL) und Schwierigkeitsgrad des Unterrichts „Keimung von Samen" (Klassenebene)

Modell	M1		M2	
	B	(SE)	B	(SE)
Adaptive Lehrkompetenz (Konstante)	.08	(.16)	.55	(.19)
Schwierigkeitsgrad	.13	(.15)	.31	(.14)*
Schwierigkeitsgrad quadriert	-.08	(.09)	-.06	(.08)
Stufe (Sek I)			-1.05	(.26)***
Varianzaufklärung (R^2)	2.24%		26.33%	

Anmerkung: *p < .05; **p < .01; ***p < .001. Stichprobengrösse auf Klassenebene: N = 47. Multiple Regressionsmodelle. Prädiktor- und Kriteriumsvariablen sind z-standardisiert; die Schulstufe ist dummycodiert (Referenzkategorie „Primarstufe").

---

35 Da nicht nur der lineare Zusammenhang des Schwierigkeitsgrads des Unterrichts mit der adaptiven Lehrkompetenz interessiert, wird im Regressionsmodell auch ein quadratischer Term des Schwierigkeitsgrads modelliert. Weil deswegen die adaptive Lehrkompetenz als Kriteriumsvariable verwendet wird, können keine Mehrebenenanalysen unter Einbezug der Individualebene durchgeführt werden.

36 Auch für den naturwissenschaftlichen Unterricht zeigen sich keine statistisch signifikanten Ergebnisse.

Bemerkenswert sind die Ergebnisse zum Zusammenhang zwischen dem Sachwissen der Lehrpersonen und dem Schwierigkeitsgrad des Unterrichts (Tabelle 43 im Anhang). Je grösser das Sachwissen der Lehrpersonen, desto schwieriger wird der Unterricht von den Schülerinnen und Schülern wahrgenommen (p < .01). Zwischen den beiden Schulstufen zeigen sich keine statistisch signifikanten Unterschiede.

6.2.3 Fazit

Die Befunde zu den Zusammenhängen zwischen der adaptiven Lehrkompetenz und den Unterrichtsprozessen sprechen insgesamt dafür, dass die (schülerperzipierte) Unterrichtsqualität bei adaptiveren Lehrpersonen höher ausfällt. Dies gilt für didaktische Aspekte des Unterrichts (Hypothese 2a bestätigt), nicht aber für Unterrichtsprozesse, die mit der Klassenführung in Verbindung gebracht werden können (Hypothese 2b nicht bestätigt).

Der Unterricht von adaptiveren Lehrpersonen ist insbesondere gekennzeichnet durch eine erhöhte Schülerbeteiligung, eine bessere Vermittlungsqualität und eine interessantere Darbietung der Inhalte bei gleichzeitig geringerem Unterrichtsdruck. Zudem wird die Lehrer-Schüler-Beziehung als besser eingeschätzt: Adaptivere Lehrpersonen zeichnen sich durch ein hohes pädagogisches Engagement aus und ermöglichen den Schülerinnen und Schülern mehr Mitsprachemöglichkeiten (Hypothese 2c bestätigt). Diese Ergebnisse entsprechen weitgehend den theoretischen Erwartungen und unterstützen folglich die Kriteriumsvalidität der adaptiven Lehrkompetenz.

Auffallend ist überdies der markante Unterschied zwischen dem Unterricht auf der Primarstufe und der Sekundarstufe I. Insbesondere jene Merkmale, die auf eine adäquate Berücksichtigung individueller Lernvoraussetzungen schliessen lassen, sind in der Primarstufe deutlich ausgeprägter. Dagegen wird auf der Sekundarstufe I der Unterricht als anspruchsvoller wahrgenommen, ohne allerdings die Schülerinnen und Schüler zu überfordern. Dabei passen adaptivere Lehrpersonen den Schwierigkeitsgrad des Unterrichts statistisch nicht signifikant besser an das Leistungsniveau der Schülerinnen und Schüler an (Hypothese 2d nicht bestätigt). Adaptive Lehrpersonen gestalten aber den Unterricht anspruchsvoller als weniger adaptive Lehrpersonen. Angesichts der wenigen Schülerinnen und Schüler, die sich überfordert fühlen, dürfte dies positiv zu werten sein.

6.3 Effekte der adaptiven Lehrkompetenz auf die Schülerleistung

Im folgenden Kapitel wird der Effekt der adaptiven Lehrkompetenz auf den Lernerfolg der Schülerinnen und Schüler unter Berücksichtigung verschiedener Kontextvariablen untersucht. Dabei interessiert nicht nur der Effekt auf die durchschnittliche Leistung der Klasse (vgl. Kapitel 6.3.2), sondern auch die Untersuchung differentieller Effekte, insbesondere ob und falls ja, welche Schülerinnen und Schüler von adaptiven Lehrpersonen besonders profitieren (vgl. Kapitel 6.3.3). Weiter wird untersucht, ob adaptive Lehrpersonen in heterogenen Klassen effektiver unterrichten als weniger adaptive Lehrpersonen (vgl. Kapitel 6.3.4). Vor der Darstellung des Effekts der adaptiven Lehrkompetenz auf die Schülerleistung wird die Leistungsveränderung zwischen Vor- und Nachtest in der Unterrichtsreihe „Keimung von Samen" beschrieben.

6.3.1 Testleistungen in der Unterrichtsreihe „Keimung von Samen"

Als Zielkriterium für die Überprüfung der Effektivität adaptiver Lehrkompetenz wird der Wissenszuwachs in der Unterrichtsreihe „Keimung von Samen" verwendet (vgl. Kapitel 5.4.8). In Tabelle 27 werden vier Mehrebenenmodelle zur Erfassung des Lernerfolgs der Schülerinnen und Schüler dargestellt. Dabei entspricht das erste Modell (M0) dem Nullmodell ohne Prädiktoren (unkonditioniertes Modell), in welchem nur die Konstante geschätzt wird. Der Wert von 65.44 Punkten entspricht der mittleren Testleistung nach der Unterrichtsreihe. Gemäss ICC_1 sind 23 Prozent der Varianz auf Unterschiede zwischen den Klassen zurückzuführen.

Um das spezifische Wissen zum Themenbereich „Keimung von Samen" vor der Unterrichtsreihe zu kontrollieren, wird im ersten „richtigen" Modell (M1) die Vortestleistung als Prädiktorvariable ins Regressionsmodell eingeführt (z.B. Weisberg, 1985). Dieses Modell entspricht gewissermassen einem Basismodell[37] für den themenspezifischen Wissenszuwachs der Schülerinnen und Schüler, weil nur die Vortestleistung kontrolliert wird. Subtrahiert man von der Konstante die mittlere Punktzahl aus dem Vortest, so ist gegenüber dem Vortest eine durchschnittliche Zunahme der Testleistung um

---

37 In der Folge wird dieses Modell mit der Vortestleistung als einzigem Prädiktor *Basismodell* genannt, um es vom unkonditionierten Modell (Nullmodell), in welchem nur die Nachtestleistung geschätzt wird, abzugrenzen. Für die in dieser Arbeit im Zentrum stehende Analyse von Leistungsveränderungen in der Unterrichtsreihe „Keimung von Samen" entspricht das (um den Vortest bereinigte) Basismodell einem unkonditionierten Modell.

15.43 Punkte festzustellen. Der Regressionskoeffizient von B = 3.59 zeigt die grosse prädiktive Kraft der Vortestleistung auf den Wissensstand nach der Unterrichtsreihe. Demnach führt eine um eine Standardabweichung (d.h. 10 Punkte) höhere Vortestleistung zu einem um 3.59 Punkte besseren Testergebnis nach der Unterrichtsreihe. Gegenüber dem Nullmodell (M0) werden 14.7 Prozent mehr Varianz aufgeklärt. Auf Klassenebene wird durch die Kontrolle der Vortestleistung sogar fast 30 Prozent mehr Varianz erklärt als im Nullmodell (vgl. Kapitel 5.5.2). Der Varianzanteil, der auf Unterschiede zwischen den Klassen beruht, beträgt noch 19 Prozent.

Tabelle 27: Mehrebenenanalytische Ergebnisse für die Testleistung nach der Unterrichtsreihe „Keimung von Samen"

Modell	M0		M1		M2		M3	
	B	(SE)	B	(SE)	B	(SE)	B	(SE)
Leistung „Keimen" (Konstante)	65.44	(.85)	65.43	(.73)	66.23	(.97)	66.24	(.98)
Individualebene								
Vortestleistung „Keimen"			3.59	(.35)***	3.60	(.35)***	3.93	(.44)***
Klassenebene								
Stufe (Sek I)					-1.79	(1.44)	-1.79	(1.46)
Interaktion								
Vortestleistung x Stufe (Sek I)							-.89	(.72)
Intraklassen-korrelation (ICC_1)	.231		.190		.184		.188	
Varianzaufklärung total (R^2)			14.73%		15.34%		15.13%	
Varianzaufklärung Klassenebene			29.90%		32.53%		30.66%	
Devianz	6231.69		6132.85		6131.32		6129.79	

Anmerkung: ***p < .001. Stichprobengrösse auf Klassenebene: N = 47; auf Schülerebene: N = 832. Random-Intercept-Modelle mit Nachtestleistung „Keimen" als abhängige Variable. Die kontinuierlichen Prädiktorvariablen wurden z-standardisiert; die Schulstufe ist dummycodiert (Referenzkategorie „Primarstufe"). Zusätzliche Varianzaufklärung gegenüber Nullmodell (M0).

In den beiden Modellen M2 und M3 sind die Ergebnisse unter Berücksichtigung der Schulstufe angegeben. Die Schulstufe ist dummycodiert mit der Primarstufe als Referenzkategorie. Folglich gibt die Konstante in M2 den Mittelwert (66.2 Punkte) für die Primarstufe an und der Regressionskoeffizient lässt sich direkt als Stufenunterschied interpretieren. Demnach erreichen die Schülerinnen und Schüler der Sekundarstufe I einen um 1.79 Punkte niedrigeren Wissenszuwachs als jene der Primarstufe. Diese Stufendifferenz ist statistisch nicht signifikant.

In M3 wird zusätzlich ein Interaktionseffekt zwischen Vortestleistung und Stufe geprüft. Dieser zeigt wiederum eine leichte Tendenz, dass auf der Sekundarstufe I ein etwas kleinerer Leistungszuwachs zu finden ist (B = -.89). Schülerinnen und Schüler der Sekundarstufe I mit einer um eine Standardabweichung grösseren Vortestleistung erreichen demzufolge eine um 3.04 Punkte bessere Nachtestleistung. In der Primarstufe sind es 3.93 Punkte pro Standardabweichung im Vortest. Der Interaktionseffekt fällt aber ebenfalls statistisch nicht signifikant aus. Dass die Stufeneffekte statistisch nicht signifikant sind, ist auch an der nur unwesentlich geringeren Devianz[38] in den Modellen M2 und M3 gegenüber M1 zu erkennen. Insgesamt ist also M1 als bestes Modell zu bezeichnen, weil die Hinzunahme der Schulstufe als Prädikor nicht zu einer statistisch signifikanten Modellverbesserung führt.

Abbildung 14 veranschaulicht mittels Perzentilbalken die Testleistungen vor und nach der Unterrichtsreihe, getrennt nach Schulstufen. Dabei wird nochmals deutlich, dass der Leistungszuwachs der Primarstufe statistisch nicht signifikant höher ausfällt als auf der Sekundarstufe I. Es zeigt sich zudem, dass die Standardabweichung in der Primarstufe vom Vor- zum Nachtest etwas zunimmt. Für die Sekundarstufe I trifft dies nicht zu.

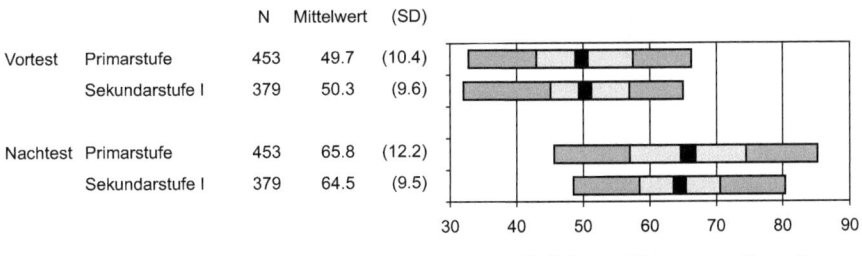

Abbildung 14: Testleistungen in der Unterrichtsreihe „Keimung von Samen" nach Schulstufe

---

38 Ob ein komplexeres Modell mit zusätzlichen Prädiktoren insgesamt besser an die Daten angepasst ist als ein einfacheres Modell, lässt sich bei miteinander verschachtelten (= nested) Modellen auch über den Devianztest prüfen (Hox, 2002). Dabei wird die Differenz der Devianz mit einer Chi-Quadrat-Verteilung verglichen, wobei die Freiheitsgrade der Differenz in der Anzahl der geschätzten Parameter entsprechen.

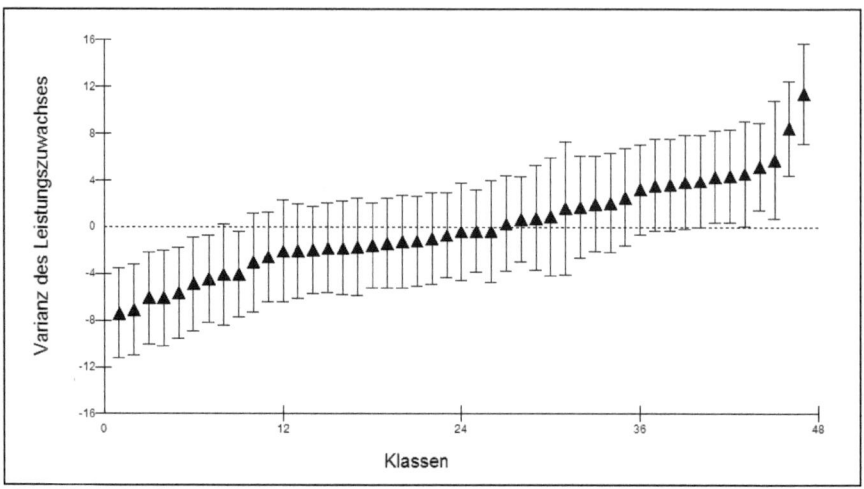

Anmerkung: Testleistung im Nachtest kontrolliert nach Leistung im Vortest; N = 47 Klassen.

Abbildung 15: Varianz zwischen den Klassen im Leistungszuwachs in der Unterrichtsreihe „Keimung von Samen" mit Angabe des 95%-Konfidenzintervalls

In Abbildung 15 sind die Residuale der Klassenebene sortiert nach der
Rangreihe und mit Angabe des 95%-Konfidenzintervalls dargestellt. Weil
nicht die absolute Testleistung nach der Unterrichtsreihe interessiert, sondern die Leistungsveränderung zwischen Vor- und Nachtest[39], liegt dem *Ca-
terpillar-Plot* nicht das Nullmodell, sondern das Basismodell mit Kontrolle
der Vortestleistung (M1 aus Tabelle 27) zugrunde. Die Abbildung illustriert
die Abweichungen der einzelnen Klassen vom durchschnittlichen Leistungszuwachs, der 15.43 Punkte beträgt. Von den 47 Klassen überlappen bei 32
Klassen die Konfidenzintervalle mit dem mittleren Leistungsfortschritt und
unterscheiden sich folglich statistisch nicht signifikant davon (Hox, 2002).
Sieben Klassen erzielen statistisch signifikant höhere und acht Klassen statistisch signifikant tiefere Leistungsfortschritte als der Durchschnitt aller Klassen. Der maximale Leistungszuwachs einer Klasse übersteigt den mittleren

---

39 Streng genommen dürfte man nicht von Leistungsveränderungen sprechen, weil die
   Leistungsunterschiede zwischen Vor- und Nachtest nicht mittels Differenzmodellen,
   sondern regressionsanalytisch ermittelt wurden, indem die Nachtestleistung um die
   Leistung im Vortest kontrolliert wurde. Dadurch werden die zufälligen Effekte bzw.
   Residuen des Nachtests (u_0) geschätzt, die nicht durch Prädiktoren vorhergesagt werden (z.B. Rost, 2004). Das regressionsanalytische Vorgehen hat insbesondere den Vorteil, dass Zusammenhänge zwischen Bedingungsvariablen und Veränderungen modelliert werden können (auch mehrebenenanalytisch), ohne dass Verzerrungen durch den
   Effekt der Regression zur Mitte auftreten (vgl. auch Prenzel et al., 2006). Der Lesbar-
   keit halber wird trotzdem von Leistungsveränderungen bzw. -zuwächsen gesprochen.

Leistungsgewinn um 11.4 Punkte, beträgt also fast 27 Punkte. Der minimale Leistungszuwachs liegt 7.4 Punkte unter dem Durchschnitt und beträgt in dieser Klasse noch 8 Punkte. Auffallend sind vor allem die beiden bezüglich Leistungssteigerung besten Klassen, die sich relativ deutlich von den übrigen Klassen abheben. Die Unterschiede sind aber nicht gegenüber allen Klassen statistisch signifikant.

Eine wesentliche Voraussetzung für Mehrebenenanalysen ist die Annahme normalverteilter Residuen (Hox, 2002). Um dies zu überprüfen werden in zwei *Scatterplots* die standardisierten Residuale des Leistungszuwachses und die Normalverteilungswerte dargestellt. Abbildung 16 zeigt zwei relativ gerade diagonale Linien – jene oben für die Individualebene, jene unten für die Klassenebene – was auf eine zufriedenstellende Normalverteilung hindeutet.

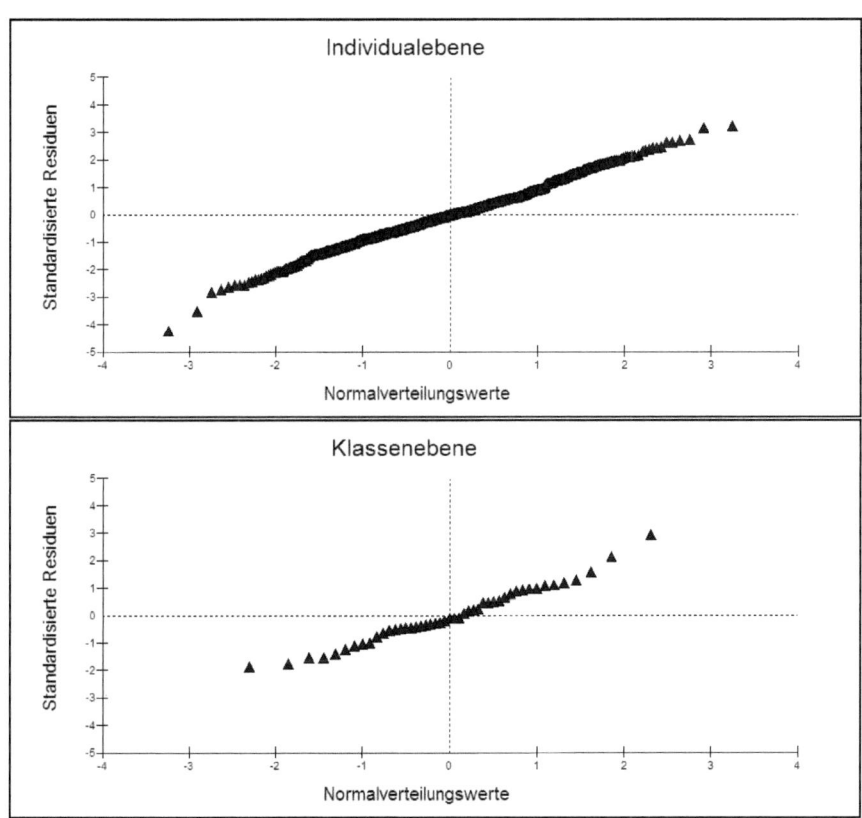

Abbildung 16: Überprüfung der Normalverteilung des Leistungszuwachses in der Unterrichtsreihe „Keimung von Samen" (oben: Indvidualebene; unten: Klassenebene)

Im nächsten Schritt wird überprüft, ob die Effekte der Vortestleistung auf die Nachtestleistung bzw. die Leistungszuwächse zwischen den Klassen ähnlich gross ausfallen, oder ob in einzelnen Klassen die Leistungsveränderungen markant grösser sind als in anderen. Zu diesem Zweck wird ein *Random-Slope-Modell*[40], in welchem auch die Regressionssteigungen als Zufallseffekte modelliert sind, mit dem *Random-Intercept-Modell* verglichen (Kreft & De Leeuw, 1998; Snijders & Bosker, 1999; Hox, 2002). Die Ergebnisse in Tabelle 28 zeigen, dass das Random-Slope-Modell (M2) keine statistisch signifikante Verbesserung gegenüber dem Random-Intercept-Modell (M1) mit sich bringt. Die Devianz verringert sich nur um 1.34 Punkte, was deutlich unter dem kritischen Wert für eine statistisch signifikante Modellverbesserung liegt.

Tabelle 28: Modellvergleich (Random-Intercept vs. Random-Slope) zum Leistungszuwachs in der Unterrichtsreihe „Keimung von Samen" zwischen den Klassen

Modell	M1		M2	
	B	(SE)	B	(SE)
Leistung „Keimen" (Konstante)	65.43	(.73)	65.33	(.73)
Individualebene				
Vortestleistung „Keimen"	3.59	(.35)***	3.63	(.39)***
Intraklassenkorrelation (ICC$_1$)		.190		-
Devianz		6132.85		6131.51

Anmerkung: ***p < .001. Stichprobengrösse auf Klassenebene: N = 47; auf Schülerebene: N = 832. Abhängige Variable: Nachtestleistung „Keimen". M1 ist ein Random-Intercept-Modell, M2 ein Random-Slope-Modell. Die Prädiktorvariable wurde z-standardisiert.

Abbildung 17 illustriert die beiden Modelle, indem die Regressionssteigungen bzw. Leistungszuwächse der einzelnen Klassen dargestellt werden. Dabei ist links das Random-Intercept-Modell abgebildet, in welchem die Steigungen konstant gehalten werden (parallele Linien), und rechts das Random-Slope-Modell mit variierenden Steigungen. Die Veranschaulichung bestätigt die statistisch nicht signifikante Modellverbesserung. Der Leistungszuwachs erweist sich über alle Klassen hinweg als ähnlich stark. Insbesondere kann keine Kovarianz zwischen Steigung und Intercept festgestellt werden. Weil das Random-Slope-Modell keinen zusätzlichen Gewinn bringt, wird das restriktivere bzw. sparsamere Random-Intercept-Modell, das weniger Parameter schätzt, bevorzugt (Kreft & De Leeuw, 1998).

---

40 Genaugenommen müsste man von einem Random-Intercept-Random-Slope-Modell sprechen, weil auch die Konstanten (Intercepts) variieren können.

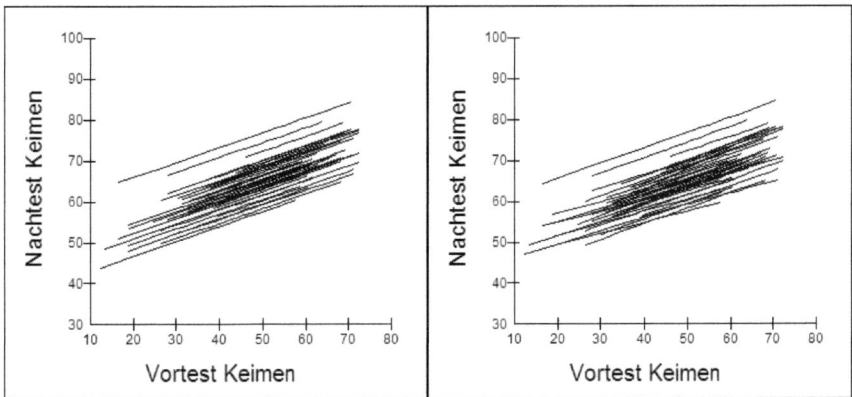

Abbildung 17: Modellvergleich zum Leistungszuwachs in der Unterrichtsreihe „Keimung von Samen" zwischen den Klassen (links: Random-Intercept-Modell; rechts: Random-Slope-Modell)

6.3.2 Adaptive Lehrkompetenz und Schülerleistung

Nachfolgend wird die Hauptfragestellung dieser Arbeit untersucht, nämlich ob die adaptive Lehrkompetenz den Lernerfolg von Schülerinnen und Schülern beeinflusst. Dazu wird im Mehrebenenmodell die adaptive Lehrkompetenz als Prädiktor auf der Klassenebene eingeführt. Die Vortestleistung wird weiterhin kontrolliert, damit der Lernerfolg um den Leistungsstand vor der Unterrichtsreihe „Keimung von Samen" bereinigt ist bzw. nur der Leistungszuwachs während der Unterrichtsreihe als Zielkriterium herangezogen wird. Zudem werden stufenspezifische Effekte analysiert.

In Tabelle 29 sind die Ergebnisse von vier Modellen aufgeführt. Das erste Modell (M0) entspricht nochmals dem Basismodell mit der Vortestleistung als einzigem Prädiktor (vgl. auch M1 in Tabelle 27). M1 zeigt, dass die adaptive Lehrkompetenz einen statistisch signifikanten Effekt auf die Schülerleistung aufweist. Schülerinnen und Schüler bei einer Lehrperson mit einer um eine Standardabweichung höheren adaptiven Lehrkompetenz erreichen durchschnittlich 1.75 Punkte mehr Leistungszuwachs als ihre Kolleginnen und Kollegen. Die zusätzlich aufgeklärte Varianz[41] gegenüber dem Basismodell M0 beträgt 2.8 Prozent, auf Klassenebene 14.9 Prozent.

---

41 Aufgrund des relativ kleinen Stichprobenumfangs auf der Klassenebene lohnt es sich neben den Angaben zur statistischen Signifikanz auch Effektstärkenmasse wie z.B. die Varianzaufklärung zu beachten.

Tabelle 29: Effekt adaptiver Lehrkompetenz auf den Lernerfolg der Schülerinnen und Schüler in der Unterrichtsreihe „Keimung von Samen" (Mehrebenenanalysen)

Modell	M0		M1		M2		M3	
	B	(SE)	B	(SE)	B	(SE)	B	(SE)
Leistung „Keimen" (Konstante)	65.43	(.73)	65.39	(.68)	65.57	(.97)	65.26	(.97)
Individualebene								
Vortestleistung „Keimen"	3.59	(.35)***	3.59	(.35)***	3.59	(.35)***	3.62	(.35)***
Klassenebene								
Adaptive Lehrkompetenz (AL)			1.75	(.69)*	1.67	(.75)*	2.45	(.93)**
Stufe (Sek I)					-.38	(1.51)	-.69	(1.50)
Interaktion								
AL x Stufe (Sek I)							-2.14	(1.54)
Intraklassenkorrelation (ICC_1)	.190		.166		.166		.159	
Varianzaufklärung total (R^2)	-		2.84%		2.86%		3.65%	
Varianzaufklärung Klassenebene	-		14.86%		14.98%		19.10%	
Devianz	6132.85		6126.71		6126.64		6124.74	

Anmerkung: *p < .05; **p < .01; ***p < .001. Stichprobengrösse auf Klassenebene: N = 47; auf Schülerebene: N = 832. Random-Intercept-Modelle mit Nachtestleistung „Keimen" als abhängige Variable. Die kontinuierlichen Prädiktorvariablen wurden z-standardisiert; die Schulstufe ist dummycodiert (Referenzkategorie „Primarstufe"). Zusätzliche Varianzaufklärung gegenüber Basismodell (M0).

Wird zusätzlich die Schulstufe berücksichtigt (M2), so bleibt der Effekt der adaptiven Lehrkompetenz statistisch signifikant (B = 1.67). Die Schulstufe selbst ist dagegen kein statistisch signifikanter Prädiktor, was sich auch in der kaum veränderten Varianzaufklärung zeigt. Ob die Schülerinnen und Schüler die Primarstufe oder die Sekundarstufe I besuchen, ist folglich für den Wissenszuwachs unbedeutend.

Um zu prüfen, ob der Effekt der adaptiven Lehrkompetenz stufenabhängig ist, wird in M3 ein Interaktionseffekt zwischen adaptiver Lehrkompetenz und Schulstufe eingeführt. Obschon diese Interaktion statistisch nicht signifikant ausfällt, weisen die Ergebnisse darauf hin, dass sich der Effekt der adaptiven Lehrkompetenz in erster Linie auf die Primarstufe zurückführen lässt. Der Steigungskoeffizient der adaptiven Lehrkompetenz beträgt in der Primarstufe 2.45 und ist statistisch signifikant, in der Sekundarstufe I liegt die Steigung bei 0.31 und ist statistisch nicht signifikant. Die zusätzliche Varianzaufklärung gegenüber dem Basismodell beträgt nun insgesamt 3.7 Prozent, auf Klassenstufe 19.1 Prozent.

Abbildung 18 veranschaulicht nochmals die Effekte der adaptiven Lehrkompetenz auf den Lernertrag in der Unterrichtsreihe „Keimung von Samen". Während sich insgesamt, d.h. über die ganze Stichprobe, und für die Primarstufe ein statistisch signifikanter Einfluss der adaptiven Lehrkompetenz nachweisen lässt, ist der Effekt der adaptiven Lehrkompetenz in der Sekundarstufe I statistisch nicht signifikant. Dennoch besteht wie oben erwähnt kein statistisch signifikanter Interaktionseffekt zwischen der adaptiven Lehrkompetenz und der Schulstufe. Die nachfolgenden Analysen werden deshalb in der Regel mit der ganzen Stichprobe[42] durchgeführt.

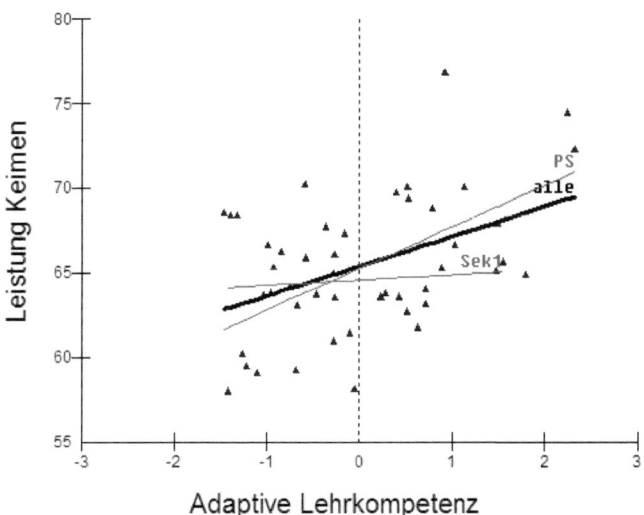

Abbildung 18: Stufenspezifische Effekte der adaptiven Lehrkompetenz auf den Lernerfolg der Schülerinnen und Schüler in der Unterrichtsreihe „Keimung von Samen" (kontrolliert nach Vortestleistung)

---

42 Würden die Analysen getrennt nach Stufen durchgeführt, hätte dies den Nachteil von sehr kleinen Stichprobenumfängen auf der Klassenebene.

Die bisherigen Analysen gingen von linearen Effekten der adaptiven Lehrkompetenz aus. Die Prüfung eines quadratischen Effekts ergibt einen positiven Koeffizienten (B = .92; SE = .63), der jedoch mit einem z-Wert[43] von 1.46 statistisch nicht signifikant ausfällt (M2 in Tabelle 43 im Anhang). Obschon die Einführung des quadratischen Terms gegenüber der linearen Regression (M1) zu 4.6 Prozent mehr Varianzaufklärung auf Klassenebene führt (insgesamt 19.5 Prozent), lässt sich nicht statistisch absichern, dass mit zunehmender adaptiver Lehrkompetenz der Effekt auf den Lernertrag der Schülerinnen und Schüler überproportional ansteigt.

Effekte der diagnostischen Urteilsgenauigkeit und des Sachwissens der Lehrperson

In diesem Abschnitt wird überprüft, inwiefern der Lernerfolg der Schülerinnen und Schüler von der *diagnostischen Urteilsgenauigkeit* sowie vom *Sachwissen* der Lehrpersonen abhängen. Diese beiden Aspekte der Lehrerkompetenz sind anders als das bisher verwendete Konstrukt adaptive Lehrkompetenz themenspezifisch mit direktem Bezug zur Unterrichtsreihe „Keimung von Samen" erfasst worden (vgl. Kapitel 5.4.4 und 5.4.5).

Die in Tabelle 30 berichteten Mehrebenenanalysen ergeben, dass sich in der Gesamtstichprobe kein direkter Effekt der Diagnosegenauigkeit von Lehrpersonen auf die Schülerleistungen nachweisen lässt (M1). Wenn jedoch eine Interaktion zwischen der diagnostischen Urteilsgenauigkeit und der Schulstufe spezifiziert wird (M3), zeigt sich in der Primarstufe ein positiver Effekt der Diagnosegenauigkeit auf den Lernertrag der Schülerinnen und Schüler (B = 2.37). Die Interaktion mit der Schulstufe ist ebenfalls statistisch signifikant. Für die Sekundarstufe I lässt sich dagegen kein bedeutsamer Zusammenhang zwischen der Diagnosegenauigkeit von Lehrpersonen und den Schülerleistungen nachweisen. Mit der Einführung des Interaktionsterms werden auf der Klassenebene 14.8 Prozent Varianz aufgeklärt.

---

43 Der z-Wert entspricht dem Regressionskoeffizienten dividiert durch dessen Standardfehler (z.B. Geiser, 2010).

Tabelle 30: Effekt der diagnostischen Urteilsgenauigkeit der Lehrperson auf den Lernerfolg der Schülerinnen und Schüler in der Unterrichtsreihe „Keimung von Samen" (Mehrebenenanalysen)

Modell	M0		M1		M2		M3	
	B	(SE)	B	(SE)	B	(SE)	B	(SE)
Leistung „Keimen" (Konstante)	65.43	(.73)	65.43	(.73)	66.24	(.97)	65.79	(.95)
Individualebene								
Vortestleistung „Keimen"	3.59	(.35)***	3.59	(.35)***	3.60	(.35)***	3.60	(.35)***
Klassenebene								
Genauigkeit des Diagnoseurteils „Keimung von Samen"			0.13	(.75)	-0.06	(.75)	2.37	(1.30)(*)
Stufe (Sek I)					-1.82	(1.47)	-1.60	(1.41)
Interaktion								
Diagnoseurteil x Stufe (Sek I)							-3.50	(1.56)*
Intraklassenkorrelation (ICC_1)	.190		.189		.184		.166	
Varianzaufklärung total (R^2)	-		.01%		.73%		2.85%	
Varianzaufklärung Klassenebene	-		.04%		3.79%		14.81%	
Devianz	6132.85		6132.81		6131.32		6126.49	

Anmerkung: (*)p < .10; *p < .05; **p < .01; ***p < .001. Stichprobengrösse auf Klassenebene: N = 47; auf Schülerebene: N = 832. Random-Intercept-Modelle mit Nachtestleistung „Keimen" als abhängige Variable. Die kontinuierlichen Prädiktorvariablen wurden z-standardisiert; die Schulstufe ist dummycodiert (Referenzkategorie „Primarstufe"). Zusätzliche Varianzaufklärung gegenüber Basismodell (M0).

Anders als bei der Diagnosegenauigkeit lässt sich beim Sachwissen der Lehrpersonen weder insgesamt noch für eine der beiden Schulstufen ein statistisch signifikanter Effekt auf den Leistungszuwachs der Schülerinnen und Schüler feststellen (Tabelle 44 im Anhang).

Kontrolle weiterer Lehrermerkmale

Um zu überprüfen, ob der gefundene Einfluss der adaptiven Lehrkompetenz auf den Lernertrag der Schülerinnen und Schüler (Tabelle 29) von weiteren Lehrermerkmalen beeinflusst ist, wurden folgende Merkmale mittels Mehrebenenmodellen kontrolliert: das *Geschlecht*, die *Berufserfahrung (Dienst-*

195

alter), die *Anzahl unterrichteter Lektionen in Naturwissenschaften*, das *konstruktivistische Lehr-Lern-Verständnis* sowie das *themenspezifische Interesse* der Lehrperson. Analog zu den Stufeneffekten (M3 in Tabelle 29) wurden in den Mehrebenenmodellen sowohl Haupteffekte als auch Interaktionseffekte mit der adaptiven Lehrkompetenz spezifiziert.

Bei sämtlichen einbezogenen Variablen sind weder Haupt- noch Interaktionseffekt mit der adaptiven Lehrkomptenz statistisch signifikant. Überdies sind auch für die *diagnostische Urteilsgenauigkeit* und das *Sachwissen* der Lehrpersonen keine statistisch signifikanten Interaktionseffekte mit der adaptiven Lehrkompetenz zu finden. Hingegen behält in allen Modellen die adaptive Lehrkompetenz den statistisch signifikanten Effekt auf den Leistungszuwachs der Schülerinnen und Schüler in der Unterrichtsreihe „Keimung von Samen" (statistisch signifikanter Haupteffekt der adaptiven Lehrkompetenz auf den Lernertrag).

Die statistisch nicht signifikanten Haupteffekte bedeuten beispielsweise, dass der Lernerfolg der Schülerinnen und Schüler in der Unterrichtsreihe „Keimung von Samen" nicht vom Geschlecht, der Berufserfahrung oder dem themenspezifischen Interesse der Lehrperson beeinflusst ist. Die nicht signifkanten Interaktionseffekte zeigen, dass der Effekt der adaptiven Lehrkompetenz unabhängig von den kontrollierten Lehrermerkmalen besteht. Diese Kontrollen der verschiedenen Merkmale von Lehrpersonen lassen folglich den Schluss zu, dass der Effekt der adaptiven Lehrkompetenz nicht über eine Konfundierung mit anderen (untersuchten) Lehrermerkmalen zu erklären ist, sondern eine eigenständige Wirkung auf die Lernleistungen der Schülerinnen und Schüler entfaltet.

Kontrolle von individuellen Eingangsbedingungen und Kontextfaktoren

Die bisher berichteten Ergebnisse belegen einen statistisch signifikanten Effekt der adaptiven Lehrkompetenz auf den Lernerfolg der Schülerinnen und Schüler. Nun soll untersucht werden, wie belastbar dieser Effekt ist, indem zahlreiche individuelle Eingangsbedingungen und Kontextfaktoren, die sich in anderen Studien als bedeutsam für den Lernerfolg erwiesen haben (vgl. Kapitel 2.5 und 2.6), kontrolliert werden. Dazu werden auf der Schülerebene die *kognitiven Lernvoraussetzungen* (Vortestleistung „Keimen" und naturwissenschaftliche Kompetenzen), das *Geschlecht*, die *soziale Herkunft* sowie der *Sprachhintergrund* und auf der Klassenebene die *Klassengrösse*, das *Leistungsniveau der Klasse* und der *Fremdsprachigenanteil* als Prädiktoren in die Mehrebenenmodelle eingeführt (Tabelle 31).[44] Bei aggregierten Vari

---

44 Zusätzlich wurden Mehrebenenmodelle einschliesslich der mittleren Naturwissenschaftsleistung und der mittleren sozialen Herkunft der Klassen als Prädiktoren berech

ablen (z.B. Fremdsprachigenanteil) können nur jene Effekte als Kontexteffekte bezeichnet werden, die über Individualeffekte hinaus auf der Klassenebene nachweisbar sind. Für die Erklärung von Leistungsunterschieden ist aber auch von Interesse, welchen Beitrag die einzelnen – hier als Kontrollvariablen bezeichneten – Merkmale unter Berücksichtigung der jeweils anderen Prädiktoren leisten. Damit diese Effekte unabhängig von der adaptiven Lehrkompetenz geschätzt werden können, sind im ersten Modell (M1) nur die Schüler- und Klassenmerkmale im Modell aufgenommen, nicht aber die adaptive Lehrkompetenz. So kann über einen Modellvergleich die zusätzliche Erklärungskraft der adaptiven Lehrkompetenz über die Kontrollvariablen hinaus bestimmt werden.

Auf der Schülerebene tragen die kognitiven Lernvoraussetzungen am meisten zum Lernerfolg der Schülerinnen und Schüler in der Unterrichtsreihe „Keimung von Samen" bei. Sowohl die spezifischen Vorkenntnisse zum Thema „Keimen" (B = 2.15) als auch die breit gemessenen naturwissenschaftlichen Kompetenzen (B = 2.16) sind gleichermassen bedeutsame Prädiktoren für den Wissensstand nach der Unterrichtsreihe. Schülerinnen und Schüler mit um 10 Punkte (= 1 SD) höheren Werten im Vortest bzw. im Naturwissenschaftstest erreichen eine um mehr als zwei Punkte höhere Nachtestleistung. Im Vergleich zum Basismodell wird ersichtlich, dass der Einfluss des Vorwissens deutlich sinkt, wenn andere wichtige Lernvoraussetzungen und Kontextmerkmale konstant gehalten werden.

Das Geschlecht und die soziale Herkunft sind bei einer Irrtumswahrscheinlichkeit von weniger als 10 Prozent statistisch signifikant, wobei Mädchen durchschnittlich einen um 1.14 Punkte höheren Leistungszuwachs erzielen als die Knaben. In Bezug auf den Wissenszuwachs als wichtiger erweist sich der Sprachhintergrund: Deutschsprachige profitieren statistisch signifikant stärker von der Unterrichtsreihe als fremdsprachige Schülerinnen und Schüler (B = -2.34).

Umgekehrt verhält es sich bei der Berücksichtigung des Sprachhintergrunds auf der Klassenebene. Je grösser der Anteil deutschsprachiger Schülerinnen und Schüler, desto kleiner ist der Leistungszuwachs. Ein hoher Fremdsprachigenanteil wirkt sich folglich nicht etwa negativ, sondern positiv auf den Lernertrag aus, sofern der Sprachhintergrund auf Individualebene kontrolliert ist. Es lässt sich also in dieser Studie kein negativer Kontexteffekt durch einen hohen Fremdsprachigenanteil feststellen. Jedoch machen die einzelnen fremdsprachigen Schülerinnen und Schüler innerhalb der Klas-

---

net. Da diese beiden Kontextmerkmale keine statistisch signifikanten Effekte zeigen, sind diese Modelle nicht dargestellt.

sen kleinere Lernfortschritte als die deutschsprachigen Kameradinnen und Kameraden.

Als für den Lernertrag wichtiger Kontextfaktor hat sich das mittlere Leistungsniveau der Klasse zu Beginn der Unterrichtsreihe (B = 2.42) herausgestellt. Ein hohes Leistungsniveau der Klasse ist auch für den Lernerfolg der einzelnen Schülerinnen und Schüler förderlich. Schliesslich spielt auch die Klassengrösse eine Rolle: In kleineren Klassen sind die Leistungsgewinne statistisch signifikant höher als in grösseren Klassen. In einer um eine Standardabweichung kleineren Klasse erzielen die Schülerinnen und Schüler einen um 1.92 Punkte höheren Leistungszuwachs. Rechnet man dies auf absolute Schülerzahlen um, so führte eine um eine Schülerin bzw. einen Schüler kleinere Klasse zu einem mittleren Leistungszuwachs von rund einem halben Punkt (Brühwiler & Blatchford, 2011).

Das Modell M1 mit den individuellen Lernvoraussetzungen und Kontextfaktoren, aber ohne die adaptive Lehrkompetenz, erklärt gegenüber dem Basismodell zusätzlich 12.5 Prozent der Varianz. Auf der Klassenebene beträgt die Varianzaufklärung 45.6 Prozent. Der auf Unterschiede zwischen den Klassen beruhende Varianzanteil reduziert sich von 19 Prozent (M0) auf noch 11.8 Prozent.

In den beiden weiteren Modellen der Tabelle 31 ist der Effekt der adaptiven Lehrkompetenz auf den Leistungszuwachs einmal ohne (M2; vgl. auch M1 in Tabelle 29) und einmal mit Kontrollvariablen (M3) dargestellt. Es zeigt sich, dass die adaptive Lehrkompetenz auch nach Kontrolle der individuellen Lernvoraussetzungen und des Klassenkontextes einen eigenständigen Effekt aufweist. Die Wirkung der adaptiven Lehrkompetenz kann also nicht auf eine Konfundierung mit den anderen untersuchten Prädiktoren von Schulleistungsunterschieden zurückgeführt werden. Der Regressionskoeffizient sinkt zwar leicht von B = 1.75 auf B = 1.27, bleibt aber statistisch signifikant.

Tabelle 31: Effekt adaptiver Lehrkompetenz auf den Lernerfolg der Schülerinnen und Schüler unter Berücksichtigung von individuellen Kontrollvariablen und Kontextvariablen der Klasse (Mehrebenenanalysen)

Modell	M0		M1		M2		M3	
	B	(SE)	B	(SE)	B	(SE)	B	(SE)
Leistung „Keimen" (Konstante)	65.43	(.73)	66.64	(.70)	65.39	(.68)	66.61	(.68)
Individualebene								
Vortestleistung „Keimen"	3.59	(.35)***	2.15	(.39)***	3.59	(.35)***	2.15	(.39)***
Leistung in Naturwissenschaften			2.16	(.40)***			2.18	(.40)***
Geschlecht (männlich)			-1.14	(.67)(*)			-1.16	(.67)(*)
Soziale Herkunft			.70	(.38)(*)			.71	(.38)(*)
Sprachhintergrund (fremdsprachig)			-2.34	(1.00)*			-2.33	(1.00)*
Klassenebene								
Adaptive Lehrkompetenz (AL)					1.75	(.69)*	1.27	(.57)*
Klassengrösse			-1.92	(.61)**			-1.71	(.59)**
Mittlere Leistung Vortest „Keimen"			2.42	(.64)***			2.26	(.61)***
Anteil Deutschsprachige			-1.47	(.67)*			-1.49	(.64)*
Intraklassenkorrelation (ICC_1)	.190		.118		.166		.103	
Varianzaufklärung total (R^2)	-		12.54%		2.84%		14.00%	
Varianzaufklärung Klassenebene	-		45.56%		14.86%		53.21%	
Devianz	6132.85		5635.77		6126.71		5630.98	

Anmerkung: (*)$p < .10$; *$p < .05$; **$p < .01$; ***$p < .001$. Stichprobengrösse auf Klassenebene: N = 47; auf Schülerebene: N = 772. Random-Intercept-Modelle mit Nachtestleistung „Keimen" als abhängige Variable. Die Prädiktorvariablen wurden z-standardisiert; Geschlecht (Referenzkategorie „weiblich") und Sprachhintergrund (Referenzkategorie „deutschsprachig") sind dummycodiert. Zusätzliche Varianzaufklärung gegenüber Basismodell (M0).

Gegenüber dem Basismodell werden bei M3 zusätzlich 14 Prozent mehr Varianz aufgeklärt. Berücksichtigt man nur die Klassenebene, beträgt die zusätzliche Varianzaufklärung 53.2 Prozent. Vergleicht man M3 mit M1, so kann die zusätzliche Erklärungskraft durch die adaptive Lehrkompetenz über die individuellen Lernbedingungen und die Kontextfaktoren hinaus bestimmt werden. Demzufolge erklärt die adaptive Lehrkompetenz zusätzlich 1.5 Prozent der Varianz, auf der Klassenebene sind es 7.7 Prozent. Der Varianzanteil zwischen den Klassen beträgt in M3 noch 10.3 Prozent.

Die Reduktion der Unterschiede zwischen den Klassen im finalen Modell (M3 in Tabelle 31), d.h. nach Berücksichtigung der adaptiven Lehrkompetenz, der individuellen Kontrollvariablen und der Kontextvariablen auf Klassenebene, lässt sich auch grafisch veranschaulichen (Abbildung 19). Betrachtet man nochmals die Abweichungen der einzelnen Klassen vom durchschnittlichen Leistungszuwachs (M = 15.4 Punkte), so fällt auf, dass die Unterschiede zwischen den Klassen – im Vergleich zum Modell mit der Vortestleistung als einzigem Prädiktor (Abbildung 15) – nun deutlich geringer geworden sind. Nur noch drei Klassen weisen statistisch signifikant höhere und zwei Klassen statistisch signifikante niedrigere Leistungszuwächse auf als der Gesamtdurchschnitt. Der maximale Leistungszuwachs einer Klasse übersteigt den mittleren Leistungsgewinn noch um 6.4 Punkte, der minimale liegt 4.3 Punkte unter dem Durchschnitt. Der Vergleich der beiden Abbildungen visualisiert den durch die ins Modell eingeführten Prädiktoren von 19 auf 10.3 Prozent reduzierten Varianzanteil zwischen den Klassen.

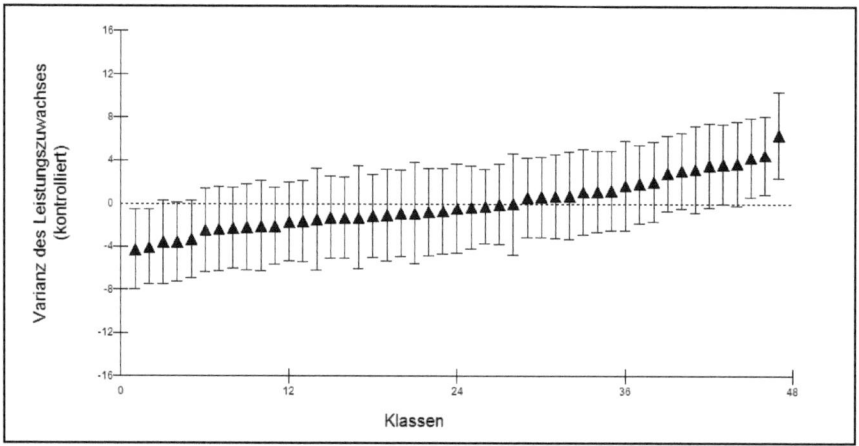

Anmerkung: Testleistung im Nachtest kontrolliert nach Leistung im Vortest und anderen Kontrollvariablen; N = 47 Klassen.

Abbildung 19: Varianz zwischen den Klassen im Leistungszuwachs in der Unterrichtsreihe „Keimung von Samen" mit Angabe des 95%-Konfidenzintervalls nach Berücksichtigung von individuellen Kontrollvariablen und Kontextvariablen der Klasse

6.3.3 Differentielle Effekte der adaptiven Lehrkompetenz

Nachdem der Effekt der adaptiven Lehrkompetenz auf den durchschnittlichen Lernerfolg untersucht wurde, geht es nun um die Frage nach möglichen differentiellen Wirkungen. Dabei wird davon ausgegangen, dass eine hohe adaptive Lehrkompetenz nicht zu differentiellen Effekten führen, sondern aufgrund der Berücksichtung der individuellen Lernvoraussetzungen alle Schülerinnen und Schüler unabhängig ihres Leistungsniveaus, ihrer sozialen Herkunft oder ihres Sprachhintergrunds gleichermassen vom Unterricht profitieren können. Die Berechnung, ob bestimmte Schülergruppen besonders von der adaptiven Lehrkompetenz profitieren, erfolgt mittels *Cross-level*-Interaktionen (z.b. Kreft & De Leeuw, 1998; Hox, 2002). Dabei werden Interaktionen zwischen Variablen, die auf verschiedenen Ebenen liegen, getestet.

Zunächst wird geprüft, ob der Einfluss der adaptiven Lehrkompetenz von den kognitiven Lernvoraussetzungen der Schülerinnen und Schüler abhängt. Aus Tabelle 32 geht hervor, dass keine statistisch signifikanten cross-level Interaktionen vorliegen, weder für die spezifische Vortestleistung in der Unterrichtsreihe „Keimung von Samen" (M1) noch für die naturwissenschaftlichen Kompetenzen als generalisiertes Leistungsmass (M2). Demnach profitieren sowohl leistungsstarke als auch leistungsschwache Schülerinnen und Schüler etwa ähnlich stark vom Unterricht bei adaptiven Lehrpersonen. Die Haupteffekte sind, wie in den vorangegangenen Abschnitten bereits dargestellt, statistisch signifikant.

Tabelle 32: Effekte der adaptiven Lehrkompetenz auf den Lernerfolg in Abhängigkeit kognitiver Lernvoraussetzungen (cross-level Interaktionen)

Modell	M0		M1		M2	
	B	(SE)	B	(SE)	B	(SE)
Leistung „Keimen" (Konstante)	65.43	(.73)	65.38	(.68)	65.29	(.67)
Individualebene						
Vortestleistung „Keimen"	3.59	(.35)***	3.58	(.35)***	2.62	(.37)***
Leistung in Naturwissenschaften					2.55	(.37)***
Klassenebene						
Adaptive Lehrkompetenz (AL)			1.73	(.69)*	1.80	(.67)**
Cross-level Interaktion						
AL x Vortestleistung „Keimen"			.33	(.36)		
AL x Leistung in Naturwissen-schaften					.53	(.36)
Intraklassenkorrelation (ICC_1)	.190		.168		.169	
Varianzaufklärung total (R^2)	-		2.81%		8.09%	
Varianzaufklärung Klassenebene	-		14.08%		18.17%	
Devianz	6132.85		6125.82		6005.80	

Anmerkung: *p < .05; **p < .01; ***p < .001. Stichprobengrösse auf Klassenebene: N = 47; auf Schülerebene: N = 832. Random-Intercept-Modelle mit Nachtestleistung „Keimen" als abhängige Variable. Die Prädiktorvariablen wurden z-standardisiert. Zusätzliche Varianzaufklärung gegenüber Basismodell (M0).

Auch für wichtige individuelle Schülermerkmale wie das Geschlecht, die soziale Herkunft und den Sprachhintergrund ergeben sich keine statistisch signifikanten cross-level Interaktionen mit der adaptiven Lehrkompetenz (Tabelle 33). Weder das Geschlecht noch die soziale Herkunft oder der Sprachhintergrund der Schülerinnen und Schüler beeinflussen den Effekt der adaptiven Lehrkompetenz auf den Lernertrag. Alle Schülergruppen profitieren etwa im gleichen Ausmass von adaptiveren Lehrpersonen. Bei den Haupteffekten erweisen sich die soziale Herkunft (M2) und der Sprachhintergrund (M3) als bedeutsam für den Lernerfolg in der Unterrichtsreihe. Das Geschlecht (M1) der Schülerinnen und Schüler spielt für den Leistungsfortschritt dagegen keine Rolle.

Tabelle 33: Effekte der adaptiven Lehrkompetenz auf den Lernerfolg in Abhängigkeit individueller Schülermerkmale (cross-level Interaktionen)

Modell	M0		M1		M2		M3	
	B	(SE)	B	(SE)	B	(SE)	B	(SE)
Leistung „Keimen" (Konstante)	65.43	(.73)	65.54	(.76)	65.44	(.68)	66.17	(.73)
Individualebene								
Vortestleistung „Keimen"	3.59	(.35)***	3.59	(.35)***	3.35	(.36)***	3.14	(.38)***
Geschlecht (männlich)			-.28	(.66)				
Soziale Herkunft					1.21	(.36)***		
Sprachhintergrund (fremdsprachig)							-3.38	(.93)***
Klassenebene								
Adaptive Lehrkompetenz (AL)			2.15	(.76)**	1.75	(.68)*	1.76	(.73)*
Cross-level Interaktion								
AL x Geschlecht (männlich)			-.83	(.67)				
AL x Soziale Herkunft					-.17	(.36)		
AL x Sprachhintergrund (fremdspr.)							-.42	(.86)
Intraklassenkorrelation (ICC_i)	.190		.167		.164		.174	
Varianzaufklärung total (R^2)	-		2.98%		3.19%		1.72%	
Varianzaufklärung Klassenebene	-		14.64%		16.11%		9.61%	
Devianz	6132.85		6124.96		6022.55		5778.37	

Anmerkung: *p < .05; **p < .01; ***p < .001. Stichprobengrösse auf Klassenebene: N = 47; auf Schülerebene: N = 832. Random-Intercept-Modelle mit Nachtestleistung „Keimen" als abhängige Variable. Die Prädiktorvariablen wurden z-standardisiert; Geschlecht (Referenzkategorie „weiblich") und Sprachhintergrund (Referenzkategorie „deutschsprachig") sind dummycodiert. Zusätzliche Varianzaufklärung gegenüber Basismodell (M0).

Zusammenfassend lässt sich festhalten, dass alle Schülerinnen und Schüler – unabhängig von deren kognitiven Lernvoraussetzungen oder anderer individueller Merkmale wie das Geschlecht, die soziale Herkunft oder der Sprachhintergrund – bei adaptiven Lehrpersonen grössere Leistungsfortschritte erzielen. Insbesondere zeigt sich, dass die leistungsstarken Schülerinnen und Schüler keineswegs benachteiligt werden, sondern vergleichbare Leistungsfortschritte erreichen wie schwächere Schülerinnen und Schüler.

6.3.4 Umgang mit Heterogenität

Adaptive Lehrpersonen sollten fähig sein, den Unterricht gezielt an die Bedürfnisse der Lernenden anzupassen. Deshalb wird erwartet, dass es adaptiven Lehrkräften besser gelingt, mit heterogenen Klassen hohe Leistungszuwächse zu erzielen, als Lehrpersonen mit geringerer adaptiver Lehrkompetenz. Weil sich die Vielfalt in Klassen auf verschiedene Merkmale beziehen kann, werden neben der Leistungsheterogenität auch die Heterogenität in Bezug auf den Sprachhintergrund und die soziale Herkunft untersucht. Zur Überprüfung dieser Hypothesen wurden Mehrebenenmodelle berechnet, bei denen die verschiedenen Heterogenitätsmerkmale als Prädiktoren auf der Klassenebene sowie als Interaktionsterme mit der adaptiven Lehrkompetenz eingeführt wurden.

Als Indikator für die Leistungsheterogenität wurde die Standardabweichung der einzelnen Klassen im Vortest der Unterrichtsreihe „Keimung von Samen" gewählt und als Prädiktor auf der Klassenebene eingeführt (M1 in Tabelle 34). Es zeigt sich, dass die Heterogenität in der Vortestleistung keinen statistisch signifikanten Effekt auf den Leistungszuwachs aufweist. Der Effekt der adaptiven Lehrkompetenz bleibt hingegen statistisch signifikant, was zugleich bedeutet, dass die besseren Lernergebnisse bei adaptiven Lehrpersonen nicht auf leistungshomogenere Klassen zurückgeführt werden können.

Der statistisch signifikante Interaktionsterm in Modell M2 zeigt an, dass es adaptiven besser als weniger adaptiven Lehrpersonen gelingt, in leistungsheterogenen Klassen hohen Lernerfolg zu erzielen. Die zusätzliche Varianzaufklärung gegenüber dem Basismodell beträgt insgesamt 5.6 Prozent, auf Klassenebene beinahe 30 Prozent.

Tabelle 34: Effekte adaptiver Lehrkompetenz auf den Lernerfolg in Abhängigkeit der Leistungsheterogenität innerhalb der Klassen (Mehrebenenanalysen)

Modell	M0		M1		M2	
	B	(SE)	B	(SE)	B	(SE)
Leistung „Keimen" (Konstante)	65.43	(.73)	65.39	(.67)	65.17	(.64)
Individualebene						
Vortestleistung „Keimen"	3.59	(.35)***	3.55	(.35)***	3.56	(.35)***
Klassenebene						
Adaptive Lehrkompetenz (AL)			1.88	(.68)**	1.92	(.65)**
Heterogenität Vortestleistung „Keimen" (SD)			-.97	(.69)	-1.04	(.65)
Interaktion (Klassenebene)						
AL x Heterogenität Vortestleistung „Keimen" (SD)					1.53	(.73)*
Intraklassenkorrelation (ICC$_1$)	.190		.158		.141	
Varianzaufklärung total (R^2)	-		3.72%		5.60%	
Varianzaufklärung Klassenebene	-		19.53%		29.77%	
Devianz	6132.85		6124.74		6120.53	

Anmerkung: *p < .05; **p < .01; ***p < .001. Stichprobengrösse auf Klassenebene: N = 47; auf Schülerebene: N = 832. Random-Intercept-Modelle mit Nachtestleistung „Keimen" als abhängige Variable. Die Prädiktorvariablen wurden z-standardisiert. Zusätzliche Varianzaufklärung gegenüber Basismodell (M0). SD = Standardabweichung.

Nach der leistungsbezogenen Heterogenität soll nun das Augenmerk auf die sprachliche Durchmischung der Klassen gelegt werden (Tabelle 35). Auf Individualebene wurde der Sprachhintergrund als dummycodierte Variable eingeführt, wobei die deutschsprachigen Schülerinnen und Schüler die Referenzgruppe bilden. Das Ausmass der sprachlichen Vielfalt wird auf Klassenebene durch den Anteil an Deutschsprachigen (bzw. Fremdsprachigen) ausgedrückt. Das erste Modell (M1) belegt zunächst einmal, dass fremdsprachige Schülerinnen und Schüler in der Unterrichtsreihe „Keimung von Samen" 3.6 Punkte weniger Leistungsfortschritt erzielen als deutschsprachige.

Wie zuvor bei der Leistungsheterogenität fällt auch beim Sprachhintergrund die Interaktion mit der adaptiven Lehrkompetenz statistisch signifikant aus (M2; B = -1.73).[45] Demnach erzielen adaptivere Lehrpersonen in Klassen mit einem höheren Anteil an fremdsprachigen Schülerinnen und Schülern grössere Leistungsfortschritte als weniger adaptive Lehrpersonen. Bemerkenswert ist zudem, dass nach statistischer Kontrolle des individuellen

---

45 Der Effekt ist bei einseitiger Testung statistisch signifikant (t = 1.88).

Tabelle 35: Effekte adaptiver Lehrkompetenz auf den Lernerfolg in Abhängigkeit des Sprachhintergrunds in den Klassen (Mehrebenenanalysen)

Modell	M0		M1		M2		M3	
	B	(SE)	B	(SE)	B	(SE)	B	(SE)
Leistung „Keimen" (Konstante)	65.43	(.73)	66.28	(.71)	66.34	(.69)	66.24	(.69)
Individualebene								
Vortestleistung „Keimen"	3.59	(.35)***	3.15	(.37)***	3.12	(.37)***	2.99	(.38)***
Sprachhintergrund (fremdsprachig)			-3.64	(.94)***	-3.67	(.94)***	-3.18	(.99)**
Soziale Herkunft							.91	(.39)*
Klassenebene								
Adaptive Lehrkompetenz (AL)			1.69	(.69)*	1.68	(.67)*	1.68	(.66)*
Anteil Deutschsprachige			-1.14	(.75)	-1.59	(.77)*	-1.66	(.76)*
Interaktion (Klassenebene)								
AL x Anteil Deutschsprachige					-1.73	(.92)$^{(*)}$	-1.65	(.91)$^{(*)}$
Intraklassenkorrelation (ICC_l)	.190		.165		.153		.150	
Varianzaufklärung total (R^2)	-		2.76%		4.19%		5.21%	
Varianzaufklärung Klassenebene	-		15.34%		22.77%		24.99%	
Devianz	6132.85		5776.37		5772.95		5751.79	

Anmerkung: $^{(*)}$p < .10; *p < .05; **p < .01; ***p < .001. Stichprobengrösse auf Klassenebene: N = 47; auf Schülerebene: N = 782. Random-Intercept-Modelle mit Nachtestleistung „Keimen" als abhängige Variable. Die kontinuierlichen Prädiktorvariablen wurden z-standardisiert; der Sprachhintergrund (Referenzkategorie „deutschsprachig") ist dummycodiert. Zusätzliche Varianzaufklärung gegenüber Basismodell (M0).

Sprachhintergrunds der Leistungszuwachs in Klassen mit einem höheren Fremdsprachigenanteil statistisch signifikant grösser ist als in Klassen mit weniger Fremdsprachigen (B = -1.66; vgl. auch Tabelle 31).

Weil der Sprachhintergrund oft mit dem sozioökonomischen Status der Familie gekoppelt ist (z.B. Ramseier & Brühwiler, 2003; Walter & Taskinen, 2007), wird in M3 auch die soziale Herkunft ins Modell eingeführt. Die Konstanthaltung der sozialen Herkunft beeinflusst die Effekte auf der Klassenebene kaum, die Regressionsgewichte auf der Individualebene (Vortestleistung und Sprachhintergrund) fallen hingegen etwas moderater aus. Die soziale Herkunft wirkt sich zusätzlich statistisch signifikant auf den Lernerfolg in der Unterrichtsreihe aus (B = .91). Die gegenüber dem Basismodell zusätzlich erklärte Varianz beträgt insgesamt 5.2 Prozent und auf der Klassenebene 25 Prozent.

Die Heterogenität der sozialen Herkunft innerhalb der Klassen beeinflusst – anders als bei der Leistungsheterogenität und beim Fremdsprachigenanteil – den Effekt der adaptiven Lehrkompetenz auf den Lernerfolg statistisch nicht signifikant (Tabelle 45 im Anhang). Bei der Heterogenität der sozialen Herkunft innerhalb der Klassen sind weder der Haupteffekt noch die Interaktion mit der adaptiven Lehrkompetenz von Bedeutung.

6.3.5 Fazit

Die Analysen belegen, dass Lehrpersonen mit höherer adaptiver Lehrkompetenz einen grösseren Lernerfolg bei ihren Schülerinnen und Schülern bewirken als weniger adaptive Lehrpersonen (Hypothese 3a bestätigt). Diese Kernhypothese lässt sich auch dann nicht widerlegen, wenn wichtige *individuelle Merkmale* wie kognitive Lernvoraussetzungen, Sprachhintergrund, soziale Herkunft oder Geschlecht sowie die *Kontextfaktoren* Klassengrösse, Leistungsniveau der Klasse und Fremdsprachigenanteil kontrolliert werden. Der Effekt der adaptiven Lehrkompetenz beruht folglich nicht auf einer Konfundierung mit möglicherweise günstigeren Lernbedingungen, sondern die adaptive Lehrkompetenz entfaltet eine eigenständige Wirkung auf den Lernerfolg der Schülerinnen und Schüler.
Innerhalb der Klassen profitieren alle Schülerinnen und Schüler, unabhängig der kognitiven Lernvoraussetzungen, der sozialen Herkunft, des Sprachhintergrunds oder des Geschlechts, in ähnlichem Ausmass von adaptiven Lehrpersonen (Hypothese 3b bestätigt). Dies ist vor dem Grundsatz der Förderung aller Schülerinnen und Schüler ein bemerkenswerter Befund. Obschon kein statistisch signifikanter Interaktionseffekt zwischen adaptiver Lehrkompetenz und Schulstufe besteht, gilt es einzuschränken, dass die positive Wirkung der adaptiven Lehrkompetenz nur für die Primarstufe, nicht aber für die Sekundarstufe I statistisch signifikant ausfällt.
Die Ergebnisse bestätigen des Weiteren den erwarteten Vorteil hoher adaptiver Lehrkompetenz beim Unterrichten heterogener Klassen. Sowohl in Klassen mit hoher Leistungsheterogenität als auch in Klassen mit einem höheren Anteil fremdsprachiger Schülerinnen und Schüler erzielen adaptivere Lehrpersonen grössere Leistungsgewinne mit ihren Klassen als weniger adaptive Lehrpersonen. Für diese beiden Heterogenitätsaspekte gilt Hypo-

these 3c als bestätigt, nur bei einer grösseren sozialen Durchmischung innerhalb der Klassen konnten keine statistisch signifikanten Effekte der adaptiven Lehrkompetenz aufgezeigt werden. Schliesslich konnten mit der Studie eine Reihe von bekannten Effekten der Unterrichtsforschung (z.b. Helmke & Schrader, 2006a; Helmke, 2009) repliziert werden. Auf Individualebene erreichten Schülerinnen und Schüler mit höherem themenspezifischem Vorwissen, mit besseren allgemeinen naturwissenschaftlichen Kompetenzen und aus einem bildungsnäheren und deutschsprachigen Elternhaus bessere Lernleistungen in der Unterrichtsreihe „Keimung von Samen". Auf Klassenebene hängen neben der adaptiven Lehrkompetenz auch die Klassengrösse, das mittlere Leistungsniveau der Klasse und ein höherer Fremdsprachigenanteil mit höheren Leistungszuwächsen zusammen. Letzteres mag zwar auf den ersten Blick erstaunen, allerdings ist zu berücksichtigen, dass es sich um einen kontrollierten Effekt handelt. Innerhalb der Klassen erreichen die deutschsprachigen Schülerinnen und Schüler grössere Leistungszuwächse.

6.4 Mediatoreffekte der adaptiven Lehrkompetenz

Nachdem im vorangegangenen Abschnitt gezeigt werden konnte, dass adaptive Lehrkompetenz einen positiven Einfluss auf den Lernertrag der Schülerinnen und Schüler aufweist, interessiert in diesem abschliessenden Ergebniskapitel, über welche vermittelnden Faktoren dieser Effekt erklärt werden kann. Die Frage lautet demzufolge nicht mehr nur, ob adaptive Lehrkompetenz wirkt, sondern wie sie wirkt. Ausgehend vom theoretischen Rahmenmodell (vgl. Kapitel 2.2) werden die Beziehungen zwischen der adaptiven Lehrkompetenz, den Unterrichtsprozessen und der Schülerleistung systematisch getestet.

6.4.1 Mehrebenenanalytisches Mediatormodell der adaptiven Lehrkompetenz

Um statistisch zu prüfen, ob die Effekte der adaptiven Lehrkompetenz auf den Lernerfolg der Schülerinnen und Schüler durch Aspekte der Unterrichtsqualität mediiert werden, ist ein mehrebenenanalytisches Strukturgleichungsmodell spezifiziert worden (für eine Übersicht vgl. Preacher et al., 2010). Dadurch können die Pfadkoeffizienten sowohl von direkten als auch von indirekten Effekten messfehlerbereinigt und unter Berücksichtigung der hierarchischen Datenstruktur geschätzt werden.

Das in Abbildung 20 dargestellte Modell umfasst auf der Klassenebene zwei latente Variablen (als Ellipsen dargestellt), nämlich die mittels Vignettentest und Videotest gemessene *adaptive Lehrkompetenz* und die über geteilte Schülerwahrnehmungen erfasste *Unterrichtsqualität*. Letztere wurde als Faktor zweiter Ordnung modelliert und besteht einerseits aus der *didaktischen Unterrichtsqualität*, zu der die vier Skalen[46] *Unterrichtsdruck, Schülerbeteiligung, Vermittlungsqualität* und *Interessantheit des Unterrichts* zusammengefasst werden, sowie andererseits aus der manifest eingeführten Variable *Regelorientierung*[47], die dem Bereich der Klassenführung zugerechnet werden kann.[48] Die Unterrichtsqualität ist im Modell abhängige und unabhängige Variable zugleich, weil sie als intermittierende Variable zwischen die adaptive Lehrkompetenz und die Testleistung eingeführt wurde. Die Leistungen aus dem Vor- und Nachtest der Unterrichtsreihe „Keimung von Samen" wurden sowohl auf Klassenebene als auch auf Schülerebene modelliert.

Zusätzlich wurden auf der Individualebene zwischen allen Variablen zur Erfassung der Unterrichtsqualität sowie der Testleistungen Korrelationen zugelassen (nicht in der Abbildung dargestellt)[49], weil angenommen werden muss, dass die Unterrichswahrnehmungen nicht unabhängig von der Testleistung sind. So konnte Wagner (2008) zeigen, dass leistungsstärkere Schülerinnen und Schüler die Unterrichtsprozesse positiver beurteilen als schwächere. Um solche möglichen Wahrnehmungsverzerrungen zu kontrollieren und Zusammenhänge zwischen verschiedenen Unterrichtsaspekten zu berücksichtigen, wurden diese Korrelationen auf der Schülerebene modelliert.

Sämtliche Fit-Indizes liegen innerhalb der festgelegten Cutoff-Kriterien (vgl. Kapitel 5.5.1) und verweisen auf eine gute Modellanpassung. Die Faktorladungen auf die Indikatoren der *adaptiven Lehrkompetenz* sind alle statistisch signifikant und mit Werten zwischen ß = .37 und ß = .72 nahezu identisch mit jenen der konfirmatorischen Faktorenanalyse (vgl. Abbildung 9 in Kapitel 6.1.1). Die Ladungen auf die Indikatoren der *didaktischen Unterrichtsqualität* fallen mit Werten von ß = .82 bis ß = .99 sehr hoch aus. Hohe Faktorladungen finden sich auch von der *Unterrichtsqualität* auf die

---

46 Die Skalen zur Erfassung der Unterrichtsqualität (vgl. Kapitel 5.4.7) werden hier als manifeste Indikatoren verwendet.

47 Die *Regelorientierung* als Merkmal der Klassenführung wurde deshalb gewählt, weil die Regelorientierung unmittelbarer mit dem Lehrerverhalten zusammenhängt als die *Störneigung*. Diese dürfte hingegen stärker durch situationale und klassenspezifische Merkmale mitbeeinflusst sein.

48 Bei den Messmodellen wurde zur Bestimmung der Metrik jeweils die Ladung des Indikators mit dem höchsten Regressionsgewicht auf 1 fixiert (Bühner, 2006).

49 Auf die Darstellung der Residualvarianzen (Fehlerterme) und der Korrelationen auf Individualebene wurde aus Gründen der Übersichtlichkeit verzichtet.

Regelorientierung (ß = .66) und die *didaktische Unterrichtsqualität* (ß = .65). Die Ergebnisse in Abbildung 20 zeigen, dass der direkte Pfad der adaptiven Lehrkompetenz auf den Leistungszuwachs der Schülerinnen und Schüler in der Unterrichtsreihe „Keimung von Samen" statistisch nicht signifikant ausfällt (ß = .19), wenn die Unterrichtsqualität als Mediatorvariable modelliert wird. Der Effekt der adaptiven Lehrkompetenz wird wie erwartet zu einem grossen Teil über die Unterrichtsqualität vermittelt: Sowohl der Pfad von der adaptiven Lehrkompetenz auf die Unterrichtsqualität (ß = .39) als auch jener von der Unterrichtsqualität auf den Lernertrag (ß = .38) fallen statistisch signifikant aus. Der grössere Lernerfolg der Schülerinnen und Schüler bei adaptiveren Lehrpersonen kann somit auf eine höhere didaktische Qualität des Unterrichts und eine höhere Regelorientierung zurückgeführt werden.

Zur Abschätzung des Gesamteffekts der adaptiven Lehrkompetenz auf den Leistungszuwachs der Schülerinnen und Schüler können die indirekten Regressionsgewichte multipliziert und zum direkten Effekt addiert werden (Geiser, 2010). Demnach beträgt der totale Effekt der adaptiven Lehrkompetenz auf den Leistungszuwachs ß = .34, wovon 0.15 indirekt über die Unterrichtsqualität vermittelt sind.

Angesichts der in Kapitel 6.3.2 beschriebenen Ergebnisse zu den Stufenunterschieden bei den Effekten der adaptiven Lehrkomptenz, wären Modellvergleiche zwischen der Primarstufe und der Sekundarstufe I interessant. Aufgrund des auf Klassenebene beschränkten Stichprobenumfangs und der hohen Modellkomplexität musste hier jedoch darauf verzichtet werden.

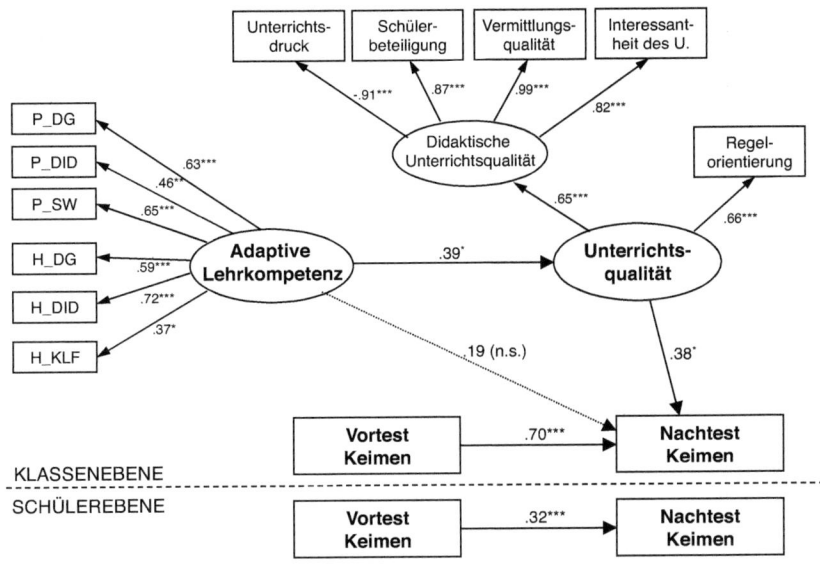

Chi-Quadrat = 64.47; df = 63; p = .43; CFI = .999; $SRMR_{zwischen}$ = .059; $SRMR_{innerhalb}$ = .002; RMSEA = .005

Anmerkung: *p < .05; **p < .01; ***p < .001 (einseitige Tests). Stichprobengrösse auf Klassenebene N = 47; auf Schülerebene N = 832. Alle Koeffizienten sind standardisiert. Sämtliche Faktorladungen der Messmodelle sind statistisch signifikant. Residualvarianzen (Fehlerterme) und Korrelationen auf Individualebene sind aus Gründen der Übersichtlichkeit nicht dargestellt.

Abbildung 20: Mediatormodell zur Vorhersage des Lernerfolgs der Schülerinnen und Schüler durch adaptive Lehrkompetenz und Unterrichtsqualität (Mehrebenenanalytisches Strukturgleichungsmodell)

6.4.2 Fazit

Während in den bisherigen Analysen stets ein positiver Effekt von der adaptiven Lehrkompetenz auf die Lernleistungen der Schülerinnen und Schüler gefunden wurde, konnte nun mittels mehrebenenanalytischem Strukturgleichungsmodell empirisch nachgewiesen werden, dass sich die adaptive Lehrkompetenz nicht direkt auf den Lernertrag der Schülerinnen und Schüler auswirkt, sondern wie erwartet indirekt über die Qualität der Unterrichtsprozesse vermittelt wird. Das theoretische Modell (Hypothese 4) konnte somit empirisch bestätigt werden.

7 Diskussion

Im abschliessenden Kapitel werden die zentralen Befunde zusammengefasst und mit den theoretischen Grundlagen und bestehenden Forschungsbefunden in Verbindung gebracht. Die Gliederung folgt dabei nicht mehr der Logik der Ergebnisdarstellung, sondern beruht massgeblich auf der Bedeutung der Erkenntnisse für die Beantwortung der Kernfragen dieser Arbeit. So werden im ersten Abschnitt vor dem Hintergrund des theoretischen Rahmenmodells (vgl. Kapitel 2.2, S. 18) die Wirkungen adaptiver Lehrkompetenz auf verschiedene Aspekte des schulischen Lehr-Lern-Prozesses diskutiert. Im Anschluss daran werden Überlegungen zur Konzeption der adaptiven Lehrkompetenz angestellt. Im dritten Teilkapitel wird auf einige praxisrelevante Folgerungen eingegangen, bevor abschliessend methodische Besonderheiten und Grenzen diskutiert sowie ein Ausblick auf mögliche weiterführende Forschungsfragen gegeben werden.

7.1 Wirkungen adaptiver Lehrkompetenz auf Unterricht und Schülerleistung

Das grundlegende Ziel dieser Arbeit besteht darin, die Wirkungszusammenhänge zwischen adaptiver Lehrkompetenz, Unterrichtsprozessen und Lernerfolg der Schülerinnen und Schüler zu erhellen. Die mehrebenenanalytisch gewonnenen Ergebnisse belegen einen statistisch signifikanten Effekt der adaptiven Lehrkompetenz auf den Leistungszuwachs der Schülerinnen und Schüler. Der Effekt der adaptiven Lehrkompetenz lässt sich auch dann nachweisen, wenn alternative Erklärungsgrössen auf Individualebene und Klassenebene konstant gehalten werden. In den Modellen berücksichtigt wurden die individuellen Merkmale *kognitive Lernvoraussetzungen, soziale Herkunft* und *Sprachhintergrund* sowie die Kontexfaktoren *Leistungsniveau der Klasse, Klassengrösse* und *Fremdsprachigenanteil*. Die besseren Leistungen von Schülerinnen und Schülern bei adaptiven Lehrpersonen beruhen demzufolge nicht auf einer Konfundierung mit besonders günstigen Lernbedingungen, sondern die adaptive Lehrkompetenz entfaltet eine zusätzliche, isolierte Wirkung auf den Lernerfolg.

Die in dieser Studie gefundenen Ergebnisse zu den Effekten der adaptiven Lehrkompetenz auf den Lernertrag der Schülerinnen und Schüler stehen einerseits im Einklang mit der von Waxman et al. (1985) durchgeführten Metaanalyse zur Wirkung adaptiven Unterrichts auf kognitive Lernergebnisse und andererseits mit neueren Lehrerwirksamkeitsstudien, die ebenfalls eine hohe Bedeutung der Lehrperson für die Leistungsentwicklung von Schülerinnen und Schülern nachweisen (Rivkin et al., 2001; Wayne & Youngs, 2003; Lipowsky, 2006; Seidel & Shavelson, 2007; Hattie, 2009). Solche positiven Ergebnisse aus *Value-added*-Studien sind als wichtige Indizien für eine hohe Unterrichtsqualität zu interpretieren, „they do carry a ‚signal' about the quality of classroom instruction" (Hill, Kapitula & Umland, 2011, S. 826). Allerdings fehlen bisher, mit wenigen Ausnahmen wie z.B. in der COACTIV-Studie (Kunter et al., 2011), systematische Untersuchungen zu den mediierenden Faktoren. Insbesondere ist wenig gesichertes Wissen vorhanden, über welche Unterrichtsprozesse Effekte professioneller Kompetenzen vermittelt werden (Klieme, 2006).

In der vorliegenden Studie wurde deshalb ein mehrebenenanalytisches Strukturgleichungsmodell spezifiziert, um das theoretische Rahmenmodell zumindest teilweise statistisch zu testen. Die Ergebnisse stützen die plausible Annahme, dass adaptive Lehrkompetenz nicht direkt auf den Lernertrag der Schülerinnen und Schüler wirkt, sondern indirekt über die Qualität der Unterrichtsprozesse vermittelt wird. Die grösseren Leistungsfortschritte der Schülerinnen und Schüler in Klassen mit adaptiveren Lehrpersonen sind massgeblich auf eine bessere *didaktische Unterrichtsqualität* (z.B. höhere Schülerbeteiligung, weniger Unterrichtsdruck oder bessere Vermittlungsqualität) und eine höhere *Regelorientierung* im Unterricht zurückzuführen. Diese Ergebnisse stimmen insofern mit jenen der COACTIV-Studie überein, als auch dort die Effekte der professionellen Kompetenz (Fachwissen und fachdidaktisches Wissen in Mathematik) über Unterrichtsprozesse (individuelle Lernunterstützung sowie kognitives Potenzial und curriculares Niveau der Aufgaben) mediiert wurden (Baumert & Kunter, 2011b).

Unterrichtliches Handeln von adaptiven Lehrpersonen

Aus den oben berichteten Ergebnissen zur Prüfung des theoretischen Rahmenmodells lässt sich bereits erkennen, dass die adaptive Lehrkompetenz im unterrichtlichen Handeln der Lehrpersonen sichtbar wird. Damit konnte eine zentrale theoretische Annahme empirisch bestätigt werden, da die adaptive Lehrkompetenz als handlungsleitende Kognition konzipiert worden ist. Bedenkt man, dass oftmals nur geringe Zusammenhänge zwischen Lehrerwissen und Lehrerhandeln gefunden werden, weil sich nach Bromme „die handlungsleitende Funktion professionellen Wissens nicht immer als direkte Wirkung einzelner Wissenskomponenten auf einzelne Lehrerhandlungen nachweisen lässt" (1997, S. 199), so ist das vorliegende Ergebnis um so höher zu werten. Dass sich die adaptive Lehrkompetenz in der Qualität des

Unterrichts manifestiert, ist folglich auch ein starker Hinweis auf die Kriteriumsvalidität.

Insgesamt sprechen die Resultate dafür, dass die (schülerperzipierte) Unterrichtsqualität bei adaptiveren Lehrpersonen höher ausfällt als bei weniger adaptiven. Dies gilt insbesondere für jene Unterrichtsmerkmale, bei denen die Bezugnahme auf die individuellen Lernvoraussetzungen zum Tragen kommt. Kennzeichnend für den Unterricht von adaptiven Lehrpersonen sind eine hohe Schülerbeteiligung, eine gute Vermittlungsqualität und eine interessante Unterrichtsgestaltung ohne zu grossen Unterrichtsdruck auszuüben. Neben diesen *didaktischen Aspekten* fällt auch die Einschätzung der *Lehrer-Schüler-Beziehung* besser aus: Adaptivere Lehrpersonen geben den Schülerinnen und Schülern mehr Mitsprachemöglichkeiten und zeichnen sich durch ein hohes pädagogisches Engagement aus. Zusammenfassend lässt sich festhalten, dass sich eine höhere adaptive Lehrkompetenz vor allem im didaktischen Unterrichtshandeln niederschlägt.

Nicht erwartungskonform sind dagegen die Ergebnisse zu den Unterrichtsprozessen, die mit der Klassenführung in Verbindung gebracht werden können. So lassen sich zwischen den klassenführungsbezogenen Unterrichtsmerkmalen (Störneigung und Regelorientierung) und der adaptiven Lehrkompetenz keine statistisch signifikanten Korrelationen feststellen. Zu einem ähnlichen Ergebnis kamen Baumert und Kunter (2011b), die in COACTIV ebenfalls keine signifikanten Effekte von Professionswissen, im Gegensatz zur adaptiven Lehrkompetenz allerdings eng begrenzt auf Fachwissen und fachdidaktisches Wissen, auf die Klassenführung nachweisen konnten.

Dass zwischen der mittels Videotest gemessenen Klassenführungskompetenz und der mangelnden Disziplin im Unterricht kein Zusammenhang besteht, dürfte auch damit zu erklären sein, dass Lehrpersonen mit grösseren Disziplinproblemen ihre Unterrichtswahrnehmung stärker auf direkte Klassenführungsmassnahmen (z.B. Durchsetzen von Regeln) fokussieren (Pekrun et al., 2006). Dieser Effekt könnte durch relativ stabile Persönlichkeitsmerkmale im Umgang mit sozialen Konflikten noch verstärkt werden. Diese Annahme wird dadurch belegt, dass Lehrpersonen mit geringerer Ambiguitätstoleranz gegenüber sozialen Konflikten höhere Werte in der Klassenführungskompetenz des Videotests aufweisen (Beck et al., 2008).

Ob Unterricht von den Schülerinnen und Schülern als zu schwierig oder zu leicht wahrgenommen wird, ist ein Indiz dafür, wie gut Lehrkräfte das Anspruchsniveau an die individuellen Lernvoraussetzungen anpassen, und hängt nach Beck et al. (2008) nachweislich mit besseren Schülerleistungen zusammen. Diese Anpassung des Anspruchsniveaus gelingt offenbar den meisten Lehrpersonen gut, denn der Schwierigkeitsgrad des Unterrichts wird von den meisten Schülerinnen und Schülern als gerade richtig wahrgenommen. Dies ist insbesondere auf der Sekundarstufe I der Fall. In der Primarstufe dürfte der Unterricht sogar etwas anspruchsvoller gestaltet werden, ohne dass die Kinder deswegen überfordert würden.

Die Annahme, dass adaptivere Lehrpersonen den Schwierigkeitsgrad des Unterrichts besser an das Leistungsniveau der Schülerinnen und Schüler anpassen, konnte mit den vorliegenden Daten jedoch nicht bestätigt werden. Dies könnte auch daran liegen, dass sich nur sehr wenige Schülerinnen und Schüler vom Unterricht über- oder unterfordert fühlen. Möglicherweise liegt also zu wenig Varianz vor, um den erwarteten Effekt statistisch zu erhärten. Statistisch gesichert sind hingegen die beiden folgenden Befunde: (1) Lehrpersonen mit hohem Wissen über das Thema „Keimung von Samen" gestalten den Unterricht schwieriger als Lehrpersonen mit weniger Sachwissen, und (2) adaptive Lehrpersonen gestalten den Unterricht anspruchsvoller als weniger adaptive Lehrpersonen. Angesichts der wenigen Schülerinnen und Schüler, die sich überfordert fühlen, dürfte dies im Sinne des Auffindens von Vygotskys (1978) Zone der proximalen Entwicklung eher positiv zu werten sein.

Kompensierbarkeit von Planungs- und Handlungskompetenz

In den konfirmatorischen Faktorenanaylsen hat sich herausgestellt, dass sich die adaptive Lehrkompetenz besser als eindimensionaler Faktor beschreiben lässt. Dieses Ergebnis spricht dafür, dass beide theoretisch postulierten Teilkomponenten der adaptiven Lehrkompetenz für den Lernerfolg der Schülerinnen und Schüler relevant sind. Umgekehrt lässt sich daraus schliessen, dass sich Planungs- und Handlungskompetenz bis zu einem gewissen Grad gegenseitig kompensieren lassen. Diese Feststellung der gegenseitigen Kompensierbarkeit ist nicht zuletzt vor dem Hintergrund der besseren Veränderbarkeit adaptiver Planungskompetenzen (Rogalla & Vogt, 2008) auch für die Lehrerbildung bedeutsam.

Profitieren alle Schülerinnen und Schüler von adaptiven Lehrkräften?

Die Konzeption der adaptiven Lehrkompetenz strebt nicht nach einer Minimierung von Leistungsunterschieden zwischen Schülerinnen und Schülern, sondern basiert auf dem Grundsatz der bestmöglichen Förderung aller Schülerinnen und Schüler entsprechend ihren jeweiligen individuellen Lernvoraussetzungen. Es ist somit theoriekonform, dass keine statistisch signifikanten *cross-level*-Interaktionen zwischen der adaptiven Lehrkompetenz und den kognitiven Lernvoraussetzungen, der sozialen Herkunft, des Geschlechts oder des Sprachhintergrunds gefunden wurden. Innerhalb der Klassen scheinen alle Schülergruppen ähnlich stark von adaptiven Lehrpersonen zu profitieren. Üblicherweise zeigt sich in der Literatur (z.b. Sanders & Rivers, 1996; Scheerens & Bosker, 1997; Blatchford et al., 2003; Rindermann, 2007), dass von guten unterrichtlichen Bedingungen leistungsschwache sowie sozial benachteiligte Schülerinnen und Schüler stärker profitieren, oder anders formuliert unter Defiziten in der Unterrichtsumwelt besonders leiden. Angesichts dieser bisweilen befürchteten Benachteiligung gewisser Schülergruppen ist es ein bemerkenswerter Befund, dass bei der adaptiven Lehrkompetenz keine differenziellen Effekte auftreten.

Adaptivität als Ansatz für einen angemessenen Umgang mit Heterogenität

Ein wesentliches Charakteristikum der adaptiven Lehrkompetenz besteht darin, Planung und Durchführung von Unterricht auf die individuell unterschiedlichen Bedürfnisse der Lernenden auszurichten. Die darauf aufbauende Hypothese, dass eine hohe adaptive Lehrkompetenz beim Unterrichten heterogener Klassen von Vorteil ist, wird durch die vorliegenden Daten unterstützt. Schülerinnen und Schüler in heterogenen Klassen machen bei adaptiven Lehrpersonen grössere Leistungsfortschritte. Dies gilt nicht nur für Klassen mit hoher Leistungsheterogenität, sondern auch für Klassen mit einem hohen Fremdsprachigenanteil. Nur bei Klassen mit grosser sozialer Durchmischung konnte kein statistisch signifikanter Interaktionseffekt mit der adaptiven Lehrkompetenz nachgewiesen werden.

Das Ergebnis, dass adaptive Lehrpersonen wirksamer mit Vielfalt in den Klassen umgehen, ist sowohl aus theoretischer Sicht als auch für die pädagogische Praxis wertvoll. Zum einen liess sich die aus theoretischen Überlegungen erwartete Wirkung adaptiver Lehrkompetenz empirisch nachweisen. Zum anderen ist die Frage nach dem pädagogischen Umgang mit Heterogenität in der Schule von hoher Praxisrelevanz und wird kontrovers diskutiert. Der Herausforderung einer heterogenen Schülerschaft wird traditionellerweise im Spannungsfeld zwischen (a) *schulorganisatorischen* (z.B. Bildung relativ leistungshomogener Lerngruppen) und (b) *binnendifferenzierenden Massnahmen* (z.B. Individualisierung und Differenzierung) begegnet. Die vorliegenden Ergebnisse verdeutlichen, dass bei hoher adaptiver Lehrkompetenz auch innerhalb der bestehenden Strukturen überdurchschnittliche Lernerträge möglich sind.

Der pädagogisch angemessene Umgang mit Heterogenität in den Klassenzimmern ist anspruchsvoll und herausfordernd (Urech, 2010), gehört in Regelklassen aber zum beruflichen Alltag von Lehrpersonen. Dabei hat sich in den vorliegenden Analysen gezeigt, dass eine hohe Leistungsheterogenität innerhalb der Klassen keine negativen Auswirkungen auf den Lernerfolg der Schülerinnen und Schüler mit sich bringt. Dies deckt sich mit Befunden von

Gröhlich, Scharenberg und Bos (2009) sowie Bos und Scharenberg (2010) aus der Hamburger Schulleistungsstudie KESS (Kompetenzen und Einstellungen von Schülerinnen und Schülern), die ebenfalls feststellten, dass Leistungsheterogenität innerhalb von Lerngruppen keine Nachteile für die Schülerleistungen haben.

Replikation bekannter Ergebnisse aus der Unterrichtsforschung

Zur Absicherung der Befunde zu den genannten Effekten der adaptiven Lehrkompetenz wurden verschiedene individuelle Merkmale und Kontextfaktoren als Kontrollvariablen in die Modelle aufgenommen. Dadurch konnten – gewissermassen als Nebenprodukt – zahlreiche aus der Unterrichtsforschung (z.B. Helmke & Schrader, 2006a; Helmke, 2009) bekannte Effekte repliziert werden. Diese erwartungskonformen Ergebnisse können auch als Hinweis auf die hohe Validität der Daten gewertet werden. So gehen höhere Lernerträge mit besseren kognitiven Lernvoraussetzungen sowie einem bildungsnäheren und deutschsprachigen Elternhaus einher. Auf der Klassenebene konnte gezeigt werden, dass neben der adaptiven Lehrkompetenz kleinere Klassen und ein hohes Leistungsniveau der Klasse zu einer leistungsförderlichen Lernumwelt beitragen. Überdurchschnittliche Leistungszuwächse haben auch Klassen mit einem höheren Fremdsprachigenanteil erreicht, was vordergründig erstaunen mag. Es gilt aber zu berücksichtigen, dass es sich um einen kontrollierten Effekt handelt: Denn innerhalb der Klassen erzielen Deutschsprachige höhere Leistungszuwächse in der thematischen Unterrichtsreihe als Fremdsprachige.

7.2 Stufenspezifische Unterschiede der adaptiven Lehrkompetenz

Die schulstufenspezifischen Analysen haben drei zentrale Ergebnisse hervorgebracht, die eine eingehendere Diskussion erfordern.

1. Primarlehrpersonen verfügen über eine statistisch signifikant höhere adaptive Lehrkompetenz als Lehrpersonen der Sekundarstufe I.
2. Der Unterricht in der Primarstufe ist (in der Schülerwahrnehmung) durch eine höhere didaktische Qualität und eine bessere Lehrer-Schüler-Beziehung gekennzeichnet. Dies trifft speziell für Merkmale wie Schülerbeteiligung, Mitsprachemöglichkeiten oder weniger Unterrichtsdruck zu, in denen die individuellen Lernbedürfnisse besonders zu berücksichtigen sind. Auf der Sekundarstufe I wird dagegen der Unterricht als anspruchsvoller wahrgenommen, ohne dass die Schülerinnen und Schüler deswegen überfordert wären.

3. Die positive Wirkung der adaptiven Lehrkompetenz auf den Lernerfolg der Schülerinnen und Schüler lässt sich nur für die Primarstufe nachweisen. Zwar besteht zwischen Schulstufe und adaptiver Lehrkompetenz kein statistisch signifikanter Interaktionseffekt, was darauf hinweist, dass auf beiden Stufen die Effekte der adaptiven Lehrkompetenz ähnlich sind. Aufgrund des geringen Stichprobenumfangs auf Klassenebene sind die Standardfehler – insbesondere bei Analysen von Teilstichproben – aber relativ gross, so dass erst hohe Effektstärken als statistisch signifikant ausgewiesen werden.

Insgesamt bescheinigt das Ergebnisbild den Primarlehrpersonen eine höhere adaptive Lehrkompetenz, die diese zu einem stärker an den individuellen Bedürfnissen der Schülerinnen und Schüler ausgerichteten – also adaptiveren – Unterricht umsetzen. Dies hat zur Folge, dass die adaptive Lehrkompetenz für den Lernertrag der Primarschülerinnen und -schüler eine grössere Rolle spielt als in der Sekundarstufe I. Dieses Ergebnis passt zu Forschungsbefunden, die hervorheben, dass in den ersten Schuljahren eine gute Lehrperson bzw. eine hohe Unterrichtsqualität besonders bedeutsam sind (Lipowsky, 2006).

Die Leistungszuwächse in der themenspezifischen Unterrichtsreihe sind in der Primarstufe zwar etwas grösser als in der Sekundarstufe I, die stufenspezifischen Unterschiede sind aber statistisch nicht signifikant. Daraus lässt sich schliessen, dass auf der Sekundarstufe I andere Merkmale als die adaptive Lehrkompetenz eine höhere Bedeutung für den Lernerfolg aufweisen. Folgende thesenartig formulierten Anknüpfungspunkte könnten dabei eine Rolle spielen:

- Die adaptive Lehrkompetenz auf der Sekundarstufe I ist zu wenig stark ausgeprägt, so dass der Effekt nicht sichtbar bzw. messbar wird. Eine solche Schwellenkonzeption der adaptiven Lehrkompetenz müsste in weiterführenden Studien empirisch abgesichert werden.
- Schülerinnen und Schüler der Sekundarstufe I sind weniger auf adaptive Lehrkompetenzen angewiesen, weil sie aufgrund ihrer Schul- und Lernerfahrung aber auch entwicklungsbedingt über ausreichende selbstregulative Fähigkeiten verfügen, um ihr Lernen autonom zu gestalten (vgl. auch Beck et al., 2008). Offenbar ist der Wunsch nach Adaptivität auch aus der Schülerperspektive stufenabhängig. So berichten Vaughn, Schumm, Niarhos und Daugherty (1993), dass Schülerinnen und Schüler der Sekundarstufe I weniger Adaptivität von Lehrpersonen erwarten als jüngere Kinder. Wenn nun die Lernenden auf der Sekundarstufe I einerseits über höhere metakognitive Fähigkeiten verfügen und zugleich Ad-

aptivität weniger einfordern, ist es plausibel, dass die adaptive Lehrkompetenz eine geringere Bedeutung für den Lernerfolg einnimmt.

- Das themenspezifische Vorwissen spielt auf der Sekundarstufe I eine grössere Rolle als in der Primarstufe. Dies zeigt sich daran, dass auf der Sekundarstufe I die Vortestleistung der bessere Prädiktor für die Nachtestleistung ist, was zu einer grösseren Varianzaufklärung führt (auf Klassenebene 60% in der Sekundarstufe I und 26% in der Primarstufe). Dadurch reduziert sich gleichzeitig der Spielraum für andere Merkmale, Einfluss auf den Leistungszuwachs zu nehmen.

- Das Unterrichten in durch äussere Differenzierungsmassnahmen leistungshomogeneren Klassen auf der Sekundarstufe I führt dazu, dass adaptiver Unterricht als weniger wichtig erachtet wird als in den stärker leistungsgemischten Klassen der Primarstufe.

- Das Diagnostizieren individueller Lernvoraussetzungen als wesentliche Voraussetzung adaptiven Unterrichts dürfte bei Schülerinnen und Schülern der Sekundarstufe I schwieriger sein als bei jüngeren. So hat Karing (2009) festgestellt, dass Grundschullehrkräfte die Schülerleistungen im Fach Deutsch akkurater einschätzen als Gymnasiallehrkräfte. Die Ursachen dafür können natürlich verschieden sein, und beispielsweise in stufenspezifischen Besonderheiten der Lehrerausbildung oder auch in altersbedingten Unterschieden der Persönlichkeitsentwicklung liegen. So könnten Schülerinnen und Schüler der Sekundarstufe I eher dazu neigen z.B. Lerndefizite zu verheimlichen, was das Finden von diagnostisch nutzbaren Informationen für die Lehrperson erschweren kann.

Mit den vorliegenden Befunden zu den stufenspezifischen Unterschieden hat sich die von Shuell (1996) geäusserte Kritik, dass sich Ergebnisse aus Studien zur Lehrerwirksamkeit nicht ohne weiteres auf andere Schulstufen generalisieren lassen, bestätigt. In der Frage nach systematischen Stufenunterschieden besteht jedoch weiterer Klärungsbedarf. Von Interesse ist insbesondere, ob sich die in dieser Studie gefundenen Hinweise auf stufenbedingte Unterschiede in den Wirkungszusammenhängen zwischen adaptiver Lehrkompetenz, Unterrichtshandeln und Lernergebnissen erhärten lassen.

7.3 Theoretische Konzeption der adaptiven Lehrkompetenz

Eine erste theoretische Konzeption der *adaptiven Lehrkompetenz* ist von Beck et al. (2008) bereits im Rahmen der durch den Schweizerischen Nationalfonds unterstützten Studie dargestellt worden (vgl. Kapitel 3.4 und 5.1). Demnach kann adaptive Lehrkompetenz definiert werden als die Fähigkeit von Lehrpersonen, Unterrichtsvorbereitung und -handeln so auf die individuellen Voraussetzungen der Lernenden auszurichten, dass für alle Lernenden möglichst günstige Bedingungen für verstehensorientiertes Lernen geschaffen werden. Als wesentliche Voraussetzung für eine hohe adaptive Lehrkompetenz gilt in Anlehnung an Helmke und Weinert (1996) das Zusammenspiel der vier Dimensionen *Sachkompetenz, diagnostische Kompetenz, didaktische Kompetenz* und *Klassenführungskompetenz*. Zudem wird zwischen Planungs- und Handlungskompetenzen unterschieden, da in der Vorbereitung und Durchführung von Unterricht je verschiedene Kompetenzarten zum Tragen kommen.

Das Konzept der adaptiven Lehrkompetenz geht zurück auf Annahmen des adaptiven Unterrichts (Wang, 1980; Corno & Snow, 1986; Wang, 1992). Anders als beim adaptiven Unterricht fokussiert jedoch die adaptive Lehrkompetenz nicht auf die Unterrichtsprozesse, sondern rückt jene zugrundeliegenden Lehrerkognitionen in den Mittelpunkt, welche für die Berücksichtigung individueller Lernvoraussetzungen und situativer Gegebenheiten bei schulischen Lehr-Lern-Prozessen erforderlich sind. Adaptive Lehrkompetenz ist also keineswegs mit didaktischen Ansätzen wie individualisiertem oder differenzierendem Unterricht gleichzusetzen. Adaptive Lehrkompetenz steht weder für eine bestimmte Unterrichtsmethode noch für ein didaktisches Modell, sondern beschreibt kognitive Prozesse der Lehrperson, die dem Handeln in der präaktiven oder interaktiven Phase des Unterrichts vorausgehen.

Validierung des Konstrukts „Adaptive Lehrkompetenz"

Die Konstruktvalidität der mittels Vignetten- und Videotest operationalisierten adaptiven Lehrkompetenz werden durch die Ergebnisse aus den konfirmatorischen Faktorenanalysen unterstützt. Als bestes Messmodell erweist sich, wenn die adaptive Lehrkompetenz als eindimensionaler latenter Faktor spezifiziert wird. Zwar weist ein Messmodell zweiter Ordnung, in welchem die adaptive Lehrkompetenz theoriekonform als übergeordneter Faktor von Planungs- und Handlungskompetenz eingeführt ist, gute Anpassungswerte auf. Aufgrund der geringeren Modellkomplexität und der geringfügig besseren Anpassungsgüte ist für die vertiefenden Analysen das Modell mit der adaptiven Lehrkompetenz als Generalfaktor bevorzugt worden. Somit konnte der empirische Nachweis, dass sich zwei getrennte Faktoren für die Planungs- und Handlungskompetenz identifizieren lassen, nicht eindeutig erbracht werden. Weil eine konzeptuelle Trennung von Planungs- und Handlungskompetenzen sinnvoll erscheint, könnte sich mit Blick auf eine differenzierte Erfassung der beiden Kompetenzarten eine Weiterentwicklung der Testinstrumente lohnen.

Während die adaptive Lehrkompetenz anhand des Vignetten- und Videotests nicht themenspezifisch erfasst wurde, erfolgte der Test zum Sachwissen der Lehrpersonen im Themenbereich der Unterrichtsreihe „Keimung von Samen". Deshalb ist es wenig erstaunlich, dass zwischen der adaptiven Lehrkompetenz und dem themenspezifischen Lehrerwissen kein Zusammenhang gefunden wurde.

Insgesamt scheint eine valide Messung der adaptiven Lehrkompetenz als Gesamtkonstrukt vorzuliegen. Dies wird durch weitere Ergebnisse gestützt, welche als Hinweis auf die Kriteriumsvalidität interpretiert werden können. So verfügen erfahrene Lehrpersonen über eine höhere Ausprägung in der adaptiven Lehrkompetenz, und erwartungsgemäss hängt die Akkuratheit des diagnostischen Urteils zu den Schülerleistungen in der eigenen Klasse mit der adaptiven Lehrkompetenz zusammen.

Verzahnung von diagnostischer und didaktischer Kompetenz als Kern der adaptiven Lehrkompetenz

In der vorliegenden Arbeit ist der Versuch unternommen worden, die von Beck et al. (2008) vorgelegte Theorie der adaptiven Lehrkompetenz weiterzuentwickeln und zu präzisieren, indem der Kern der adaptiven Lehrkompetenz als enge Verzahnung von diagnostischer und didaktischer Kompetenz beschrieben wird (vgl. Kapitel 3.5). Demnach werden in der Planungsphase aufgrund diagnostischer Erkenntnisse, die beispielsweise aus der Reflexion des erreichten Lernstandes im vorangegangenen Unterricht stammen, im Hinblick auf die Erreichung eines bestimmten Lernziels geeignete Unterrichtsmassnahmen abgeleitet. Allerdings kann die Planung stets nur Annahmen über mögliche Unterrichtsverläufe treffen, die angesichts der Komplexität und Unvorhersagbarkeit von Unterricht (Doyle, 1986; 2006) in aller Regel revidiert werden müssen. Durch diese permanenten Anpassungen während des Unterrichts sind folglich auch didaktische Massnahmen stets vor dem Hintergrund neuer diagnostischer Informationen zu überprüfen und eventuell zu modifizieren. Insofern gibt die Unterrichtsplanung den groben Rahmen für das unterrichtliche Handeln vor, welches im Unterrichtsverlauf einer Feinjustierung bedarf.

Das überarbeitete Modell fasst den Kern adaptiver Lehrkompetenz enger auf die Abfolge von diagnostischen Schritten und didaktischen Massnahmen. Die beiden Dimensionen *Klassenführung* und *Sachkompetenz* haben die Funktion, günstige Rahmenbedingungen für einen adaptiven Unterricht zu schaffen. Für diese in der Theorie formulierte engere Fassung der adaptiven Lehrkompetenz finden sich in den Daten verschiedene Hinweise auf empirische Unterstützung. So weist in der konfirmatorischen Faktorenanalyse die Faktorladung des Indikators für die Klassenführung den mit Abstand geringsten Wert auf. Die Klassenführung leistet also den geringsten Beitrag zum Konstrukt der adaptiven Lehrkompetenz. Ein weiteres Indiz dafür, dass die Klassenführung nicht zum Kern der adaptiven Lehrkompetenz zu zählen ist, liefert das Ergebnis, dass die adaptive Lehrkompetenz statistisch nicht signifikant mit den klassenführungsbezogenen Unterrichtsmerkmalen (*Störneigung* und *Regelorientierung*) zusammenhängt. Umgekehrt verweisen die Daten darauf, dass der diagnostischen Kompetenz eine Schlüsselrolle zukommt. Die in der eigenen Klasse gemessene diagnostische Urteilsgenauigkeit hängt positiv mit der adaptiven Lehrkompetenz zusammen.

Auf die enge Koppelung von Diagnose und Didaktik haben schon Schrader und Helmke (1987) verwiesen, nachdem sie nachweisen konnten, dass eine hohe Diagnosekompetenz nur lernförderlich ist, wenn zugleich ein passendes didaktisches Arrangement umgesetzt wird. Helmke (2009) bezeichnet infolgedessen die diagnostische Kompetenz als eine Katalysatorvariable. Denn eine gute Diagnose gibt erst einmal nur Aufschluss über den Lernstand von Schülerinnen und Schülern, nicht aber wie die Lernziele erreicht werden können. Weder eine akkurate Einschätzung des Leistungsstandes noch der Einsatz einer individualisierenden Sozialform alleine sind als adaptiv zu bezeichnen, sondern erst das Zusammenspiel von diagnostischen Verfahren zur Bestimmung individueller Lernbedürfnisse und der passenden Auswahl didaktischer Massnahmen.

Macht sich adaptive Lehrkompetenz selbst überflüssig?

Geht man davon aus, dass Schülerinnen und Schüler besonders effizient lernen, wenn sie über hohe metakognitive Fähigkeiten verfügen, und fähig sind, ihr Lernen eigenständig zu regulieren (Beck, Guldimann & Zutavern, 1995), dann sind Schülerinnen und Schüler mit geringeren (meta)kognitiven Fähigkeiten besonders auf die Unterstützung von adaptiven Lehrpersonen angewiesen. Diese können dann gewissermassen extern die (noch) mangelnden metakognitiven Fähigkeiten kompensieren, indem Lehrkräfte passende Lerngelegenheiten anbieten und Lernprozesse aktiv begleiten (scaffolding). In diesem Sinne kann die adaptive Lehrkompetenz als extern übernommene Kontrollstrategie für die Schülerinnen und Schüler verstanden werden. Hohe adaptive Lehrkompetenz würde aber auch bedeuten, dass die Lehrpersonen in Anlehnung an den Ansatz des Cognitive Apprenticeship (Collins et al., 1989) im passenden Moment die Lernunterstützung kontinuierlich reduzieren (fading), um letztlich den Schülerinnen und Schülern selbst die Steuerung des Lernens zu überlassen. Ein solch bewusster Verzicht auf Unterstützungsmassnahmen, sofern er denn gerechtfertigt ist, ist ebenso adaptiv wie beispielsweise bei diagnostizierten Lernschwierigkeiten zusätzliche Unterstützung anzubieten.

7.4 Implikationen für die Praxis

Die insgesamt ermutigenden Ergebnisse der vorliegenden Studie zu den Effekten adaptiver Lehrkompetenz auf schulische Lernprozesse sind nicht nur aus der Forscherperspektive, sondern gerade vor dem Hintergrund der im Schulalltag anzutreffenden Vielfalt und Komplexität auch für die pädagogische Praxis von Interesse. Die Ergebnisse zeigen, dass sich die Ausrichtung des unterrichtlichen Handelns auf die individuellen Lernvoraussetzungen der Schülerinnen und Schüler lohnt, denn adaptive Lehrpersonen erreichen grössere Lernerfolge. Als ein Schlüssel für den lernwirksamen Umgang mit Heterogenität kristallisiert sich die enge Verbindung zwischen diagnostischen Verfahren und didaktischen Massnahmen heraus (vgl. Kapitel 7.3). Dies erfordert von den Lehrpersonen ein Bewusstsein und die Bereitschaft, vor, während und nach dem Unterricht fortlaufend (auch informelle) diagnoserelevante Informationsgelegenheiten zu nutzen, um daraus weitere Unterrichtsmassnahmen abzuleiten. An dieser Stelle sei exemplarisch auf die besondere Bedeutung der Verwendung zweckmässiger Aufgaben verwiesen.

Nach Sjuts (2006) leisten geeignete Aufgaben einen wichtigen Beitrag bei der Umsetzung adaptiven Unterrichts. Demnach haben gute Aufgaben nicht nur lernförderlichen, sondern auch diagnostischen Wert. Lernende sollen bei der Aufgabenbearbeitung unmittelbar erfahren können, wo die eigenen Stärken und Schwächen liegen. Auch Jordan et al. (2008) heben hevor, dass Aufgaben neben dem kognitiven Aktivierungspotential wichtige diagnostische Informationen über den aktuellen Wissensstand der Schülerinnen und Schüler liefern können. Die Nutzung von Aufgaben als Diagnoseinstrument hat überdies den Vorteil, dass die Schülerinnen und Schüler den Lernprozess nicht unterbrechen müssen. So verweist Helmke (2009) darauf, dass die Diagnose individueller Lernvoraussetzungen nicht zu zeitaufwändig sein dürfe, damit ausreichend Zeit für das eigentliche Lehren und Lernen bleibe. Deshalb seien Diagnosemethoden zu bevorzugen, die den Lernprozess der Schülerinnen und Schüler nicht unterbrechen (z.B. Beobachtung, Evaluation von Schülerarbeiten usw.). Formale Diagnoseverfahren wie summative Lernkontrollen oder Tests sind zwar wichtige Instrumente, besonders wenn es darum geht, sich systematisch über individuelle Lernvoraussetzungen zu informieren. Aus Rücksicht auf einen möglichst störungsarmen Lernprozess kommt aber informellen Diagnoseleistungen eine besondere Bedeutung zu, zumal eine hohe Genauigkeit der Diagnose weniger relevant ist als deren Revidierbarkeit (Helmke, 2003).

Zur Förderung adaptiver Lehrkompetenz

Die Frage, ob und falls ja, wie sich adaptive Lehrkompetenz verändern bzw. fördern lässt, ist für die Aus- und Fortbildung von Lehrkräften zentral. Im Rahmen des Nationalfondsprojekts „Adaptive Lehrkompetenz" (Beck et al., 2008) wurde auf der Grundlage des fachspezifisch-pädagogischen Coachings (West & Staub, 2003) eine Intervention zur Förderung der adaptiven Lehrkompetenz durchgeführt. Mit der Intervention konnte die adaptive Planungskompetenz, nicht aber die Handlungskompetenz im Vergleich mit einer Kontrollgruppe signifikant gesteigert werden (Rogalla & Vogt, 2008; Vogt & Rogalla, 2009). Auch wenn die Handlungskompetenz möglicherweise mit längerfristigen Fördermassnahmen ebenfalls hätte verbessert werden können (Beck et al., 2008), kommt der Förderung von Planungskompetenzen in der Lehrerausbildung eine besondere Bedeutung zu.

Bisher dominieren in der berufspraktischen Ausbildung von angehenden Lehrpersonen vor allem Nachbesprechungen von Praktikumslektionen, mit dem Nachteil, dass über vergangene Unterrichtssituationen gesprochen wird, die genau so kaum mehr vorkommen. Solche Nachbesprechungen sind nach Schüpbach (2007) oftmals wenig fruchtbar, weil reflexive Theorie-Praxis-Bezüge nur selten vorkommen. Im Rahmen des fachspezifisch-pädagogischen Coachings erhält die Unterrichtsvorbereitung eine ganz andere Bedeutung, weil das Coaching in erster Linie vor und während des Unterrichts stattfindet (West & Staub, 2003; Staub, 2004).

Interessant sind auch Förderkonzepte, die direkt auf einzelne Dimensionen der adaptiven Lehrkompetenz zielen. Fothe, Ludwig, Küspert und Wenzel (2006) haben am Beispiel einer Unterrichtsreihe in der Informatik ein Verfahren der Unterrichtsreflexion entwickelt, das auf die Förderung diagnostischer Kompetenzen zielt. Dabei wurden extern bereitgestellte Tests mit Schülerinterviews kombiniert. Gemäss Angaben der Lehrpersonen gewannen sie so neue Einsichten in die kognitive Struktur ihrer Schülerinnen und Schüler, sofern sie vor der Darbietung des Tests Erwartungen über die Leistungen der einzelnen Schülerinnen und Schüler festhielten.

Weiter schlagen Krammer, Hugener und Reusser (2007) zur Erhöhung der Adaptivität im Unterricht den Einsatz von Arbeitsplänen vor. Dabei geschieht erfolgreiches Lernen nicht über die Unterrichtsform an sich, sondern über inhaltliche sowie methodische Differenzierungsmassnahmen und individuelle Lernunterstützung, die zu einem hohen Grad an kognitiver Aktivierung aller Schülerinnen und Schüler führen soll.

Schulische Lehr-Lern-Prozesse sind geprägt von hoher Komplexität und prinzipieller Unvorhersagbarkeit (Doyle, 1986). Dies bringt mit sich, dass Lehrpersonen nicht für jede mögliche Unterrichtssituation auf bestehendes Wissen zurückgreifen können, sondern lernen müssen, in neuartigen Situationen flexibel zu reagieren. Für die Lehrerbildung bedeutet dies, dass nicht nur pädagogisches Basiswissen vermittelt werden muss, sondern Lerngelegenheiten geschaffen werden sollten, die solche Adaptationsprozesse erfahrbar machen. Dazu bieten sich beispielsweise videobasierte Unterrichtsreflexionen an (Helmke & Helmke, 2004; Helmke & Schrader, 2006b), in denen Lehrpersonen anhand von Videoaufzeichnungen den eigenen Unterricht beobachten und reflektieren. Borko, Jacobs, Eiteljorg und Pittman (2008) nutzen videobasierte Reflexionen des eigenen Unterrichts im Rahmen des grossangelegten Schulentwicklungsprogramms „Problem-Solving Cycle". Dabei erachten sie Adaptivität als wichtiges Element für die professionelle Entwicklung von Lehrpersonen.

Vor allem in der amerikanischen Debatte um die Ausrichtung der Lehrerbildung (für eine Übersicht vgl. Zeichner, 2006) wird bisweilen am Nutzen der Lehrerbildung gezweifelt. So geht der *Deregulierungsansatz* davon aus, dass in der Lehrergrundausbildung Fachwissen, Allgemeinbildung und sprachliche Kompetenzen, nicht aber pädagogisches Wissen vermittelt werden solle, denn der Erwerb pädagogischer Kompetenzen sei nur in der Praxis möglich. Vertreter des *Professionalisierungsansatzes* widersprechen dieser Position und verweisen darauf, dass das Deregulierungsparadigma nur unzureichend auf aktuelle wissenschaftliche Erkenntnisse Bezug nehme (z.B. Darling-Hammond & Youngs, 2002). Eine gute Lehrerbildung sei durchaus in der Lage auch unterrichtsrelevantes Wissen zu vermitteln.

Vor dem Hintergrund dieses Paradigmenstreits sind nicht nur (wie in dieser Studie vorgelegt) empirisch abgestützte Erkenntnisse zur Wirkung professioneller Kompetenzen auf Unterrichtsprozesse und Lernergebnisse der Schülerinnen und Schüler von grosser Bedeutung, sondern auch Fragen zur Genese professioneller Kompetenzen relevant. Nachdem bisher erst der Nachweis zur Förderung adaptiver Planungskompetenz erbracht werden konnte (Beck et al., 2008; Rogalla & Vogt, 2008), sollten beispielsweise im Rahmen von Interventionsstudien weitere Anstrengungen unternommen werden, um mehr Einsicht darüber zu gewinnen, wie adaptive Handlungskompetenzen verbessert werden können.

7.5 Forschungsmethodische Überlegungen und Ausblick

Reskalierung des Konstrukts der adaptiven Lehrkompetenz

Ein wesentliches Ziel dieser Arbeit besteht in der Anwendung angemessener statistischer Verfahren. Dazu gehört auch eine kritische Analyse der in der Nationalfondsstudie entwickelten Instrumente zur standardisierten Messung von adaptiver Lehrkompetenz (Beck et al., 2008). Die Entwicklung valider Messinstrumente für die adaptive Lehrkompetenz ist alles andere als trivial, handelt es sich dabei doch um ein komplexes und kontextgebundenes latentes Konstrukt, das aus vier Teildimensionen besteht und zwischen Planungs- und Handlungskompetenzen unterscheidet (vgl. Kapitel 3.4). Mit der Messung adaptiver Planungskompetenz mittels Vignettentest und adaptiver Handlungskompetenz mittels Videotest wurden methodisch neue Wege beschritten (Beck et al., 2008).

Solche Neuentwicklungen, insbesondere wenn es sich um Instrumente zur Messung heterogener Konstrukte handelt, bergen eine gewisse Gefahr zu moderaten Testgütekriterien. Um die interne Konsistenz zu optimieren, wurde für die vorliegende Untersuchung die ursprüngliche Skalierung des Konstrukts der adaptiven Lehrkompetenz, zumeist durch Weglassung von Indikatoren mit geringer Trennschärfe, modifiziert. Weil bei diesem Vorgehen die Gefahr einer zu starken inhaltlichen Verengung besteht (Bühner, 2006), wurde darauf geachtet, dass Ausschlüsse auch unter Beachtung der inhaltlichen Breite des Konstrukts (Inhaltsvalidität) und nicht ausschliesslich aufgrund rein statistischer Kriterien vorgenommen wurden. Durch diese Modifikationen konnte eine ausreichende interne Konsistenz der adaptiven Planungskompetenz (vgl. Kapitel 5.4.2) und Handlungskompetenz (vgl. Kapitel 5.4.3) erreicht werden, die sich auch in einer hohen Anpassungsgüte der konfirmatorischen Faktorenanalysen (vgl. Kapitel 6.1.1) niederschlägt. Zudem haben sich die Zusammenhänge der reskalierten adaptiven Lehrkompetenz mit verschiedenen Aussenkriterien (insbesondere mit den Schülerleistungen) im Vergleich zur ersten Fassung nicht grundlegend verändert. Die Reskalierung der adaptiven Lehrkompetenz und die statistisch fundierteren, auf Mehrebenenmodellen beruhenden Analysen haben die von Beck et al. (2008) berichteten ersten Ergebnisse weitgehend bestätigt.

Videotest zur Erfassung adaptiver Handlungskompetenz

Der im Rahmen des Nationalfondsprojekts „Adaptive Lehrkompetenz" (Beck et al., 2008) entwickelte Videotest ist in dieser Form einzigartig und hat sich, nicht zuletzt aufgrund der prädiktiven Kraft für Unterrichtsprozesse und Lernergebnisse der Schülerinnen und Schüler, bewährt. Der Videotest hat zum Ziel, adaptive Handlungskompetenz anhand einer konstruierten Unterrichtsepisode kontextgebunden und realitätsnah, aber trotzdem standardisiert zu erfassen. Im Unterschied zu anderen videobasierten Verfahren, etwa dem von Seidel et al. (2010) entwickelten *Observer* zur Erfassung der professionellen Wahrnehmung von Unterricht, müssen die Versuchspersonen kritische Unterrichtsmomente selbstständig erkennen und spontan eine Antwort formulieren, was sie in dieser Situation anders machen würden als der beobachtete Lehrer. Ausgewertet werden zwar letztlich die Lehrerantworten, die nach Neuweg (2002) nicht handlungssteuerndem Wissen entsprechen, da sie bereits auf kognitiven Rekonstruktionen beruhen. Anders ist das Erkennen von kritischen Situationen im Unterrichtsgeschehen zu werten. In diesem Teil der Aufgabe dürfte annäherungsweise schematageleitetes Wissen (Combe & Kolbe, 2004) erfasst worden sein, das noch weitgehend frei von nachträglichen verbalen Handlungsrechtfertigungen (Neuweg, 2002) ist.

Aus der Expertiseforschung (Berliner, 1992) ist bekannt, dass Expertinnen und Experten solche Interpretationen von Unterrichtssituationen qualitativ besser leisten, weil sie bedeutungsvolle Muster (Schemata) im Unterrichtsgeschehen erkennen und diese schneller als Novizinnen und Novizen erfassen können. Diese Feststellung stimmt mit dem Ergebnis überein, dass erfahrene Lehrpersonen im Videotest höhere Werte der adaptiven Handlungskompetenz erzielt haben.

Die im Videotest vorgenommene Unterscheidung zwischen den beiden Komponenten *Erkennen eines Problems* und *Äussern adaptiver Handlungsalternativen* ist vergleichbar mit der Unterteilung von van Es und Sherin (2008; vgl. auch Seidel et al., 2010) in *noticing* (Identifikation relevanter Situationen im Unterrichtsgeschehen) und *knowledge-based reasoning* (wissensgesteuerte Verarbeitung identifizierter Situationen).

Das Vorgehen bei der Durchführung des Videotests hat sich insgesamt bewährt (Beck et al., 2008). Insbesondere die einmalige Präsentation der Unterrichtssequenz mit der Aufforderung, direkt die Filmsequenz zu stoppen, hat sich als wichtig für die angestrebte Realitätsnähe erwiesen. Allerdings hätte den Versuchspersonen vor der Filmvorführung die Unterrichtsplanung bekannt sein sollen, da dies einer realen Unterrichtssituation besser entspricht.

Vignettentest zur Erfassung adaptiver Planungskompetenz

Die Planungsadaptivität wurde im Vignettentest breit erfasst (vgl. Kapitel 5.4.2). Die Merkmale, die erfüllt sein mussten, um als adaptiv gewertet zu werden, sind indes relativ vage und wenig konzise auf das Konstrukt der adaptiven Lehrkompetenz ausgerichtet (z.B. Orientierung am verstehenden Lernen, Differenziertheit der Umsetzungsvorschläge). Dadurch wird wohl teilweise nichts anderes als gute Planungskompetenz erfasst, was gewisse Bedenken zur Inhaltsvalidität aufkommen lässt. Obschon sich vermutlich die so gemessene Planungskompetenz in vielen Fällen auch als adaptiv bezeichnen lässt (z.b. Orientierung an individuell verschiedenen Lernprozessen), wäre es im Hinblick auf eine höhere diskriminante Validität für künftige Untersuchungen lohnenswert, adaptive Planungskompetenz wie theoretisch vorgeschlagen (vgl. Kapitel 3.5) präziser zu fassen. So könnte man beispielsweise auf die wechselseitige Beziehung zwischen Diagnose und daraus abgeleiteten didaktischen Massnahmen fokussieren, damit sich die Planungsadaptivität besser von der allgemeinen Planungskompetenz abhebt.

Weiter ist anzumerken, dass weder beim Vignettentest noch beim Videotest Kennwerte zur Interrater-Reliabilität angegeben werden können. Dies ist zwar für die Objektivität der Ergebnisse unproblematisch, da sämtliche Aussagen jeweils von zwei auswertenden Personen unabhängig voneinander codiert wurden. Bei unterschiedlicher Erstbewertung einigte man sich diskursiv über die angemessene Punktzahl. Solche diskursiven Aushandlungsprozesse zur Interpretation der Phänomene wird bei hoch-inferenten Ratings beispielsweise auch von Klieme (2006) eingefordert. Dennoch ist das Fehlen von Informationen über die Höhe der Übereinstimmung im Hinblick auf die weitere Verwendung der Tests bedauerlich.

Modellerweiterung durch Einbezug weiterer individueller
Lernvoraussetzungen und Verarbeitungsprozesse

In der vorliegenden Studie waren die Forschungsfragen in erster Linie auf Lehrerkognitionen und deren Effekten auf das Unterrichtshandeln und den Lernertrag gerichtet. Deshalb wurden nur kognitive Lernvoraussetzungen und einige andere für den Lernerfolg relevante individuelle Merkmale (z.B. familiäre Herkunft und Sprachhintergrund) in die Modellprüfungen einbezogen.

Für eine vollständige Überprüfung des theoretischen Rahmenmodells müssten auch motivational-affektive Lernvoraussetzungen (z.B. bereichsspezifische Interessen), selbstbezogene Kognitionen (z.B. Fähigkeitsselbstkonzepte) und individuelle Verarbeitungsprozesse (z.B. Lernstrategien) ins Modell aufgenommen werden. Während die individuellen Verarbeitungsprozesse im Sinne von Mediatorvariablen an der Schnittstelle zwischen Unterrichtsprozessen und Wissenserwerb liegen und so zur Klärung der Wirkungskette schulischer Lehr-Lern-Prozesse beitragen, sind die individuellen Lernvoraussetzungen vor allem als Kontrollvariablen einzubeziehen, um so Konfundierungen mit alternativen Erklärungsgrössen zu kontrollieren. Aufgrund erster

Analysen ist anzunehmen, dass sich adaptive Lehrkompetenz positiv auf bereichsspezifische Selbstkonzepte und Interessen auswirkt (Brühwiler, 2006). Mit einer solchen Modellerweiterung könnte auch die grundlegende Annahme von Angebots-Nutzungs-Modellen, dass Lernerträge nicht direkt vom Lehrerhandeln abhängen, sondern aus der Nutzung des Lernangebots durch die Schülerinnen und Schüler resultieren (Pauli & Reusser, 2006), gestest werden. Die statistische Prüfung solcher noch komplexerer Modelle erforderte eine erhebliche Ausweitung der Stichprobe (auf der Klassenebene), insbesondere wenn mittels Mehrgruppenanalysen Strukturmodelle von Teilstichproben (z.B. Stufenunterschiede) gegeneinander getestet werden sollen.

Der Einbezug weiterer Mediator- und Kontrollvariablen wäre bei entsprechendem Stichprobenumfang grundsätzlich zu begrüssen. Allerdings müssten diese Modellerweiterungen theoretisch gut begründet sein. Nach van Ewijk und Sleegers (2010) besteht sonst die Gefahr, dass artifiziell zu viel Effekt wegerklärt wird: „Correcting for a large set of not well thought-over covariates may lead to an underestimation of the compositional effect, by artificially explaining away the effect" (van Ewijk & Sleegers, 2010, S. 134).

Generalisierbarkeit der Befunde

Obwohl elaborierte statistische Methoden eingesetzt wurden, sind die Befunde hinsichtlich verschiedener Aspekte nur beschränkt verallgemeinerbar. Daraus ergeben sich aber auch Anschlussmöglichkeiten für weiterführende Untersuchungen.

Eine erste Beschränkung ergibt sich aus dem verwendeten Zielkriterium für die Lernleistung der Schülerinnen und Schüler. So sind Effekte der adaptiven Lehrkompetenz auf den Lernertrag nur für die thematisch und zeitlich eng begrenzte Unterrichtsreihe „Keimung von Samen" nachgewiesen worden. Die Verwendung eines curriculumsensitiven Tests als Kriterium für den kognitiven Lernerfolg ist zweckmässig, weil dadurch Wirkungen des unterrichtlichen Handelns authentischer und valider erfasst werden können als in breit gefassten Wissenstests (Hill & Rowe, 1996; Seidel & Shavelson, 2007). Der begrenzte inhaltliche Ausschnitt, der gemessen wurde, führt allerdings auch dazu, dass sich die Ergebnisse nicht ohne weiteres auf andere Themenbereiche aus den Naturwissenschaften oder auf andere Fachbereiche übertragen lassen. Es ist allerdings zu vermuten, dass ähnliche Effekte auch in anderen Inhaltsbereichen zu finden wären, weil es sich bei der adaptiven Lehrkompetenz um eine fachübergreifende Kompetenz handelt (vgl. Kapitel 3.4.1) und weitgehend inhaltsunabhängig erfasst wurde. Die Belastbarkeit dieser Annahmen müsste jedoch durch Untersuchungen in anderen Themen- bzw. Fachbereichen noch empirisch geprüft werden.

Unzulässig sind auch Verallgemeinerungen in Bezug auf die zeitliche Dauer der Effekte. Die Überprüfung längerfristiger Wirkungen, die über die Unterrichtsreihe hinausgehen, war nicht Gegenstand dieser Untersuchung. Somit lassen sich keine Aussagen über die Nachhaltigkeit des erworbenen Wissens machen. Dies wäre aber eine interessante Anschlussfrage.

Eine dritte Einschränkung, auf die hier eingegangen werden soll, ergibt sich bezüglich der Verallgemeinerbarkeit der Ergebnisse auf verschiedene Altersstufen. Der Befund, dass adaptive Lehrkompetenz nur auf der Primarstufe zu statistisch signifikanten Leistungssteigerungen geführt hat, legt den Schluss nahe, dass vor allem jüngere Kinder von adaptiven Lehrpersonen profitieren. Für Schülerinnen und Schüler der Sekundarstufe II oder erwachsene Lernerinnen und Lerner ist das Konzept der adaptiven Lehrkompetenz möglicherweise von geringerer Bedeutung, weil sie über ausreichende Möglichkeiten verfügen, ihr Lernen selbst zu steuern und zu überwachen (vgl. Kapitel 7.2). Untersuchungen auf anderen Schulstufen wären zur Klärung dieser Annahmen wertvoll.

Schliesslich sei an dieser Stelle nochmals erwähnt, dass die Ergebnisse auf der Basis von knapp 50, nicht repräsentativ ausgewählten Klassen ermittelt wurden. Insbesondere die Freiwilligkeit der Studienteilnahme lässt vermuten, dass die Stichprobe aus überdurchschnittlich engagierten Lehrpersonen besteht. Üblicherweise werden in Mehrebenenmodellen 40-50 Klassen als ausreichend für eine hinreichende Schätzgenauigkeit erachtet (Hox, 2002; Lüdtke et al., 2009). Bei Analysen mit dem ganzen Datensatz sind diese Voraussetzungen erfüllt. Wenn jedoch Teilstichproben oder komplexe Modelle analysiert werden, so sind die Ergebnisse mit einer gewissen Vorsicht zu interpretieren. Allerdings hat sich während den Analysen gezeigt, dass die Ergebnisse, insbesondere jene zu den Effekten der adaptiven Lehrkompetenz, eine hohe Stabilität aufwiesen, unabhängig davon, welche weiteren Variablen mit in die Modelle aufgenommen wurden.

Weitere Forschungsdesiderate

In der vorliegenden Arbeit wurde die von Beck et al. (2008) eingeführte Konzeption der adaptiven Lehrkompetenz weiter ausdifferenziert und mit der bestehenden Datenbasis vertiefende Analysen durchgeführt. Die Ergebnisse sind insbesondere mit Blick auf den Umgang mit individuellen Differenzen ermutigend, so dass sich die weitere Auseinandersetzung mit dieser Thematik aus wissenschaftlicher und schulpraktischer Sicht lohnen dürfte. Viele relevante Fragen sind aber noch gar nicht oder erst teilweise geklärt. In Ergänzung zu bereits genannten Anschlussmöglichkeiten sind nachfolgend weitere Forschungsdesiderate aufgeführt:

- Mit der systematischen Erfassung von Unterrichtsprozessen könnte das Verständnis für den Einfluss der adaptiven Lehrkompetenz auf das unterrichtliche Handeln vertieft werden. Das Projekt „Adaptive Lehrkompetenz" (Beck et al., 2008) hatte ursprünglich die Unterrichtsprozesse nicht im Fokus, weshalb die Erfassung der Unterrichtsvariablen relativ unsystematisch erfolgte. So bilden die Skalen zur Unterrichtsqualität wichtige Elemente der adaptiven Lehrkompetenz nicht vollständig ab. Beispielsweise fehlen Informationen zum Einsatz diagnostischer Verfahren im Unterricht oder zur Bezugsnormorientierung.
- Die Erfassung adaptiver Lehrkompetenz mittels Vignettentest und Videotest kann nicht gleichgesetzt werden mit dem tatsächlichen Ausüben guten Unterrichts. Anhand der schülerperzipierten Unterichtsqualität kann jedoch belegt werden, dass sich eine hohe adaptive Lehrkompetenz auch im Unterricht mit der eigenen Klasse in einem stärker auf die individuellen Schülerbedüfnisse ausgerichteten Verhalten niederschlägt. Interessant wäre zu untersuchen, ob sich dieser Befund auch durch Videoanalysen des eigenen Unterrichts (Beobachtungsstudien) bestätigen liesse.
- Von grossem Interesse wäre der Einsatz von Testinstrumenten zur Erfassung pädagogisch-psychologischen Grundlagenwissens, um Zusammenhänge mit der adaptiven Lehrkompetenz zu untersuchen.
- Mehrebenenanalytische Strukturgleichungsmodelle erweisen sich als ein mächtiges Instrument zur Aufdeckung der komplexen (direkten und indirekten) Beziehungen zwischen professionellen Kompetenzen, Unterrichtsprozessen und Lernleistungen unter Einbezug von individuellen Lernvoraussetzungen und Kontextfaktoren (für eine Übersicht zur statistischen Analyse von Mehrebenen-Mediatiormodellen vgl. Preacher et al., 2010). Mit den vorliegenden Daten sind, nicht zuletzt wegen der relativ geringen Stichprobengrösse auf Klassenebene, komplexere Modellspezifikationen nur beschränkt möglich (z.B. Brühwiler & Blatchford, 2011).
- Einen zweifachen Nutzen hätte die Erfassung adaptiver Lehrkompetenz im Rahmen von *large-scale* Studien (z.B. bei TEDS-M): Zum einen könnte die adaptive Lehrkompetenz mit anderen wichtigen Merkmalen in Beziehung gesetzt werden, zum anderen böte sich die Chance auf eine umfangreichere Stichprobe, wodurch sich die Analysemöglichkeit deutlich erweitern liessen (insbesondere von komplexeren Modellen). Die vorliegenden Testinstrumente sind jedoch nicht auf einen Einsatz mit grossen Stichproben ausgerichtet. Nahe liegend wäre die Entwicklung einer Online-Fassung analog zum „Observer" (Seidel et al., 2010).
- Um die Nachhaltigkeit der Effekte adaptiver Lehrkompetenz auf die Lernleistungen zu überprüfen, wären ergänzend zum kurzfristigen Leistungstest *Follow-Up*-Erhebungen nötig.

Aus den noch zahlreichen offenen Forschungsfragen geht hervor, dass die Erforschung der adaptiven Lehrkompetenz erst am Anfang steht. Wie die Ergebnisse aus der vorliegenden Studie zeigen, handelt sich bei der adaptiven Lehrkompetenz um ein aussichtsreiches Konzept, damit Lehrerinnen und Lehrer im Unterrichtsalltag unterschiedliche Lernbedürfnisse der einzelnen Schülerinnen und Schüler erkennen und darauf aufbauend lernwirksame Unterrichtsmassnahmen realisieren.

Literatur

Adams, R. & Wu, M., (Hrsg.). (2002). *PISA 2000 Technical Report.* Paris: OECD.

Aebli, H. (1977). *Grundformen des Lehrens. Eine Allgemeine Didaktik auf kognitionspsychologischer Grundlage.* Stuttgart: Klett.

Anderson, L. W. (2004). *Increasing teacher effectiveness.* Paris: UNESCO, IIEP.

Angelone, D. & Moser, U. (2010). Unterrichtszeit, Unterrichtsorganisation und Kompetenzen. In D. Angelone, E. Ramseier, C. Brühwiler, V. Morger, U. Moser & E. Steiner (Hrsg.), *PISA 2006 in der Schweiz. Die Kompetenzen der Schülerinnen und Schüler im kantonalen Vergleich,* (S. 100-117). Oberentfelden: Sauerländer.

Angelone, D., Moser, U. & Ramseier, E. (2010). Schulstruktur und Selektivität. In D. Angelone, E. Ramseier, C. Brühwiler, V. Morger, U. Moser & E. Steiner (Hrsg.), *PISA 2006 in der Schweiz. Die Kompetenzen der Schülerinnen und Schüler im kantonalen Vergleich,* (S. 72-99). Oberentfelden: Sauerländer.

Arbuckle, J. L. & Wothke, W. (1999). *Amos 4.0 User's Guide.* Chicago: SmallWaters Corporation.

Arnold, K.-H. (1999). *Fairneß bei Schulsystemvergleichen: diagnostische Konsequenzen von Schulleistungsstudien für die unterrichtliche Leistungsbewertung und binnenschulische Evaluation.* Münster: Waxmann.

Artelt, C. (2000). *Strategisches Lernen.* Münster: Waxmann.

Artelt, C. (2006). Lernstrategien in der Schule. In H. Mandl & H. F. Friedrich (Hrsg.), *Handbuch Lernstrategien,* (S. 337-351). Göttingen: Hogrefe.

Artelt, C., Baumert, J., Julius-McElvany, N. & Peschar, J. (2003). *Das Lernen lernen. Voraussetzungen für lebensbegleitendes Lernen. Ergebnisse von PISA 2000.* Paris: OECD.

Artelt, C., Demmerich, A. & Baumert, J. (2001). Selbstreguliertes Lernen. In J. Baumert, E. Klieme, M. Neubrand, M. Prenzel, U. Schiefele, W. Schneider, P. Stanat, K.-J. Tillmann & M. Weiss (Hrsg.), *PISA 2000. Basiskompetenzen von Schülerinnen und Schülern im internationalen Vergleich,* (S. 271-298). Opladen: Leske + Budrich.

Artelt, C. & Gräsel, C. (2009). Diagnostische Kompetenz von Lehrkräften. *Zeitschrift für Pädagogische Psychologie, 23* (3-4), 157-160.

Artelt, C., Naumann, J. & Schneider, W. (2010). Lesemotivation und Lernstrategien. In E. Klieme, C. Artelt, J. Hartig, N. Jude, O. Köller, M. Prenzel, W. Schneider & P. Stanat (Hrsg.), *PISA 2009. Bilanz nach einem Jahrzehnt,* (S. 73-112). Münster: Waxmann.

Artelt, C., Stanat, P., Schneider, W. & Schiefele, U. (2001). Lesekompetenz: Testkonzeption und Ergebnisse. In J. Baumert, E. Klieme, M. Neubrand, M. Prenzel, U. Schiefele, W. Schneider, P. Stanat, K.-J. Tillmann & M. Weiss (Hrsg.), *PISA 2000. Basiskompetenzen von Schülerinnen und Schülern im internationalen Vergleich,* (S. 69-137). Opladen: Leske + Budrich.

Aurin, K., (Hrsg.). (1991). *Gute Schulen – worauf beruht ihre Wirksamkeit?* Bad Heilbrunn: Klinkhardt.

Baer, M. (1998). *Textverfassen als beobachtbarer und als förderungsfähiger Prozess.* Zürich: Habilitationsschrift der Philosophisch-historischen Fakultät der Universität Zürich.

Barter, C. & Renold, E. (1999). *The Use of Vignettes in Qualitative Research*. Social Research Update.

Baumert, J., Blum, W. & Neubrand, M. (2004). Drawing the lessons from PISA 2000. *Zeitschrift für Erziehungswissenschaft, 3. Beiheft*, 143-157.

Baumert, J. & Kunter, M. (2006). Stichwort: Professionelle Kompetenz von Lehrkräften. *Zeitschrift für Erziehungswissenschaft, 9* (4), 469-520.

Baumert, J. & Kunter, M. (2011a). Das Kompetenzmodell von COACTIV. In M. Kunter, J. Baumert, W. Blum, U. Klusmann, S. Krauss & M. Neubrand (Hrsg.), *Professionelle Kompetenz von Lehrkräften. Ergebnisse des Forschungsprogramms COACTIV*, (S. 29-53). Münster: Waxmann.

Baumert, J. & Kunter, M. (2011b). Das mathematikspezifische Wissen von Lehrkräften, kognitive Aktivierung im Unterricht und Lernfortschritte von Schülerinnen und Schülern. In M. Kunter, J. Baumert, W. Blum, U. Klusmann, S. Krauss & M. Neubrand (Hrsg.), *Professionelle Kompetenz von Lehrkräften. Ergebnisse des Forschungsprogramms COACTIV*, (S. 163-192). Münster: Waxmann.

Baumert, J., Kunter, M., Blum, W., Brunner, M., Voss, T., Jordan, A., Klusmann, U., Krauss, S., Neubrand, M. & Tsai, Y.-M. (2010). Teachers' mathematical knowledge, cognitive activation in the classroom, and student progress. *American Educational Research Journal, 47* (1), 133-180.

Baumert, J. & Schümer, G. (2002). Familiäre Lebensverhältnisse, Bildungsbeteiligung und Kompetenzerwerb im nationalen Vergleich. In Deutsches PISA-Konsortium (Hrsg.), *PISA 2000 – Die Länder der Bundesrepublik Deutschland im Vergleich*, (S. 159-202). Opladen: Leske + Budrich.

Baumert, J., Stanat, P. & Demmrich, A. (2001). PISA 2000: Untersuchungsgegenstand, theoretische Grundlagen und Durchführung der Studie. In J. Baumert, E. Klieme, M. Neubrand, M. Prenzel, U. Schiefele, W. Schneider, P. Stanat, K.-J. Tillmann & M. Weiss (Hrsg.), *PISA 2000. Basiskompetenzen von Schülerinnen und Schülern im internationalen Vergleich*, (S. 15-68). Opladen: Leske + Budrich.

Beaton, A. E., Martin, M. O., Mullis, I. V. S., Gonzalez, E. J., Smith, T. A. & Kelly, D. L. (1996). *Science Achievement in the Middle School Years. IEA's Third International Mathematics and Science Studie*. Chestnut, MA.

Beck, E., Baer, M., Guldimann, T., Bischoff, S., Brühwiler, C., Müller, P., Niedermann, R., Rogalla, M. & Vogt, F. (2008). *Adaptive Lehrkompetenz. Analyse und Struktur, Veränderbarkeit und Wirkung handlungssteuernden Lehrerwissens*. Münster: Waxmann.

Beck, E., Brühwiler, C. & Müller, P. (2007). Adaptive Lehrkompetenz als Voraussetzung für individualisiertes Lernen in der Schule. In D. Lemmermöhle, M. Rothgangel, S. Bögeholz, M. Hasselhorn & R. Waterman (Hrsg.), *professionell lehren erfolgreich lernen*, (S. 197-210). Münster: Waxmann.

Beck, E., Guldimann, T. & Zutavern, M. (1995). Eigenständig lernende Schülerinnen und Schüler. In E. Beck, T. Guldimann & M. Zutavern (Hrsg.), *Eigenständig lernen*, (S. 15-58). Konstanz: UVK.

Bellack, A. A., Kliebard, H. M., Hyman, R. T. & Smith, F. L. (1966). *The language of the classroom*. New York: Teachers College Press.

Berliner, D. C. (1992). The nature of expertise in teaching. In F. Oser, A. Dick & J.-L. Patry (Hrsg.), *Effective and responsible teaching*, (S. 227-248). San Francisco: Jossey-Bass.

Bischoff, S., Brühwiler, C. & Baer, M. (2005). Videotest zur Erfassung „Adaptiver Lehrkompetenz". *Beiträge zur Lehrerbildung, 23* (3), 382-397.

Blatchford, P. (2003). *The Class Size Debate: Is Small Better?* Maidenhead: Open University Press.

Blatchford, P., Bassett, P. & Brown, P. (2005). Teachers' and Pupils' Behavior in Large and Small Classes: A Systematic Observation Study of Pupils Aged 10 and 11 Years. *Journal of Educational Psychology, 97* (3), 454-467.

Blatchford, P., Bassett, P., Brown, P., Martin, C. & Russell, A. (2004). *The Effects of Class Size on Attainment and Classroom Processes in English Primary Schools (Years 4 to 6) 2000-2003.* London: Institute of Education, University of London.

Blatchford, P., Bassett, P., Goldstein, H. & Martin, C. (2003). Are Class Size Differences Related to Pupils' Educational Progress and Classroom Processes? Findings from the Institute of Education Class Size Study of Children Aged 5-7 Years. *British Educational Research Journal, 29* (5), 709-730.

Blatchford, P., Russell, A., Bassett, P., Brown, P. & Martin, C. (2007). The Effect of Class Size on the Teaching of Pupils Aged 7-11 Years. *School Effectiveness and School Improvement, 18* (2), 147-172.

Blatchford, P., Russell, A. & Brown, P. (2009). Teaching in Large and Small Classes. In L. J. Saha & A. G. Dworkin (Hrsg.), *International Handbook of Research on Teachers and Teaching,* (S. 779-790). New York: Springer.

Block, J. H. & Burns, R. B. (1976). Mastery Learning. *Review of research in education, 4* (1), 3-49.

Blömeke, S., Kaiser, G. & Lehmann, R., (Hrsg.). (2010a). *TEDS-M 2008: Professionelle Kompetenz und Lerngelegenheiten angehender Mathematiklehrkräfte für die Sekundarstufe I im internationalen Vergleich.* Münster: Waxmann.

Blömeke, S., Kaiser, G. & Lehmann, R., (Hrsg.). (2010b). *TEDS-M 2008: Professionelle Kompetenz und Lerngelegenheiten angehender Primarstufenlehrkräfte im internationalen Vergleich.* Münster: Waxmann.

Blömeke, S., König, J., Kaiser, G. & Suhl, U. (2010). Lerngelegenheiten angehender Mathematiklehrkräfte für die Sekundarstufe I im internationalen Vergleich. In S. Blömeke, G. Kaiser & R. Lehmann (Hrsg.), *TEDS-M 2008: Professionelle Kompetenz und Lerngelegenheiten angehender Mathematiklehrkräfte für die Sekundarstufe I im internationalen Vergleich,* (S. 97-136). Münster: Waxmann.

Bloom, B. (1968). Learning for mastery. *Evaluation comment, 1* (2), 1-12.

Bloom, B. S. (1976). *Human Characteristics and School Learning.* New York: McGraw-Hill.

Boekaerts, M. (1997). Self-Regulated Learning: A new concept embraced by researchers, policy makers, educators, teachers, and students. *Learning and Instruction, 7* (2), 161-186.

Boekaerts, M. (1999). Self-regulated learning: Where we are today. *International Journal of Educational Research, 31,* 445-475.

Boomsma, A. & Hoogland, J. J. (2001). The Robustness of LISREL Modeling Revisited. In R. Cudeck, S. du Toit & D. Sörbom (Hrsg.), *Structural equation models: Present and future. A Festschrift in honor of Karl Jöreskog,* (S. 139-168). Chicago: Scientific Software International.

Borich, G. D. (2007). *Effective Teaching Methods: Research-Based Practice.* Upper Saddle River, NJ: Pearson Education.

Borko, H., Jacobs, J., Eiteljorg, E. & Pittman, M. E. (2008). Video as a tool for fostering productive discussions in mathematics professional development *Teaching and Teacher Education, 24* (2), 417-436.

Bortz, J. & Döring, N. (1995). *Forschungsmethoden und Evaluation.* Berlin: Springer.

Bortz, J. & Schuster, C. (2010). *Statistik für Human- und Sozialwissenschaftler.* Berlin: Springer.

Bos, W. & Scharenberg, K. (2010). Lernentwicklung in leistungshomogenen und -heterogenen Schulklassen. In W. Bos, E. Klieme & O. Köller (Hrsg.), *Schulische Lerngelegenheiten und Kompetenzentwicklung*, (S. 173-194). Münster: Waxmann.

Boudon, R. (1974). *Education, opportunity and social inequality.* New York: Wiley.

Brandstätter, E. (2001). *Faktorenanalyse oder Rasch-Modell? Eine Kreuzvalidierung am Beispiel des Leistungs-Motivations-Tests.* Frankfurt am Main: Peter Lang.

Bransford, J., Stevens, R., Schwartz, D., Meltzoff, A., Pea, R., Roschelle, J., Vye, N., Kuhl, P., Bell, P., Barron, B., Reeves, B. & Sabelli, N. (2006). Learning Theories and Education: Toward a Decade of Synergy. In P. A. Alexander & P. H. Winne (Hrsg.), *Handbook of Educational Psychology*, (S. 209-244). Mahwah, NJ: Erlbaum.

Bransford, J. D., Brown, A. L. & Cocking, R. R. (2000). *How People learn. Brain, Mind, Experience, and School.* Washington, D.C.: National Academic Press.

Breen, R. & Goldthorpe, J. H. (1997). Explaining educational differentials: Towards a formal rational action theory. *Rationality and Society, 9* (3), 275-305.

Bromme, R. (1987). Teachers' assessments of students' difficulties and progress in understanding in the classroom. In J. Calderhead (Hrsg.), *Exploring teachers' thinking*, (S. 125-146). London: Cassell.

Bromme, R. (1992). *Der Lehrer als Experte. Zur Psychologie des professionellen Wissens.* Bern: Huber.

Bromme, R. (1997). Kompetenzen, Funktionen und unterrichtliches Handeln des Lehrers. In F. E. Weinert (Hrsg.), *Psychologie des Unterrichts und der Schule*, (S. 177-212). Göttingen: Hogrefe.

Bromme, R. & Haag, L. (2004). Forschung zur Lehrerpersönlichkeit. In W. Helsper & J. Böhme (Hrsg.), *Handbuch der Schulforschung*, (S. 777-793). Wiesbaden: VS Verlag für Sozialwissenschaften.

Brophy, J. (1999). *Teaching.* Brussels: International Academy of Education & International Bureau of Education.

Brophy, J., (Hrsg.). (2002). *Social Constructivist Teaching: Affordances and Constraints.* Advances in Research on Teaching. Oxford: Elsevier Science.

Brophy, J. (2006). Observational research on generic aspects of classroom teaching. In P. A. Alexander & P. H. Winne (Hrsg.), *Handbook of Educational Psychology*, (S. 755-780). Mahwah, NJ: Erlbaum.

Brophy, J. & Good, T. (1974). *Teacher-student relationships: Causes and consequences.* New York: Holt, Rinehart & Winston.

Brophy, J. & Good, T. L. (1986). Teacher behavior and student achievement. In M. C. Wittrock (Hrsg.), *Handbook of Research on Teaching*, (S. 328-375). New York: MacMillan.

Brown, C. A. & Borko, H. (1992). Becoming a mathematics teacher. In D. A. Grouws (Hrsg.), *Handbook of research on mathematics teaching and learning*, (S. 209-242). New York: MacMillan.

Brühwiler, C. (2001). Die Bedeutung von Motivation in der Lehrerinnen- und Lehrerausbildung. In F. Oser & J. Oelkers (Hrsg.), *Die Wirksamkeit der Lehrerbildungssysteme. Von der Allrounderbildung zur Ausbildung professioneller Standards*, (S. 343-397). Chur: Rüegger.

Brühwiler, C. (2006). Die Bedeutung schulischer Kontexteffekte und adaptiver Lehrkompetenz für das selbstregulierte Lernen. *Schweizerische Zeitschrift für Bildungswissenschaften, 28* (3), 425-451.

Brühwiler, C., Abt, N., Buccheri, G. & Kis-Fedi, P. (2010). Engagement in den Naturwissenschaften und berufliche Zukunft. In D. Angelone, E. Ramseier, C. Brühwiler, V. Morger, U. Moser & E. Steiner (Hrsg.), *PISA 2006 in der Schweiz. Die Kompetenzen der Schülerinnen und Schüler im kantonalen Vergleich*, (S. 118-165). Oberentfelden: Sauerländer.

Brühwiler, C. & Biedermann, H. (2005). Selbstreguliertes Lernen als Voraussetzung für erfolgreiches Mathematiklernen. In C. Zahner Rossier (Hrsg.), *PISA 2003: Kompetenzen für die Zukunft. Zweiter nationaler Bericht*, (S. 57-73). Neuchâtel: BFS/EDK.

Brühwiler, C. & Blatchford, P. (2011). Effects of class size and adaptive teaching competency on classroom processes and academic outcome. *Learning and Instruction, 21* (1), 95-108.

Brunner, M., Anders, Y., Hachfeld, A. & Krauss, S. (2011). Diagnostische Fähigkeiten von Mathematiklehrkräften. In M. Kunter, J. Baumert, W. Blum, U. Klusmann, S. Krauss & M. Neubrand (Hrsg.), *Professionelle Kompetenz von Lehrkräften. Ergebnisse des Forschungsprogramms COACTIV*, (S. 215-234). Münster: Waxmann.

Brunner, M., Kunter, M., Krauss, S., Klusmann, U., Baumert, J., Blum, W., Neubrand, M., Dubberke, T., Jordan, A., Löwen, K. & Tsai, Y.-M. (2006). Die professionelle Kompetenz von Mathematiklehrkräften: Konzeptualisierung, Erfassung und Bedeutung für den Unterricht. Eine Zwischenbilanz des CO-AKTIV-Projekts. In M. Prenzel & L. Allolio-Näcke (Hrsg.), *Untersuchungen zur Bildungsqualität von Schule. Abschlussbericht des DFG-Schwerpunktprogramms*, (S. 54-82). Münster: Waxmann.

Bühner, M. (2006). *Einführung in die Test- und Fragebogenkonstruktion*. München: Pearson Studium.

Bundesamt für Statistik (2005). *Bildungsstatistik Schweiz. Lehrkräfte 2003/04*. Neuchâtel: BFS.

Burns, R. B. (1984). The process and context of teaching: A conceptual framework. *Evaluation in Education, 8*, 95-112.

Byrne, B. M. (2001). *Structural Equation Modeling With AMOS. Basic Concepts, Applications, and Programming*. Mahwah: Lawrence Erlbaum.

Calderhead, J. (1996). Teachers: Beliefs and Knowledge. In D. C. Berliner & R. C. Calfee (Hrsg.), *Handbook of Educational Psychology*, (S. 709-725). New York: Macmillan.

Carroll, J. B. (1963). A model of school learning. *Teacher College Record, 64,* 723-733.

Clark, R. E. (1988). When teaching kills learning: Research on mathemathantics. In H. Mandl, E. De Corte, N. Bennett & H. F. Friedrich (Hrsg.), *Learning and instruction: European research in an international context,* (S. 1-22). Oxford: Pergamon.

Clausen, M. (2002). *Unterrichtsqualität: Eine Frage der Perspektive? Empirische Analysen zur Übereinstimmung, Konstrukt- und Kriteriumsvalidität.* Münster: Waxmann.

Cobb, P. & Bowers, J. (1999). Cognitive and Situated Learning Perspectives in Theory and Practice. *Educational Researcher, 28* (2), 4 -15.

Collins, A., Brown, J. S. & Newman, S. E. (1989). Cognitive Apprenticeship: Teaching the Crafts of Reading, Writing, and Mathematics. In L. B. Resnick (Hrsg.), *Knowing, Learning, and Instruction: Essays in Honor of Robert Glaser,* (S. 453-494). Hillsdale, N.J.: Lawrence Erlbaum.

Combe, A. & Kolbe, F.-U. (2004). Lehrerprofessionalität. In W. Helsper & J. Böhme (Hrsg.), *Handbuch der Schulforschung,* (S. 833-851). Wiesbaden: VS Verlag für Sozialwissenschaften.

Corno, L. & Snow, R. E. (1986). Adapting Teaching to Individual Differences Among Learners. In M. C. Wittrock (Hrsg.), *Handbook of Research on Teaching,* (S. 605-629). New York: Macmillan.

Cortina, K. U. (2006). Schuleffekte. In D. H. Rost (Hrsg.), *Handwörterbuch Pädagogische Psychologie,* (S. 631-637). Weinheim: Beltz.

Creemers, B. P. M. (1994). *The effective classroom.* London: Cassell.

Cronbach, L. J. (1975). Wie kann Unterricht an individuelle Unterschiede angepasst werden? In R. Schwarzer & K. Steinhagen (Hrsg.), *Adaptiver Unterricht. Zur Wechselwirkung von Schülermerkmalen und Unterrichtsmethoden,* (S. 42-58). München: Kösel.

Cronbach, L. J. & Snow, R. E. (1977). *Aptitudes and instructional methods: A handbook for research on interactions.* New York: Irvington.

Dann, H.-D. (1994). Pädagogisches Verstehen: Subjektive Theorien und erfolgreiches Handeln von Lehrkräften. In K. Reusser & M. Reusser-Weyeneth (Hrsg.), *Verstehen. Psychologischer Prozess und didaktische Aufgabe,* (S. 163-182). Bern: Huber.

Darling-Hammond, L. & Youngs, P. (2002). Defining „Highly Qualified Teachers": What Does „Scientifically-Based Research" Actually Tell Us? *Educational Researcher, 31* (9), 13-25.

De Corte, E., Greer, B. & Verschaffel, L. (1996). Mathematics Teaching and Learning. In D. C. Berliner & R. C. Calfee (Hrsg.), *Handbook of Educational Psychology,* (S. 491-549). New York: Macmillan.

Ditton, H. (1992). *Ungleichheit und Mobilität durch Bildung: Theorie und empirische Untersuchung über sozialräumliche Aspekte.* Weinheim: Juventa.

Ditton, H. (1998). *Mehrebenenanalyse. Grundlagen und Anwendungen des Hierarchisch Linearen Modells.* Weinheim: Juventa.

Ditton, H. (2002). Lehrkräfte und Unterricht aus Schülersicht. Ergebnisse einer Untersuchung im Fach Mathematik. *Zeitschrift für Pädagogik, 48* (2), 262-286.

Doll, J. & Prenzel, M. (2004). Das DFG-Schwerpunktprogramm „Bildungsqualität von Schule (BIQUA): Schulische und ausserschulische Bedingungen mathematischer, naturwissenschaftlicher und überfachlicher Kompetenzen". In J. Doll & M. Prenzel (Hrsg.), *Bildungsqualität von Schule. Lehrerprofessionalisierung, Unterrichtsentwicklung und Schülerförderung als Strategien der Qualitätsverbesserung*, (S. 9-23). Münster: Waxmann.

Doyle, W. (1986). Classroom Organization and Management. In M. C. Wittrock (Hrsg.), *Handbook of Research on Teaching*, (S. 392-431). New York: Macmillan.

Doyle, W. (2006). Ecological approaches to classroom management. In C. M. Evertson & C. S. Weinstein (Hrsg.), *Handbook of classroom management: Research, practice, and contemporary issues*, (S. 97-125). Mahwah, NJ: Lawrence Erlbaum Associates.

Duit, R. (1995). Zur Rolle der konstruktivistischen Sichtweise in der naturwissenschaftlich didaktischen Lehr- und Lernforschung. *Zeitschrift für Pädagogik, 41*, 905-923.

Eder, F. (2001). Schul- und Klassenklima. In D. H. Rost (Hrsg.), *Handwörterbuch Pädagogische Psychologie*, (S. 578-586). Weinheim: Beltz PVU.

Eder, F. & Mayr, J. (2000). *Linzer Fragebogen zum Schul- und Klassenklima für die 4.-8. Klassenstufe (LFSK 4-8)*. Göttingen: Hogrefe.

Eid, M., Gollwitzer, M. & Schmitt, M. (2011). *Statistik und Forschungsmethoden*. Weinheim: Beltz.

Erziehungsdepartement des Kantons St.Gallen (1996). *Erziehungsplan Kindergarten. Lehrplan Volksschule Kanton St.Gallen*. Rorschach: Kantonaler Lehrmittelverlag.

Evertson, C. M. & Emmer, E. T. (2013). *Classroom Management for Elementary Teachers*. Boston: Pearson.

Fend, H. (1982). *Gesamtschulen im Vergleich*. Weinheim: Beltz.

Fend, H. (1984). Determinanten von Schulleistungen. Wie wichtig sind die Lehrer? *Unterrichtswissenschaft*, 68-86.

Fend, H. (1995). Von Systemmerkmalen des Schulsystems zur Qualität des Unterrichts und Lernens in Schulklassen. Mehrebenenanalytische Konzepte der Qualität des Bildungswesens. In U. P. Trier (Hrsg.), *Wirksamkeitsanalyse von Bildungssystemen*, (S. 182-195). Bern: Nationales Forschungsprogramm 33.

Fend, H. (1998a). *Eltern und Freunde. Soziale Entwicklung im Jugendalter*. Bern: Huber.

Fend, H. (1998b). *Qualität im Bildungswesen. Schulforschung zu Systembedingungen, Schulprofilen und Lehrerleistung*. Weinheim: Juventa.

Fend, H. (2002). Mikro- und Makrofaktoren eines Angebot-Nutzungsmodells von Schulleistungen. Zum Stellenwert der Pädagogischen Psychologie bei der Erklärung von Schulleistungsunterschieden verschiedener Länder. *Zeitschrift für Pädagogische Psychologie, 16*, 141-149.

Fend, H. (2003). *Entwicklungspsychologie des Jugendalters. Ein Lehrbuch für pädagogische und psychologische Berufe*. Opladen: Leske + Budrich.

Fend, H., Berger, F. & Grob, U. (2004). Langzeitwirkungen von Bildungserfahrungen am Beispiel von Lesen und Computer Literacy. Ergebnisse der LifE-Studie (Lebensverläufe von der späten Kindheit ins frühe Erwachsenenalter). *Zeitschrift für Pädagogik, 50* (1), 56-76.

Fend, H., Berger, F. & Grob, U., (Hrsg.). (2009). *Lebensverläufe, Lebensbewältigung, Lebensglück. Ergebnisse der LifE-Studie*. Wiesbaden: Verlag für Sozialwissenschaften.

Fennema, E. & Loef Franke, M. (1992). Teachers' knowledge and its impact. In D. A. Grouws (Hrsg.), *Handbook of research on mathematics teaching and learning*, (S. 147-164). New York: MacMillan.

Finn, J. D. & Achilles, C. M. (1999). Tennessee's class size study: Findings, implication, misconceptions. *Educational Evaluation and Policy Analysis*, *21* (2), 97-109.

Fischer, G. H. & Molenaar, I. W., (Hrsg.). (1995). *Rasch models: foundations, recent developments, and applications*. New York: Springer.

Floden, R. E. (2002). Research on Effects of Teaching: A Continuing Model for Research on Teaching. In V. Richardson (Hrsg.), *Handbook of Research on Teaching*, (S. 3-16). Washington, DC: American Educational Research Association.

Forneck, H. J. (2009). Von der äusseren zur inneren Tertiarisierung: Entwicklungslinien der Professionalisierung. In H. J. Forneck, A. Düggeli, C. Künzli David, H. Linneweber-Lammerskitten, H. Messner & P. Metz (Hrsg.), *Professionalisierung von Lehrerinnen und Lehrern. Orientierungsrahmen für die Pädagogische Hochschule FHNW*, (S. 207-221). Bern: hep.

Fothe, M., Ludwig, H., Küspert, K. & Wenzel, M. (2006). Unterrichtsreflexion mit ungewöhnlichen Mitteln. *LOG IN*, *26* (141/142), 52-63.

Frey, A. (2006). Methoden und Instrumente zur Diagnose beruflicher Kompetenzen von Lehrkräften – eine erste Standortbestimmung zu bereits publizierten Instrumenten. *Zeitschrift für Pädagogik*, *51. Beiheft*, 30-46.

Fried, L. (2003). Pädagogisches Professionswissen als Form und Medium der Lehrerbildungskommunikation – empirische Suchbewegungen. *Zeitschrift für Pädagogik*, *49* (1), 112-126.

Früh, W. (1991). *Inhaltsanalyse. Theorie und Praxis*. München: Ölschläger.

Gage, N. L., (Hrsg.). (1963). *Handbook of Research on Teaching*. Chicago: Rand McNally.

Gage, N. L. & Berliner, D. C. (1996). *Pädagogische Psychologie*. Weinheim: Beltz.

Gardner, H. (2002). *Intelligenzen. Die Vielfalt des menschlichen Geistes*. Stuttgart: Klett-Cotta.

Gasser, P. (2002). *Neue Lernkultur: Eine integrative Didaktik*. Aarau: Sauerländer.

Gavrin, A. (2006). Just-in-Time Teaching. *Metropolitan Universities*, *17* (4), 9-18.

Geiser, C. (2010). *Datenanalyse mit Mplus. Eine anwendungsorientierte Einführung*. Wiesbaden: VS Verlag für Sozialwissenschaften.

Giesinger, J. (2007). Was heisst Bildungsgerechtigkeit? *Zeitschrift für Pädagogik*, *53* (3), 362-381.

Girmes, R. (2006). Lehrprofessionalität in einer demokratischen Gesellschaft. Über Kompetenzen und Standards in einer erziehungswissenschaftlich fundierten Lehrerbildung. *Zeitschrift für Pädagogik*, *51. Beiheft*, 14-29.

Glaser, R. (1975). Individuen und Lernen: Die neuen Schülermerkmale. In R. Schwarzer & K. Steinhagen (Hrsg.), *Adaptiver Unterricht. Zur Wechselwirkung von Schülermerkmalen und Unterrichtsmethoden*, (S. 109-126). München: Kösel.

Glaser, R. (1977). *Adaptive education: Individual diversity and learning*. New York: Holt, Rinehart & Winston.

Groeben, N., Wahl, D., Schlee, J. & Scheele, B. (1988). *Das Forschungspro-gramm Subjektive Theorien: Eine Einführung in die Psychologie des reflexi-ven Subjekts.* Tübingen: Francke.

Gröhlich, C., Scharenberg, K. & Bos, W. (2009). Wirkt sich Leistungsheteroge-nität in Schulklassen auf den individuellen Lernerfolg in der Sekundarstufe aus? *Journal for Educational Research Online, 1* (1), 86-105.

Grosse, C. S. & Renkl, A. (2007). Finding and fixing errors in worked examples: Can this foster learning outcomes? *Learning and Instruction, 17* (6), 612-634.

Gruber, H. (2007). Bedingungen von Expertise. In K. A. Heller & A. Ziegler (Hrsg.), *Begabt sein in Deutschland,* (S. 93-112). Münster: Lit.

Gruber, H., Harteis, C. & Rehrl, M. (2008). Vocational and professional learning: Skill formation between formal and situated learning. In K. U. Mayer & H. Solga (Hrsg.), *Skill formation. Interdisciplinary and cross-national perspecti-ves,* (S. 207-229). Cambridge: Cambridge University Press.

Gruber, H., Mandl, H. & Renkl, A. (2000). Was lernen wir in Schule und Hoch-schule: Träges Wissen? In H. Mandl & J. Gerstenmaier (Hrsg.), *Die Kluft zwischen Wissen und Handeln. Empirische und theoretische Lösungsansätze,* (S. 139-156). Göttingen: Hogrefe.

Gruber, H. & Renkl, A. (2000). Die Kluft zwischen Wissen und Handeln: Das Problem des trägen Wissens. In G. H. Neuweg (Hrsg.), *Wissen, Können, Re-flexion. Ausgewählte Verhältnisbestimmungen,* (S. 155-174). Innsbruck: Stu-dienverlag.

Gruehn, S. (2000). *Unterricht und schulisches Lernen. Schüler als Quellen der Unterrichtsbeschreibung.* Münster: Waxmann.

Hancock, G. R. (2006). Power Analysis in Covariance Structure Modeling. In G. R. Hancock & R. O. Mueller (Hrsg.), *Structural Equation Modeling. A Se-cond Course,* (S. 69-115). Greenwich, CT: Information Age.

Hartke, B. (1999). Unterrichtsformen und Forschungsergebnisse über Instruktion – eine Gegenüberstellung von hermeneutisch und empirisch gewonnenen Aus-sagen. *Heilpädagogische Forschung, 25* (4), 185-194.

Hascher, T. (2004). Emotionen als Einflussfaktoren selbstgesteuerten Lernens in der Schule. In M. Wosnitza, A. Frey & R. S. Jäger (Hrsg.), *Lernprozess, Lernumgebung und Lerndiagnostik. Wissenschaftliche Beiträge zum Lernen im 21. Jahrhundert.* Landau: Verlag Empirische Pädagogik.

Hascher, T. (2005). Emotionen im Schulalltag: Wirkungen und Regulationsformen. *Zeitschrift für Pädagogik, 51* (5), 610-625.

Hasebrook, J. (2006). Aptitude-Treatment-Interaktion. In D. H. Rost (Hrsg.), *Handwörterbuch Pädagogische Psychologie,* (S. 20-26). Weinheim: Beltz.

Hatano, G. (2000). *Practices Make a Difference. Design Principles for Adaptive Expertise.* Kayoko Ingaki: Chiba University.

Hatano, G. & Inagaki, K. (1986). Two courses of expertise. In H. W. Stevenson, H. Azuma & K. Hakuta (Hrsg.), *Child Development and Education in Japan: A Series of Books in Psychology,* (S. 262-272). New York: Freeman.

Hatano, G. & Inagaki, K. (1992). Desituating cognition through the construction of conceptual knowledge. In P. Light & G. Butterworth (Hrsg.), *Context and cognition: Ways of learning and knowing,* (S. 115-133). Hemel Hempstead: Harvester-Wheatsheaf.

Hattie, J. (2009). *Visible Learning. A Synthesis of over 800 Meta-Analyses relating to Achievement.* London: Routledge.

Heider, F. (1958). *The psychology of interpersonal relations.* New York: Wiley.

Helmke, A. (2002). Kommentar: Unterrichtsqualität und Unterrichtsklima: Perspektiven und Sackgassen. *Unterrichtswissenschaft, 30* (3), 261-277.

Helmke, A. (2003). *Unterrichtsqualität: Erfassen, Bewerten, Verbessern.* Seelze: Kallmeyersche Verlagsbuchhandlung.

Helmke, A. (2006). Unterrichtsforschung. In K.-H. Arnold, U. Sandfuchs & J. Wiechmann (Hrsg.), *Handbuch Unterricht,* (S. 75-80). Bad Heilbrunn: Klinkhardt.

Helmke, A. (2009). *Unterrichtsqualität und Lehrerprofessionalität. Diagnose, Evaluation und Verbesserung des Unterrichts.* Seelze: Klett-Kallmeyer.

Helmke, A. & Helmke, T. (2004). Videobasierte Unterrichtsreflexion. *Seminar, 10* (4), 48-66.

Helmke, A., Helmke, T., Heyne, N., Hosenfeld, A., Hosenfeld, I., Schrader, F.-W. & Wagner, W. (2008). Zeitnutzung im Grundschulunterricht. Ergebnisse der Unterrichtsstudie „VERA – Gute Unterrichtspraxis". *Zeitschrift für Grundschulforschung. Themenheft Zeit und Lernen, 1* (1), 23-36.

Helmke, A., Helmke, T., Heyne, N., Hosenfeld, A., Kleinbub, I., Schrader, F.-W. & Wagner, W. (2007). Erfassung, Bewertung und Verbesserung des Grundschulunterrichts: Forschungsstand, Probleme und Perspektiven. In K. Möller, P. Hanke, C. Beinbrech, A. K. Hein, T. Kleickmann & R. Schages (Hrsg.), *Qualität von Grundschulunterricht,* (S. 17-34). VS Verlag für Sozialwissenschaften.

Helmke, A. & Schrader, F.-W. (2006a). Determinanten der Schulleistung. In D. H. Rost (Hrsg.), *Handwörterbuch Pädagogische Psychologie,* (S. 83-94). Weinheim: Beltz.

Helmke, A. & Schrader, F.-W. (2006b). Lehrerprofessionalität und Unterrichtsqualität. Den eigenen Unterricht reflektieren und beurteilen. *Schulmagazin 5 bis 10, 9,* 5-12.

Helmke, A. & Weinert, F. E. (1997). Bedingungsfaktoren schulischer Leistungen. In F. E. Weinert (Hrsg.), *Psychologie des Unterrichts und der Schule, Bd. 3* (S. 71-176). Göttingen: Hogrefe.

Hertel, S., Jude, N. & Naumann, J. (2010). Leseförderung im Elternhaus. In E. Klieme, C. Artelt, J. Hartig, N. Jude, O. Köller, M. Prenzel, W. Schneider & P. Stanat (Hrsg.), *PISA 2009. Bilanz nach einem Jahrzehnt,* (S. 255-275). Münster: Waxmann.

Herzog, W. (2008). Unterwegs zur 08/15-Schule? Wider die Instrumentalisierung der Erziehungswissenschaft durch die Bildungspolitik. *Schweizerische Zeitschrift für Bildungswissenschaften, 30* (1), 13-31.

Hill, H. C., Kapitula, L. & Umland, K. (2011). A Validity argument Approach to Evaluating Teacher Value-Added Scores. *American Educational Research Journal, 48* (3), 794-831.

Hill, H. C., Rowan, B. & Loewenberg Ball, D. (2005). Effects of Teachers' Mathematical Knowledge for Teaching on Student Achievement. *American Educational Research Journal, 42* (2), 371-406.

Hill, P. W. & Rowe, K. J. (1996). Multilevel Modelling in School Effectiveness Research. *School Effectiveness and School Improvement, 7* (1), 1-34.

Hoogland, J. J. & Boomsma, A. (1998). Robustness Studies in Covariance Structure Modeling. An Overview and a Meta-Analysis. *Sociological Methods & Research, 26* (3), 329-367.

Horstkemper, M. & Tillmann, K.-J. (2004). Schulformvergleiche und Studien zu Einzelschulen. In W. Helsper & J. Böhme (Hrsg.), *Handbuch der Schulforschung,* (S. 287-323). Wiesbaden: VS Verlag für Sozialwissenschaften.

Hox, J. (2002). *Multilevel Analysis. Techniques and Applications.* Mahwah, NJ: Lawrence Erlbaum Associates.

Hu, L. & Bentler, P. M. (1999). Cutoff criteria for fit indexes in covariance structure analysis: Conventional criteria versus new alternatives. *Structural Equation Modeling, 6* (1), 1-55.

Huber, O. (1987). *Das psychologische Experiment: Eine Einführung.* Bern: Huber.

Hugener, I. & Krammer, K. (2001). *Individualisierung im Unterricht. Eine videobasierte Unterrichtsanalyse von 75 Mathematiklektionen.* Lizentiatsarbeit, Universität Zürich, Zürich.

Hugener, I. & Krammer, K. (2010). Differenzierende Massnahmen zur Individualisierung von Unterricht. In K. Reusser, C. Pauli & M. Waldis (Hrsg.), *Unterrichtsgestaltung und Unterrichtsqualität,* (S. 91-106). Münster: Waxmann.

Hugener, I., Pauli, C., Grob, U. & Reusser, K. (2005). *Patterns of instruction and learning quality in Swiss and German mathematics lessons.* 11th Biennial Conference of the European Association for Research on Learning and Instruction (EARLI), Nicosia, Cyprus.

Hugener, I., Pauli, C., Reusser, K., Lipowsky, F., Rakoczy, K. & Klieme, E. (2009). Teaching patterns and learning quality in Swiss and German mathematics lessons. *Learning and Instruction, 19* (1), 66-78.

Ingenkamp, F. D. (1979). *Zielerreichendes Lernen – Mastery Learning.* Ravensburg: Maier.

Ingenkamp, K.-H. & Lissmann, U. (2008). *Lehrbuch der pädagogischen Diagnostik.* Weinheim: Beltz.

Jagacinski, C. M. & Nicholls, J. G. (1990). Reducing effort to protect perceived ability: „They'd do it but I wouldn't.". *Journal of Educational Psychology, 82* (1), 15-21.

Jahn, G., Prenzel, M., Stürmer, K. & Seidel, T. (2011). Varianten einer computergestützten Erhebung von Lehrerkompetenzen: Untersuchungen zu Anwendungen des Tools Observer. *Unterrichtswissenschaft, 39* (2), 136-153.

Jones, K. & Duncan, C. (1998). Modelling Context and Heterogeneity: Applying Multilevel Models. In E. Scarbrough & E. Tanenbaum (Hrsg.), *Research Strategies in the Social Sciences. A Guide to New Approaches,* (S. 95-123). Oxford: Oxford University Press.

Jordan, A., Krauss, S., Löwen, K., Blum, W., Neubrand, M., Brunner, M., Kunter, M. & Baumert, J. (2008). Aufgaben im COACTIV-Projekt: Zeugnisse des kognitiven Aktivierungspotentials im deutschen Mathematikunterricht. *Journal für Mathematik-Didaktik, 29* (2), 83-107.

Kanton Thurgau (2006a). *Lehrplan für die Oberstufe.* Frauenfeld: Lehrmittelverlag.

Kanton Thurgau (2006b). *Lehrplan für die Primarschule.* Frauenfeld: Lehrmittelverlag.

Karing, C. (2009). Diagnostische Kompetenz von Grundschul- und Gymnasiallehrkräften im Leistungsbereich und im Bereich Interessen. *Zeitschrift für Pädagogische Psychologie, 23* (3-4), 197-209.

Keller, F. S. (1968). „Good-bye, teacher ...". *Journal of Applied Behavior Analysis, 1,* 79-89.

Kennedy, M. M. (2010). Attribution Error and the Quest for Teacher Quality. *Educational Researcher, 39* (8), 591-598.

Kern, M. (2005). Professional Minds: Handlungssituationen und Standards für die Berufsausbildenden. *folio, 130* (3), 6-10.

Kieft, M., Rijlaarsdam, G. & van den Bergh, H. (2008). An aptitude-treatment interaction approach to writing-to-learn. *Learning and Instruction, 18* (4), 379-390.

Kish, L. (1995). *Survey Sampling.* New York: Wiley.

Klieme, E. (2006). Empirische Unterrichtsforschung: aktuelle Entwicklungen, theoretische Grundlagen und fachspezifische Befunde. *Zeitschrift für Pädagogik, 52* (6), 765-773.

Klieme, E., Avenarius, H., Blum, W., Döbrich, P., Gruber, H., Prenzel, M., Reiss, K., Riquarts, K., Rost, J., Tenorth, H.-E. & Vollmer, H. J. (2003). *Zur Entwicklung nationaler Bildungsstandards. Eine Expertise.* Bonn: Bundesministerium für Bildung und Forschung (BMBF).

Klieme, E. & Leutner, D. (2006). Kompetenzmodelle zur Erfassung individueller Lernergebnisse und zur Bilanzierung von Bildungsprozessen. *Zeitschrift für Pädagogik, 52* (6), 876-903.

Klieme, E. & Rakoczy, K. (2008). Empirische Unterrichtsforschung und Fachdidaktik. Outcome-orientierte Messung und Prozessqualität des Unterrichts. *Zeitschrift für Pädagogik, 54* (2), 222-237.

Klieme, E. & Reusser, K. (2003). Unterrichtsqualität und mathematisches Verständnis im internationalen Vergleich. Ein Forschungsprojekt und erste Schritte zur Realisierung. *Unterrichtswissenschaft, 31,* 194-205.

Klusmann, U. (2011). Allgemeine berufliche Motivation und Selbstregulation. In M. Kunter, J. Baumert, W. Blum, U. Klusmann, S. Krauss & M. Neubrand (Hrsg.), *Professionelle Kompetenz von Lehrkräften. Ergebnisse des Forschungsprogramms COACTIV,* (S. 277-294). Münster: Waxmann.

Knigge, M. & Köller, O. (2010). Effekte der sozialen Zusammensetzung der Schülerschaft. In O. Köller, M. Knigge & B. Tesch (Hrsg.), *Sprachliche Kompetenzen im Ländervergleich,* (S. 227-244). Münster: Waxmann.

Köller, O. (2008a). Bildungsstandards – Verfahren und Kriterien bei der Entwicklung von Messinstrumenten. *Zeitschrift für Pädagogik, 54* (2), 163-173.

Köller, O. (2008b). Lehr-Lern-Forschung. In W. Schneider & M. Hasselhorn (Hrsg.), *Handbuch der Pädagogischen Psychologie,* (S. 210-222). Göttingen: Hogrefe.

Köller, O. (2009). Standards und Qualitätssicherung zur Outputsteuerung im System und in der Einzelinstitution. In v. Buer, Jürgen & C. Wagner (Hrsg.), *Qualität von Schule. Ein kritisches Handbuch,* (S. 93-102). Frankfurt am Main: Peter Lang.

Köller, O. & Baumert, J. (2001). Leistungsgruppierungen in der Sekundarstufe I. Ihre Konsequenzen für die Mathematikleistung und das mathematische Selbstkonzept der Begabung. *Zeitschrift für Pädagogische Psychologie, 15* (2), 99-110.

Köller, O. & Schiefele, U. (2003). Editorial zum Themenschwerpunkt Selbstreguliertes Lernen im Kontext von Schule und Hochschule. *Zeitschrift für Pädagogische Psychologie, 17* (3/4), 155-177.

Köller, O., Schnabel, K. U. & Baumert, J. (2000). Der Einfluss der Leistungsstärke von Schulen auf das fachspezifische Selbstkonzept der Begabung und das Interesse. *Zeitschrift für Entwicklungspsychologie und Pädagogische Psychologie, 32* (2), 70-80.

Kounin, J. S. (1976). *Techniken der Klassenführung.* Stuttgart: Klett.

Kounin, J. S. (2006). *Techniken der Klassenführung.* Münster: Waxmann.

Krammer, K. (2009). *Individuelle Lernunterstützung in Schülerarbeitsphasen. Eine videobasierte Analyse des Unterstützungsverhaltens von Lehrpersonen im Mathematikunterricht.* Münster: Waxmann.

Krammer, K., Hugener, I. & Reusser, K. (2007). Adaptiver Unterricht mit Arbeitsplänen. In K. Reusser, C. Pauli & K. Krammer (Hrsg.), *Unterrichtsvideos für die Aus- und Weiterbildung von Lehrpersonen – DVD 3,* (S. 1-34). Universität Zürich: Pädagogisches Institut.

Krapp, A. (1992). Das Interessenkonstrukt: Bestimmungsmerkmale der Interessenhandlung und des individuellen Interesses aus der Sicht einer Person-Gegenstand-Konzeption. In A. Krapp & M. Prenzel (Hrsg.), *Interesse, Lernen, Leistung. Neuere Ansätze der pädagogisch-psychologischen Interessenforschung,* (S. 297-330). Weinheim: PsychologieVerlagsUnion.

Krauss, S., Kunter, M., Brunner, M., Baumert, J., Blum, W., Neubrand, M., Jordan, A. & Löwen, K. (2004). COACTIV: Professionswissen von Lehrkräften, kognitiv aktivierender Mathematikunterricht und die Entwicklung von mathematischer Kompetenz. In J. Doll & M. Prenzel (Hrsg.), *Bildungsqualität von Schule. Lehrerprofessionalisierung, Unterrichtsentwicklung und Schülerförderung als Strategien der Qualitätsverbesserung,* (S. 31-53). Münster: Waxmann.

Kreft, I. & De Leeuw, J. (1998). *Introducing multilevel modeling.* London: SAGE.

Kubinger, K. D. (2003). Adaptives Testen. In K. D. Kubinger & R. S. Jäger (Hrsg.), *Schlüsselbegriffe der Psychologischen Diagnostik,* (S. 1-9). Weinheim: Beltz.

Kulik, C.-L. C., Kulik, J. A. & Bangert-Drowns, R. L. (1990). Effectiveness of Mastery Learning Programs: A Meta-Analysis. *Review of Educational Research, 60* (2), 265-299.

Kunter, M., Baumert, J., Blum, W., Klusmann, U., Krauss, S. & Neubrand, M., (Hrsg.). (2011). *Professionelle Kompetenz von Lehrkräften. Ergebnisse des Forschungsprogramms COACTIV.* Münster: Waxmann.

Kunter, M., Baumert, J. & Köller, O. (2007). Effective classroom management and the development of subject-related interest. *Learning and Instruction, 17* (5), 494-509.

Kunter, M., Dubberke, T., Baumert, J., Blum, W., Brunner, M., Jordan, A., Klusmann, U., Krauss, S., Löwen, K., Neubrand, M. & Tsai, Y.-M. (2006). Mathematikunterricht in den PISA-Klassen 2004: Rahmenbedingungen, Formen und Lehr-Lernprozesse. In M. Prenzel, J. Baumert, W. Blum, R. Lehmann, D. Leutner, M. Neubrand, R. Pekrun, J. Rost & U. Schiefele (Hrsg.), *PISA 2003. Untersuchungen zur Kompetenzentwicklung im Verlauf eines Schuljahres,* (S. 161-194). Münster: Waxmann.

Kunter, M. & Klusmann, U. (2010). Die Suche nach dem kompetenten Lehrer – ein personenzentrierter Ansatz. In W. Bos, E. Klieme & O. Köller (Hrsg.), *Schulische Lerngelegenheiten und Kompetenzentwicklung*, (S. 207-230). Münster: Waxmann.

Kunter, M., Tsai, Y.-M., Klusmann, U., Brunner, M., Krauss, S. & Baumert, J. (2008). Students' and mathematics teachers' perceptions of teacher enthusiasm and instruction. *Learning and Instruction, 18* (5), 468-482.

Laczko-Kerr, I. & Berliner, D. C. (2002). The effectiveness of "Teach for America" and other under-certified teachers on student academic achievement: A case of harmful public policy. *Education Policy Analysis Archives, 10* (37). Online unter: http://epaa.asu.edu/epaa/v10n37/ (22.02.11).

Leopold, C. & Leutner, D. (2002). Der Einsatz von Lernstrategien in einer konkreten Lernsituation bei Schülern unterschiedlicher Jahrgangsstufen. *Zeitschrift für Pädagogik, 45. Beiheft*, 240-258.

Leopold, C. & Leutner, D. (2004). Selbstreguliertes Lernen und seine Förderung durch prozessorientiertes Training. In J. Doll & M. Prenzel (Hrsg.), *Bildungsqualität von Schule. Lehrerprofessionalisierung, Unterrichtsentwicklung und Schülerförderung als Strategien der Qualitätsverbesserung*, (S. 364-376). Münster: Waxmann.

Leutner, D. (2002). Adaptivität und Adaptierbarkeit multimedialer Lehr- und Informationssysteme. In L. J. Issing & P. Klimsa (Hrsg.), *Information und Lernen mit Multimedia und Internet. Lehrbuch für Studium und Praxis*, (S. 115-125). Weinheim: Beltz.

Leutner, D. (2006). Programmierter und Computerunterstützter Unterricht. In D. H. Rost (Hrsg.), *Handwörterbuch Pädagogische Psychologie*, (S. 595-602). Weinheim: Beltz.

Lipowsky, F. (2006). Auf den Lehrer kommt es an. Empirische Evidenzen für Zusammenhänge zwischen Lehrerkompetenzen, Lehrerhandeln und dem Lernen der Schüler. *Zeitschrift für Pädagogik, 51. Beiheft*, 47-70.

Lipowsky, F., Rakoczy, K., Pauli, C., Drollinger-Vetter, B., Klieme, E. & Reusser, K. (2009). Quality of geometry instruction and its short-term impact on students' understanding of the Pythagorean Theorem. *Learning and Instruction, 19* (6), 527-537.

Lohman, D. L. (1986). Predicting mathemathanic effects in the teaching of higher-order thinking skills. *Educational Psychologist, 21* (3), 191-208.

Lorenz, C. & Artelt, C. (2009). Fachspezifität und Stabilität diagnostischer Kompetenz von Grundschullehrkräften in den Fächern Deutsch und Mathematik. *Zeitschrift für Pädagogische Psychologie, 23* (3-4), 211-222.

Lüders, M. & Rauin, U. (2004). Unterrichts- und Lehr-Lern-Forschung. In W. Helsper & J. Böhme (Hrsg.), *Handbuch der Schulforschung*, (S. 691-719). Wiesbaden: VS Verlag für Sozialwissenschaften.

Lüdtke, O. & Köller, O. (2006). Mehrebenenanalyse. In D. H. Rost (Hrsg.), *Handwörterbuch Pädagogische Psychologie*, (S. 469-474). Weinheim: Beltz.

Lüdtke, O., Marsh, H. W., Robitzsch, A., Trautwein, U., Asparouhov, T. & Muthén, B. (2008). The Multilevel Latent Covariate Model: A New, More Reliable Approach to Group-Level Effects in Contextual Studies. *Psychological Methods, 13* (3), 203-229.

Lüdtke, O., Robitzsch, A. & Köller, O. (2002). Statistische Artefakte bei Kontext-effekten in der pädagogisch-psychologischen Forschung. *Zeitschrift für Pädagogische Psychologie, 16* (3/4), 217-231.

Lüdtke, O., Robitzsch, A., Trautwein, U. & Kunter, M. (2009). Assessing the impact of learning environments: How to use student ratings of classroom or school characteristics in multilevel modeling. *Contemporary Educational Psychology, 34* (2), 120-131.

Lüdtke, O., Trautwein, U., Kunter, M. & Baumert, J. (2006). Analyse von Lern-umwelten. Ansätze zur Bestimmung der Reliabilität und Übereinstimmung von Schülerwahrnehmungen. *Zeitschrift für Pädagogische Psychologie, 20* (1/2), 85-96.

Lüdtke, O., Trautwein, U., Schnyder, I. & Niggli, A. (2007). Simultane Analysen auf Schüler- und Klassenebene. *Zeitschrift für Entwicklungspsychologie und Pädagogische Psychologie, 39* (1), 1-11.

Maag Merki, K. (2009). Kompetenz. In S. Andresen, R. Casale, T. Gabriel, R. Horlacher, S. Larcher Klee & J. Oelkers (Hrsg.), *Handwörterbuch Erzie-hungswissenschaft*, (S. 492-506). Weinheim: Beltz.

Maas, C. J. & Hox, J. J. (2005). Sufficient Sample Sizes for Multilevel Modeling. *Methodology, 1* (3), 85-91.

Mandl, H. & Friedrich, H. F., (Hrsg.). (2006). *Handbuch Lernstrategien.* Göttingen: Hogrefe.

Mandl, H. & Gerstenmaier, J. (2000). *Die Kluft zwischen Wissen und Handeln. Empirische und theoretische Lösungsansätze.* Göttingen: Hogrefe.

Marsh, H. W. (1987). The big-fish-little-pond effect on academic self-concept. *Journal of Educational Psychology, 79* (3), 280-295.

Martin, M. O., Mullis, I. V. S., Beaton, A. E., Gonzalez, E. J., Smith, T. A. & Kelly, D. L. (1997). *Science Achivement in the Primary School Years. IEA's Third International Mathematics and Science Studie.* Chestnut Hill, MA: TIMSS International Study Center.

Martschinke, S. & Kammermeyer, G. (2003). Jedes Kind ist anders. Jede Klasse ist anders. *Zeitschrift für Erziehungswissenschaft, 6* (2), 257-275.

Mason, J. (1994). Linking qualitative and quantitative data analysis. In A. Bryman & R. G. Burgess (Hrsg.), *Analyzing qualitative data*, (S. 89-110). London: Routledge.

Mayring, P. (2008). *Qualitative Inhaltsanalyse: Grundlagen und Techniken.* Weinheim: Beltz.

McBer, H. (2000). *Research into teacher effectiveness. A model of teacher effec-tiveness.* London: DfEE.

McDonald, R. & Ho, M.-H. R. (2002). Principles and Practice in Reporting Structural Equation Analyses. *Psychological Methods, 7* (1), 64-82.

McElvany, N., Schroeder, S., Hachfeld, A., Baumert, J., Richter, T., Schnotz, W., Horz, H. & Ullrich, M. (2009). Diagnostische Fähigkeiten von Lehrkräften bei der Einschätzung von Schülerleistungen und Aufgabenschwierigkeiten bei Lernmedien mit instruktionalen Bildern. *Zeitschrift für Pädagogische Psy-chologie, 23* (3-4), 223-235.

Messner, H. & Reusser, K. (2000). Berufliches Lernen als lebenslanger Prozess. *Beiträge zur Lehrerbildung, 18* (3), 277-294.

Meyer, H. (2004). *Was ist guter Unterricht?* Berlin: Cornelsen.

Miller, G. A., Galanter, E. & Pribram, K. H. (1960). *Plans and the structure of bahavior.* New York: Holt, Rinehart & Winston.

Miller, G. A., Galanter, E. & Pribram, K. H. (1973). *Strategien des Handelns: Pläne und Strukturen des Verhaltens. Mit einer Einführung von Hans Aebli.* Stuttgart: Klett.

Moore, A. (2004). *The Good Teacher. Dominant discourses in teaching and teacher education.* London: Routledge.

Morine-Dershimer, G. (2002). "Family Connections" as a Factor in the Development of Research on Teaching. In V. Richardson (Hrsg.), *Handbook of Research on Teaching,* (S. 47-68). Washington, DC: American Educational Research Association.

Moser, U. (2006). *Stellwerk: ein computergestütztes adaptives Testsystem. Testtheoretische Grundlagen und erste Erfahrungen.* Zürich: Kompetenzzentrum für Bildungsevaluation und Leistungsmessung.

Moser, U. & Angelone, D. (2009). Unterrichtszeit, Unterrichtsorganisation, Leistung und Interesse. Analysen zur Bedeutung von Unterrichtszeit und Unterrichtsorganisation für die Leistungen und das Interesse an den Naturwissenschaften aufgrund der Daten der Erhebung PISA 2006. In BFS (Hrsg.), *PISA 2006: Analysen zum Kompetenzbereich Naturwissenschaften. Rolle des Unterrichts, Determinanten der Berufswahl, Vergleich von Kompetenzmodellen,* (S. 9-39). Neuchâtel: BFS.

Moser, U., Ramseier, E., Keller, C. & Huber, M. (1997). *Schule auf dem Prüfstand. Eine Evaluation der Sekundarstufe I auf der Grundlage der „Third International Mathematics and Science Study".* Chur: Rüegger.

Munby, H., Russell, T. & Martin, A. K. (2002). Teachers' Knowledge and How It Develops. In V. Richardson (Hrsg.), *Handbook of Research on Teaching,* (S. 877-904). Washington, DC: American Educational Research Association.

Muthén, L. K. & Muthén, B. O. (1998-2006). *Mplus User's Guide.* Los Angeles, CA: Muthén & Muthén.

Naumann, J., Artelt, C., Schneider, W. & Stanat, P. (2010). Lesekompetenz von PISA 2000 bis PISA 2009. In E. Klieme, C. Artelt, J. Hartig, N. Jude, O. Köller, M. Prenzel, W. Schneider & P. Stanat (Hrsg.), *PISA 2009. Bilanz nach einem Jahrzehnt,* (S. 23-71). Münster: Waxmann.

Neuenschwander, M. P. (2006). Überprüfung einer Typologie der Klassenführung. *Schweizerische Zeitschrift für Bildungswissenschaften, 2,* 243-258.

Neuweg, G. H. (2002). Lehrerhandeln und Lehrerbildung im Lichte des Konzepts des impliziten Wissens. *Zeitschrift für Pädagogik, 48* (1), 10-29.

Neuweg, G. H. (2011). Das Wissen der Wissensvermittler. Problemstellungen, Befunde und Perspektiven der Forschung zum Lehrerwissen. In E. Terhart, H. Bennewitz & M. Rothland (Hrsg.), *Handbuch der Forschung zum Lehrerberuf,* (S. 451-477). Münster: Waxmann.

Nie, Y. & Lau, S. (2010). Differential relations of constructivist and didactic instruction to students' cognition, motivation, and achievement. *Learning and Instruction, 20* (5), 411-423

Niemi, H. (2007). Eyuity and good learning outcomes. *Zeitschrift für Pädagogik, 53* (1), 92-107.

Nikolova, R. (2011). *Grundschulen als differenzielle Entwicklungsmilieus. Objektive und subjektive Kontextmerkmale der Schülerzusammensetzung und deren Auswirkung auf die Mathematik- und Leseleistungen.* Münster: Waxmann.

Novak, G. M., Patterson, E. T., Gavrin, A. & Wolfgang, C. (1999). *Just-in-Time Teaching: Blending Active Learning with Web Technology.* Upper Saddle River, NJ: Prentice Hall.

Nuttall, D. L., Goldstein, H., Prosser, R. & Rasbash, J. (1989). Differential school effectiveness. *International Journal of Educational Research, 13* (7), 769-776.

OECD (2001). *Lernen für das Leben. Erste Ergebnisse von PISA 2000.* Paris: OECD.

OECD (2004). *Lernen für die Welt von morgen. Erste Ergebnisse von PISA 2003.* Paris: OECD.

OECD (2005a). *Definition und Auswahl von Schlüsselkompetenzen. Zusammenfassung.* OECD.

OECD (2005b). *Teachers matter: attracting, developing and retaining effective teachers.* Paris: OECD.

OECD (2007a). *International Option for a PISA 2009 Teacher Questionnaire.* Paris: OECD.

OECD (2007b). *PISA 2006 – Schulleistungen im internationalen Vergleich. Naturwissenschaftliche Kompetenzen für die Welt von morgen.* Paris: OECD.

OECD (2010a). *PISA 2009 Framework: Key Competencies in Reading, Mathematics and Science.* Paris: OECD.

OECD (2010b). *PISA 2009 Results: Overcoming Social Background. Equity in Learning Opportunities and Outcomes (Volume II).* Paris: OECD.

OECD (2010c). *PISA 2009 Results: What Students Know and Can Do. Student Performance in Reading, Mathematics and Science (Volume I).* Paris: OECD.

Oelkers, J. (2005). *Reformpädagogik: eine kritische Dogmengeschichte.* Weinheim: Juventa.

Opdenakker, M.-C. & Damme, J. V. (2006). Teacher characteristics and teaching styles as effectiveness enhancing factors of classroom practice. *Teaching and Teacher Education, 22,* 1-21.

Oser, F. (1997). Standards in der Lehrerbildung. Teil 1: Berufliche Kompetenzen, die hohen Qualitätsmerkmalen entsprechen. *Beiträge zur Lehrerbildung, 15* (1), 26-37.

Oser, F. (2000). Emergency Room Schule: Erschwerende Rahmenbedingungen pädagogischer Professionalität. *Beiträge zur Lehrerbildung, 18* (1), 82-84.

Oser, F. (2001). Standards: Kompetenzen von Lehrpersonen. In F. Oser & J. Oelkers (Hrsg.), *Die Wirksamkeit der Lehrerbildungssysteme,* (S. 215-342). Chur: Rüegger.

Oser, F. (2007). Willkür als Feind der Spontaneität. Aspekte der Standardisierung des Lehrerhandelns. In D. Benner (Hrsg.), *Bildungsstandards,* (S. 103-122). Paderborn: Schöningh.

Oser, F. (2008). Zu-Mutung: Ein pädagogisches Kompetenzprofil. In J. Warwas & D. Sembill (Hrsg.), *Zeit-gemässe Führung – zeitgemässer Unterricht,* (S. 67-80). Hohengehren: Schneider.

Oser, F. & Althof, W. (1996). Vertrauensvorschuss: Zum Berufsethos von Lehrern. In P. E. Kalb, C. Petry & K. Sitte (Hrsg.), *Werte und Erziehung. Kann Schule zur Bindungsfähigkeit beitragen?* (S. 99-131). Weinheim: Beltz.

Oser, F. & Baeriswyl, F. (2001). Choreographies of teaching: Bridging instruction to learning. In V. Richardson (Hrsg.), *Handbook of research on teaching,*

(S. 1031-1065). Washington, DC: American Educational Research Association.

Oser, F., Biedermann, H., Brühwiler, C., Kopp, M., Krattenmacher, S. & Steinmann, S. (2010). Wie gut werden unsere angehenden Lehrpersonen ausgebildet? Ein internationaler Vergleich. Online unter: www.teds-m.ch/download/ Erste_Ergebnisse_110222.pdf. (24.09.2012).

Oser, F., Curcio, G.-P. & Düggeli, A. (2007). Kompetenzmessung in der Lehrerbildung als Notwendigkeit – Fragen und Zugänge. *Beiträge zur Lehrerbildung, 1*, 14-26.

Oser, F., Heinzer, S. & Salzmann, P. (2010). Die Messung der Qualität von professionellen Kompetenzprofilen von Lehrpersonen mit Hilfe der Einschätzung von Filmvignetten: Chancen und Grenzen des advokatorischen Ansatzes. *Unterrichtswissenschaft, 38* (1), 5-28.

Oser, F. & Oelkers, J. (1994). Die Wirksamkeit der schweizerischen Lehrerausbildung (Projektskizze). *Beiträge zur Lehrerbildung, 12* (1), 73-76.

Oser, F. & Oelkers, J., (Hrsg.). (2001). *Die Wirksamkeit der Lehrerbildungssysteme. Von der Allrounderbildung zur Ausbildung professioneller Standards.* Chur: Verlag Rüegger.

Oser, F. & Renold, U. (2005). Kompetenzen von Lehrpersonen – über das Auffinden von Standards und ihre Messung. *Zeitschrift für Erziehungswissenschaft, 4. Beiheft,* 119-140.

Oser, F. & Spychiger, M. (2005). *Lernen ist schmerzhaft. Zur Theorie des Negativen Wissens und zur Praxis der Fehlerkultur.* Weinheim: Beltz.

Pajares, F. M. (1992). Teachers' beliefs and educational research: Cleaning up a messy construct. *Review of Educational Research, 62* (3), 307-332.

Park, O.-c. & Lee, J. (2004). Adapative Instructional Systems. In D. H. Jonassen (Hrsg.), *Handbook of Research on Educational Communications and Technology,* (S. 651-684). Mahwah, NJ: Lawrence Erlbaum Associates.

Pauli, C. & Reusser, K. (2006). Von international vergleichenden Video Surveys zur videobasierten Unterrichtsforschung und -entwicklung. *Zeitschrift für Pädagogik, 52* (6), 774-798.

Pekrun, R., vom Hofe, R., Blum, W., Götz, T., Wartha, S., Frenzel, A. & Jullien, S. (2006). Projekt zur Analyse der Leistungsentwicklung in Mathematik (PALMA). Entwicklungsverläufe, Schülervoraussetzungen und Kontextbedingungen von Mathematikleistungen in der Sekundarstufe I. In M. Prenzel & L. Allolio-Näcke (Hrsg.), *Untersuchungen zur Bildungsqualität von Schule. Abschlussbericht des DFG-Schwerpunktprogramms,* (S. 21-53). Münster: Waxmann.

Pfost, M., Dörfler, T. & Artelt, C. (2010). Der Zusammenhang zwischen ausserschulischem Lesen und Lesekompetenz. Ergebnisse einer Längsschnittstudie am Übergang von der Grund- in die weiterführende Schule. *Zeitschrift für Entwicklungspsychologie und Pädagogische Psychologie, 42* (3), 167-176.

Pintrich, P. R. & De Groot, E. V. (1990). Motivational and self-regulated learning components of classroom academic performance. *Journal of Educational Psychology, 82,* 33-40.

Plomin, R. (1988). The nature and nurture of cognitive abilities. In R. J. Sternberg (Hrsg.), *Advances in the psychology of human intelligence, 4* (S. 1-33). Hillsdale, NJ: Erlbaum.

Pohl, T. (2009). *Adressatengerechtes Unterrichten mit dem Just-in-Time Teaching – Verfahren*. Landau: Universität Koblenz-Landau (Dissertation).

Pokay, P. & Blumenfeld, P. C. (1990). Predicting Achievement Early and Late in the Semester: The Role of Motivation and Use of Learning Strategies. *Journal of Educational Psychology, 82* (1), 41-50.

Preacher, K. J., Zyphur, M. J. & Zhang, Z. (2010). A general multilevel SEM framework for assessing multilevel mediation. *Psychological Methods, 15* (3), 209-233.

Prenzel, M. & Allolio-Näcke, L. (2006). Das DFG-Schwerpunktprogramm Bildungsqualität von Schule – ein Überblick. In M. Prenzel & L. Allolio-Näcke (Hrsg.), *Untersuchungen zur Bildungsqualität von Schule: Abschlussbericht des DFG-Schwerpunktprogramms*, (S. 7-17). Münster: Waxmann.

Prenzel, M., Carstensen, C. H., Schöps, K. & Maurischat, C. (2006). Die Anlage des Längsschnitts bei PISA 2003. In M. Prenzel, J. Baumert, W. Blum, R. Lehmann, D. Leutner, M. Neubrand, R. Pekrun, J. Rost & U. Schiefele (Hrsg.), *PISA 2003. Untersuchungen zur Kompetenzentwicklung im Verlauf eines Schuljahres*, (S. 29-85). Münster: Waxmann.

Preuss-Lausitz, U. (2006). Gesellschaftliche Bedingungen des Unterrichts. In K.-H. Arnold, U. Sandfuchs & J. Wiechmann (Hrsg.), *Handbuch Unterricht*, (S. 125-134). Bad Heilbrunn: Klinkhardt.

Ramseier, E. (2005). Analyse kantonaler Leistungsunterschiede. In Forschungsgemeinschaft PISA Deutschschweiz/FL (Hrsg.), *PISA 2003: Analysen und Porträts für Deutschschweizer Kantone und das Fürstentum Liechtenstein. Zusammenfassung der wichtigsten Ergebnisse*, (S. 41-51). Zürich: Kantonale Drucksachen- und Materialzentrale.

Ramseier, E. & Brühwiler, C. (2003). Herkunft, Leistung und Bildungschancen im gegliederten Bildungssystem: Vertiefte PISA-Analyse unter Einbezug der kognitiven Grundfähigkeiten. *Schweizerische Zeitschrift für Bildungswissenschaften, 25* (1), 23-58.

Rasbash, J., Steele, F., Browne, W. & Prosser, B. (2005). *A User's Guide to MLwiN. Version 2.0*. Bristol: Centre for Multilevel Modelling, University of Bristol.

Raudenbush, S. W. & Bryk, A. S. (2002). *Hierachical Linear Models. Applications and Data Analysis Methods*. Thousand Oaks: Sage.

Reinecke, J. (2005). *Strukturgleichungsmodelle in den Sozialwissenschaften*. München: Oldenbourg.

Renkl, A. (2005). Lehren und Lernen. In R. Tippelt (Hrsg.), *Handbuch Bildungsforschung*, (S. 589-602). Wiesbaden: VS Verlag für Sozialwissenschaften.

Renkl, A. & Stern, E. (1994). Die Bedeutung von kognitiven Eingangsvoraussetzungen und schulischen Lerngelegenheiten für das Lösen von einfachen und komplexen Textaufgaben. *Zeitschrift für Pädagogische Psychologie, 8* (1), 27-39.

Reusser, K. (2006). Konstruktivismus – vom epistemologischen Leitbegriff zur Erneuerung der didaktischen Kultur. In M. Baer, M. Fuchs, P. Füglister, K. Reusser & H. Wyss (Hrsg.), *Didaktik auf psychologischer Grundlage. Von Hans Aeblis kognitionspsychologischer Didaktik zur modernen Lehr- und Lernforschung*, (S. 151-168). Bern: h.e.p.

Reusser, K. (2009). Unterricht. In S. Andresen, R. Casale, T. Gabriel, R. Horlacher, S. Larcher Klee & J. Oelkers (Hrsg.), *Handwörterbuch Erziehungswissenschaft*, (S. 881-896). Weinheim: Beltz.

Reusser, K. & Pauli, C. (2003). *Mathematikunterricht in der Schweiz und in weiteren sechs Ländern. Bericht über die Ergebnisse einer internationalen und schweizerischen Video-Unterrichtsstudie.* Zürich: Universität Zürich.

Reusser, K. & Pauli, C. (2010). Unterrichtsgestaltung und Unterrichtsqualität – Ergebnisse einer internationalen und schweizerischen Videostudie zum Mathematikunterricht: Einleitung und Überblick. In K. Reusser, C. Pauli & M. Waldis (Hrsg.), *Unterrichtsgestaltung und Unterrichtsqualität*, (S. 9-32). Münster: Waxmann.

Reusser, K., Pauli, C. & Elmer, A. (2011). Berufsbezogene Überzeugungen von Lehrerinnen und Lehrern. In E. Terhart, H. Bennewitz & M. Rothland (Hrsg.), *Handbuch der Forschung zum Lehrerberuf*, (S. 683-698). Münster: Waxmann.

Rindermann, H. (2007). Die Bedeutung der mittleren Klassenfähigkeit für das Unterrichtsgeschehen und die Entwicklung individueller Fähigkeiten. *Unterrichtswissenschaft, 35* (1), 68-89.

Rivkin, S. G., Hanushek, E. A. & Kain, J. F. (2001). *Teachers, schools, and academic achievement.* Amherst, MA: Amherst Collage.

Rivkin, S. G., Hanushek, E. A. & Kain, J. F. (2005). Teachers, schools, and academic achievement. *Econometrica, 73* (2), 417-458.

Rogalla, M. & Vogt, F. (2008). Förderung adaptiver Lehrkompetenz: Eine Interventionsstudie. *Unterrichtswissenschaft, 36* (1), 17-36.

Rosenshine, B. & Stevens, R. (1986). Teaching Functions. In M. C. Wittrock (Hrsg.), *Handbook of Research on Teaching*, (S. 376-391). New York: Macmillan.

Rost, D. H. (2013). *Interpretation und Bewertung pädagogisch-psychologischer Studien.* Bad Heilbrunn: Klinkhardt.

Rost, D. H. & Schermer, F. J. (2006). Leistungsängstlichkeit. In D. H. Rost (Hrsg.), *Handwörterbuch Pädagogische Psychologie*, (S. 404-416). Weinheim: Beltz.

Rost, J. (2004). *Lehrbuch Testtheorie – Testkonstruktion.* Bern: Huber.

Rudolf, M. & Müller, J. (2004). *Multivariate Verfahren. Eine praxisorientierte Einführung mit Anwendungsbeispielen in SPSS.* Göttingen: Hogrefe.

Ruiz-Primo, M. A. & Li, M. (2003). *Assessing Some Aspects of Teachers' Instructional Practises Trough Vignettes: An Exploratory Study.* AERA Annual Meeting, Chicago, IL.

Rychen, D. S. & Salganik, L. H., (Hrsg.). (2003). *Key Competencies for a Successful Life and a Well-Functioning Society.* Göttingen: Hogrefe & Huber.

Salomon, G. (1975). Heuristische Modelle für die Gewinnung von Interaktionshypothesen. In R. Schwarzer & K. Steinhagen (Hrsg.), *Adaptiver Unterricht. Zur Wechselwirkung von Schülermerkmalen und Unterrichtsmethoden*, (S. 127-145). München: Kösel.

Sanders, W. L. & Rivers, J. C. (1996). *Cumulative and Residual Effects of Teachers on Future Student Academic Achievement.* Knoxville: University of Tennessee.

Scheerens, J. (1997). Conceptual Models and Theory-Embedded Principles on Effective Schooling. *School Effectiveness and School Improvement, 8* (3), 269-310.

Scheerens, J. & Bosker, R. J. (1997). *The foundations of educational effectiveness.* Oxford: Elsevier Science.

Scheerens, J. & Linnakylä, P. (2007). *International Option for a PISA 2009 Teacher Questionnaire.* Paris: OECD.

Schiefele, U. (2005). Prüfungsnahe Erfassung von Lernstrategien und deren Vorhersagekraft für nachfolgende Lernleistungen. In C. Artelt & B. Moschner (Hrsg.), *Lernstrategien und Metakognition,* (S. 13-42). Münster: Waxmann.

Schiefele, U. (2009). Situational and Individual Interest. In K. R. Wentzel & A. Wigfield (Hrsg.), *Handbook of Motivation at School,* (S. 197-222). New York: Taylor and Francis.

Schiefele, U., Streblow, L., Ermgassen, U. & Moschner, B. (2003). Lernmotivation und Lernstrategien als Bedingungen der Studienleistung: Ergebnisse einer Längsschnittstudie. *Zeitschrift für Pädagogische Psychologie, 17* (3-4), 185-198.

Schnaitmann, G. W. (1999). Unterrichtsforschung und Unterrichtsplanung. *PÄD Forum: unterrichten erziehen, 27* (6), 292-295.

Schnell, R., Hill, P. B. & Esser, E. (2005). *Methoden der empirischen Sozialforschung.* München: Oldenbourg.

Schoenfeld, A. H. (2006). Mathematics Teaching and Learning. In P. A. Alexander & P. H. Winne (Hrsg.), *Handbook of Educational Psychology,* (S. 479-510). Mahwah, NJ: Lawrence Erlbaum Associates.

Schrader, F.-W. (1989). *Diagnostische Kompetenzen von Lehrern und ihre Bedeutung für die Gestaltung und Effektivität des Unterrichts.* Frankfurt am Main: Lang.

Schrader, F.-W. (2008). Diagnoseleistungen und diagnostische Kompetenzen von Lehrkräften. In W. Schneider & M. Hasselhorn (Hrsg.), *Handbuch der Pädagogischen Psychologie,* (S. 168-177). Göttingen: Hogrefe.

Schrader, F.-W. (2009). Anmerkungen zum Themenschwerpunkt Diagnostische Kompetenz von Lehrkräften. *Zeitschrift für Pädagogische Psychologie, 23* (3-4), 237-245.

Schrader, F.-W. (2011). Lehrer als Diagnostiker. In E. Terhart, H. Bennewitz & M. Rothland (Hrsg.), *Handbuch der Forschung zum Lehrerberuf,* (S. 683-698). Münster: Waxmann.

Schrader, F.-W. & Helmke, A. (1987). Diagnostische Kompetenz von Lehrern: Komponenten und Wirkungen. *Empirische Pädagogik, 1,* 27-52.

Schraw, G. (2006). Knowledge: Structures and Processes. In P. A. Alexander & P. H. Winne (Hrsg.), *Handbook of Educational Psychology,* (S. 245-263). Mahwah, NJ: Lawrence Erlbaum Associates.

Schulz, W. (1980). *Unterrichtsplanung.* München: Urban & Schwarzenberg.

Schunk, D. H. (1990). Introduction to the Special Section on Motivation and Efficacy. *Journal of Educational Psychology, 82* (1), 3-6.

Schüpbach, J. (2007). Über das Unterrichten reden: Die Unterrichtsnachbesprechung in den Lehrpraktika: eine „Nahtstelle von Wissen und Handeln"? Bern: Haupt.

Schwarzer, R. & Steinhagen, K., (Hrsg.). (1975). *Adaptiver Unterricht. Zur Wechselwirkung von Schülermerkmalen und Unterrichtsmethoden.* München: Kösel.

Schwetz, H. & Subramanian, S. V. (2005). *Einführung in die Mehrebenenanalyse mit MLWin. Von der Regressionsanalyse zum Random-Slope-Modell.* Landau: Verlag Empirische Pädagogik.

Seel, N. M. (2005). Quantitative Bildungsforschung. In R. Tippelt (Hrsg.), *Handbuch Bildungsforschung*, (S. 427-440). Wiesbaden: VS Verlag für Sozialwissenschaften.

Seidel, T., Blomberg, G. & Stürmer, K. (2010). „Observer" – Validierung eines videobasierten Instruments zur Erfassung der professionellen Wahrnehmung von Unterricht. *Zeitschrift für Pädagogik, 56. Beiheft*, 296-306.

Seidel, T. & Prenzel, M. (2003). Videoanalyse als Methode der Lehr-Lern-Forschung. *journal für lehrerInnenbildung, 3* (1), 54-61.

Seidel, T. & Prenzel, M. (2006). Stability of teaching patterns in physics instruction: Findings from a video study. *Learning and Instruction, 16* (3), 228-240.

Seidel, T., Prenzel, M., Rimmele, R., Dalehefte, I. M., Herweg, C., Kobarg, M. & Schwindt, K. (2006). Blicke auf den Physikunterricht. Ergebnisse der IPN Videostudie. *Zeitschrift für Pädagogik, 52* (6), 799-821.

Seidel, T. & Shavelson, R. J. (2007). Teaching Effectiveness Research in the Past Decade: The Role of Theory and Research Design in Disentangling Meta-Analysis Results. *Review of Educational Research, 77* (4), 454-499.

Shavelson, R. & Stern, P. (1981). Research on teachers' pedagogical thoughts, judgements, decisions, and behaviour. *Review of Educational Research, 51* (4), 455-498.

Shuell, T. J. (1996). Teaching and Learning in a Classroom Context. In D. C. Berliner & R. C. Calfee (Hrsg.), *Handbook of Educational Psychology*, (S. 726-764). New York: Macmillan.

Shulman, L. S. (1986). Paradigms and Research Programs in the Study of Teaching: A Contemporary Perspective. In M. C. Wittrock (Hrsg.), *Handbook of Research on Teaching*, (S. 3-36). New York: MacMillan.

Shulman, L. S. (1987). Knowledge and teaching: Foundations of the new reform. *Harvard Educational Review, 57* (1), 1-22.

Shulman, L. S. (2004). *The wisdom of practice: Essays on teaching, learning, and learning to teach.* San Francisco: Jossey-Bass.

Shulman, L. S. (2005). Signature pedagogies in the professions. *Daedalus, 134* (3), 52-59.

Shute, V. & Towle, B. (2003). Adaptive E-Learning. *Educational Psychologist, 38* (2), 105-114.

Sjuts, J. (2006). Unterrichtliche Gestaltung und Nutzung kompetenzorientierter Aufgaben in diagnostischer Hinsicht. In W. Blum, C. Drüke-Noe, R. Hartung & O. Köller (Hrsg.), *Bildungsstandards Mathematik: konkret. Sekundarstufe I: Aufgabenbeispiele, Unterrichtsanregungen, Fortbildungsideen*, (S. 96-112). Berlin: Cornelsen.

Skinner, B. F. (1954). The science of learning and the art of teaching. *Harvard Educational Review, 24*, 86-97.

Snijders, T. A. B. & Bosker, R. J. (1999). *Multilevel analysis: An introduction to basic and advanced multilevel modeling.* London: SAGE.

Snow, R. E. & Swanson, J. (1992). Instructional psychology: Aptitude, adaption, and assessment. *Annual Review of Psychology, 43,* 583-626.

So, W. M. & Watkins, D. A. (2005). From beginning teacher education to professional teaching: A study of the thinking of Hong Kong primary science teachers. *Teaching and Teacher Education, 21,* 525-541.

Spinath, B. (2005). Akkuratheit der Einschätzung von Schülermerkmalen durch Lehrer und das Konstrukt der diagnostischen Kompetenz. *Zeitschrift für Pädagogische Psychologie, 19* (1), 85-95.

Spychiger, M., Mahler, F., Hascher, T. & Oser, F. (1998). *Fehlerkultur aus der Sicht von Schülerinnen und Schülern. Der Fragebogen S-UFS: Entwicklung und erste Ergebnisse.* Freiburg: Pädagogisches Institut der Universität Freiburg.

Staub, F. C. (2001). Fachspezifisch-pädagogisches Coaching: Theoriebezogene Unterrichtsentwicklung zur Förderung von Unterrichtsexpertise. *Beiträge zur Lehrerbildung, 19* (2), 175-198.

Staub, F. C. (2004). Fachspezifisch Pädagogisches Coaching: Ein Beispiel zur Entwicklung von Lehrerfortbildung und Unterrichtskompetenz als Kooperation. *Zeitschrift für Erziehungswissenschaft, 3. Beiheft,* 113-141.

Staub, F. C. (2006). Allgemeine Didaktik und Lernpsychologie: Zur Dynamisierung eines schwierigen Verhältnisses. In M. Baer, M. Fuchs, P. Füglister, K. Reusser & H. Wyss (Hrsg.), *Didaktik auf psychologischer Grundlage. Von Hans Aeblis kognitionspsychologischer Didaktik zur modernen Lehr- und Lernforschung,* (S. 169-179). Bern: hep.

Staub, F. C. & Stern, E. (2002). The Nature of Teachers' Pedagogical Content Beliefs Matters for Students' Achievement Gains: Quasi-Experimental Evidence From Elementary Mathematics. *Journal of Educational Psychologie, 94* (2), 344-355.

Stecher, B., Le, V.-N., Hamilton, L., Ryan, G., Robyn, A. & Lockwood, J. R. (2006). Using structured classroom vignettes to measure instructional practices in mathematics. *Educational Evaluation and Policy Analysis, 28* (2), 101-130.

Stern, E. & Möller, K. (2004). Der Erwerb anschlussfähigen Wissens als Ziel des Grundschulunterrichtes. *Zeitschrift für Erziehungswissenschaft, 3. Beiheft,* 25-36.

Stigler, J. W., Gallimore, R. & Hiebert, J. (2000). Using video surveys to compare classrooms and teaching across cultures: Examples and lessons from the TIMSS Video studies. *Educational Psychologist, 35,* 87-100.

Stigler, J. W. & Hiebert, J. (1999). *The teaching gap. Best ideas from the world's teachers for improving education in the classroom.* New York: Free Press.

Streblow, L. & Schiefele, U. (2006). Lernstrategien im Studium. In H. Mandl & H. F. Friedrich (Hrsg.), *Handbuch Lernstrategien,* (S. 352-364). Göttingen: Hogrefe.

Tatto, M. T., Schwille, J., Senk, S., Ingvarson, L., Peck, R. & Rowley, G. (2008). *Teacher Education and Development Study in Mathematics* (TEDS-M). Conceptual Framework. Teacher Education and Development International Study Center, East Lansing, MI: College of Education, Michigan State University.

Tatto, M. T., Schwille, J., Senk, S. L., Ingvarson, L., Rowley, G., Peck, R., Bankov, K., Rodriguez, M. & Reckase, M. (2012). *Policy, Practice, and Readiness to Teach Primary and Secondary Mathematics in 17 Countries. Findings from the IEA Teacher Education and Development Study in Mathematics (TEDS-M).* Amsterdam: IEA.

Teddlie, C. & Reynolds, D., (Hrsg.). (2000). *The International Handbook of School Effectiveness Research.* London: Palmer.

Tenorth, H.-E. (2006). Professionalität im Lehrerberuf. *Zeitschrift für Erziehungswissenschaft, 9* (4), 580-597.

Tippelt, R. (2002). Qualifizierungsoffensive oder Bildungsziele? Zur Spannung von „allgemeiner Bildung", „spezialisierender Qualifizierung", „Schlüsselqualifikationen" und „Lernkompetenz". In E. Nuissl, C. Schiersmann & H. Siebert (Hrsg.), *Kompetenzentwicklung statt Bildungsziele?* (S. 48-58). Bonn: Deutsches Institut für Erwachsenenbildung.

Tittle, K. C. (2006). Assessment of Teacher Learning and Development. In P. A. Alexander & P. H. Winne (Hrsg.), *Handbook of Educational Psychology,* (S. 953-984). Mahwah, NJ: Lawrence Erlbaum Associates.

Torrance, M., Fidalgo, R. & García, J.-N. (2001). The teachability and effectiveness of cognitive self-regulation in sixth-grade writers. *Learning and Instruction, 17* (3), 265-285.

Trautwein, U. & Lüdtke, O. (2009). Predicting homework motivation and homework effort in six school subjects: The role of person and family characteristics, classroom factors, and school track. *Learning and Instruction, 19* (3), 243-258.

Urban, D. (2004). *Neue Methoden der Längsschnittanalyse. Zur Anwendung von latenten Wachstumskurvenmodellen in Einstellungs- und Sozialisationsforschung.* Münster: Lit-Verlag.

Urech, C. (2010). *Die heterogene Schulklasse. Fallstudien zum pädagogischen Handeln in Basisstufen.* Zürich: Rüegger.

v. Saldern, M. (2006). Klassengrösse. In D. H. Rost (Hrsg.), *Handwörterbuch Pädagogische Psychologie,* (S. 327-333). Weinheim: Beltz.

van Driel, J. H., Bulte, A. M. W. & Verloop, N. (2007). The relationships between teachers' general beliefs about teaching and learning and their domain specific curricular beliefs. *Learning and Instruction, 17* (2), 156-171.

van Es, E. A. & Sherin, M. G. (2008). Mathematics teachers' "learning to notice" in the context of a video club. *Teaching and Teacher Education, 24* (2), 244-276.

van Ewijk, R. & Sleegers, P. (2010). The effect of peer socioeconomic status on student achievement: A meta-analysis. *Educational Research Review, 5* (2), 134-150.

van Lehn, K., Graesser, A. C., Jackson, G. T., Jordan, P., Olney, A. & Rosé, C. P. (2007). When Are Tutorial Dialogues More Effective Than Reading? *Cognitive Science 31,* 3-62.

Vaughn, S., Schumm, J. S., Niarhos, F. J. & Daugherty, T. (1993). What do students think when teachers make adaptations? *Teaching and Teacher Education, 9* (1), 107-118.

Verschaffel, L., Janssens, S. & Janssens, R. (2005). The development of mathematical competence in Flemish preservice elementary school teachers. *Teaching and Teacher Education, 21,* 49-63.

Vogt, F. & Rogalla, M. (2009). Developing Adaptive Teaching Competency through coaching. *Teaching and Teacher Education, 25* (8), 1051-1060.

von Hentig, H. (1996). *Bildung. Ein Essay.* München: Carl Hanser.

Vygotsky, L. S. (1978). *Mind in society: The development of higher psychological processes*. Cambridge, MA: Harvard University Press.

Wagner, W. (2008). *Methodenprobleme bei der Analyse der Unterrichtswahrnehmung aus Schülersicht – am Beispiel der Studie DESI (Deutsch Englisch Schülerleistungen International) der Kultusministerkonferenz*. Landau: Universität Koblenz-Landau (Dissertation).

Wahl, D. (1991). *Handeln unter Druck: Der weite Weg vom Wissen zum Handeln bei Lehrern, Hochschullehrern und Erwachsenenbildnern*. Weinheim: Deutscher Studien Verlag.

Wahl, D. (2001). Nachhaltige Wege vom Wissen zum Handeln. *Beiträge zur Lehrerbildung, 19* (2), 157-174.

Wahl, D. (2006). *Lernumgebungen erfolgreich gestalten. Vom trägen Wissen zum kompetenten Handeln*. Bad Heilbrunn: Klinkhardt.

Wainer, H., Dorans, N. J., Eignor, D., Flaugher, R., Green, B. F., Mislevy, R. J., Steinberg, L. & Thissen, D. (2000). *Computerized adaptive testing: A primer*. Mahwah, N.J.: Lawrence Erlbaum.

Walberg, H. J. (1984). Improving the productivity of American schools. *Educational Leadership, 41*, 19-27.

Walberg, H. J. (1986). Syntheses of Research on Teaching. In M. C. Wittrock (Hrsg.), *Handbook of Research on Teaching*, (S. 214-229). New York: Macmillan.

Walberg, H. J. & Paik, S. J. (2000). *Effective Educational Practices*. Brussels: International Academy of Education & International Bureau of Education.

Waldis, M., Grob, U., Pauli, C. & Reusser, K. (2010). Der Einfluss der Unterrichtsgestaltung auf Fachinteresse und Mathematikleistung. In K. Reusser, C. Pauli & M. Waldis (Hrsg.), *Unterrichtsgestaltung und Unterrichtsqualität*, (S. 209-251). Münster: Waxmann.

Walter, O. & Taskinen, P. (2007). Kompetenzen und bildungsrelevante Einstellungen von Jugendlichen mit Migrationshintergrund in Deutschland: Ein Vergleich mit ausgewählten OECD-Staaten. In PISA-Konsortium Deutschland (Hrsg.), *PISA 2006. Die Ergebnisse der dritten internationalen Vergleichsstudie*, (S. 337-366). Münster: Waxmann.

Wang, M. C. (1980). Adaptive Instruction: Building on Diversity. *Theory into Practice, 19* (2), 122-128.

Wang, M. C. (1992). *Adaptive Education Strategies: Building on Diversity*. Baltimore: Brookes.

Wang, M. C. (1996). Student Diversity and Classroom Teaching. In E. De Corte & F. E. Weinert (Hrsg.), *International encyclopedia of developmental and instructional psychology*, (S. 665-670). Kronberg: Pergamon.

Wang, M. C. & Birch, J. W. (1984). Effective special education in regular classes. *Exceptional Children, 50* (5), 391-398.

Wang, M. C. & Gennari, P. (1983). Analysis of the design, implementation, and effects of a data-based staff development program. *Teacher Education and Special Education, 6* (4), 211-226.

Wang, M. C., Haertel, G. D. & Walberg, H. J. (1990). What Influences Learning? A Content Analysis of Review Literature. *Journal of Educational Research, 84* (1), 30-43.

Wang, M. C., Haertel, G. D. & Walberg, H. J. (1993). Toward a knowledge base for school learning. *Review of Educational Research, 11*, 161-225.

Wang, M. C., Rubenstein, J. L. & Reynolds, M. C. (1985). Clearing the Road to Success for Students with Special Needs. *Educational Leadership, 43* (1), 62-67.

Wang, M. C., Vaughan, E. D. & Dytman, J. (1985). Staff development. A key ingredient of effective mainstreaming. *Teaching Exceptional Children, 17* (2), 112-121.

Wang, M. C. & Walberg, H. J. (1983). Adaptive Instruction and Classroom Time. *American Educational Research Journal, 20* (4), 601-626.

Wang, M. C. & Zollers, N. J. (1990). Adaptive instruction: An alternative service delivery approach. *Remedial and Special Education, 11* (1), 7-21.

Washburne, C. W. (1925). Adapting the School to Individual Differences. In G. M. Whipple (Hrsg.), *The Twenty-fourth Yearbook of the National Society for the Study of Education,* (S. 257-272). Chicago, IL: University of Chicago Press.

Waxman, H. C., Wang, M. C., Anderson, K. A. & Walberg, H. J. (1985). Synthesis of Research on the Effects of Adaptive Education. *Educational Leadership, 43* (1), 26-29.

Wayne, A. J. & Youngs, P. (2003). Teacher Characteristics and Student Achievement Gains: A Review. *Review of Educational Research, 73* (1), 89-122.

Wayne, A. J. & Youngs, P. (2006). Die Art der Ausbildung von Lehrern und die Lerngewinne ihrer Schüler. Eine Übersicht über aktuelle empirische Forschung. *Zeitschrift für Pädagogik, 51. Beiheft,* 71-96.

Weidenmann, B. (1996). Instruktionsmedien. In F. E. Weinert (Hrsg.), *Psychologie des Lernens und der Instruktion. Enzyklopädie der Psychologie, Pädagogische Psychologie, Band 2* (S. 319-368). Göttingen: Hogrefe.

Weinert, F. E. (1996). Lerntheorien und Instruktionsmodelle. In F. E. Weinert (Hrsg.), *Psychologie des Lernens und der Instruktion. Enzyklopädie der Psychologie, Pädagogische Psychologie, Bd. 2* (S. 1-48). Göttingen: Hogrefe.

Weinert, F. E., (Hrsg.). (1996). *Psychologie des Lernens und der Instruktion.* Enzyklopädie der Psychologie. Pädagogische Psychologie. Göttingen: Hogrefe.

Weinert, F. E. (1997a). Grenzen der Entwicklung des Humankapitals aus der Sicht der psychologischen Lerntheorie. In G. Clar, J. Doré & H. Mohr (Hrsg.), *Humankapital und Wissen: Grundlagen einer nachhaltigen Entwicklung,* (S. 137-156). Berlin: Springer.

Weinert, F. E. (1997b). Notwendige Methodenvielfalt: Unterschiedliche Lernfähigkeiten erfordern variable Unterrichtsmethoden. *Friedrich Jahresheft 1997,* 50-52.

Weinert, F. E. (2001). Concept of Competence: A Conceptual Clarification. In D. S. Rychen & L. H. Salganik (Hrsg.), *Defining and Selecting Key Competencies,* (S. 45-65). Seattle: Hogrefe & Huber.

Weinert, F. E. & Helmke, A. (1988). Individual differences in cognitive development: Does instruction make a difference? In E. M. Hetherington, R. M. Lerner & M. Perlmutter (Hrsg.), *Child development in life-span perspective,* (S. 219-239). Hillsdale NJ: Erlbaum.

Weinert, F. E. & Helmke, A. (1996). Der gute Lehrer: Person, Funktion oder Fiktion? *Zeitschrift für Pädagogik, 34. Beiheft,* 223-233.

Weinert, F. E., Schrader, F.-W. & Helmke, A. (1990). Unterrichtsexpertise – Ein Konzept zur Verringerung der Kluft zwischen zwei theoretischen Paradigmen. In L.-M. Alisch, J. Baumert & K. Beck (Hrsg.), *Professionswissen und Professionalisierung,* (S. 173-206). Braunschweig: Copy-Center Colmsee.

Weisberg, S., (Hrsg.). (1985). *Applied Linear Regression*. New York: John Wiley & Sons.

Wember, F. B. (2001). Adaptiver Unterricht. *Sonderpädagogik, 31* (3), 161-181.

West, L. & Staub, F. C. (2003). *Content-Focused Coaching. Transforming Mathematics Lessons*. Portsmouth NH: Heinemann.

Wischer, B. & Trautmann, M. (2010). „Ich tue es nicht, also bin ich ein schlechter Lehrer"? Zu Problemen und Fallstricken von innerer Differenzierung. *Pädagogik, 62* (11), 32-34.

Wittenberg, R. (1991). *Handbuch für computerunterstützte Datenanalyse*. Stuttgart: Fischer.

Wright, S. P., Horn, S. P. & Sanders, W. L. (1997). Teacher and Classroom Context Effects on Student Achievement: Implications for Teacher Evaluation. *Journal of Personnel Evaluation in Education, 11*, 57-67.

Yu, C.-Y. (2002). *Evaluating Cutoff Criteria of Model Fit Indices for Latent Variable Models with Binary and Continuous Outcomes*. Los Angeles: University of California (Dissertation).

Zeichner, K. (2006). Konzepte von Lehrerexpertise und Lehrerausbildung in den Vereinigten Staaten. *Zeitschrift für Pädagogik, 51. Beiheft*, 97-113.

Zimmerman, B. J. & Schunk, D. H., (Hrsg.). (2001). *Self-regulated learning and academic achievement*. Mahwah, NJ: Erlbaum.

Zinnecker, J. (1975). *Der heimliche Lehrplan*. Weinheim: Beltz.

Zöfel, P. (2003). *Statistik für Psychologen im Klartext*. München: Pearson Studium.

Zutavern, M., Brühwiler, C. & Biedermann, H. (2002). Die Leistungen der verschiedenen Schultypen auf der Sekundarstufe I. In E. Ramseier, C. Brühwiler, U. Moser, M. Zutavern, S. Berweger & H. Biedermann (Hrsg.), *Bern, St.Gallen, Zürich: Für das Leben gerüstet? Die Grundkompetenzen der Jugendlichen – Kantonaler Bericht der Erhebung PISA 2000*, (S. 63-76). Neuchâtel: BFS.

Abbildungsverzeichnis

Tabellenverzeichnis

Anhang

Tabelle 36: Item- und Skalenkennwerte der adaptiven Planungskompetenz (Vignetten-test)

Skala	Item bzw. Kategorie	M	SD	r_{it}
Diagnostische Planungskompetenz	Vorwissen überprüfen	.53	.58	.45
	Lernvoraussetzungen abklären	.41	.54	.64
	Verständnis überprüfen	.94	.47	.17
Cronbachs α = .58; M = 1.88; SD = 1.18; Minimum = 0; Maximum = 5				
Didaktische Planungskompetenz	Neues Wissen erarbeiten	.96	.50	.47
	Erarbeitetes Wissen vertiefen und fixieren	.67	.66	.47
Cronbachs α = .64; M = 1.63; SD = .99; Minimum = 0; Maximum = 4				
Bedeutung der Sachkompetenz	Sachkenntnisse haben bzw. aneignen	.53	.62	-
Cronbachs α = -; M = .53; SD = .62; ; Minimum = 0; Maximum = 2				

Anmerkung: N = 49. Cronbachs alpha für standardisierte Items.

Tabelle 37: Kennwerte „Epistemologische Überzeugungen"

Skala	Item	M	SD	r_{it}
Konstruk-tivistisches Lehr-Lern-Verständnis	Schülerinnen und Schüler sollten sich von Anfang an mit technischen und naturwissenschaftlichen All-tagsphänomenen (z.b. Herzpumpe, Atomkraftwerk, Legierungen) beschäftigen, bevor sie die Grundla-gen in den naturwissenschaftlichen Disziplinen (z.B. Atommodell, Elemente) kennen gelernt haben.	3.64	.99	.43
	Lehrpersonen sollten Schülerinnen und Schüler er-mutigen, ihre eigenen Lösungswege für Aufgaben zu suchen, selbst wenn diese ineffizient sind.	4.25	.89	.49
	Am besten lehrt man Schülerinnen und Schülern das Lösen von Aufgaben, indem man nicht verschiedene Arten von Aufgaben zusammen behandelt, sondern sich jeweils auf eine Art beschränkt. (-)	3.41	1.11	.50
	Schülerinnen und Schüler lernen Naturwissenschaf-ten am besten, indem sie selbst Wege zur Lösung von einfachen Aufgaben entdecken.	4.45	.66	.47
	Der Erwerb von Grundlagen in den naturwissen-schaftlichen Disziplinen (z.B. Elektrizität, Aggre-gatszustände) soll dem Verstehen von Phänomenen vorausgehen. (-)	2.84	1.24	.65
	Die meisten Schülerinnen und Schüler können für viele Aufgaben auch ohne die Hilfe von Erwachse-nen Lösungswege finden.	3.70	.98	.55
	Lehrpersonen sollten für das Lösen von Aufgaben detaillierte Vorgehensweisen vermitteln. (-)	3.25	.94	.24
	Es ist besser, die Schülerinnen und Schüler mit unterschiedlichen Aufgaben zu konfrontieren.	4.00	.99	.43
	Schülerinnen und Schüler verstehen ein naturwis-senschaftliches Phänomen nicht, bevor sie über einen wesentlichen Teil der naturwissenschaftlichen Grundbegriffe verfügen. (-)	3.16	1.10	.52
	Die meisten Schülerinnen und Schüler können naturwissenschaftliche Grundbegriffe und Gesetze nicht selbst entdecken und benötigen explizite Unterweisung. (-)	3.75	.92	.45
	Die Erklärungen der Schülerinnen und Schüler zu ihren Aufgabenlösungen vermitteln einen guten Einblick in deren naturwissenschaftliches Wissen.	4.52	.70	.17
	Anhand geeigneter Materialien und Experimente können Schülerinnen und Schüler selbst Naturge-setze erkennen.	4.57	.62	.47

Skala	Item	M	SD	r_{it}
	Auch Schülerinnen und Schüler, die noch kein solides naturwissenschaftliches Fachwissen erworben haben, können erfolgreich technische und naturwissenschaftliche Alltagsprobleme (z.b. Stromkreislauf, Flaschenzug, Dünger) lösen.	4.11	.84	.50
	Es ist wichtig für die Schülerinnen und Schüler, selbst zu entdecken, wie einfache Aufgaben zu lösen sind.	4.68	.47	.43
	Schülerinnen und Schüler werden dann zu guten Problemlösern, wenn sie den Anleitungen ihrer Lehrpersonen gut folgen können. (-)	3.39	1.04	.32
	Schülerinnen und Schüler sollten sich erst dann mit komplexeren Phänomenen beschäftigen, wenn sie die Grundbegriffe der Naturwissenschaften gut beherrschen. (-)	3.32	1.01	.51
	Man sollte Schülerinnen und Schülern ermöglichen, sich eigene Wege zur Lösung von einfachen Aufgaben auszudenken, bevor die Lehrperson vorführt, wie diese zu lösen sind.	4.68	.56	.21
	Effektive Lehrpersonen führen die richtige Art und Weise vor, in der eine Aufgabe zu lösen ist. (-)	3.73	1.00	.37
	Schülerinnen und Schüler sollten bereits viele naturwissenschaftliche Phänomene kennen gelernt haben, bevor erwartet wird, dass sie sich Grundbegriffe und Gesetze (z.B. Druck, Magnetismus) einprägen.	3.48	1.13	.45
	Schülerinnen und Schüler benötigen ausführlich Anleitungen dazu, wie Aufgaben zu lösen sind. (-)	3.32	.80	.40
	Man sollte von Schülerinnen und Schülern verlangen, Aufgaben so zu lösen, wie es im Unterricht gelehrt wurde. (-)	3.36	1.00	.35
	Es hilft Schülerinnen und Schülern die Naturwissenschaften besser zu verstehen, wenn man sie ihre eigenen Lösungsideen diskutieren lässt.	4.61	.54	.39
	Am besten lernen Schülerinnen und Schüler Natur + Technik aus Darstellungen und Erklärungen ihrer Lehrperson. (-)	3.68	.83	.45
	Lehrpersonen sollten Schülerinnen und Schülern, die Schwierigkeiten mit dem Lösen einer Aufgabe haben, erlauben, mit eigenen Lösungsversuchen fortzufahren.	4.00	.89	.24

Cronbachs α = 0.86; M = 3.81; SD = 0.44

Anmerkung: N = 49. Cronbachs alpha für standardisierte Items. Die verwendeten Itemformulierungen beruhen auf der Version für die Primarstufe. Bei der Version für die Sekundarstufe I wurde gemäss dem Lehrplan des Kantons St.Gallen der Begriff „Natur + Technik" anstelle von „Mensch + Umwelt" verwendet.

Unterrichtsprozesse (Lehrerhandeln)

Tabelle 38: Kennwerte „Unterrichtsqualität" (Schülerperspektive)

Skala	Item	M	SD	r_{it}
Unterrichtsdruck	Die Lehrperson erklärt oft so schnell, dass man kaum mitkommt.	2.28	1.05	.63
	Oft können Probleme gar nicht richtig besprochen werden, weil noch so viel Stoff durchgenommen werden muss.	2.46	1.13	.64
	Die Lehrperson macht im Unterricht manchmal einfach weiter, obwohl sie genau weiss, dass noch nicht alle mitgekommen sind.	2.23	1.18	.65
Cronbachs α = 0.79; M = 2.33; SD = 0.95				
Schülerbeteiligung	Unsere Lehrperson gestaltet den Unterricht so, dass die Schülerinnen und Schüler selbständig denken und arbeiten können.	3.71	.90	.37
	Bei uns können die Schülerinnen und Schüler häufig in Gruppen zusammenarbeiten.	3.44	.98	.32
	Im Unterricht gibt es immer wieder Gelegenheit, eigene Einfälle zu verwirklichen.	3.25	.97	.35
Cronbachs α = 0.53; M = 3.48; SD = 0.68				
Vermittlungsqualität	Unsere Lehrperson gibt uns häufig Ratschläge, wie man einen Stoff am besten lernen kann.	3.91	1.04	.43
	Unsere Lehrperson erklärt alles so gut, dass wir auch schwierige Dinge verstehen können.	3.66	1.05	.56
	Die Lehrperson gestaltet den Unterricht interessant und abwechslungsreich.	3.73	1.02	.58
Cronbachs α = 0.70; M = 3.77; SD = 0.80				
Störneigung	Manchmal stören wir absichtlich den Unterricht.	2.48	1.24	.44
	Für die Lehrperson ist es oft nicht einfach, in unserer Klasse für Ruhe zu sorgen.	3.01	1.32	.49
	Einige Schülerinnen und Schüler stören immer wieder den Unterricht, obwohl die anderen mitarbeiten möchten.	3.28	1.20	.51
Cronbachs α = 0.67; M = 2.93; SD = 0.97				
Regelorientierung	Im Unterricht gibt es klare Regeln, wie man sich als Schüler zu verhalten hat.	4.12	1.03	.46
	Die Lehrperson achtet darauf, dass die Hausordnung bzw. Schulordnung eingehalten wird.	4.20	.89	.47
	Im Unterricht werden die Schülerinnen und Schüler ständig genau beaufsichtigt.	3.09	1.00	.42
	Bei uns wird sehr darauf geachtet, dass die Schülerinnen und Schüler diszipliniert sind und sich gut benehmen.	3.56	.99	.51
Cronbachs α = 0.68; M = 3.75; SD = 0.70				

Skala	Item	M	SD	r_{it}
Lehrerverhalten bei Fehlern	Die Lehrperson ist geduldig und schimpft nicht mit mir, wenn mir etwas nicht gelingt.	3.22	.83	.54
	Wenn bei mir eine schriftliche Arbeit im Unterricht schief gegangen ist, hilft die Lehrperson mir und bespricht die Fehler mit mir.	2.92	.84	.43
	Unsere Lehrperson hält Schülerinnen und Schüler, die Fehler machen, für Faulpelze. (-)	3.40	.80	.50
	Bei unserer Lehrperson ist Fehlermachen nichts Schlimmes.	3.23	.85	.43
	Wenn ich im Unterricht etwas falsch mache, geht die Lehrperson so damit um, dass ich etwas dazu lernen kann.	3.27	.71	.50
	Bei uns hat man im Unterricht das Gefühl, man dürfte keine Fehler machen, weil die Lehrperson es nicht gerne sieht. (-)	3.52	.73	.47
	Die Lehrperson ist geduldig, wenn ein Schüler oder eine Schülerin im Unterricht etwas nicht versteht.	3.20	.82	.49

Cronbachs α = 0.76; M = 3.24; SD = 0.52

Anmerkung: N = 898. Cronbachs alpha für standardisierte Items. Negativ formulierte Items sind mit (-) gekennzeichnet.

Lehrer-Schüler-Beziehung (Schülerzentriertheit)

Tabelle 39: Kennwerte „Lehrer-Schüler-Beziehung" (Schülerperspektive)

Skala	Item	M	SD	r_{it}
Pädagogisches Engagement	Ich glaube, die Lehrperson freut sich wirklich, wenn sie uns etwas beigebracht hat.	4.19	.86	.37
	Die Lehrperson interessiert sich auch für unsere persönlichen Probleme und Erlebnisse.	3.45	1.19	.45
	Wenn es zwischen den Schülerinnen und Schülern Streit gibt, hilft die Lehrperson, den Streit zu lösen.	3.83	1.17	.40
Cronbachs $\alpha = 0.59$; M = 3.83; SD = 0.81				
Mitsprache	Unsere Lehrperson lässt uns Vieles selbst entscheiden.	3.25	1.05	.59
	Die Lehrperson fragt uns oft um unsere Meinung.	3.65	1.04	.56
	Unsere Lehrperson richtet sich oft nach unseren Wünschen.	2.98	1.06	.61
Cronbachs $\alpha = 0.75$; M = 3.30; SD = 0.86				

Anmerkung: N = 898. Cronbachs alpha für standardisierte Items.

Tabelle 40: Adaptive Lehrkompetenz in Abhängigkeit von Schulstufe, Berufserfahrung und Geschlecht (unter Konstanthaltung der übrigen Merkmale)

Modell	Adaptive Lehrkompetenz		Sachwissen „Keimung"		Diagnosegenauigkeit	
	B	(SE)	B	(SE)	B	(SE)
Konstante	39.68	(3.96)	44.44	(3.01)	.47	(.06)
Schulstufe	-11.58	(3.76)**	3.05	(2.85)	-.08	(.06)
Berufserfahrung	8.68	(4.03)*	3.66	(3.10)	.06	(.07)
Geschlecht	-5.36	(3.93)	2.49	(2.99)	-.07	(.06)

Anmerkung: N = 47; *p < .05; **p < .01. Codierung: Schulstufe (0 = Primarstufe; 1 = Sekundarstufe I), Berufserfahrung (0 = Junglehrperson; 1 = erfahrene Lehrperson), Geschlecht (0 = weiblich; 1 = männlich).

Tabelle 41: Wahrnehmung der Unterrichtsprozesse durch die Schülerinnen und Schüler nach Schulstufe (Klassenebene)

Skala	Primarstufe		Sekundarstufe I	
	M	(SE)	M	(SE)
Unterrichtsdruck	2.09	(.09)	2.60	(.13)
Schülerbeteiligung	3.59	(.05)	3.35	(.08)
Vermittlungsqualität	4.00	(.08)	3.51	(.11)
Interessantheit des Unterrichts	4.10	(.07)	3.53	(.11)
Lehrerverhalten bei Fehlern	3.29	(.06)	3.16	(.06)
Störneigung	2.85	(.12)	3.00	(.13)
Regelorientierung	3.71	(.06)	3.77	(.08)
Pädagogisches Engagement	4.04	(.07)	3.60	(.08)
Mitsprache	3.46	(.09)	3.14	(.09)
Lernzeit ausserhalb des Unterrichts	81.60	(7.27)	85.60	(11.21)
Schwierigkeitsgrad	2.83	(.04)	3.01	(.06)

Anmerkung: Mittelwerte auf Klassenebene. Primarstufe: N = 26; Sekundarstufe I: N = 23.

Tabelle 42: Sachwissen, diagnostische Urteilsgenauigkeit und Schwierigkeitsgrad des Unterrichts „Keimung von Samen" (Klassenebene)

Modell	M1		M2	
Abhängige Variable	Sachwissen		Diagnosegenauigkeit	
	B	(SE)	B	(SE)
Konstante	.12	(.15)	.11	(.16)
Schwierigkeitsgrad	.43	(.14)**	-.19	(.15)
Schwierigkeitsgrad quadriert	-.12	(.08)	-.10	(.09)
Varianzaufklärung (R^2)	17.06%		9.50%	

Anmerkung: [(*)]p < .10; *p < .05; **p < .01. Stichprobengrösse auf Klassenebene: N = 47. Lineare Regressionsmodelle. Die Prädiktor- und Kriteriumsvariablen sind z-standardisiert.

Tabelle 43: Mehrebenenanalytische Ergebnisse zum quadratischen Effekt adaptiver Lehrkompetenz auf den Lernerfolg der Schülerinnen und Schüler in der Unterrichtsreihe „Keimung von Samen"

Modell	M0		M1		M2	
	B	(SE)	B	(SE)	B	(SE)
Leistung „Keimen" (Konstante)	65.43	(.73)	65.39	(.68)	64.48	(.91)
Individualebene						
Vortestleistung „Keimen"	3.59	(.35)**	3.59	(.35)**	3.59	(.35)**
Klassenebene						
Adaptive Lehrkompetenz (AL)			1.75	(.69)*	1.34	(.73)(*)
AL x AL					.92	(.63)
Intraklassenkorrelation (ICC$_1$)	.190		.166		.159	
Varianzaufklärung total (R^2)	-		2.84%		3.72%	
Varianzaufklärung Klassenebene	-		14.86%		19.45%	
Devianz	6132.85		6126.71		6124.61	

Anmerkung: (*)$p < .10$; *$p < .05$; **$p < .01$. Stichprobengrösse auf Klassenebene: N = 47; auf Schülerebene: N = 832. Random-Intercept-Modelle mit Nachtestleistung „Keimen" als abhängige Variable. Die Prädiktorvariablen wurden z-standardisiert. Zusätzliche Varianzaufklärung gegenüber Basismodell (M0).

Tabelle 44: Effekt des Sachwissens der Lehrperson auf den Lernerfolg der Schülerinnen und Schüler in der Unterrichtsreihe „Keimung von Samen" (Mehrebenenanalysen)

Modell	M0		M1		M2		M3	
	B	(SE)	B	(SE)	B	(SE)	B	(SE)
Leistung „Keimen" (Konstante)	65.43	(.73)	65.58	(.72)	66.67	(.96)	66.59	(.97)
Individualebene								
Vortestleistung „Keimen"	3.59	(.35)**	3.67	(.35)**	3.69	(.35)**	3.69	(.35)**
Klassenebene								
Sachwissen „Keimung von Samen"			0.26	(.73)	0.56	(.74)	0.16	(1.06)
Stufe (Sek I)					-2.41	(1.46)[(*)]	-2.45	(1.45)[(*)]
Interaktion								
Sachwissen x Stufe (Sek I)							0.77	(1.47)
Intraklassenkorrelation (ICC$_1$)	.190		.183		.173		.171	
Varianzaufklärung total (R^2)	-		1.35%		2.60%		2.77%	
Varianzaufklärung Klassenebene	-		4.60%		11.17%		12.16%	
Devianz	6132.85		5986.56		5983.90		5983.62	

Anmerkung: [(*)]$p < .10$; **$p < .01$. Stichprobengrösse für M0 auf Klassenebene: N = 47; auf Schülerebene: N = 832. Stichprobengrösse für M1 bis M3 auf Klassenebene: N = 46; auf Schülerebene: N = 813. Random-Intercept-Modelle mit Nachtestleistung „Keimen" als abhängige Variable. Die kontinuierlichen Prädiktorvariablen wurden z-standardisiert; die Schulstufe ist dummycodiert (Referenzkategorie „Primarstufe"). Zusätzliche Varianzaufklärung gegenüber Basismodell (M0).

273

Tabelle 45: Effekte adaptiver Lehrkompetenz auf den Lernerfolg in Abhängigkeit der sozialen Heterogenität innerhalb der Klassen

Modell	M0		M1		M2	
	B	(SE)	B	(SE)	B	(SE)
Leistung „Keimen" (Konstante)	65.43	(.73)	65.46	(.68)	65.35	(.68)
Individualebene						
Vortestleistung „Keimen"	3.59	(.35)**	3.35	(.36)**	3.34	(.36)**
Soziale Herkunft			1.20	(.36)**	1.22	(.36)**
Klassenebene						
Adaptive Lehrkompetenz (AL)			1.69	(.69)*	1.66	(.68)*
Heterogenität Soziale Herkunft (SD)			.51	(.69)	.31	(.71)
Interaktion						
AL x Heterogenität Soziale Herkunft (SD)					.68	(.72)
Intraklassenkorrelation (ICC_1)	.190		.162		.159	
Varianzaufklärung total (R^2)	-		3.41%		3.77%	
Varianzaufklärung Klassenebene	-		17.42%		19.30%	
Devianz	6132.85		6022.24		6021.35	

Anmerkung: *$p < .05$; **$p < .01$. Stichprobengrösse auf Klassenebene: N = 47; auf Schülerebene: N = 832. Random-Intercept-Modelle mit Nachtestleistung „Keimen" als abhängige Variable. Die Prädiktorvariablen wurden z-standardisiert. Zusätzliche Varianzaufklärung gegenüber Basismodell (M0). SD = Standardabweichung.

Pädagogische Psychologie und Entwicklungspsychologie

HERAUSGEGEBEN
VON DETLEF H. ROST

BAND 62

Uwe Heim-Dreger
**IMPLIZITE ANGSTDIAGNOSTIK BEI
GRUNDSCHULKINDERN**
2007, 192 S., br., 25,50 €, ISBN 978-3-8309-1886-8

BAND 63

Erwin Beck, Matthias Baer, Titus Guldimann,
Sonja Bischoff, Christian Brühwiler, Peter
Müller, Ruth Niedermann, Marion Rogalla,
Franziska Vogt
ADAPTIVE LEHRKOMPETENZ
Analyse und Struktur, Veränderung und Wirkung
handlungssteuernden Lehrerwissens
2008, 214 S., br., 25,50 €, ISBN 978-3-8309-1936-0

BAND 64

Nele McElvany
**FÖRDERUNG VON LESEKOMPETENZ
IM KONTEXT DER FAMILIE**
2008, 298 S., br., 25,50 €, ISBN 978-3-8309-1899-8

BAND 65

Katrin Rakoczy
**MOTIVATIONSUNTERSTÜTZUNG IM
MATHEMATIKUNTERRICHT**
Unterricht aus der Perspektive von Lernenden
und Beobachtern
2008, 240 S., br., 25,50 €, ISBN 978-3-8309-1897-4

BAND 66

Katrin Lohrmann
LANGEWEILE IM UNTERRICHT
2008, 236 S., br., 25,50 €, ISBN 978-3-8309-1896-7

BAND 67

Tobias Ringeisen
EMOTIONS AND COPING DURING EXAMS
A dissection of cultural variability by means of
the tripartite self-construal model
2008, 300 p., pb., 25,50 €, ISBN 978-3-8309-1898-1

BAND 68

Isabelle Hugener
**INSZENIERUNGSMUSTER IM UNTERRICHT
UND LERNQUALITÄT**
Sichtstrukturen schweizerischen und deutschen
Mathematikunterrichts in ihrer Beziehung zu
Schülerwahrnehmung und Lernleistung –
eine Videostudie
2008, 262 S., br., 25,50 €, ISBN 978-3-8309-2023-6

BAND 69

Zoe Daniels
**ENTWICKLUNG SCHULISCHER
INTERESSEN IM JUGENDALTER**
2008, 426 S., br., 25,50 €, ISBN 978-3-8309-2022-9

BAND 70

Michel Knigge
**HAUPTSCHÜLER ALS
BILDUNGSVERLIERER?**
Eine Studie zu Stigma und selbstbezogenem
Wissen bei einer gesellschaftlichen
Problemgruppe
2009, 276 S., br., 25,50 €, ISBN 978-3-8309-2089-2

BAND 71

Günter Ratschinski
SELBSTKONZEPT UND BERUFSWAHL
Eine Überprüfung der Berufswahltheorie von
Gottfredson an Sekundarschülern
2009, 235 S., br., 25,50 €, ISBN 978-3-8309-2101-1

BAND 72

Detlef H. Rost
**HOCHBEGABTE UND HOCHLEISTENDE
JUGENDLICHE**
Befunde aus dem Marburger
Hochbegabtenprojekt
2009, 2. erweiterte Auflage, 508 S., br., 25,50 €,
ISBN 978-3-8309-1997-1

BAND 73

Anja Zwingenberger
**WIRKSAMKEIT MULTIMEDIALER
LERNMATERIALIEN**
Kritische Bestandsaufnahme und Metaanalyse
empirischer Evaluationsstudien
2009, 218 S., br., 25,50 €, ISBN 978-3-8309-2147-9

BAND 74

Silke Hertel
BERATUNGSKOMPETENZ VON LEHRERN
Kompetenzdiagnostik, Kompetenzförderung,
Kompetenzmodellierung
2009, 290 S., br., 25,50 €, ISBN 978-3-8309-2190-5

BAND 75

Anne Levin
QUALITÄTSPROBLEME MATHEMATISCHER VERGLEICHSARBEITEN
Erfassung mathematischer Kompetenzen und psychometrische Modellierung einer landesweiten Prüfungsarbeit in Klassenstufe 10
2009, 218 S., br., 25,50 €, ISBN 978-3-8309-2191-2

BAND 76

Claudia Leopold
LERNSTRATEGIEN UND TEXTVERSTEHEN
Spontaner Einsatz und Förderung von Lernstrategien
2009, 350 S., br., 25,50 €, ISBN 978-3-8309-2196-7

BAND 77

Yvonne Gassmann
PFLEGEELTERN UND IHRE PFLEGEKINDER
Empirische Analysen von Entwicklungsverläufen und Ressourcen im Beziehungsgeflecht
2010, 350 S., br., 25,50 €, ISBN 978-3-8309-2246-9

BAND 78

Manuela Keller-Schneider
ENTWICKLUNGSAUFGABEN IM BERUFSEINSTIEG VON LEHRPERSONEN
Beanspruchung durch berufliche Herausforderungen im Zusammenhang mit Kontext- und Persönlichkeitsmerkmalen
2010, 336 S., br., 25,50 €, ISBN 978-3-8309-2247-6

BAND 79

Jan Hochweber
WAS ERFASSEN MATHEMATIKNOTEN?
Korrelate von Mathematik-Zeugniszensuren auf Schüler- und Schulklassenebene in Primar- und Sekundarstufe
2010, 398 S., br., 25,50 €, ISBN 978-3-8309-2414-2

BAND 80

Gerda Hagenauer
LERNFREUDE IN DER SCHULE
2011, 384 S., br., 25,50 €, ISBN 978-3-8309-2480-7

BAND 81

Roumiana Nikolova
GRUNDSCHULEN ALS DIFFERENZIELLE ENTWICKLUNGSMILIEUS
Objektive und subjektive Kontextmerkmale der Schülerzusammensetzung und deren Auswirkung auf die Mathematik- und Leseleistungen
2011, 200 S., br., 25,50 €, ISBN 978-3-8309-2497-5

BAND 82

Christof Wecker
VOM SOLLEN ZUM KÖNNEN
Fading instruktionaler Skripts zur Förderung von Argumentationskompetenz
2012, 256 S., br., 25,50 €, ISBN 978-3-8309-2592-7

Beim computerunterstützten kooperativen Lernen können Lernende mit Hilfe sogenannter instruktionaler Skripts bei der Anwendung fachübergreifender Kompetenzen wie beispielsweise Argumentationskompetenz unterstützt werden. In dieser Arbeit wird untersucht, wie Lernende durch die allmähliche Reduzierung von Unterstützung (Fading) von angeleiteter zu selbstständiger Anwendung geführt werden können. Im Rahmen einer empirischen Studie wird insbesondere die für den Lernerfolg bedeutsame Rolle von Rückmeldungen durch Lernpartner herausgearbeitet.

BAND 83

Michael Grosche
ANALPHABETISMUS UND LESE-RECHTSCHREIB-SCHWÄCHEN
Beeinträchtigungen in der phonologischen Informationsverarbeitung als Ursache für funktionalen Analphabetismus im Erwachsenenalter
2012, 290 S., br., 25,50 €, ISBN 978-3-8309-2639-9

In dieser Arbeit wurde theoretisch analysiert und empirisch belegt, dass deutschsprachige erwachsene funktionale Analphabeten deshalb so schlecht lesen können, weil sie Probleme mit der Verarbeitung der Lautsprache haben. Solche Beeinträchtigungen sind eng mit Lese-Rechtschreib-Störungen assoziiert. Praktische Implikationen werden diskutiert.

BAND 84

Samuel Greiff
INDIVIDUALDIAGNOSTIK KOMPLEXER
PROBLEMLÖSEFÄHIGKEIT

2012, 268 S., br., 25,50 €, ISBN 978-3-8309-2593-4

Dieses Buch rezipiert den theoretischen und empirischen Forschungsstand im Bereich des komplexen Problemlösens, beschreibt konzeptuelle Mängel bisheriger Tests und leitet einen neuen Messansatz ab, der anschließend einer empirischen Überprüfung unterzogen wird. Die Ergebnisse zeigen, dass komplexe Problemlösefähigkeit durchaus zuverlässig gemessen und in vielversprechende Beziehung zu anderen Konstrukten wie schulischer Leistung gesetzt werden kann.

Ein zentraler Aspekt der Arbeit liegt auf der empirischen Untersuchung des Entwicklungsstandes der epistemologischen Überzeugungen von Auszubildenden in gewerblich-technischen Berufsfeldern in Abhängigkeit von Individualmerkmalen der Lernenden und Kontextmerkmalen der Ausbildung. Die Studie fokussiert die epistemologischen Dimensionen Sicherheit des Wissens, Struktur des Wissens, Anwendung des Wissens, Wissensbegründung und Wissensquelle. Neben der empirischen Untersuchung zum instrumentellen Charakter und Entwicklungsstand werden die wissensbezogenen Überzeugungen der Auszubildenden unter ihrem bildungstheoretischen Charakter und ihrer Relevanz für die berufliche Ausbildung analysiert.

BAND 85

Jana Groß Ophoff
LERNSTANDSERHEBUNGEN:
REFLEXION UND NUTZUNG
2012, 380 S., br., 25,50 €, ISBN 978-3-8309-2778-5

Zur Untersuchung des Prozesses pädagogischer Nutzung der Rückmeldung von Leistungsergebnissen wurden in den Jahren 2004 bis 2008 begleitend zur Durchführung von Vergleichsarbeiten in der Grundschule (Projekt VERA) replikative Surveystudien bei teilnehmenden Lehrkräften durchgeführt. Hieraus werden in diesem Buch trend- und strukturanalytische sowie typologische Auswertungen vorgestellt und kritisch diskutiert: Insgesamt sind rückläufige Trends in der Auseinandersetzung mit und Nutzung von Rückmeldungen aus Vergleichsarbeiten zu beobachten. Zugleich erweisen sich v. a. motivationale Aspekte als bedeutsam für den Prozess pädagogischer Nutzung dieses Feedbacks.

BAND 86

Bernd Zinn
ÜBERZEUGUNGEN ZU WISSEN UND
WISSENSERWERB VON AUSZUBILDENDEN
Empirische Untersuchungen zu den epistomologischen Überzeugungen von
Lernenden
2013, 316 S., br., 25,50 €, ISBN 978-3-8309-2810-2

BAND 87

Andreas Bach
KOMPETENZENTWICKLUNG IM
SCHULPRAKTIKUM
Ausmaß und zeitliche Stabilität von Lerneffekten hochschulischer Praxisphasen
2013, 270 S., br., 25,50 €, ISBN 978-3-8309-2834-8

Mittels linearer Strukturgleichungsmodelle untersucht die Studie den Lernfortschritt von Studierenden in jenem Kompetenzbereich, der insbesondere in allgemeinen Schulpraktika fokussiert wird: die allgemeindidaktische Kompetenz zur Planung von Unterricht. Einbezogen werden dabei bisher kaum durchgeführte kausale und mediatorbezogene Analysen zu den Bedingungen der Kompetenzentwicklung sowie zur Stabilität der Lerneffekte. Darüber hinaus wird die Veränderung der Selbstwirksamkeit der Studierenden untersucht. Die Studie liegt somit an der Schnittstelle zwischen Allgemeindidaktischer Forschung, Lehrerbildungsforschung und Lehr-Lernforschung.

BAND 88

Stephan Wernke
AUFGABENSPEZIFISCHE ERFASSUNG VON LERNSTRATEGIEN MIT FRAGEBÖGEN
Eine empirische Untersuchung mit Kindern im Grundschulalter
2013, 300 S., br., 25,50 €, ISBN 978-3-8309-2842-3

Ziel dieser Studie ist es, zum einen ein valides Fragebogeninstrument zur Erfassung von Lernstrategien zu entwickeln. Zum anderen sollen der Lernstrategiegebrauch bei Kindern im Grundschulalter und damit verbunden mögliche Zusammenhänge zu Leistungsvariablen untersucht werden.

BAND 89

Hanna Ferdinand
ENTWICKLUNG VON FACHINTERESSE
Längsschnittstudie zu Interessenverläufen und Determinanten positiver Entwicklung in der Schule
2014, 220 S., br., 25,50 €, ISBN 978-3-8309-2979-6

Interesse an Schulfächern entwickelt sich dann positiv, wenn die Lernenden im Unterricht die Erfüllung grundlegender psychologischer Bedürfnisse erleben und den Lernstoff gleichzeitig als bedeutsam einschätzen. Das Buch stellt ein zirkuläres Modell der Interessenentwicklung auf Basis der Selbstbestimmungstheorie der Motivation und der Person-Objekt-Interaktionstheorie des Interesses vor.

BAND 90

Anna-Katharina Praetorius
MESSUNG VON UNTERRICHTSQUALITÄT DURCH RATINGS
2014, 324 S., br., 29,90 €, ISBN 978-3-8309-2980-2

Bislang existieren nur wenige Arbeiten, die sich dezidiert mit der Eignung von Beobachterratings zur Messung von Unterrichtsqualität beschäftigen. Hier wird mittels fünf empirischer Studien die Reliabilität und Validität von Beobachterratings thematisiert. Es wird u. a. den folgenden Fragen nachgegangen: In welchem Ausmaß sind hochinferente Beobachterratings zu Unterrichtsqualität durch Raterfehler verzerrt? Sind Unterrichtseinschätzungen geschulter Beobachter reliabler und valider als solche von ungeschulten Ratern? Wie stabil sind Merkmale von Unterrichtsqualität über Unterrichtsstunden hinweg?

Waxmann
www.waxmann.com